美育的使命

——2020 年北京市学校美育科研论文
征集评选活动优秀论文选

北京市学校美育研究中心
首都师范大学艺术与美育研究院　编

首都师范大学出版社

CAPITAL NORMAL UNIVERSITY PRESS

图书在版编目(CIP)数据

美育的使命：2020年北京市学校美育科研论文征集评选活动优秀论文选/北京市学校美育研究中心，首都师范大学艺术与美育研究院编.—北京：首都师范大学出版社，2023.5

ISBN 978-7-5656-7535-5

Ⅰ.①美…　Ⅱ.①北…②首…　Ⅲ.①美育－教育研究－文集
Ⅳ.①G40-014

中国国家版本馆 CIP 数据核字(2023)第 087100 号

MEIYU DE SHIMING

美育的使命

——2020年北京市学校美育科研论文征集评选活动优秀论文选

北京市学校美育研究中心　首都师范大学艺术与美育研究院　编

责任编辑　王兰玉　宋　慈
首都师范大学出版社出版发行
地　　址　北京西三环北路 105 号
邮　　编　100048
电　　话　68418523(总编室)　68982468(发行部)
网　　址　http://cnupn.cnu.edu.cn
印　　刷　北京印刷集团有限责任公司
经　　销　全国新华书店
版　　次　2023 年 5 月第 1 版
印　　次　2023 年 5 月第 1 次印刷
开　　本　787mm×1092mm　1/16
印　　张　34.25
字　　数　540 千
定　　价　108.00 元

前　言

　　为深入贯彻落实习近平总书记关于学校美育的重要思想论述，全面贯彻全国学校美育工作会议精神，积极深化北京市学校美育改革实践，不断提高学校美育科研水平，2020 年 7—12 月，北京市教育委员会面向全市各大中小学教师、教育科研院所和教育行政部门的教育工作者，组织开展了"2020 年北京市学校美育科研论文征集评选活动"(京教函〔2020〕284 号)。

　　本次活动由北京市学校美育研究中心、首都师范大学艺术与美育研究院(原美育研究中心)具体负责，全市各高校及中小学积极响应，广大美育教学与实践的一线教师踊跃参与。19 所在京中央高校、25 所市属市管高校、3 所民办高校及北京教育科学研究院共报送甲类论文 150 篇，15 个区 183 所小学、128 所中学，36 个区教委及学生活动中心等单位报送乙类论文 686 篇。经组织专家认真评审，最终评选出甲类(高校及教育科研单位)一等奖 16 篇、二等奖 31 篇、三等奖 43 篇，乙类(中小学及教育行政部门教育工作者)一等奖 72 篇、二等奖 155 篇、三等奖 211 篇。

　　从总体上看，参与本次活动的教师数量多，学校(机构)类型和层次齐全，报送的论文涉及美育理论与学校美育实践等多个方面，视野较宽，热点问题集中，具有较强的现实针对性。其中，高校教师撰写的论文，或从实践角度探讨美育理念对于促进高校育人质量提升的作用；或从不同学科专业人才培养角度，探讨美育育人功能的具体实现；或结合学生艺术社团组织与管理，探讨美育促进大学生全面发展的正向作用；或探讨中外美育观念对高校美育育人实践的借鉴意义；或着眼美育的学理性深化，探讨美育内涵、性质、必要性等问题。中小学教师的论文，则主要涉及艺术美育、美育的学科渗透作用、美育课程创新、学校美育思政、美育与班主任工作、中小学社团美育活动、学校美育工作机制等七方面问题。值得指出的是，许多论文较好地体现了面向教学实践的问题意识以及操作层面的借鉴价值。如从教师、管理者和学生角度入手，以真实案例为依据，针对与学校美育直接相关的制度机制建设、教师教学行为、学生培养实践等展开讨论，有很好的说服力，也为落实和促进学校美育工作提供了一定的新思路。

为集中展示本次学校美育科研论文征集评选活动成果，更好地激励广大教师投身学校美育实践的积极性，我们将荣获本次征集评选活动一等奖的论文汇编为本书，希望它能为进一步深化新时代北京学校美育科研、扩大学校美育工作交流，起到一定的推动作用。

感谢热情参与本次学校美育科研论文征集评选活动的所有老师！感谢在评审工作中辛勤付出的各位专家评委！

感谢首都师范大学艺术与美育研究院霍达、曹泽乾老师参与本书的编选工作。

2022 年 6 月

目录

中　编

下　编

上　编

深入开展青少年艺术审美教育的思考

周　星

（北京师范大学）

　　艺术审美教育，是培养青少年人格和以德育人的重要内容。艺术审美教育重在以美化人，特别重要的是，无论何时它都是青少年教育之中最重要的存在之一。教育是给予一个完人的分阶段的精神和知识的熏染。但许多时候，人们仅仅把教育当成为成长护航的一个知识性的存在。事实上教育真正的目的不完全是知识的传授，更重要的是让人们精神健康、心理健康，适应社会的发展和伴随身心成长，造就逐渐能够安身立命和为社会做贡献的人。在贫穷年代，教育很大程度上是为受教育者提供生存的本领；在小康社会，教育就凸显出培育人的精神境界、渲染情感、培养个性意志和完善人格的作用。以德育人的口号近年越来越成为我们的教育的目标，就是因为更加看重德行对人的培养的意义，也意味着教育超越了生存这一单一目的而具有全人格培育的完善价值。在这里，艺术教育的审美熏染价值也更为凸显。

中国青少年艺术教育的现状

　　青少年艺术教育经历了许多不同的发展阶段。最为切近的就是从素质教育到审美教育的阶段。审美能够让青少年们更好地健康成长，而艺术教育是实现审美最重要的途径和手段，理当承载着审美教育最重要的职能。"少年强则国强"的呼唤自提出到现在已经有120余年的历史，而近年来中国的政治、经济、文化地位在世界上天翻地覆，青少年是祖国的未来，"少年强则国强"也已经在崛起的中国成为普遍的共识，青少年教育则是党和国家重点建设的领域。时至今日，中国的儿童、青少年教育已经形成了一整套的成长模式和教育体系，从学校教育配套，包括从幼儿园到初中的义务教育，以及高中阶段的教育，再到大学阶段教育，其中的中国艺术教育也随之实现有成熟建制，并形成越来越丰富的多元形态发展态势。近年来国家修订基础教育的艺术课程标准，延伸到制定高中艺术教育课程标准和教材的修订，以及在大学阶段的艺术教育的相关配套建设都更为蓬勃。艺术对国人的感召力，从全年大学招生艺术类专业报名人数比例超过百分之十五，每年录取的学生比例占据全部录取新生的十分之一可见一斑。学校教育体制中，艺术教育已经成为非常重要的组成部分；与此同时，随着国家经济、文化的不断发展，社会教育中的艺术教育也蓬勃发展，社会艺术教育体制越来越多样化，包括国家体制的少年宫的艺术教育、民营和私营的各种类型的艺术教育，与政府体制中的课程设置的公共艺术教育相互呼应。由此形成了社会自然呈现趋向，即家长们一般都会自然而然地让下一代接受多类型的校内外艺术技能技巧教育。

由此而论，一般意义的艺术教育在中国的教育体制中，已经具有体制建构性和形态的多样性。而社会实践中的艺术教育也成为人们心目中的刚需，星罗棋布的社会艺术培训机构，已经成为学校艺术教育不足的侧面补充。最重要的是，随着倡导数十年的青少年艺术素养需求成为共识，新一代对于艺术技巧的认知和艺术能力的提高，都有了不同以往的成绩。学校艺术教育课程和社会艺术教育培训，对艺术的普及起了非常大的作用。从某种程度上说，适合艺术教育的体制的发展与持续鼓励、支持和投入是有密切关系的，中国青少年艺术教育的蓬勃发展现实已经证明中国人对于孩子的艺术教育的重视程度有了很大提高。但是，和人民群众对于美好生活的需求相对应的，和期望下一代更美好的成长和多种需要相呼唤的，和社会整体艺术素养需求迅速提升相要求的，中国的艺术教育无论是在体制设立上的短板，还在课程设置上的不足，都十分明显。由此促发着需要进一步拓展中国青少年艺术教育的迫切任务。

当下青少年艺术教育发展状貌

谈论青少年的艺术教育，不能不先聚焦高等艺术教育的状貌。艺术学科和专业在高等教育乃至研究生教育中，已经得到了非常好的发展，这正是艺术教育在整个国民教育中重要地位的体现。近年来，随着艺术学科的蓬勃发展，艺术在学科体制和社会观念的重视程度都有了前所未有的改变。2011 年中国艺术学门类获建，促进高等教育的学科专业课程以及几乎大部分的学校高等艺术教育的大发展。高等艺术教育的发展事实上对于基础的艺术教育提出了更扎实实施的基础要求：为更长远的发展，为全人的终身教育提供良好的基础，为中国人的全面成长确定他们的价值的所在。而高等艺术教育既呼应基础艺术教育蓬勃发展，也反过来对基础艺术教育提高提出了更高要求。中央和主管部门近几年围绕艺术教育出台了许多有分量的文件，近年来的中小学艺术教育的走向也的确值得赞许，这其中包括艺术教育的多元性观念的变化，也包括将艺术教育纳入到以德育人范畴观念的强化。从中小学阶段更大幅度的正规艺术课程教材的修订，到高中阶段艺术教育课程标准的制定，都是顺应时代需要的必然之举。还有引导多门类的艺术进入中小学课堂，鼓励不同的学校采取各种各样的从国标到校本的艺术教育，对艺术教育人员、课程，以及艺术教育形式多样化进行的改革，形成了远比过去红火和丰富的基础艺术教育的局面。

总体而言，大、中、小学艺术教育的走向，显示了艺术多元性的观念的变化。我们要重视基础的青少年的艺术教育，只有实施好良好的青少年的艺术教育，才能显示出我们的基础教育的扎实度和培育人的良好条件。尽管我们认为，基础的青少年艺术教育还没有达到理想程度，无论是从课程的设置、师资的配备、接受艺术教育的多种途径、多门类的艺术教育在中小学的实施方面来看，还是从政策上、制度上保证艺术教育在中小学能够得到普遍展开、缩小城乡在基础艺术教育上的差距等方面来看。但可以看得到中国的基础艺术教育已经越来越得到重视。最重要的是，在观念形态上，对中小学生进行艺术教育已经成为一个共识，只是各种条件相配套还要有待时间来验证。

当下的中国中小学艺术教育的不足体现在许多方面。首先是艺术教育和人的成长，尤其是与进入小康社会的人的成长的需求还不尽吻合。无论是艺术的多类型的教育方式，还是艺术教育课程的规范和课程类型的丰富性都显然不足。在中小学的课业之中，艺术教育的课程被人们戏称为"小三门"，无论是重视度、实际地位，还是师资配备、授课时间，都显然大大不足。从调查结果来看，遇到重要的时节，"小三门"经常被迫让位于"大三门"，即语文、数学和外语。据中小学的艺术老师反映，由于艺术学科并非高考的必考科目，所以时间经常被占用，而艺术老师在学校中的地位也显然不如其他老师。某种程度上的"等级制"观念，还体现在艺术在中小学教育之中还没有得到很稳固的地位。同时，和小康社会所需要的艺术的多样性、学生对于艺术喜好的多门类相比，现实的艺术教育也依然存在着差别。长期以来，艺术教育基本局限在艺术两大重要领域，即音乐教育和美术教育。即便如此，在音乐和美术教育的师资配备上，相比其他的所谓的刚性的学科比如语文、数学、外语等，艺术教育还属于软性的学科对象，师资配备也多属勉为其难。以音乐、美术作为范本的艺术教育，在中小学中普遍成为替代艺术的全部教育的对象，这在以往艺术教育还不普及的时候，显然有它的必要性和合理性。但是随着艺术教育蓬勃发展的大趋势以及青少年们越来越高的文化素养需求，他们从校内外的艺术教育中所接触到的需求，就远远超越了音乐和美术，并且对于既有的音乐、美术的艺术教育也提出了更高质量和更具丰富性的要求。既往的艺术教育有些落伍，如在一些学校，音乐教育就是唱唱歌和简单的音乐欣赏。即便是音乐课也有不少把集体合唱作为他们的艺术集体活动的代表，音乐原本有更丰富的内容却不能得到更好的发挥。类似地，在美术教育中，也更多地以绘画作品作为主体，更多样的美术形式，包括书法、具有地域特色的非遗艺术形态、当地的民族艺术的特长等很难纳入仅有的艺术教育样式中。显然，开阔视野和容纳多元艺术，形成多样化的艺术教育局面依然需要努力。但是随着国家对于艺术教育的重视程度的提高，过去阙如的戏剧和戏曲的艺术教育，与现代化的电影和电视的艺术教育，以及向着新时代拓展的网络艺术的教育近年也开始得到重视而发展。

2020年特殊背景下青少年艺术教育的变化

2020年的疫情给整个世界带来了极大的变化，也给中国的艺术教育实施带来重大影响。从课堂教学按下暂停键，整个教育生态从学校教学、课堂教学和老师面对面教学等常态，开始转换为线上教学，艺术教育就必然遭遇更多的困难——由于艺术通常需要的当面讲授和指导的教育方式顿然被切断，无论是校内还是校外的艺术教育都失去了"接触"这一实现效果的条件；艺术教育的整个景观也必然发生了变化。可喜的是，蜗居之中，电视和网络充分发挥了跨时空艺术展示的功能，艺术表演和艺术相关展示活动也随着疫情缓解逐渐开始复苏。但是从接触艺术的多元化的角度来说，孩子的直接艺术教育课程、课外艺术修养和技能课程都被取消，且并没有寻求到适宜的替代形式。

艺术教育包括感知、传授与身体力行的实践摸索，首先需要接触、感知。疫情袭来改变了感知方式，电视传媒和互联网对于学生感受艺术有所弥补。尤其是一些艺术人才通过短视频展示他们的艺术才能、讲授艺术项目、教授艺术技能等，使得人们能够有所熏染。孩子们逐渐在网络看到各式各样的艺术短视频，也算感知着艺术的气息。也许要欣慰的是，这一次疫情让孩子们真切知晓大自然和社会的遭际，而艺术家逐渐亮相视觉传播平台，也为其提供了更多的欣赏机会。随着抗疫的深入，许多令人感动的医务人员的动人事迹开始在我们的眼前呈现，包括更多出色的艺术工作者开始隔空联袂表现他们对于医务人员奉献的感激之情，使学生对于艺术和生活的联系有了直观真切的感受；在艺术的协调和表现上也开创了前所未有的形式，从不得已的隔空到杂糅表现的艺术展示等方式，都对学生有一定的良好影响。电视和网络视频上重播或者放开播映的一些优秀的影视作品，也丰富了艺术教育内容，让学生们能够更集中地参与观赏，获得熏陶。

但是总体而言，正如抗击新冠带来了整个生态包括教育生态的改变，艺术教育的主课堂失去了，超越于课堂教育的艺术和社会教育的艺术如何来实施网上的艺术教育的方略，还处在猝不及防而未曾定心适应的局面，本应该借此发挥艺术抚慰人心的独特功能的对策还没有很好地得到协调。一些艺术的创作作品尚未来得及用灵动的方式来应对抗疫，针对青少年的即时性的网络艺术教育的措施严重不足，是值得主管教育部门思考的问题。尽管在当时有关部门调集了一些电视剧、电影等影视作品免费给予武汉和湖北其他地区放映，但是就全国而言，更有步骤更新颖的艺术作品的展示还没有形成明确的意识。组织艺术家有逻辑、有体系地推出适应抗疫期间的艺术教育，本来是一个千载难逢的机会，但是也没有得到特别系统的应对和实施。在电影不能在影院放映的时候，将不能放映的部分影片放到网络上播出，满足抗疫期间的人心需求并没有实现。

比如，《囧妈》意外线上放映所招致的行业剧烈批评，显然只是站在利益基础上，而没有站在特定阶段满足人心需要的基础上。其实，当艺术实践性教育暂时不能实现，电视和网络正是值得大加利用的媒介。利用这一时间系统性地放映优秀的艺术影视作品，或者将还不能上映的电影剪辑一些集萃来给大家展示，事实上有利于为电影做一种预告或者宣传。但系统地为不同年龄段的青少年放映影视作品没有开启构想设计思路，也并没有机构来组织。这就提醒我们无论在时间还是空间的变化上，在遭遇突如其来的灾难的时候，组织专家队伍的引导是极其必要的，应当有预案也需要日常未雨绸缪。有效利用线上给予青少年艺术教育和熏陶，用他们更适应的线上的艺术教育来弥补损失，甚至说开创艺术教育新局面，将来一定是会越来越得到倡导的，因此线上艺术教育的经验摸索应该提到议事日程之上了。

青少年艺术教育进一步发展的思考

中小学艺术教育的整体上的繁荣，和在某些方面显然还并不能适应新时代艺术教育发展的趋向，是需要引起我们关注的问题。这些不足在新冠肺炎疫情改变学校教育方式之后更加凸显。

首先，和学校教育相匹配的社会艺术教育的庞大体系，在一夜之间几乎全部停止，需要群体聚集才能生存的社会私营、民营艺术教育机构，被突如其来的疫情打断培训可能，很多艺术教育机构生存都遭遇巨大问题，后抗疫时代如何恢复也是一个难题。对于中小学生而言，他们的社会艺术教育的课程和技能训练都无法实施，又没有找到能够替代的方式，所以社会艺术教育遭遇不得已的洗牌也必然需要面对，也许会是一次大批量衰退的局面，可能影响到社会艺术教育的机构消亡。何时能够恢复暂且不说，但是可以看出面对意外灾难疫情，艺术教育机构应对能力很差，仅仅依靠于单一的线下授课方式会遭到致命性的打击。但只要现在开始设计和鼓励支持，应当会有新的局面。

其次，学校艺术教育也跟随着停课很长时间，导致艺术教育的疏远。在恢复课程的主课上采用网络课程授课方式，也仅仅是以突击性的国家要求和必要保证主课的临时应对方式来实施，其中凸显出艺术类的课程不仅在日常的人生教育中并不重要，而且在保证主课学习的措施中，艺术课程暂时也成为被忽视的对象。很少有学校会利用各种方式来接续原有的艺术教育的课程，公共艺术教育、课外艺术教育就更难以纳入网络复课的视野之中。而且在少量的符合复课条件的学校之中，艺术类的课程因为多需要群体实践（比如音乐课程需要空间），也成为被抑制的对象，不能得到恢复。所以从绝对意义上来看，抗疫期间公共的艺术教育，都因为特殊的时期而受到极大的影响，校内校外的艺术素养的教育都几乎处于相对空白的境地。问题在于，抗疫所凸显出的日常生活中艺术教育师资的不足和课程授课的不足，理论上应该在这一个独特的时间，以强化聚拢的方式更好地发挥网络在艺术教育上的功能。但如何使网络艺术教育授课方式找到新的突破，创造新型的网络和艺术的结合，提高学生对于多样性的艺术表现的认知，还必须从观念上打破陈规，并到实践上寻求方略。应引导学生利用网络上的艺术资源积极主动地学习艺术，适应网上的艺术教育方式，为艺术贴近时代人心和适应时代发展找到新的方向。

新时代对于青少年寄予更多的期望，抗疫也带来中国建设发展的新的应对需要，如何强化青少年艺术教育也需要新的思路。

1. 第一是目标的确认。青少年的艺术教育的目标，不是简单的知识教育，而是情感的熏染教育，更是一种柔性的人格教育。其目标在终极上应该是培养全人的素养和品德，所以观念上必须提升青少年艺术教育的以德育人的目标。艺术教育重在育人，实现艺术以美化人的功用是要实现以德育人的目的。以艺术教育来实现培育新一代完善品格和人格，是青少年艺术教育设计新思路的教育目标和路径需要考虑的问题。

2. 第二是核心的确认。无论是对哪方面、哪个层次的艺术教育来说，最重要的是美育，即给予人的审美教育。在强化审美精神教育这一核心上，对于青少年艺术教育内核的意义的认知需要调整，高度重视美育的功能和美育与艺术技能教育的异同。艺术不同于其他学科的价值是审美精神的培育，学习艺术不仅是掌握艺术技巧更是熏染感知艺术精神，通过艺术学习给予学生审美的鲜活感和领受力，才是艺术教育的最为重要的基础。

3. 第三是范围的强调。现实中中小学的艺术教育的范围还相对狭小，除了音乐和美术之外，戏剧、戏曲、书法、舞蹈、电影、电视剧，以及互联网视频

方案，因此，当前推行美育的普及工作，有必要在回顾与总结他们的美育思想的过程中汲取其中有益的思想成分。

美育普及应以高校美育为重

就每一个体而言，美育可以说贯穿其从家庭进入校园再步入社会、创建家庭的整个人生过程，是其毕生都在且需要面对和接受的人生课题。鉴于此，美育的全民普及便注定是一项长期且艰巨的事业，不可能一蹴而就，需要循序渐进，需要社会各方力量群策群力与协同配合，需要学校美育、社会美育与家庭美育三者互补衔接，相互促进。固然，人生不同阶段所接受的美育熏陶，对其审美志趣与艺术感的最终养成皆有着不容忽视的重要作用，但由于人在不同阶段身心成熟的程度及其所面对的生活环境与交往群体的差异，使得家庭美育、学校美育与社会美育在人的成长过程中所发挥的作用又存在着诸多的不同。简单地讲，幼儿时期所接受的家庭美育，是其接受美育的起步阶段；学生时期所接受的学校美育，是其美育的持续推进阶段；成人时期所接受的社会美育，则是其美育的深化、扩展阶段。

其中，学校美育作为家庭美育与社会美育的中间阶段，无疑是一个人接受美育最为关键的阶段，直接关乎每个人能否系好人生中的"第一粒扣子"。因为，一方面，每个人在学校集中接受教育的时期，是其在老师的带领与引导之下掌握各种审美知识与技能、培养独立审美意识与习惯、养成健康高雅审美趣味的关键时期，某种程度上，将来其步入社会，面对数量繁多但质量良莠不齐的文学艺术作品，能否进行独立的价值判断且能褒优贬劣、激浊扬清，基本上取决于其在学校阶段所打下的美育基础。另一方面，较之家庭和社会，学校不仅拥有大量的美育资源和专业的教师力量，而且可以依据学生不同年龄段的身心发展特点与规律，采取不同的教育手段，有针对性地开设系统的美育课程，进行专门的美育知识传授和丰富多样的美育实践，足以满足学生不同艺术爱好和特长发展的需要。所以，美育普及势必需要将学校美育作为核心环节和重中之重。

具体来讲，学校美育又可细分为幼儿园美育、小学美育、中学美育和高校美育四个不同的层级。不同层级的美育所面对的学生的年龄、身心状态及认知能力均有不同，这便决定了各个层级的学校美育必须设置不同的美育课程目标与教学内容，采取因材施教的办法，同时，各个层级之间又需要有效地衔接，实现美育的循序渐进与逐步提升。但这并不意味着，各个层级的美育在整个学校美育过程中所发挥的作用是等同的，开展学校美育工作便可以平均用力。事实上，健康完善的学校美育体系，不仅需要各级各类学校美育的全面覆盖与整体推进，更需要有所侧重和分工协作。

鉴于中小学教育在整个教育体系之中的基础性地位，我国很多的教育研究者及具体的教育工作者皆倾向于将中小学美育作为学校美育的基础和重心，而相对轻视高校美育，认为人之发现美、表现美和创造美的能力应从小培养，中小学美育理所应当地发挥基础性、核心性作用，专业的师资力量和优质的美育资源理应向中小学美育倾斜。这种观点自然有其合理性，但也忽略了一个关键性要素——中小学生的美育由什么人来传授和引导，或者说，中小学生的美育老师从何而来。受年龄所限，中小学生的身心远未成熟，其眼界、阅历、认知及思维能力等较之成人皆较为有限，所以，他们对于艺术知识的学习和理解，更多的是一种被动的接受，对于美的认知与感受，也基本来自家长或老师的传授、引导和影响，尚无法完全自主地进行艺术鉴赏和审美价值判断。可以说，中小学生审美能力的高低，直接取决于中小学老师的艺术感知力与审美判断力水平，而中小学老师的培养则依赖于高等学校，尤其是高等师范院校和专业艺术院校。以此来看，我国现阶段的美育普及，需以学校教育为重，学校教育又需以高校美育为重，高校美育不仅担负着为广大中小学培养和造就优质美育教师的任务，更承担着为社会直接输送德智体美劳全面发展的社会主义建设者和接班人的历史使命。

关于高校美育的基础性地位，我们可以从王国维的教育普及理念中获得些许启发。针对当时社会所流行的先多立中小学，再立大学的平凡教育主义论调，王国维提出了一种与之截然相反的观点，主张实现教育普及的根本办法之一，在于大兴高等教育，以之作为中等、初等教育之基础。其主要理由有二：其一，从理论层面而言，中小学合格的专业师资源自大学教育的培养。"夫欲兴小学，则不可无小学之教师；而小学之教师，非受中等教育者不能为也。欲兴中学，不可无中学之教师；而中学之教师，非受高等之教育者不能为也。"①其二，从欧洲学校设置的历史来看，欧洲大学的设立最早可以追溯至千余年前的中世纪时期，近则也有三四百年的历史，反观小学的普及，不过是近二百年之内才得以实现。"大学之立先于中小学，专门教育之先于普通教育，此学校发达史上不可拒之事实也。"②唯其如此，王国维认为当时流行的教育平凡主义实质是一种教育的"颠倒主义"。应该说，王国维的这种以高等教育为教育基础的主张，在现代教育体制刚刚发轫的晚清社会还是有其现实合理性的，尽管他所针对的是教育普及问题，但既然美育是教育必不可少的组成部分，那么美育的普及，同样需要以高校美育作为基础。

大众文化在美育普及上的优势与限度

尽管普及美育的路径与方法多种多样，但艺术无疑是其中的最理想之物，其作为人类掌握世界的方式之一和人类独有的精神创造物，不仅能够为我们提供宝贵的知识、生活经验和人生智慧，更可以传达人类的丰富情感体验，表现人类物质的或精神的诸种追求，使人从中经验到纯粹的、超功利的精神愉悦和审美快感，并且对社会的启迪与教化亦不乏贡献。因此，艺术教育历来被众多的美育思想家视为美育实施的主要路径和核心内容。

仅以王国维先生为例，他在充分借鉴和吸收康德、席勒、叔本华等人的审美无功利思想的基础上，强调指出艺术于世人而言其作用在于"无用之用"。所谓"无用之用"，主要体现在：其一，艺术与哲学一样，同是"天下有最神圣、最尊贵而无与于当世之用者"，其以艺术符号来表现哲学所发明的天下万世之真理，对于人生有着巨大的洞察与指导意义，能带给人实用功利之满足无法比拟的精神快乐，因此，"今夫人积年月之研究，而一旦豁然悟宇宙人生之真理，或以胸中惝恍不可捉摸之意境一旦表诸文字、绘画、雕刻之上，此固彼天赋之能

---

① 王国维：《教育普及之根本办法》，《王国维文集》第 3 卷，中国文史出版社 1997 年版，第 92 页。

② 王国维：《教育普及之根本办法》，《王国维文集》第 3 卷，中国文史出版社 1997 年版，第 92 页。

力之发展，而此时之快乐，决非南面王之所能易者也。"①其二，艺术是解除人生因欲望压迫而来的苦痛与厌倦的最有效手段。对于艺术的审美观照，可以使人超然于利害之外，忘却物我之关系，达于无欲之境界，进而获得人生的快乐和生命的安顿，"故美术之为物，欲者不观，观者不欲；而艺术之美所以优于自然之美者，全存于使人易忘物我之关系也。"②基于此种艺术价值观念，王国维针对当时国人饱受鸦片之毒侵害的现实状况，认为国民之所以吸食鸦片主要是因为精神上的无希望、无慰藉，故欲根治鸦片之毒需从治疗国民的情感入手，依托宗教和艺术两种路径。其中，艺术适合于上流社会，"乃上流社会之宗教"，与宗教的慰藉为理想的、寄托于来世和天国不同，艺术所提供的是现实的精神慰藉。③ 既然艺术较之宗教所提供的精神慰藉更具现实性和积极性，能够使人的情感得到及时的慰藉，在引导人超越现实的利害关系、获取人生的解救和精神境界的提升方面具有明显的优势，王国维便视独立于政治、道德的艺术为美育的最佳选择。

那么，如何通过艺术教育来开展美育普及活动，或者说，借助什么样的艺术品才能够在美育普及中发挥更大的功能，变成了当今美育工作者首先需要解决的问题。鉴于当今社会中大众文化的传播力与影响力，当下部分学者倡导以大众文化来推进美育的普及，认为喜闻乐见的大众文化产品拉近了文化艺术与普通民众日常生活之间的距离，推进了审美的世俗化、民主化进程，有利于美育的全民普及，不只如此，他们还援引王国维的"古雅"思想作为这种美育普及主张的理论支撑。

不同于前人，王国维在 1907 年发表的《古雅之在美学上之位置》一文中将"古雅"作为一个独立的审美范畴来加以看待，在他看来，"古雅"是与"优美""宏壮"并列的审美范畴，指向一类特殊的文艺作品。因受到康德美学思想的影响，王国维指出，"'美术者天才之制作也'，此自汗德以来百余年间学者之定论也。然天下之物，有决非真正之美术品，而又决非利用品者。又其制作之人决非必

① 王国维：《论哲学家与美术家之天职》，《王国维文集》第 3 卷，中国文史出版社 1997 年版，第 8 页。
② 王国维：《〈红楼梦〉评论》，《王国维文集》第 1 卷，中国文史出版社 1997 年版，第 4 页。
③ 王国维：《去毒篇》，《王国维文集》第 3 卷，中国文史出版社 1997 年版，第 25 页。

为天才，而吾人之视之也，若与天才所制作之美术无异者。无以名之，名之曰'古雅'"。① 显然，王国维用"古雅"来界定那些介于天才创造物与非实用品之间，且与天才创造物并无太大差异的文艺作品，指出这些作品同样具有美之普遍性质，只不过与"优美""宏壮"不同，古雅是"形式之美之形式之美"。② 而且，因"古雅"艺术并非天才创造物，所以其可以借助后天的修养之力达至，即是说，普通人只要具备高尚的人格和渊博的学识，就可以创作出"古雅"艺术，并在艺术鉴赏过程中，理解和把握艺术品中的"古雅"部分，获得直接的情感慰藉。更何况，天才的创作也会遇到"神兴枯竭之处"，此时便需要借助"古雅"来进行弥补和调节。由此，王国维认为，"古雅之价值，自美学上观之诚不能及优美及宏壮，然自其教育众庶之效言之，则虽谓其范围较大成效较著者可也"，可以充当"美育普及之津梁"。③

　　王国维关于"古雅"之地位与价值的阐释，无疑带有借非天才创造的"古雅"艺术来追求美育普及的意味，这也是当下很多人主张以大众文化产品来实现美育普及的主要原因所在。但是，我们切不可误解王国维的本意，以为他强调普通人能够创作和欣赏的"古雅"艺术并肯定"古雅"艺术在美育普及上的"津梁"作用，便意味着其在艺术上抱持一种不加甄别的平等主义态度。事实上，他对于那种一味刺激人之感官欲望的文艺作品是极为反感的，认为这些作品非但"不能使人忘生活之欲及此欲与物之关系"，反而适得其反，"又使吾人自纯粹知识出，而复归于生活之欲"，无异于"欲止沸而益薪"，并将此类文艺作品视为与"优美"和"壮美"相对立的"眩惑"而加以反对。④ 由此可见，王国维所谓的众庶可由"古

　　① 王国维：《古雅之在美学上之位置》，《王国维文集》第 3 卷，中国文史出版社 1997 年版，第 31 页。
　　② 王国维：《古雅之在美学上之位置》，《王国维文集》第 3 卷，中国文史出版社 1997 年版，第 32 页。
　　③ 王国维：《古雅之在美学上之位置》，《王国维文集》第 3 卷，中国文史出版社 1997 年版，第 35 页。
　　④ 王国维：《〈红楼梦〉评论》，《王国维文集》第 1 卷，中国文史出版社 1997 年版，第 4—5 页。

雅之制作物中得其直接之慰藉"①是有条件的和有所选择的，"古雅"艺术的美学价值虽不及"优美"及"宏壮"艺术，但其必须同样能够使人忘却物我关系而获得纯粹的精神愉悦，否则便与"眩惑"艺术无异，根本无法起到美育的作用。

客观地讲，大众文化在民众日常生活中的普及，的确为大众接触、了解和欣赏艺术提供了诸多的便利，从而为美育普及创造了极大的可能性，但大众文化的普及并不代表着美育的普及，更不意味着美育效能的真正实现，其关键原因就在于：大众文化的美育功能是有限度的。大众文化的娱乐与消费本质决定了其更多是以追逐商业价值为主，可能有部分大众文化产品能够兼顾商业价值、审美价值和思想价值，但整体而言，大众文化产品的平均美学水准并不高，尤其是那些片面迎合部分大众恶俗、低级趣味的大众文化作品，其审美价值与美育功能可谓微乎其微，非但不能起到陶冶性情、净化心灵和健全人格的美育目的，反而会对公众的身心健康造成不同程度的伤害。

而且，我国的社会文化发展现实同样证明，大众文化并不能从根本上起到美育普及的作用。自 20 世纪 90 年代中期以来，随着传播渠道的愈加多元，大众文化在中国的传播愈发便捷和广泛，其在民众日常生活中的作用也愈加凸显，但民众的艺术感知力与审美鉴赏力并未因此而获得明显的提升，民众的精神生活与心灵境界也并未因此获得太多的改善。换言之，大众文化的美育功能并没有想象得那么显著，可见，试图通过大众文化来推行美育普及的观念或主张，并不可行。究其实质，在于忽视或并不清楚当今美育之目的与宗旨：提高人的审美洞察力，提升人之艺术鉴赏力，抵御当今社会对娱乐价值的过分看重，并最终作用于健全人格的塑造和德智体美劳全面发展之"全人"的培养。

高校艺术经典教育的样板作用

由上可见，美育普及的关键并不在于文学艺术的普及，而在于优秀文艺作品的普及。换言之，公众能够接触和接受艺术并非其获取美感经验与精神滋养

---

① 王国维：《古雅之在美学上之位置》，《王国维文集》第 3 卷，中国文史出版社 1997 年版，第 35 页。

循美而行

——关于高校开展"课程美育"的思考

王文革　刘同军

（北方工业大学）

习近平总书记 2018 年 8 月 30 日给中央美院 8 位老教授的回信说："加强美育工作，很有必要。做好美育工作，要坚持立德树人，扎根时代生活，遵循美育特点，弘扬中华美育精神，让祖国青年一代身心都健康成长。"人们认识到，"没有美育的教育，是不完整的教育"。当前，美育受到教育界高度重视。各高校纷纷开设适合学生成长发展的美育课程，开展丰富多彩的美育文化活动，受到学生欢迎。美育与德育、智育、体育相辅相成、相互促进。美育在立德树人根本任务中手段更柔软，更能使正确的价值观念内化于心。如果说提高美育的深度主要属于美育课程的目标，那么，拓展美育的广度则主要属于课程美育的任务。

课程美育：以美促学

课程美育的首要目标，是要引导学生发现专业领域中的美。美是人们能够感受到的而且令人愉悦的东西，如同博克所说："我们所谓美，是指物体中能引起爱或类似情感的某一性质或某些性质……'爱'所指的是在观照一个美的事物时……心里所感觉到的那种满意。"①审美感受与审美快感是一体的，也即当人

---

① 北京大学哲学系美学教研室编：《西方美学家论美和美感》，商务印书馆 1980 年版，第 118 页。

感受到美的时候，也就产生了或感受到了审美的快感。审美快感是美所给予人的直接感受。桑塔耶纳甚至就直接用审美快感来给"美"下定义："美是一种积极的、固有的、客观化的价值。或者，用不大专门的话来说，美是被当做事物之属性的快感。"①《论语·述而》云："子在齐闻《韶》，三月不知肉味，曰：'不图为乐之至于斯也。'"《列子·汤问》形容韩娥的歌声"余音绕梁，三日不绝"。这些都说明了审美或美的发现、感受给人所带来的极大愉悦和深刻感受。发现的过程，也即感受、体验的过程。这个过程也就是伴随着审美愉悦的过程。审美愉悦的极致，也就是马斯洛所说的"高峰体验"："高峰体验一词是对人的最美好的时刻，生活中最幸福的时刻，是对心醉神迷、销魂、狂喜以及极乐的体验的概括。"②

从更高层面来说，审美活动是一种精神自由的表现。"审美带有令人解放的性质，它让对象保持它的自由和无限，不把它作为有利于有限需要和意图的工具而起占有欲和加以利用"③；反之，"现实上很高的利益和为了这些利益而作的斗争"，"使得人们没有自由的心情去理会那较高的内心生活和较纯洁的精神活动，以致许多较优秀的人才都为这种艰苦环境所束缚，并且部分地被牺牲在里面"④。为现实所束缚、为功利所压抑，人们就很难获得这种所谓解放或自由。获得精神的解放和自由，这使审美活动具有了形而上的意义。

美的发现，或审美快感，可以让专业学习成为一个如坐春风的过程。有了美的发现，专业知识就变得不再枯燥、生冷，专业学习也就变得不再乏味、单调。美的发现，有助于学生专注于专业学习。而且，审美情感本身具有动力性，如同休谟所说："理智是冷静的超脱的，所以不是行动的动力……趣味由于产生快感或痛感，因而就造成幸福或苦痛成为行动的动力。"⑤这就是说，审美愉悦作为一种正能量，作为一种情感推动力，有利于学生积极投入专业学习。随着审美活动的不断进行，学生对专业课程的学习动力、学习兴趣得到不断加强。

---

① 桑塔耶纳：《美感》，中国社会科学出版社 1982 年版，第 33 页。
② 马斯洛：《自我实现的人》，生活·读书·新知三联书店 1987 年版，第 9 页。
③ 黑格尔：《美学》第 1 卷，朱光潜译，商务印书馆 1979 年版，第 147 页。
④ 黑格尔：《哲学史讲演录》第 1 卷，贺麟、王太庆译，商务印书馆 1959 年版，第 1 页。
⑤ 北京大学哲学系美学教研室编：《西方美学家论美和美感》，商务印书馆 1980 年版，第 111 页。

审美愉悦成为对学生进行专业学习的一种"奖赏",让学生越学越有味,以致孜孜以求、乐此不疲。正如柳宗元所说,"美不自美,因人而彰",美需要也召唤人来发现、来感受。专业课程教学应当鼓励学生寻找美、发现美、感受美,并从中体验到审美愉悦。

美的发现,不仅仅能为课程美育提供资源,还能激发专业教师对专业的喜好。孔子说:"知之者不如好之者,好之者不如乐之者。"专业课程教师对于课程本身的态度也存在知、好、乐几个层次。因为职业的原因,专业教师必须对课程内容有所知,甚至达到熟知的程度,即便如此,他未必能达到喜好的程度;即便达到喜好的程度,却未必能达到快乐的程度。但如果他能从专业课程内容中发现美,他就很可能达到乐之、以之为乐的程度。他将这种美与学生分享,也就是广义上的美育了。从专业课程的学习中感受到美、享受到审美的快乐,这与学生的专业课程学习无疑是正相关的事情。

专业教育本身是严肃、严格、严谨的学习过程,但这个过程也可以是生动活泼、丰富多彩的,可以是参与互动的主动创造的过程,也可以是人生的体悟、生命的体验的过程。让这个过程充满乐趣、充满快感,也是有利于专业课程的学习的,这样,抽象、繁难、严肃的专业学习就多少具有了快乐的元素。果真如此,学生对专业学习就能产生一种发自内心的喜悦和喜爱。

课程美育:以美育德

美与善、美育与德育有着内在的关联性。康德说:"美是道德的象征。"①蔡元培当年给美育所下的定义就是:"美育者,应用美学之理论于教育,以陶养感情为目的者也。……所以美育者,与智育相辅而行,以图德育之完成者也。"②他在《以美育代宗教说》中就认为,因为美育的内容或材料是美,而美具有普遍性、超越性,所以美育能使人突破个体的、功利的计较;美育是主情的教育,通过情感的陶养可以促进道德的培养。这个思想与席勒一致。席勒认为"道德状

---

① 康德:《判断力批判》,宗白华译,商务印书馆 1964 年版,第 201 页。
② 金雅文丛主编:《中国现代美学名家文丛:蔡元培卷》,浙江大学出版社 2009 年版,第 104 页。

态只能从审美状态中发展而来"，他所看到的是审美对人的道德养成所具有的建设性作用。

美育具有独特的德育功能。首先，美育可以是"问心"的德育。朱光潜在《谈情与理》一文中将道德分为问心的道德和问理的道德，认为"问理的道德迫于外力，问心的道德激于衷情"①。以美育德，则可以达到"问心"的效果："在审美活动中，主体感受到了美，体验到了高雅、高尚的情感，与他人分享、共享美，与他人产生情感的共鸣共振，在获得精神满足的同时，也渐渐培养起了爱心、同情怜悯之心、爱美向善之心、群体公益之心等等。这样，审美活动就具有了道德教化的作用。"②"问心"就是触及心灵深处。周宪提出通过美育来提升"感同体验能力"（多译作"移情"）："感同力是一种换位体验，是一种情感移入的过程，是通过他人的眼睛或心灵来理解他人心态或情感状态的能力……就是在想象性的体验中感悟别人的想法和感受。"③"感同体验能力"（或移情）的效果，其实就是从灵魂深处被打动、被感染。其次，以美育德，可以是快乐的。道德是一种规范，是一种对个人行为、欲望的约束。从逻辑上讲，规范、约束是限制人的自由的，在内化于心之前不会令人愉快。但美不是这样。比如，一朵鲜花，它是美的，美的东西你是会珍惜的，是不忍心毁坏的。这就形成了对个人欲望的一种约束，而且是快乐的约束。④正如叶朗先生在论述"美在意象"时所说："在美感中，当意象世界照亮我们这个有情趣、有意味的人生（存在的本来面貌）时，就会给予我们一种爱的体验、感恩的体验，它会激励我们去追求自身的高尚情操，激励我们去提升自身的人生境界。"⑤最后，以美育德，能够顺应学生的成长规律。明代大哲学家王阳明说："大抵童子之情，乐嬉游而惮拘检，如草木之始萌芽，舒畅之则条达，摧挠之则衰痿。今教童子，必使其趋向鼓舞，中心喜悦，则其进自不能已。譬之时雨春风，霑被卉木，莫不萌动发越，自然日长月化；若冰霜剥落，则生意萧索，日就枯槁矣。"德育本身，是对青少年提出行为

---

① 朱光潜：《朱光潜全集》第 1 卷，安徽教育出版社 1987 年版，第 44 页。

② 王文革：《美育的德育功能分析》，《中国德育》2018 年第 24 期。

③ 周宪：《知行张力、多媒介性与感同体验：当前大学美育的三个问题》，《美育学刊》2019 年第 5 期。

④ 王文革：《美育的德育功能分析》，《中国德育》2018 年第 24 期。

⑤ 叶朗：《美学原理》，北京大学出版社 2009 年版，第 81 页。

规范，用行为规范引导青少年的行为。这就形成对青少年的某种"拘检"。利用美育开展德育，因是寓教于乐，顺应学生特点，也就不存在"拘检"的问题，其效果自然好于枯燥抽象的说教。

各门专业课程往往蕴含着一定的美育资源。教师引导学生去发现这些美的现象，接受美的熏染，也就是开展了美育。笔者在开展文艺美学课程教学时，曾布置学生完成一篇限时课程论文，对习近平总书记视察武汉时所说"武汉是英雄的城市，武汉人民、湖北人民是英雄的人民"一语进行审美分析，100多位同学认真完成了这篇课程论文，表达了自己的真切感受。完成论文的过程，也是情感再度体验和提升的过程。当然，美育与德育一样，不能衍变为说教。任何生动有趣的东西，一旦变成说教，就往往变得索然无味。运用之妙存乎一心。这里，自然、无心、随意、点染，似乎能产生更好的效果。在这个过程中，发挥学生的主体性，激发学生寻美、抒情、表达的积极性，不失为一种有效的美育实施方式。

课程美育：以美塑人

美育要建构起生活的情趣、生命的诗意。美让人感受到生活的美好、可爱。生活如果离开了美，将是枯燥、乏味的。最根本的，美要使人诗意地栖居，也就是要使人的精神有所寄托、灵魂有所安顿。美育不仅仅要让人有发现美、欣赏美、创造美的能力，更重要的是要解决精神和灵魂的寄托、安顿的问题。中国传统美学中的"天人合一""一体之仁"的思想可以让人感受到一个充满生机、富有情趣的世界。周敦颐不除窗前草，谓其"与自家意思一般"；程明道不除窗前草，亦谓"欲常见造物生意"，这是从细小的生命中看到生命的趣味。孔子曰："天何言哉？四时行焉，百物生焉，天何言哉？"（《论语·阳货》）这是从天地的角度看到天地运行的伟大生命力。没有或缺乏生命意识，也就感受不到世界的生机、生气、生趣。美育的生命意识教育有助于人们发现这种诗意。① 王一川认为美育具有建构精神信仰的价值："大学美育的根本目标，与其说在于个体高尚

---

① 王文革、袁一宁：《美育：生命意识的教育》，《北京教育（高教）》2018年第3期。

纯洁人格的养成，不如说在于个体高尚纯洁之人格以及作为其灵魂的个体信仰之养成。"①精神信仰的建构在当代具有很强的现实意义。

在健全人格培养方面，美育的作用十分明显。"要使感性的人成为理性的人，除了首先使他成为审美的人，没有其他途径。"②其实，更全面地说，人既应是感性的，同时也应是理性的，因为，感性无理性则盲，理性无感性则空；理想的状态应当是感性与理性的和谐统一、协调发展。近代教育让人的工具理性、抽象思维能力得到空前发展，这种发展让人类受益良多。但这种工具理性、抽象思维的片面发展，一定程度上导致感性的枯萎、压抑，诸如感受力、同情心、想象力之类的感性能力得不到应有的伸张。周宪所说的"感同体验能力"（"移情"），对于个人人格的健全作用也是十分重要的。"感同体验能力"（"移情"）是"通过他人的眼睛或心灵来理解他人心态或情感状态"（周宪），是一种换位思维。与之相近的说法，还有"同情"，即人可以通过推己及人、以己度人的方式，来推知他人心态或情感状态。"移情"与"同情"在路径上似有差异，但目标或效果都指向对自己之外的事物、对对象特别是对生命的感知、体验。这种感知、体验可以视为构建社会共同体、构建人类命运共同体的感性基础。费孝通曾提出人类文化交流融合的16字方针——"各美其美，美人之美，美美与共，世界大同"，"各美其美"比较容易，"美人之美"就比较困难。而通过"移情"或"同情"，首先在审美领域形成共享、交流机制，进而达到文化上的"美人之美"，应该是一条可行的，且较容易的路径。

美育也能提升胸襟、境界。叶朗先生说："我国古代思想家强调，一个人不仅要注重增加自己的知识和技能，更重要的是要注重拓宽自己的胸襟，涵养自己的气象，提升自己的人生境界，也就是要去追求一种更有意义、更有价值、更有情趣的人生，这一思想在今天非常有现实意义。"③审美活动、美育的作用，正如冯友兰所说："一个真正能审美的人，于欣赏一个大艺术家的作品时，会深入其境，一切人我之分，利害之见，都消灭了，觉得天地万物都浑然一体。"④

---

① 王一川：《美育树信仰：互联网时代大学美育的目标》，《美育学刊》2018年第5期。
② 席勒：《美育书简》，徐恒醇译，中国文联出版公司1984年版，第116页。
③ 叶朗：《以美育人：以美育培养时代新人》，《人民日报》2018年9月18日。
④ 冯友兰：《中国现代哲学史》，广东人民出版社1999年版，第61页。

在冯友兰看来，审美通向"万物一体"的精神境界。张世英先生论述传统"民胞物与""万物一体"思想时说："你就是我的骨肉，你手指疼跟我自己疼是一样的，我们两个人是人我一体，人我不分，万物一体，万物一体就是'仁'，所谓'一体之仁'是也……这是最高的心灵之美。"①"民胞物与""一体之仁"思想可以用"移情"或"同情"加以解释。当你以他人之眼、他人之心来看待、理解他人，或将心比心、推己及人，你就能产生对他人的爱。当你将这样的爱推及万物时，万物也就无不可爱。于是，世界就富有了诗意，生存也就变成诗意的栖居。这样，这种爱也就具有了信仰的性质。当然，要培养起这种"移情""同情"的能力，还需要从时代、从现实出发，积极发挥美育的作用。

专业课程除了"及物"，还要"及人"。专业课程教学不应是"目中无人"的教学。专业课程教学应有"代入感"，能时时见出人情、显出情趣。各门类知识可以视为天地人生知识总体的一个方面。专门知识的独立、分化，不应阻断这些知识与科学整体，与社会、历史、人生的关联。课程美育的开展，某种意义上讲，是试图恢复这些专门知识与人生的关联。专业知识技能的培养，也是立德树人的路径。应该通过专业知识技能的培养，引领学生通向更高的人生境界；而专业课程中美的发现、感受，也似乎具有画龙点睛的作用，可以照亮整个教学，为专业知识技能"赋值"。

课程美育：以美助创

专业课程甚至自然科学也往往与美有着密切的关系。唐代画家张璪说艺术是"外师造化，中得心源"。杨振宁在分析我国古代的两件青铜器——青铜犀牛和青铜觚时说："塑造青铜犀牛的人是外师造化，它的美是因为这个创作者看到了一个真正的犀牛，所以这是一个写实的美。而青铜觚是一个中得心源的美，它的曲线用几何学的语言来讲叫作双曲线，商朝的人当然不知双曲线为何，可是他直觉地知道了这个抽象的美，这就是从心里感受到了自然界的美，是一个

---

① 张世英：《美感的神圣性》，《北京大学学报(哲学社会科学版)》2015 年第 3 期。

写意的美。"①张璪的这句"外师造化，中得心源"，不仅是艺术创造的根本大法，也是各门类知识获得的根本大法。一方面人们循着自然、世界的现象一步步把握自然、认识世界，一方面循着人们自身的愿望、目的、需要、想象、感知一步步把握自然、认识世界。在这个过程中，人们所创造的东西既要"合规律"，也要"合目的"。只有"合规律"了，才能更好地"合目的"；只有"合目的"了，才能真正"合规律"。这个既"合规律"又"合目的"的东西，也就是所谓美。所以，大凡人类的创造物，包括各门类知识，从逻辑上讲，往往与美息息相关。

对美的渴望、向往，是人们创造美的不竭动力。发现美、欣赏美是一种情感的愉快体验，创造美当然也给人带来极大的愉快，但创造的过程往往存在一定的难度，克服这种困难则需要激情的推动，需要美的引领。我国古代不乏苦吟的诗人。贾岛的"两句三年得，一吟双泪流"与卢延让的"吟安一个字，捻断数茎须"，就成了苦吟的生动表述。说到苦吟，人们往往略带贬义，包含着情感不足、才能有限却勉强作诗、苦苦作诗的意思。但从另一方面来看，苦吟何尝不是一种对美的创造的执着态度呢！欧阳修作《相州昼锦堂记》，已经完稿、交人，猛然意识到开头两句"仕宦至将相，富贵归故乡"，应加上两个"而"字，改为"仕宦而至将相，富贵而归故乡"，立刻派人快马追赶取稿的人，最终把那两个"而"字给加上了。对此，朱光潜指出："我们如果把原句和改句朗诵来比较看，就会明白这两个'而'字关系确实重大。原句气局促，改句便很舒畅；原句意直率，改句便有抑扬顿挫。"②像这样的例子在中外经典文学作品的创作中数不胜数。可以说，对美的热爱，是推动诗人、作家、艺术家进行文学艺术创作并精益求精、孜孜以求的强大、持久的动力。

对科学家来说，美也是推动其开展科学研究、取得科研成就的重要因素。彭加莱说："科学家不是因为有用才研究自然的。他研究自然是因为他从中得到快乐；他从中得到快乐是因为它美。若是自然不美，知识就不值得去求，生活就不值得去过了。"牛顿和贝多芬的传记作者 J. W. N. 沙利文说："指引科学家的动机从一开始就是美学冲动的显现……没有艺术的科学是不完善的科学。"韦尔

---

① 张玉梅、王帆：《"天地有大美而不言"：杨振宁教授谈科学与艺术之美》，《光明日报》2015 年 4 月 20 日。

② 朱光潜：《朱光潜全集》第 4 卷，安徽教育出版社 1988 年版，第 220 页。

说："我的劳作是努力把真和美统一起来；如果我不得不选择其中之一，我常常选择美。"①爱因斯坦说："美照亮我的道路，并且不断给我新的勇气。"②我们可以看到，美引导着、激励着科学家向着未知的神秘的领域进发；在这个幽暗的未知世界，美对科学家的研究、探索具有照亮的作用。

美育有助于想象能力的培养。想象是人的思维的自由活动和自由创造。它将在场、不在场的事物关联起来，创造出现实中没有的东西。想象能够突破现实和习惯的束缚，甚至能够突破各种物理规律、生活规则的束缚，让人进入一个奇异的自由的世界。想象创造出一个可能的甚至不可能的世界。爱因斯坦说："想象力比知识更重要，因为知识是有限的，而想象力概括着世界上的一切，推动着进步，并且是知识进化的源泉。严格地说，想象力是科学研究中实在的因素。"③在16岁的时候，他想象到："假如我骑在一条光线上，追上了另一条光线，那将看到什么现象？"这个似乎荒诞不经的问题，某种意义上说，开启了他此后创立相对论的伟大历程。想象力是可以培养的。审美需要想象，想象能力也在审美活动中得到有效培养和提高。

课程美育是要在专业课程领域发现美、感知美，激发学生在专业领域对美的追求、对美的热爱，并进而培养创造具有美的性质的东西的能力。课程美育赋予专业课程以审美性质、人文性质。这样，专业课程教育就化身为课程美育，不知不觉中起到春风化雨、润物无声之效。笔者在上文艺美学课时，曾请学生叙述"生活中最打动你的那一瞬间"，学生所叙述的很多"瞬间"确实具有打动人的力量。可以看出，学生很乐于叙述这样的情景。发现这种瞬间并将它叙述出来，也就是一种美的创造了。

结语：课程美育，循美而行

当前，大学美育存在的一个突出问题，就是不够"大"。大学美育还只是局限于狭义的美育课程和艺术类通识课程。而专业课程教师则往往存在就课上课

---

① S. Chandrasekhar：《科学中的美与求美》，朱志方译，《世界科学》1990 年第 8 期。
② 叶朗：《美学原理》，北京大学出版社 2009 年版，第 285 页。
③ 叶朗：《美学原理》，北京大学出版社 2009 年版，第 285 页。

的现象，也即仅仅满足于专业知识的传授、专业能力的培养，缺乏发现专业知识中的美、感受专业知识中的美，并引导学生主动发现、感受专业知识的美的自觉意识。其实，专业课程不仅是专业课程，还可以开展思想政治教育，即课程思政，还可以开展审美教育，即课程美育。专业课程开展课程思政、开展课程美育，正是促进学生德智体美全面发展的重要途径，其意义十分重要。

大学美育应该倡导"大美育"观。"大美育"的核心是狭义的美育课程，围绕美育课程的则有各类文学艺术通识类课程，更广泛的则是在各门专业课程中开展的课程美育。课程美育除直接的审美活动、审美教育外，还有一些相关的美育原则、美育方法，如感性、直观、直觉、情感、体验、想象、创意（创造）等，可以在各专业课程中实施、展现。教师用感性的方式生动地展示出抽象的概念、原理、定律，这种展示本身就与美的呈现相关。直观是对形象的直观，而且往往是整体的直观。将抽象化为形象，或以形象呈现抽象，可以让人通过形象直观到抽象，从而更好地把握抽象。直觉的一个特点就是"不假思索"。直觉具有透过现象直接把握本质的价值。很多大科学家的一些伟大的发明、发现，往往首先是在直觉中触及的。专业课程也不能排斥情感、体验因素。情感作为一种动力，是推动人们探索、创新的重要因素。对未知的好奇，对创新的喜爱，对成功的体验，都是与发明、发现正相关的情感因素。学习是一个理解、接受、记忆、使用的过程。这个过程如果与探索、发现、发明、创造融合在一起，学生将能够体验到极大的乐趣和愉悦。笔者曾提出文化创意通向审美之境，所依据的就在于创造所体现的主体性、自由性、愉悦性。想象更是直接参与到科学技术的发明中。如德国化学家凯库勒（1829—1896）因长期弄不清苯分子的结构而苦恼。在一次梦中，他看到一个个的原子站在他面前，像蛇一样不断地绕圈子，忽然有一条蛇咬住自己的尾巴团团转。他由此受到启发，马上悟出了苯分子的"环状"结构。[①] 专业课程教学应当鼓励创意、创造，在创意、创造中实现学生的主体性、自由性，并体验到创意、创造的快乐。在专业教学中运用美育的原则、美育的方法，也是课程美育的体现。

课程美育还要使人感受到"知识的美"。柏拉图就曾在《会饮篇》中提出过知

---

① 奇科·汤普森：《真是一个好创意！创造卓越创意的思维方法》，黎泗译，电子工业出版社 2010 年版，第 234 页。

识的美。① 各门类知识本身在概念的严谨、逻辑的周密、结构的完善、表述的清晰等方面就构成其内在的"形式美",加上其把握世界的深度、广度,更显示出科学的光辉。在探索世界中,各个时代、各个国家的科学家为之不懈地努力,也显示出精神的崇高。这些都是美的具体体现。将专业课程的教学拓展到这些与专业知识相关的方面,专业知识本身就具有了温度,就可亲可爱起来。

需要指出的是,当前,受应试教育惯性的影响,很多学生的学习功利性很强,对考研、就业等没有直接作用的课程往往不太感兴趣,学习的动力不是很足。而专业课程则由于对考研、就业有直接作用,被视为"有用"的课程。开展课程美育,在"有用"的课程中加入"无用"的内容,让学生不知不觉中受到感染,其美育效果也是不能小视的。

通过美育,通过美的感受,人的感知进一步敏锐,思维进一步拓展,情感进一步丰富,直觉进一步加强,想象进一步提高,这些都为其创新、创造奠定良好的基础。让学生发现专业课程领域所存在的美,是第一位的;进而创造美,则是更高层次的美育。课程美育可以视为专业教育的一种拓展、一种"链接"。它丰富专业课程,让专业课程教学指向人、指向精神、指向灵魂,为立德树人发挥独特的作用。

---

① 朱光潜:《朱光潜全集》第 1 卷,安徽教育出版社 1987 年版,第 232—233 页。

浅谈高校美育课程的现存问题与改革路径

樊小敏　　杨一涵

（北京师范大学）

教育是国之大计、党之大计，美育对于国民综合素质的培育作用不可忽视。2020 年 10 月 15 日，习近平总书记在教育文化卫生体育领域专家代表座谈会上号召各级学校"加强和改进学校体育美育，促进学生德智体美劳全面发展"。[①]"美育教学改进"，自 2013 年经党的十八大三中全会提出，国家对此逐渐加强宏观指导与细化要求。各高校在美育教学方面也收获了一定的成果和经验，美育教育普及率有所提高。但是，人们对于美育教育的重视程度仍然偏低，学者对于相关问题的调查研究仍不充分。美育的诸多概念学界尚有争议，美育课程的推进难以获得充足的学术支持和理论指导。

目前高校美育课程发展中存在的普遍问题

大多数高校的公共美育课程在计划和开办时因考虑到非专业学生的接受能力和理解能力，在课程深度的设置上受到一定程度的局限，其内容往往浮于表层，没有更加深入的探讨。同时，受教学资源、时间安排等多方面限制，大多数公共美育课程仍以理论及鉴赏知识的讲授为主，实践机会相对较少，缺少对于学生艺术敏锐度、艺术直觉力等重要艺术鉴赏能力的系统化培养，课程整体也缺乏形式上的创新。非艺术类学生对于美育课程"消化不良"，美育工作收效

---

① 习近平：《在教育文化卫生体育领域专家代表座谈会上的讲话》，《中华人民共和国国务院公报》2020 年第 28 期。

甚微。

笔者认为，当下高校美育课程的发展大致受到以下三个方面的条件限制。

其一，在课程方面，大部分高校公共美育课程都是由从事专业艺术教育的教师进行教授，其教学规划、内容设定、推进程度、表现方式等容易基于艺术类学生的思维模式和接受方式而设定。而且，由于现实条件的限制，更难以实现为非艺术类学生"量身定做"。这样的课程设计导致了课程深度对于部分非艺术类学生来说或过深或过浅，难以把握合适的程度，影响学生们对于课程知识的消化和吸收，从而大大削减高校美育课程的育人效果。

其二，在观念方面，高校公共美育课程由于自身的非功利性特点，在部分人的观念里仍被置于可有可无的位置，从顶层设计到机制保障，再到资源提供及经费投入，高校普遍对于美育课程的投入有限，高校美育课程建设并没有得到应有的重视。从课程的设计者到课程的接受者，人们对于高校公共美育课程的重视程度都有待提升。

其三，现阶段我国对于高校美育课程的研究仍然处在探索和发展阶段，相关理论研究并不充分，课程的数量和质量都存在着较大优化空间。

由此观之，目前我国高校公共美育课程仍有很多问题亟待解决，加强高校公共美育课程建设，深化课程改革是全面改进学校美育工作的重中之重。

高校美育课程改革迫在眉睫

在国际社会激烈的竞争下，人才资源愈加宝贵。加强高校公共美育课程建设是对国家人才培养战略的一种积极响应，旨在助推我国文化软实力的提升，以此实现中华民族伟大复兴的中国梦。

面对 2020 年新冠肺炎疫情的全球化发展，国民普遍出现焦虑心理，加之部分国外媒体对中国国际形象偏离事实的恶意扭曲，时常出现舆论风向不稳定、人云亦云的现象，严重影响了社会秩序和国民的身心健康。

当今国际社会，各国迫切希望通过树立良好的国际形象来强化国际地位。一直以来，中国致力于建设大国形象，通过各项改革措施刺激经济社会高速发展，得到了举世瞩目的显著成效。而与此同时，中国的文化软实力却难以和高速发展的经济社会同速并行。文化的发展需要积淀，难以被速度裹挟。国民素质仍然偏低，人们普遍缺乏对于事物的个体思考和独立判断能力，因此极易被言论煽动，形成焦虑、失控的负面情绪，造成一定的社会恐慌。以上现象的出现，究其原因是人们文化精神引领的缺失。

而高校作为国民文化素养培育的摇篮，承担着十分重要的教育功能和社会责任，对于公共美育课程的建设更需要深刻反思。不仅要塑造与时俱进、顺应时代潮流的公共美育课程，更应深化改革、充分发挥公共美育课程的社会功能性，为党育人、为国育才，从而更好地优化美育成果、扩大美育教育影响力，重塑文化精神引领，使美育成果惠及社会、服务国家。

加强高校公共美育课程改革是时代之需，更是国家之需。下文主要以北京师范大学的公共美育课程建设为例，以 2018—2020 年北京师范大学公共美育课程重点改革措施以及调整方向为案例，试探高校美育课程的发展路径。

（一）增强实践性，提升育人效果

艺术类课程不同于其他学科课程，艺术与人的个体感受息息相关，这样的特性决定了只有遵循艺术鉴赏的学习规律、注重将理论付诸实践，才能获取更加深刻的个体感受。目前北京师范大学共开设有 44 门美育类公共课，但其中近80%是理论类、鉴赏类课程，仍以教师在课堂上口头讲授为主要授课方式，而实践性课程则相对占比较少。[①] 回顾各项艺术发展的悠远历程，无一不是伴随着大量的艺术实践，从艺术实践中获取经验，在实践中不断完善。可见，艺术的发展必须和实践相结合，只有在亲身经历后充实个体感受，才能将其转化成艺术思维。2017—2018 年，北京师范大学美育中心进行了两次全校美育情况的调查，发现有超过半数的学生希望丰富课程形式，超过七成的学生希望参与艺术实践。美育中心重视学生需求，认识到课程改革的迫切性，在申报新课和设计课程时聚焦于加强课程实践性的开发。

1. 机制保障课程改革

完善机制全面保障美育建设。北京师范大学积极响应中央对于美育工作的重要指示，认真落实教育部关于学校美育的工作部署，于 2016 年正式设立北京

---

① 胡智锋、樊小敏：《从国家发展战略到人才培养模式——当代中国高校公共艺术教育发展现状论析》，《艺术百家》2019 年第 3 期。

师范大学美育中心，整合全校美育资源，依托艺术与传媒学院全艺术学科专业优势，积极开展线上线下美育教学与活动，收获了大量珍贵的美育实践成果。美育中心全面推进美育课程改革，强化以美育人，以文化人的使命担当，创新大学美育课程，搭建课程实践平台，注重线上课程开发与数字资源建设，让高品质的美育资源充实校园、惠及社会。

目前，北京师范大学公共美育课程——艺术鉴赏与审美体验模块属于北师大六大通识教育课程之一，该模块以提升学生艺术审美能力和对文化表现形式的理解能力为目的，依托全艺术学科的资源优势，涉及电视、电影、音乐、舞蹈、美术、书法、数字媒体、视觉艺术、艺术心理、艺术教育等多门专业课程。

2. 课程供氧品牌活动

北师大致力于搭建课程与大型活动之间的桥梁，课程保障了品牌项目的延续，品牌项目拓展了课程的视域。[1] 如美育公共通识课程"综合艺术实践"，打通艺术与非艺术专业，覆盖全校师生。课程内容贯穿我校品牌类大型活动，如"四有好老师"奖励计划、北京大学生电影节和大型原创舞台剧《往事歌谣》等，涉及多门艺术学科课程内容，学生参加课程进而实操各项艺术工作，全面提升学生艺术技能和素养。课程连接活动，活动反哺课程，在这些美育品牌活动中，学生充分感受到百年师大的人文传统及美育精神的润泽。

如从 2017 年开始，综合艺术实践课程充分融入北京大学生电影节，让非艺术类的学生能够有机会参与到电影节的组织与评影工作中，将"大学生办、大学生看、大学生拍、大学生评"[2]的电影节运营方式与美育公共课程深度结合。课程引导学生参与文化项目的运营、融媒体的宣传策划、实操艺术评论、练习艺术管理技巧等环节和活动，在课程中启发学生始终对艺术抱有激情与文化意识。经过课程教学和活动实践，北京大学生电影节已成为北师大学子教育历程中不可缺少的重要印记，是北师大美育实践的一张响亮名片。

公共美育课程通过艺术专业知识输出，持续为品牌项目提供人才资源，让更多年轻一代参与到现代文化项目的管理运营中。而新生力量所伴随的新的思

---

① 胡智锋、樊小敏：《从国家发展战略到人才培养模式——当代中国高校公共艺术教育发展现状分析》，《艺术百家》2019 年第 3 期。

② 北京大学生电影节概述，https：// www.bcsff.cn/content/index/id/391.html。

维方式和视角，又为项目注入鲜活力量，增添了项目的生命力，使项目"常演常新"。

3. 搭建课程实践平台

实践性课程贯穿于学生培养计划中，是学生将知识学以致用的重要环节。学生通过课程所搭建的实践平台，在学校期间提前接受社会化培训，为学生从校园到就业过渡进行准备，提升学生们对于外部社会的适应能力，塑造更加优秀的社会公民。

近年来，美育中心聚焦提升课程的实践性，加大对实践类课程的申报和开课，并对实践类课程给予一定的教学改革经费支持。目前本科生实践课程设有综合艺术实践、乐理与合唱、麦霸音乐技巧、舞蹈宫廷礼仪与芭蕾形体、油画技法入门与经典作品赏析等，研究生课程设有身体视觉与创意舞动、Python 编程之美、油画艺术工作坊、纪录片工作坊等。这些课程创新授课方式，以工作坊、结课展览、名师讲座、短视频评比、快闪、剧目参演为形式，拓展课堂内容，与教育教学紧密结合，用实践代替说教，增强学生对艺术的感知，将艺术操练课堂化，将课堂生活化，也丰富了校园文化生活。如综合艺术实践课程结合北师大出品音乐剧《往事歌谣》项目，敢于创新，开拓思维。学生自主选择参与制作运营组、宣传组、纪录片组、合唱组、舞蹈组、舞台监督组、舞台美术组、道具组、服化组、设计组等 10 个不同的艺术工作组，打通课程知识的转化，模拟社会文化项目分工，充分发挥各专业优势，锻炼了学生的实操能力与合作精神。

《往事歌谣》项目是一次生动的爱国主义教育主题大型艺术实践，为学生们搭建课程实践平台，不仅进一步拓展了所学知识、提升了能力，更从精神引领与德育方面带来了许多珍贵收获。制作运营组朱祎晨同学感言："加入制作运营组才知道制作一台剧目非常不易。但是每一次的困难我相信都能克服。剧中先辈们的爱国信念感染着我们每一个人，作为年轻人，我们要坚守担当，坚持信念。从 2018 年底到现在，感觉自己成长了许多。"舞蹈组刘子琪同学说："我们的排练相对于平日学习不仅更丰富，而且同学们也深深地被其中所体现的精神和思想所打动。"无疑，音乐剧《往事歌谣》结合综合艺术实践课程，是北师大自北京大学生电影节后，搭建的又一个艺术实践平台，也是北师大公共美育的又一次创意成果。该项目于 2019 年获得北京艺术基金资助，完成了三轮 16 场演出并作为高校爱国主义教育的成功美育案例全剧上线"学习强国"，收获了校内外各界人士的较高评价。

北师大公共美育课程将民族信仰、中华文化、社会主义核心价值观等优秀思想融入美育教育全过程，强化对学生的爱国主义培育，深入挖掘美育在"立德树人"这一教育根本任务中的重要作用，助力国家培育出德智体美劳全面发展的社会主义建设者和接班人。

（二）重视线上课程，拓展美育辐射

线下课程与线上课程的融合已经成为当今时代发展的必然趋势。一直以来，北京师范大学坚持推进美育教学的创新发展，充分运用现代化信息技术手段，在美育实践之中探索构建网络化、数字化、智能化的课程教学模式。北师大已建立混合式教学、慕课课程、传统教学和实践课程四维一体的公共美育课程体系，充分运用线上课程、融媒体课程、直播课程等资源，扩大优质课程的覆盖面。

1. 备不时之需

2019 年，美育中心面向全校本科生与研究生累计开设制作 13 门线上慕课，合计 400 学时，线上学习人次已超 7 万，目前更新有意在象中——中国古典诗词鉴赏、中国电影经典影片鉴赏、一舞一世界——世界经典舞蹈赏析、中外音乐欣赏、纪录片制作、电视艺术欣赏、电视节目鉴赏、数字艺术赏析、美术欣赏、中国传世名画鉴赏、书法欣赏、设计欣赏等课程，涵盖了诗词、电影、电视、音乐等方向。[1] 线上美育慕课不限时间且可反复观看，课程重点更为清晰，便于学生复习梳理，是对传统课程的有力补充。北师大丰富的线上慕课资源，收获了丰硕的美育教学成果，"意在象中——中国古典诗词鉴赏"等慕课多次荣获奖项，形成了北师大美育的又一张品牌名片。

2. 解燃眉之急

受制于 2020 年疫情防控的现实条件，北京师范大学美育中心将每年的传统文化月线下工作坊搬到云端，通过在线视频会议开展课程，完成书法工作坊的

---

[1] 胡智锋、樊小敏：《从国家发展战略到人才培养模式——当代中国高校公共艺术教育发展现状论析》，《艺术百家》2019 年第 3 期。

课程教授。并以微信公众号配合进行相关知识的普及与补充，是线上美育课程的一次全新尝试，为开展高校线上教育提供了实战经验。

另有"走进艺术"系列美育课程的线上直播，解决了疫情面前课程推进的燃眉之急。即使学生不能回到学校，也能享受到专家名师带来的高水平艺术课堂，通过网络与教师进行互动交流。线上直播跨越了地域距离的限制，对于美育教育的发展有着重大意义。

3. 应时代之需

2020年秋季，北京师范大学美育中心集艺术与传媒学院的优势专家资源，推出公共美育系列直播课程。其在"走进艺术"原有传统讲座类课程的基础上进行改革创新，遵循汇聚各方思想精粹的核心课程设计理念，挖掘名师"精彩一课"，深入浅出地将专业技能与美育鉴赏融会贯通，倾力打造大学美育课程的样板课，收效显著。课程整体设计以"艺术能带给我们的思考"为出发点，在授课过程中老师们注重对于学生思维的引导和激发，启发思考。本次直播系列课程首次采用线上线下同步播出的方式，不仅让北师大珠海校区和本校区的学生共享优质课程资源，同时面向社会，于哔哩哔哩线上直播平台进行了同步直播。课程包含走近与走进——艺术欣赏的辩证法、戏剧创作新现象研究、现象级电视节目揭秘、"四观"——如何欣赏书法艺术等课程，涵盖了电影、电视、戏剧、书法、音乐、美术、舞蹈和综合艺术理论等学科内容，实现了多艺术门类、多角度的融合，呈现课程的多元化荟萃。每期课程一经播出，即收获观众的热烈互动，通过哔哩哔哩直播平台辐射到热爱艺术的群体，也受到了社会各界人士的关注。截至目前，北师大已经进行了5期美育课程直播，单场直播人气值突破两万。

直播课程收获的强烈反响进一步鼓舞了我们，也让我们发现，在当下众多的高校美育公共课程之中，高质量的专家课程仍然处于稀缺状态。对于许多非艺术专业的学生，讲座类课程可以为他们提供一些交叉学科的、既处于前沿又有深刻见地的话题，进一步丰富课程、引发思考，加强学生与课程之间的联系，为他们的实践提供可能思路。

同时，直播的形式让我们看到了未来线上授课的更多可能性：或能实现北京、珠海两地校区的互动联合，让两校区学生共同选课、线上同步上课，使两地学生都能即时享受到专家名师资源；或将其拓展至校际乃至跨国校际的联合，成立美育资源共享联盟，借助互联网资源跨越地域的距离，实现跨校选课，将优质美育资源汇集在云端，使更多人能够即时享受到前沿美育资源，惠及民众。

国家对于深化公共美育课程改革的相关号召再一次向我们传达了开展高校美育的重要性与必要性。首先，加强公共美育课程改革有利于学生的全面发展，顺应了国家的人才培养战略，对于提升我国国民素质、提升文化软实力也有所裨益。

其次，美育究其根本是一种德行教育，高校美育课程建设应扎根于中国五千年的历史文化，始终遵循民族文化"根"性，始终保持文化自信和文化自觉，传承与发扬中华美育精神，将高尚情操、道德培养及中国优秀传统文化融入中国高校美育课程内容中，进一步规范教材建设。

最后，以美育代疗愈。现下高校学生群体中抑郁症频发，学生受社会负能量影响严重，究其原因，与学生缺乏对于美好生活的感知、缺乏对美感的体验、缺乏相关文化素养的培养密切相关。在未来的高校美育课程建设之中，应加强人性化关怀，关注学生身心健康成长，增加一些基调温暖的、鼓舞人心的艺术内容，积极传达正面情绪，引领学生发现美好、投入美好、享受美好，保持对周围世界更多的爱与善意。

北京师范大学近三年的课程改革收获了良好成效。据北京师范大学 2020 年秋季学期美育课堂调查报告，超过 91％的受访者对于现下开设的美育课程满意，并在其中获得可观收获。其中，超过 29％的学生选择了"非常满意"。可见，大部分学生已经初步享受到北京师范大学美育课程改革的成果。

笔者作为高校美育建设的参与者，对于美育课程改革的迫切性和加强美育建设的必要性深有感受。未来，希望更多的高校参与到建设高校美育课程的研究工作之中，积极去探索符合新时代特色的高校美育课程建设路径，打造具有全国示范意义的高校美育课程等，这些都是值得我们进一步探讨的话题。

试论中国优秀传统文化在高教中的美育功能

李宇宏　王　易

（中国人民大学）

随着社会进步和文明建设的发展，美育教学质量成为衡量教育进步的重要标志之一。美育可以从根本上推动文化的发展、弘扬中华民族的精神，在提高国民的素质的同时，培育创新型人才。① 2018 年，习近平总书记给中央美术学院 8 位老教授回信，对学校美育工作作出重要指示。在全国教育大会上，习近平总书记强调要全面加强和改进学校美育。"高教美育的宗旨是树立和增强学生的文化自信，高度的文化自信是大学生成为国家栋梁的必然要求，也是其抵御外来文化霸权的精神源泉。"教育部曾明确指出，加强中华优秀传统文化教育，对引导学生坚定走中国特色社会主义道路，实现中华民族伟大复兴的中国梦的理想信念，具有深远意义。② 中国优秀传统文化是中国历史上各种思想文化、观念形态的总体表现，正是美育的最佳载体。中国优秀传统文化的美育功能首先是由中国优秀传统文化与美育教育内在目的的一致性所决定的。其次，中国优秀传统文化的显性和隐性特征都具备鲜明的审美因素，体现了中国传统的审美理念。

---

① 朱月明：《语文美育与学生创新意识的培养》，《现代语文（学术综合版）》2014 年第 4 期。

② 《教育部关于印发〈完善中华优秀传统文化教育指导纲要〉的通知》，《中国德育》2014年第 7 期。

中国优秀传统文化与美育

中国优秀传统文化和美育虽然是不同领域内的概念，但二者在核心价值观层面是相似的，有着紧密的内在联系。中国优秀传统文化丰富着美育教学的内容和内涵，美育教学也促进了中国优秀传统文化的发展。以北京地区的四合院文化为例，四合院文化是我国古老的文化象征，它通过传统民居承载了深刻的中华文化内涵和价值观，是诸多艺术门类的集大成者，具有中国优秀传统文化的代表性。

（一）中国优秀传统文化承载美育内涵

1. 显性审美资源

中国优秀传统文化为美育提供了丰富的显性审美资源。四合院中的空间格局、纹饰色彩、景观铺地等，构成了显性的文化硬件。美育可以从多角度的门类资源切入。

四合院的建筑艺术作为最直观的审美资源，直接反映出中华民族文化，其所反映的审美意识是中国的哲学思想。四合院建筑空间结构有着丰富的变化，在鲜明的中轴线对称特征和规矩严谨的排列下，通过面积大小的改变，形成不同类型的建筑功能。大到紫禁城恢宏的大国姿态感，小至百姓住宅四合院的宜人居住空间，四合院所反映出的中国建筑艺术将空间的营造做到了极致。

四合院的雕刻艺术也是极具欣赏性的显性审美资源。以木雕为例，四合院里的木雕艺术通过象形、指事、会意等手法表现出了所在时代的审美观念，也反映出了工匠高超的技艺和巧妙的思想。透过雕刻艺术，可以培养艺术的感知力和欣赏美的能力。

2. 隐性文化氛围

中国优秀传统文化为美育教学提供了深厚的文化氛围。在四合院文化中，一些抽象的、观念性的、思想性的文化软件成为美育的隐性载体，营造了独特的传统文化氛围。如四合院文化中所蕴含的等级观念、习俗、风水思想等，这些隐性载体所体现的是中华历史积淀所形成的文化特征。

四合院文化中存在着鲜明的等级观念。每个屋子的高度与尺寸都是不一致的，主次分明清晰。血缘关系是维系家庭关系的基础，嫡长子继承制直接影响到屋子分配的问题。一般来说，北边的屋子是家族中最尊贵的人居住的，两侧次之。

四合院文化也形成了丰富多彩的生活、礼仪和节日习俗。搭凉棚、挂竹帘、糊冷布是北京四合院形成的典型生活习俗，一般用以夏日降温祛暑。贴天师符、贴钟馗像、插菖蒲是四合院典型的端午节节日习俗，目的是镇宅。此外，四合院独特的院落氛围还形成了四合院人养鸟、养鸽子、养鱼的独特爱好。

此外，四合院中的建筑极为讲究风水学。大到建筑的选址、大小、布局，小至室内的装饰、摆设都要遵循风水理论。四合院一般坐北朝南，即"坐坎朝离"，大门一般都开在东南角，即"坎宅巽门"，这是从八卦方位得到的启示。对风水学的崇敬衍生出了独属于四合院的民俗风情特色。

然而，在上述四合院隐性美育资源中，需要辩证地汲取中国优秀传统文化特征。在现代社会主义民主政治下，等级观念成为社会公平发展的阻碍，逐渐被科技文明进步的新时代所摒弃。风水学说也应汲取精华在美育中传授，即重视对宇宙自然规律的研究，保持对大自然的敬畏，尊重自然与人的和谐发展；夸大风水作用的封建迷信思想则应被摒弃。

(二)美育推动中国优秀传统文化的传承发扬

美育是一个将中国传统文化"取其精华，去其糟粕"后传承和发扬的过程。因此，对于中国传统文化资源，需要从中提取出优秀的文化内涵。以北京四合院文化为例，可以通过提取出优秀的文化形成不同的审美层次教育。

1. 重视礼制的大国形象美

四合院是皇城根下发展出的中国传统文化，其根基是中华民族对礼制和宗法的尊崇，直接影响到建筑的等级规范，而儒家伦理观念成为建筑序列上的审美意匠。礼制是中国传统文化中极为重要的一部分，四合院文化的美集中表现在通过建筑艺术，反映出了中国这样一个重视礼制的大国形象。

2. 丰富多彩的装饰艺术美

四合院文化中有着设色浓郁的彩绘艺术、铺地艺术、砖雕艺术等等，这些装饰性色彩强烈的艺术是中华传统审美的集中体现。四合院中的独特建筑装饰手法通过色彩、材料、工艺、搭配等方式外在地表现出古人对自然独特的审美情调,同时这种情调也在日常生活中滋养着居住者本身的欣赏品位、人格修养、艺术审美等。可以说,四合院文化中的装饰艺术直观地通过美的感受对人进行身心上的陶冶。

3. 情韵相传的社会环境美

传统四合院建筑具有内聚性,这种独特的建筑结构影响了四合院居民之间的生活习惯和邻里感情。在传统文化的影响下,四合院形成了浓厚和谐的内部群落氛围。邻里之间通过开放的胡同中介空间,加强了邻里交流,增进了彼此感情。四合院形成的情韵相传的邻里氛围是积极的社会环境,也是在如今城市化背景下需要提倡和宣扬的。

中国优秀传统文化的美育功能

(一)美育提高学校素质教育的完整性

1. 促进德育

美育促进德育发展,主要表现在通过审美观念的培养能更好地引导学生积极主动地培养正确的思想品格。德育具有思想倾向性,教学中的理论传授往往是枯燥而乏味的。而美育则注重审美意识的培养,通过丰富的艺术形式对学生的感官进行刺激,形成审美体验。德育可以通过美育所培养的审美观念来更生动形象地向学生渗透思想道德理论。例如,在政治课中讲解马克思主义,可以通过赏析经典革命影片、革命歌曲和画作来学习其中的政治思想。卢梭认为,有了审美的能力,一个人的心灵就在不知不觉中接受各种美的观念,并且接受同美的观念相联系的道德观念。美育正是可以通过生动形象的审美体验来促进德育的发展。①

2. 弥补智育

美育可以弥补智育,主要体现在美育培养的思维方式可以与智育的思维方式形成互补,从而推动学生思维发展的健全性。美育和智育的培养是两种不同的思维培养方式,美育注重形象思维的建立,智育注重逻辑思维的培养。但这

---

① 巩琦:《论美育对大学生素质教育的促进作用》,山东师范大学硕士毕业论文,2009年。

两种思维的运用是不可分割的。形象思维主要通过感性地领悟美的形式来获得思维灵感，有助于学生直观领悟能力的形成，这对理性思维的活跃是有帮助的。钱学森、李政道均提到过音乐对其完成工作的重要价值。[①] 可见，逻辑思维需要形象思维在灵感、领悟、直观和感性等方面进行启发，从而建立严谨的逻辑思维能力。因此，学生学习美育知识，可锻炼其形象思维素质，补充其理性思维活动。

3. 辅助体育

美育辅助体育的发展，把体育和美育结合起来，更有利于学生达到身心健康的标准。首先，美育修养可以加强学生对体育的深入认知程度。体育不仅是体育场上的竞技活动，更是塑造人体完美的形态和由身心到体魄健康美的主要途径。例如，很多体育竞技运动中就加入了审美因素。如蹦床、吊环、艺术体操等体操类运动，对动作的美感是有很高要求的。有些还配合优美动听的音乐，形成一场视觉美的盛宴。在这些竞技运动的背后体现出的美，是人健康美的集中反映。其次，美育可以推动体育中技能训练效果的提升。美育所培养的审美意识，可以带动学生在体育运动中身体姿态的协调和统一，从而提升体育动作的美感，促进体育运动标准化、审美化发展。体育评价和审美评价相结合可以使体育教育更符合素质教育全面发展的宗旨。

4. 丰富劳育

美育可以丰富劳育的形式和内容，并且可以促进劳动技术的创新。劳育是指通过劳动观点和劳动态度的建立，培养学生树立正确的劳动意识和动手能力，锻炼技术能力。美育可以在动手实践能力上为劳育提供新的教学思路。通过劳动创造美、体验美，使劳育不再只是纯粹的体力输出过程，而真正做到以劳育美。美育不仅为劳育提供多角度的教育资源，还通过审美意识的提高，激发学生的动手创造能力。例如，开设美工课，使学生在具有对物体美的判断能力的基础上进行自己的动手创作，在审美意识的不断提高中培养对技术的钻研和兴趣。

---

① 姜楠：《美育对当代大学生全面发展的作用》，《当代音乐》2016 年第 9 期。

（二）美育调动社会文明建设的积极性

1. 巩固基础，保障社会物质文明发展

美育的发展为社会物质文明提供了思想保证和建设基础。美育归根结底是培养人高尚的审美观和道德节操。在物质文明飞速发展的今天，美育可以通过多种资源在潜移默化之中建设人正确的思想道德，形成与物质文明发展相符合的审美思想，甚至引领物质文明的建设。如从中国优秀传统文化中，可以汲取到大量的美育资源，这些美育资源引导我们形成属于本民族特有的审美观。从诗词艺术美中，我们可以汲取到对生活真、善、美的吟诵和追求，对亲朋挚友的义气和真诚，对祖国"不破楼兰终不还"的雄心壮志。这些在历史中延续下来的优秀审美思想作为物质文明发展的思想道德基础，可以保障社会物质文明发展的先进性。例如在物质文明发展中，如果没有国民高尚的道德素质所营造的积极市场氛围，使坑蒙拐骗、制假造假现象能够自觉受到抵制，市场经济的发展将举步维艰。

美育为社会物质文明发展提供精神动力。美育作为精神文明建设中的重要一环，其思想的先进性是强大的精神力量。通过思想道德建设，使人们树立起正确的审美观、革命的理想信念、高尚的道德情操和严明的纪律观念，可以激发和调动人民群众建设社会主义的积极性和创造性，并使精神力量转化为巨大的物质力量，从而为物质文明的发展提供强大的精神动力。在健全发展的审美意识下，人们对美的追求可以激发出各个领域内的行动力，推动实践活动的创新。例如在建筑领域，随着"天人合一"传统美学思想的渗透，对物我相照的审美境界和尊重自然规律的追求逐渐促使建筑师在设计中开始重视中国传统园林的审美价值，从而将新时代中式建筑的创新发展变为主流。

2. 激发活力，推动社会精神文明建设

美育可以激发文化艺术领域的活力，丰富艺术形式。美育在提高国民审美素养的基础上，构建了积极健康的审美心理，触发了国民对文化艺术领域的内在需求，触发了对审美文化的渴望。在这样一个向好的审美氛围背景下，文化艺术得到繁荣发展，扩大了文化体验和艺术创作的参与覆盖面。例如近年来广播电视总台推出了多项精品纪录片项目，将宣扬大国之美作为文化传播的目的之一。文化艺术领域的发展不再是小众的、独立的，而是联系国家精神、时代精神进行创作和宣传，迸发出了勃勃的生机。并且，美育使各类文化资源有了得以汇聚整合的机会，为文化艺术领域增添了学科互融、文艺创新的可能性，丰富了艺术表现形式。比如将科技性的元素融入艺术创造中，利用互联网等自媒体发声平台改变传统文化的体验模式和文化表现形式。

美育推动社会精神文明建设。主要表现在美育在国民思想道德和国家文化方面的建设推动作用。美育通过审美意识的建立提升国民整体素质和思想道德水平，并且为国家文化自信的建立提供了思想源泉和兴趣动力。虽然美育思想发展伴随不同社会、政治、经济制度的演变而跌宕起伏，但以"精神培育"为核心的审美教育凝结出的智慧结晶依旧成为塑造中华民族文化自信和身份认同感的源泉。

中国优秀传统文化的美育实施

高校中以中国优秀传统文化为载体的美育，需要合理地选择优秀传统文化资源，注重文化精华的提取，参考大学生的兴趣范畴。只有激发出大学生的审美兴趣，才有可能积极地建立起对中国优秀传统文化的审美感情。在教学过程中，可以从以下三个层次依次深入地进行美育渗透。

（一）树立学生正确的审美观

1. 树立正确审美观的意义

美育实施的首要一步是树立学生正确的审美观。审美观是世界观的重要组成部分，当前大部分学生文化自信缺失，主要表现为：对民族传统文化认知不足，对西方外来文化盲目认同和对当代中国先进文化关注不够。[①] 究其根本原因，是尚未形成正确的审美观。正确的审美观有利于提高大学生对事物美的深入认识和理解能力，进而提高发现美和创造美的能力。

2. 引导学生认识美和追求美

树立正确的审美观首先要求在教学中让学生善于认识美。在信息量膨胀的今天，刚入校园的大学生容易迷失在众多"美"的事物中，不容易形成对"美"正

---

① 黄秋生、薛玉成：《当代中国大学生文化自信缺失现状及其对策分析》，《成都理工大学学报（社会科学版）》2013 年第 2 期。

确的、系统的认识。而在众多美育载体中，中国优秀传统文化是经过历史沉淀形成的丰富国家宝藏，其中的美是经得起时间审视的民族特征美。所以，以中国优秀传统文化为载体，将其中的显性和隐性审美资源传授给学生，是让学生认识美的有效途径。

其次，要善于引导学生追求美。大学生刚步入校园，社会阅历和知识积淀尚浅，往往容易被表面的美所吸引，不善于发现事物的内在美。典型表现为刚脱离父母和家庭，可以自由地追求外表的美，并且认为这就是美的全部内涵，进而一味追求外在形象的美好，忽视了内在素养的提升。道德修养的提升和知识文化的积累是内在美形成的关键。因此，通过优秀传统文化的深入解析，联系美学哲学，可以让学生更深层次地体验美。

（二）培养学生审美的创造力

1. 激发大学生对美的创造兴趣

培养大学生创造美的能力是美育实施的第二步。大学生审美的创造力表现在可以按照美的规律改善自己和事物，从而培养创新能力。

在引导学生培养创造美的能力的时候，应注重方式方法。培养学生创造美的兴趣是创造美的能力形成的基本前提，一味地要求学生进行无意义的创造反而会起反效果。创造美的兴趣的培养可以通过校园传统文化氛围的建立来培养。形成一个积极的、稳定的审美文化氛围，从而促进学生最大限度地接触、接受创造美并且转化为兴趣爱好，这是一个寓教于乐、潜移默化的过程。以中国优秀传统文化为载体的审美教育，可以培养学生的创造兴趣，激发学生创造美的能力。

2. 实践教学和理论教学相结合

中国优秀传统文化涵盖多种艺术门类，这些艺术门类大都可以通过实践教学和理论教学相结合的方式进行审美教育。在美育方式上更加灵活，美育内容更加丰富。如以中国优秀传统文化中的中国画艺术为例，可以通过带领学生尝试作画实践过程，临摹著名画作来达到审美教育的目的。以优秀传统文化为载体的美育在实践活动中，往往是声色并茂、形式多样的。在模仿、互动中带动学生，激发学习兴趣。只有保持和提高学生的学习兴趣，学生的思维才会充分活跃，发挥出潜在的创造力。而只有以优秀传统文化为载体的美育，才能有如此丰富的艺术实践资源，在诗、书、画、曲等多领域提升学生对美的领悟力。

（三）塑造学生完美的人格品性

1. 引导学生建立文化自信

美育实施的最终目的是塑造健全的人格，促进学生综合素质的全面发展。美育可以引导学生提高道德情操，形成高雅的气质；树立正确的审美观念，形成自信的精神面貌和深厚的文化素养。因此，在以优秀传统文化为载体的美育中，除了通过理论实践相结合的教学方式培养兴趣外，还应该重视对优秀传统文化传承的集中宣扬，引导学生理解中国优秀传统文化是中华民族五千年来不断继承和发展的文明结晶，是我们在世界文化激荡中站稳脚跟的根基，进而建立本民族的文化自信。

2. 美学思想的深入浅出

高教美育的特点是引导大学生在步入社会之前，通过精神思想的熏陶，建立正确人生观、价值观，信仰正确的崇高理想，从而指导他们在社会发展中找寻到自我的价值所在。

中国优秀传统文化中蕴含着大量的中华优秀美学思想，这些思想对于学生认知自我、认知世界，在价值观、行为等方面都有着积极的引导作用。在教学过程中，需要深入浅出地将这些思想传授给学生。用易于呈现的载体，如生动的事例、经典的艺术作品等形式来深入讲解其背后的美学思想，力求让学生在经典美学思想中塑造完美的人格品性。

将中国优秀传统文化作为载体的美育可以全方位、多角度地进行美育资源的发掘和美育形式的创新，对美育质量的提升起到积极的推动作用。美育中审美观念的形成对人的综合素质的发展起到关键性的作用，影响着一个人的道德修养和人格品性，对塑造大学生的完美人格有着重要意义。此外，由于中国优秀传统文化往往蕴含着丰富的民族性文化内涵和地域趋同的归属性特色，所以，以此为载体的美育可以在高教中提升大学生的民族归属感和文化自信，进而激励学生努力实现中华民族伟大复兴的中国梦。从国家长远发展的角度来看，美育能推动中华民族文化软实力的提升，推动新时代精神文明建设。

文化自信视域下高校传统文化
教育创新的向度与实践路径

栗 睿

（首都师范大学）

文化自信相较于其他自信而言，是更为基础、广泛与深厚的自信。传统文化自信作为一个国家与民族文化自信的深厚基础，能够显著深化新时代中国特色社会主义文化自信的情感认同、理论认同与价值认同。党的十九大提出，中华传统文化是中国特色社会主义文化的根脉与本原。[①] 习近平总书记亦在多个重要场合指出，中华优秀传统文化是"中华民族的基因"、"民族文化血脉"和"中华民族的精神命脉"，是增强民族自信心、培养民族自豪感、提升民族向心力的"根"和"魂"。[②] 据此可见，中华传统文化具有永不褪色的历史启示与历久弥新的时代价值。大学生作为新时代党和国家发展的继任者与接班人，是传承并创新中华优秀传统文化的关键性支撑性力量。但当前我国高等院校大学生传统文化教育的供需主体间存在着"不平衡不充分"的结构性矛盾。具体表现为：传统文化教育环境建设滞后，传统文化教学方式和内容僵化，传统文化实操性教育环节匮乏。大学生作为实现中华民族伟大复兴的中国梦的重要依托，持续强化其中华优秀传统文化的道德伦理教育，涵育其对于传统文化的文化自信，理应成为新时代我国高等院校办学育人的共识性宗旨与自觉性行动。本研究正是基于这一现实考虑，以文化自信作为全文研究的切入点与发力点，将大学生传统

---

① 马莉：《文化自信视域下大学生传统文化教育论析》，《北方民族大学学报（哲学社会科学版）》2018年第5期。

② 叶海：《高校涵育大学生传统文化自信的逻辑与路径》，《艺术百家》2017年第11期。

文化教育作为本文的核心研究对象，分别围绕创新高校大学生传统文化教育、涵育其文化自信的现实必要、核心任务与实践路径进行论述。本文的研究成果对于深化大学生对于传统文化的系统认知、激发大学生对于传统文化的情感认同、促进大学生在社会实践中自觉弘扬传统文化具有一定的战略意义与实践价值。

加强大学生传统文化教育的现实必要

文化自信作为基础最为扎实、影响最为深远、意蕴最为厚重的一类自信，是新时代中国特色社会主义建设与发展的"文化沃土"，更是大学生传统文化教育的最高纲领与行动指南。实现文化自信是大学生传统文化教育可持续发展的不竭动力，着力提高大学生传统文化教育的"指向性"与"精准度"则是实现大学生文化自信的重要依托性力量。可见，加强大学生传统文化教育不仅是对传统文化继承与创新的历史性需要，同时更是践行新时代中国特色社会主义核心价值观的现实性需要。

第一，返本开新的需要：有力增强民族自信心、民族自豪感、民族凝聚力。返本即为传承传统，这是延续中华优秀传统文化"基因"与"血脉"的根本。而传统是指"能够得以历史性留存与继承式发扬的且具有社会性特征的因素（如风俗、道德、思想）"。其通常作为具有历史性价值的非物质文化遗产而得以传承与保留，其中稳定性较强的构成要素会被固化并沉淀，并与社会生产生活实现深度融合进而表现为民族风俗、传统文化与传统道德等。中华优秀传统文化作为延续千年而愈发具有"时代感"与"生命力"的民族自信之根、民族自豪之源与民族团结之魂，具有独具理论穿透力的智慧理念与实践影响力的气度神韵。可见如果我们疏于传统文化教育，则会割裂文化自信与优秀传统文化的现实性关联。①

开新即为开拓创新，这是在习近平新时代中国特色社会主义现实情境下进行传统文化传承的时代要求。"创新驱动"发展战略作为我国新时代治国理政的顶层设计规划，其发展根基在于以社会主义核心价值观为代表的固本培元基础

---

① 訾同超：《大学生对中国传统文化疏离问题研究》，《学校党建与思想教育》2018年第2期。

性工程。具体到文化领域，就是要在充分借鉴中华优秀传统文化的思想精髓与价值理念的基础上，进行辩证扬弃的继承及与时俱进的发展。只有通过对大学生进行中华优秀传统文化的理想信念教育、思想理论教育、道德伦理教育，才能增强大学生对于中华优秀传统文化的情感认同与价值认同。①习近平总书记在"1·5"重要讲话中指出，"只有回看走过的路、比较别人的路、远眺前行的路，才能够准确透彻地看待问题、分析问题及解决问题"。可见永葆中华优秀传统文化旺盛生命力与强大凝聚力的"初心"在于文化传承与文化积淀，而这正是开拓创新中华优秀传统文化的本质要求。

第二，寻根择善的需要：正确认识国家价值目标、价值取向、价值准则。习近平总书记在第十九届中央政治局第五次集体学习时重点指出："博大精深的中华优秀传统文化是马克思主义中国化的精神性土壤，只有牢固地践行彰显中华优秀传统文化价值内核的社会主义核心价值观，才能够在风雷激荡的世界意识形态角逐中站稳脚跟。"据此可见，培育及践行社会主义核心价值观，必须根植于中华优秀传统文化，切实将社会主义核心价值观与社会生产生活深度融合。中华优秀传统文化不仅蕴含着中华民族深层次的精神诉求，同时代表了中华文明独特的精神图腾，是中华民族的文化基因与精神血脉得以延续的不竭动力。②社会主义核心价值观不仅是对中华优秀传统文化在更广视角与更高维度的萃取与升华，同时更是新时代社会治理的道德秩序与价值准绳。由此可见，新时代持续强化及创新大学生传统文化教育，有助于当代大学生群体因地制宜地践行及弘扬社会主义核心价值观。使当代大学生群体能够在多元文化冲击的复杂社会形态中正确认识国家价值目标（富强、民主、文明、和谐）、社会价值取向（自由、平等、公正、法治）、公民价值准则（爱国、敬业、诚信、友善）。同时增强大学生对社会主义核心价值观的实践意蕴与价值表征，有助于其坚定理想信念、遵守道德秩序，并确定自身学习与生活准则，为增强大学生传统文化自信提供坚实的意识形态保障。

第三，观照现实的需要：养成文化自觉，坚定文化自信，实现文化自强。

---

① 曹渊清：《传统文化在思想政治教育中的冲突与融合——评〈传统文化精神与大学生思政教育〉》，《中国教育学刊》2018年第5期。
② 谭德礼：《培育大学生传统文化素养的思考》，《中国青年社会科学》2017年第5期。

在中华五千年历史长河中，中华优秀传统文化历久而弥新，并在信仰层面的思想内涵、价值层面的道德精髓、制度层面的现代价值与社会层面的传承理念方面形成了独具中国特色与中国气派的中华文化语料与中华人文精神。作为新时代的大学生群体，理应充分继承并创新中华优秀传统文化的精髓与实质。据调查，当前我国部分大学生表现出传统文化知识欠缺、对我国传统文化的价值缺少认知、传统道德观念淡薄等诸多理论与实践问题，这其中固然有高校管理层缺乏传统文化管理意识、高校教师本身缺少相关传统文化素养、多元文化对大学生传统文化教育的冲击以及传统文化教育环境的缺失等"外生性"影响因素[①]，但大学生自身在传统文化自觉与传统文化自强方面的认知与实践的短板同样极大地影响了其自身传统文化自信的层次与幅度。据此可见，只有持续创新大学生传统文化教育模式，才能为增强大学生传统文化自信提供坚实的基础和保障。

高校创新大学生传统文化教育的核心任务与重要向度

以文化自信为切入点来增强大学生传统文化教育的实效性与科学性水平是一个生动具体的文化教育过程，高校应秉承"在传承中创造、在创新中发展"的传统文化教育本质要求，遵循文化自信生成的客观规律，契合大学生传统文化教育的客观实际，科学合理地安排面向涵育大学生传统文化自信的高校传统文化教育核心任务。

第一，引导学生准确认知优秀传统文化的整体呈现。以创新高校传统文化教育来涵育大学生传统文化自信，其任务实施的战略重心在于引导学生对中华民族优秀传统文化发展的演进规律、外在表征及远期趋向进行科学精准的把握。若大学生群体对传统文化这一概念的内涵与外延仍闪烁其词，文化自信便成为"无本之木、无源之水"。[②] 从客观实际来看，当前大学生对传统文化的认知存在一定的局限性，表现为认知不系统和碎片化、传统文化与非传统文化的辨识

---

① 曹瑞明：《大学生传统文化精华教育的缺失与路径构建》，《现代教育管理》2016年第2期。

② 程为民：《当代大学生中华优秀传统文化认同状况分析——基于国内十余所高校700名大学生的问卷调查》，《教育研究与实验》2016年第8期。

力不高等问题。鉴于此，高校需要引导大学生对优秀传统文化形成概念性认知：首先要引导学生精准地把握优秀传统文化的演进路径，对其生成机理、发展脉络进行系统性普及，为涵育大学生传统文化自信提供底蕴性支撑；其次要以可视化的方式向学生直观地呈现传统文化的实践样态，对蕴含着传统文化"基因、血脉与精神命脉"的文化载体进行整体与系统的讲授，为涵育大学生文化自信提供必要的感性认识。

第二，促进学生深度领悟优秀传统文化的价值意蕴。实现高校大学生传统文化教育创新的前提与保障是要以"理论与实践相结合"的方式增强大学生传统文化自信的理性认识。重点就在于以社会实践的方式深度感悟传统文化的价值意蕴与精神定向。但是由于物理条件与时空形态的制约，使得学生往往难以微观具象地感知其理论的穿透力与实践的感染力。而传统文化的核心价值意蕴需要经过深度社会实践方能有所感悟。为此高校应着力创新各类形式，使大学生切实感受到传统文化强大的生命力与强大的感召力。[1] 一是要深度挖掘中华优秀传统文化、马克思主义中国化以及新时代中国特色社会主义文化三者间的相通点与交会处。引导学生感悟不同文化形态中的主流思想价值追求与文化社会实践；二是要基于人学价值、理性光辉、修齐治平、爱国兴邦、治史崇文、重礼尚乐等维度把握传统文化中的主流叙事风格，进而增强学生对文化、民族与国家最为深刻、根本与持久的信念；三是要引导学生正确把握优秀传统文化主流发展趋势，使学生体悟到传统文化作为中华民族强大的精神力量所迸发出的骇世伟力，进而培育学生对传统文化源远流长、博大精深的自豪感，转化利用的使命感与文化自强的责任感，为大学生传统文化自信的建立提供必要的方向指引。

第三，推动学生真心认同优秀传统文化的精神内核。大学生传统文化自信根植于对传统文化的认同感与归属感。扎根于文化认同的文化自信，不仅赋予了社会个体自身品格以特色差异，也是社会个体与组织群体所表征出的独特性精神特质。故创新高校大学生传统文化教育的重点在于深刻触碰感知传统文化

---

① 谢中清：《大学生中国传统文化素质的培养》，《江西社会科学》2016 年第 1 期。

的生成及演进过程，并深入挖掘传统文化中所蕴含的中华民族精神。① 一方面高校应引导学生高度认同中华文明演进过程中所积淀的物质文化遗产、非物质文化遗产与文化精神。特别是需要高度重视横亘于中华文明而永不褪色的爱国、敬业、明礼、友善等价值取向，并使其成为大学生塑造自身人生观、世界观与价值观的"定盘星"；另一方面，要采用因地制宜的方式科学地引导大学生辩证地学习领悟优秀传统文化的思想精髓，避免通过教师"一言堂"式灌输的授课方式进行教学，而是要基于师生互动与生生互动的方式让学生在特定的历史语境与文化语境中感悟传统文化对于人类文明发展所产生的强大推动作用。确保学生能够在科学认知传统文化的历史与阶级局限性的基础上对其思想内核与价值内核产生精神共鸣。

第四，号召学生自觉践行优秀传统文化的价值取向。检验高校大学生传统文化教育水平的标志是其是否能够自觉主动地践行优秀传统文化的价值取向。涵育大学生文化自信，进而实现"以文育人、以文化人"，更需要培养大学生在社会实践中对于优秀传统文化"创造性传承与创新性发展"的能动性与自觉性。② 一是要引导学生从优秀传统文化中修炼敬畏之心与崇尚之意。主动抵制掺杂意识形态与历史虚无思想的"舶来文化"对中华传统文化的冲击。二是要引导学生积极主动地传播传统文化。借助前沿技术手段向外界推介传统文化的价值取向，使学生在对外传播传统文化主流思想意蕴与时代价值的过程中，强化其自身对传统文化的自觉性与坚定性。三是要引导学生弘扬传统文化，鼓励学生在社会实践中能够通过与时俱进、去伪存真式的"创造性传承、创新性转化"的方式将传统文化融入时代文化精神，使其成为中国特色社会主义特色文化建立与发展的关键载体及核心支撑。

---

① 郭鹏：《传统文化自觉视野下的大学生核心价值体系培育》，《吉首大学学报(社会科学版)》2016年第12期。

② 麻丽：《高校思想政治教育涵养大学生文化自信的路径探赜》，《学校党建与思想教育》2018年第1期。

大学生传统文化教育的路径构建

高校在创新大学生传统文化教育进而提升其文化自觉、文化自强与文化自信的过程中，应密切关注这一群体的禀赋特征与机会结构，围绕其代际特质与成长诉求科学地把握大学生传统文化教育工作的"事、时、势"。

第一，推进校园文化建设，弘扬中华优秀传统文化。校园文化作为社会文化的核心构成，是培养学生人生观、世界观与价值观最为重要的内化性教育资源。高校应紧密围绕大学生文化信仰与价值理念教育的客观诉求，促进大学生传统文化教育与校园文化建设深度融合。首先，需要持续升级打造校园物质文化。以微信、微博、虚拟现实等前沿交互性技术手段，不断创新传统文化教育的途径渠道与实施载体，将传统文化以通俗化、具象化与大众化的方式予以"可视化"的展现。其次，要不断完善校园精神文化。以学生社团组织为实施媒介，以传统节日中的主题教育活动为契机，让学生近距离感悟传统文化独特的艺术样态与价值意蕴，潜移默化地提升其传统文化素养，以增强学生对传统文化思想精髓认知的体验性与感染力。再次，要逐步健全校园的制度文化。以传统文化中的单向度、权威化、寻常性、全景式与科层制的制度性价值取向为指导，来重构高校教学科研制度环境，使学生切实感悟传统文化中的规范性与惩戒性。

第二，提高大学生人文素养，汲取中华民族优秀传统文化正能量。中华优秀传统文化博大精深、包罗万象。其不仅囊括了对人文社科与自然科学领域的朴素认知及深刻洞见，同时更实现了从器物层面到制度层面再到思想层面的飞越。充分挖掘中华优秀传统文化所蕴含的思想哲理、人生智慧、处世准则，对于拓展大学生文化自信的价值向度，进而强化其对建设中国特色社会主义文化的现实旨归具有十分重要的现实意义。这就要求高校以"提高大学生人文素养"为战略中心，构建面向增强大学生传统文化价值认同与文化传承创新的人文素养教育体系。具体而言，可以基于以下三点进行思考：一是要恪守传统文化"知行合一"的核心理念与价值向度，立足于社会实践，通过"内化于心、外化于行"的方式打好大学生健全的人格底色。二是要灵活学习传承中华优秀传统文化的思想精髓，关键是要从自身做起、从身边事做起。同时学校要进行全方位的传统文化素质教育，使学生在学习、传承中华优秀传统文化的过程中，增强其践行新时代中国特色社会主义核心价值观的理论自觉、实践自觉与文化自觉。三是要以开放包容的心态积极地对接世界先进主流文化，并基于先易后难、循序渐进的教学方式构建多元共生的文化学习语境，使学生在中西方文化的交流与激荡中汲取中华优秀传统文化正能量。

第三，完善教学方式和内容，传承中华优秀传统文化的精神理念。高校不仅是弘扬、传播传统文化的教育高地，亦是培养大学生践行社会主义核心价值观的主流渠道。因此高校应不遗余力地完善教学方式与内容，在课堂教学中传承中华优秀传统文化的精神理念。一是要加强传统文化课程建设。将传统文化教育与大学生思想政治建设相融合。不仅需要强化优秀传统文化教育理念和技术的相互衔接，同时亦需要在课程设置、教学内容等方面持续提升传统文化的权重占比。例如可将传统文化课程作为必修课与学分课，并拓展传统文化教育的课程样式。二是要创新传统文化教学方式。高校传统的专题讲座侧重以灌输式、单一向度的教学方式进行课堂教学，这显然与传统文化教育的"工学结合"育人原则相背离。教师可以采用结构化、体验式的"工作坊"实践教学方式，通过"线上互动、线下研讨"的一体化授课方式唤起大学生对传统文化的忠诚度与认同感。三是要丰富完善以传统文化意蕴展示与理念交流为核心的"校园主题日"活动，通过对传统文化的调研与探讨，可以为高校传统文化教育增添民族色彩与鲜活资源，使学生切实感受到传统文化所独有的价值魅力，使其更能汇聚增强传统文化自信的智慧与力量。

第四，加强社会实践活动，促进中华优秀传统文化教育的传承创新。高校大学生传统文化教育创新的着力点在于社会实践活动。高校通过引导鼓励大学生积极参与以优秀传统文化为核心，以革命文化与社会主义先进文化为重点的"大学生传承与发展中华优秀文化"的实地走访、文献调研与座谈研讨等活动，用实际行动来感受中华民族的优秀文化。通过以"学习红色文化""了解改革文化""探访民间技艺""走进名山名亭""参访美丽乡村""领悟工艺文化"为代表的传统文化教育主题活动，大学生能够坚定理想信念，增强发展信心，感受文化魅力，探寻历史文化，感悟工匠精神。更为重要的是，高校传统文化教育活动应充分整合区域文化与校内传统文化资源，有计划、有组织地实施能够充分调动学生参与热情与参与积极性的传统文化教育社会实践活动。将优秀传统文化的思想内核与价值旨趣通过大学生喜闻乐见的叙事形式予以表达，进而实现教育内容与教育形式二者间的深度融合，进而增强高校大学生传统文化教育社会实践活动的探索性、层次性与动态性，以凸显"问题意识"的高校大学生思想政治教育活动来切实增强大学生文化自信。

党的十八大以来，以习近平同志为核心的党中央高度重视传统文化教育对于实现"两个一百年"奋斗目标与中华民族伟大复兴的中国梦的"内生性"推动作用。文化自信根植于中华优秀传统文化，生成于中华民族伟大复兴的历史演进，发展于新时代中国特色社会主义伟大社会革命。青年学生作为党的事业与国家建设发展的核心后备力量，面向其开展基于文化自信的传统文化教育，有助于提升其对传统文化地位作用的深刻认知，精准地把握传统文化演进发展的客观规律，进而增强其传承创新传统文化的主动担当。本文正是基于这一现实考虑，围绕创新高校大学生传统文化教育，增强大学生文化自觉、文化自强与文化自信的重要向度与实施路径展开研究。本文研究结果表明，文化自信视域下加强大学生传统文化教育具有"返本开新"、"寻根择善"与"观照现实"三方面现实必要；高校创新大学生传统文化教育的核心任务与重要向度在于基于传统文化"整体呈现认知"、"价值意蕴领悟"、"精神内核认同"与"价值取向践行"四个维度来增强大学生对于传统文化的思想认同与情感认同。以此为基础，本研究构建了面向"校园文化建设"、"人文素养提升"、"教学方式升级"与"加强社会实践"的创新大学生传统文化教育、涵育大学生传统文化自信的实践路径。本文认为，只有将大学生传统文化教育、革命文化教育与新时代中国特色社会主义文化教育深度融合，方能够持续夯实其文化自信之基，增进文化自信之力，升华文化自信之魂。

艺术教育的跨媒介性研究

——以音乐传播实践为例

张　璐　孟　竹

（北京师范大学）

2019 年是中国音乐用户的音乐消费持续升级的一年。腾讯音乐娱乐集团 2019 年财报显示，第四季度在线音乐付费用户达 3990 万人，同比增长 47.8％，达到上市以来最高增速。[①] 网络技术的迅速发展，不仅为音乐消费提供了丰富的资源和可观的经济收益，也为音乐教育事业的格局拓展提供了更多的可能性。特别是 2020 年伊始，一场新冠肺炎疫情打破了人们正常的生活秩序，在我国人民万众一心抗击疫情的这段时间里，在线教育模式不得不成为主流形式甚至是唯一的教育模式，进入到人们的视野中。

当然，在线教育步伐从未停止过。2012 年，教育部发布的《教育信息化十年发展规划（2011—2020 年）》中指出，教育信息化的发展要以教育理念创新为先导，以优质教育资源和信息化学习环境建设为基础，以学习方式和教育模式创新为核心。同年，MOOC 课程得到大规模发展并引发了教育界的新探索。2016 年，教育部发布了《2016 年教育信息化工作要点》，要求我国高校加快对数字教育资源的开发与应用。一系列网络视频课程平台上线，智慧树在线教育、学堂在线、中国大学 MOOC 等迅速成为在线教育模式的主要窗口。在新冠肺炎疫情期间，足不出户的在线教育模式又再次被推到了"风口浪尖"，与以往不同

---

① 《腾讯音乐娱乐集团发布 2019 年报：财报超预期，付费用户创纪录增长》，2020 年 3 月 17 日，http://finance.sina.com.cn/stock/relnews/us/2020-03-17/doc-iimxyqwa1082436.shtml。

的是，这一次的在线教育由被动到主动、由个体到群体、由平台到内容、由排斥到适应，最终形成了规模庞大、形式多样的在线教育全覆盖。同时，其中很多关乎在线教育的问题也都回归到了切实的、实操性的技术问题上来，既有"钉钉""腾讯会议""哔哩哔哩""抖音""Zoom"等诸多传播平台的使用情况，又有网速、强制打卡等诸多问题的热议等。事实上，在经历了心理适应、技术调试等过程后，关乎在线教育的理念与运营问题，特别以音乐传播实践为例，在内容生产与平台功能的有效结合、加强跨媒介的媒介素养养成以及拓展课下实践等路径方面都具有了新的学术意义。

艺术教育平台建构

研究艺术教育的平台性建构，必须将其放置在所处的文化与社会环境之中。艺术社会学中曾产生著名的"文化菱形"（The Cultural Diamond）理论。"文化菱形"理论由温迪·格瑞斯伍德（Wendy Griswold）在《变化世界中的文化与社会》（*Cultures and Societies in a Changing World*）一书中提出。她认为要想透彻理解一个既定文化产品，就要将其放置在由生产者（creator）、文化客体（cultural object）、接受者（receiver）与社会世界（social world）这四种要素所建构起的菱形网状结构之中。文化菱形理论中的多元素构成体现了当今社会文化形成的复杂性。在传统的教育教学中，师生多处于点对点沟通的二元关系。进入网络时代，海量的信息和文化更迭正在以更快的速度进入我们的教学之中。从身份上划分，教师不再只是知识技能的生产者，亦需要担任起学生意识的接受者，同时在海量知识材料的涌现中，也将承担分配者的工作。而学生则不仅仅是知识的接受者，网络平台的发展给予了个人更多的创造性，将习得的知识吸收外化为自己的观点，学生也成为新的知识生产者。因此，文化菱形在当今社会并不是一个固定僵化的框架，在信息技术飞速发展的当下，每个人在文化场域中的身份都是多变且互通的，体现出一种更加灵活且有机的特点。

同时，不断发展的艺术社会学理论也提示着我们不能忽视平台的传播属性。维多利亚·D. 亚历山大（Victoria D. Alexander）曾对这一结构加以修缮，在四要素之间增加了指代对文化产品进行分配的人、组织或网络的"分配者"（distributor)这一中介要素。这也是在线教育时代不能忽视的重要因素之一,作为信息的承载者和分配者,平台不仅仅是传播的方式,更是一种逐渐形成的文化习惯。大数据记载个人的艺术喜好,算法提供分类标识,平台也因使用者逐渐产生其"调性"。从音乐教育的角度来说,教学内容既有知识理论类(其中又可以按照文件载体分为文字、视频与音频)也有实践鉴赏类,找到最为对应其"调性"的平台才能发挥更好的教学效果,这是以往的艺术教育中没有面对过的新挑战。

如果说传统艺术教育重在实体课堂建构的话,那么,在线艺术教育则更多体现在平台的功能性建构。这样的认知建构打破了以往教育教学中只有教师、学生的两端,形成了输入、传播、接收、反馈等多位一体的新的教育模式。发挥平台传播、转载、沟通、检查、监督等具体功能,通过内容设计精准化、表达方式具体化、受众意识加强化等一系列的方法转变,从而达到平台价值最大化的目标。因此,从艺术教育的平台性建构功能而言,线上与线下区别不仅在于平台的便捷性,更在于平台所体现的审美力以及监督力等方面,它与教学内容充分融合,某种程度上,使平台本身成为教育的主要内容之一。尽管在线教育平台诞生已久,但直到 2020 年开启"全民宅家"后,才迎来较为集中和成熟的发展。无论是基于实时通信发起的"腾讯会议",或基于办公软件发展的"钉钉",还是专注于教育领域的"Zoom",都不同程度地拓展和完善了教学板块的功能,在线教育平台的整体水平都得到了提高,这是市场需求和商业化推动下的在线教育发展。

然而,进一步聚焦于音乐教育领域,在线音乐教育即是强调以网络平台为基础的音乐教育理念与行为,及其传播实践,从而构成了音乐教育的普泛性特点。"腾讯音乐""酷狗音乐""网易云音乐"等集音乐鉴赏、沟通及社交多位一体的综合性音乐服务平台是近年来关注度较高的网络音乐生态环境里的主要载体。它们虽然在内容设计、模式运营、受众群体、外在形式等方面有所差异,但事实上,这些平台不仅承担了传播音乐内容的功能,也逐渐担负起"作品管理、作品推广、粉丝互动、数据追踪、创作变现等切实有效的服务"[①]。这促使我们不得不重新审视平台的建构理念——随着大众平台意识的不断加强,传播平台早

---

① 《解决音乐人"进退两难"痛点,QQ 音乐开放平台诚意上线》,2019 年 11 月 7 日,https://www.sohu.com/a/352297973_100266060。

已从作为"中介"的单纯的传播媒介，转化为富有功能认知与内容承载的工具。换言之，今天的网络平台已经完成了中介重构模式的使命，特别是在社会价值、审美价值及经济效益等方面，彰显出新的特质。同时也需观察到，这类以市场为核心建构的音乐平台，其本质在于音乐产品的生产与销售，而非进行音乐教育。因此，在这类平台进行在线音乐教育发展，还需把握其工具性的属性进行适当的调整。

由此可见，在社会影响力上，在线艺术教育并不是传统意义上的教育模式，它更多的是在社会公共艺术教育的范畴里来进行的探讨，这一形式对于打通学校艺术教育、公共艺术教育、家庭艺术教育以及个人艺术修养等多个维度，具有很明显的促进、融合与推动作用，但与真正意义上的教育教学又有较大的差距。从审美价值而言，这一类在线音乐教育模式的主要受众群体是"95后""00后"，他们对于审美情趣、文化意识有着更高的期待与追求，平台建构中的审美力、文化意识都决定了一个平台的基本定位与审美品质，将直接决定其内容的产生与输出。另外，从经济价值来看，伴随着我国文化产业市场的逐渐发展，平台的经济价值日渐凸显，它较为直接地参与到了艺术内容的生产、宣传、传播以及营销等方面，将直接成为影响艺术内容的重要因素，是进行在线艺术教育时不可忽视的一个侧面。

艺术教育的媒介素养

早在古希腊时期，人们在创造了哲学、史学以及戏剧等内容之外，其实还创造了早期的教育。首先，它在所辖的七门学科中对人类的知识进行了系统的解释。这七门学科分别是语法、修辞、逻辑、算术、几何、天文和音乐，它们在几个世纪以后的中世纪最终为大学教育奠定了最初的基础。古希腊时期的这种教育理念不仅强调了艺术教育的重要意义，将音乐教育作为了学科之一，同时，它更加关注如何以一种科学的、思辨的态度来思考艺术教育的价值。所谓媒介，是在传播过程中用以扩大、延伸信息的工具，在人与人、人与事物或事物与事物之间产生关联、传递信息。在当代，用一种以上的媒介形式传递信息构成了跨媒介行为。

跨媒介作为一种全新的媒介环境，其实早已出现了诸多说法。而关于艺术媒介性的探讨，多聚焦于媒介本体研究以及门类艺术文学方面的媒介性问题，近年来，如《艺术跨媒介性与艺术统一性——艺术理论学科知识建构的方法论》①《媒介考古学：概念与方法——西格弗里德·齐林斯基访谈》②等文章不断涌现，但在艺术教育方面，鲜有发声。"跨媒介性概念由德国学者汉森-洛夫所提出，意在分析俄国象征主义文学、视觉艺术和音乐的复杂关系。"③笔者认为，跨媒介的在线艺术教育主要体现在内容及诉求两方面。一方面，在线艺术教育的跨媒介对于师资力量的要求比较高，因为跨媒介的在线艺术教育更多地体现了审美性的艺术教育主题与内容。多年来，艺术教育与美育之间一直有所区分。所谓美育，更多的是从审美、艺术美学角度出发的教育理念，因此，它对于师资力量的要求多为综合性艺术门类的、具有相当文化意识及审美精神的素养，换言之，美育教育注重审美力的培养与审美情趣的提升，是在哲学意义层面上的探讨。在笔者看来，美育所具有的哲学意义不仅是在艺术门类的学科中，它甚至可以出现在全学科教育中，也就是说，美育是一种精神态度，是需要被养成的审美素养，它甚至可以出现在所有的学科教育中。然而，艺术教育则更多体现了教育的路径与功能，以门类艺术教育教学入手，落脚点在于艺术的技能训练与素养养成。因此，倘若是在跨媒介的音乐教育模式下，对于教师素质的要求就会明显提高，旨在审美教育与文化意识的培养与提升。比如，在线音乐的美育教育，不只是音乐作品本体的解读与欣赏，而是强调以审美为出发点，更多注重从美学特点、审美角度等方面展开的传播与实践。

　　另一方面，美国著名的传播与媒介研究学者亨利-詹金斯援引和发展了皮埃尔-莱维的"集体智慧"概念，指出在当下的网络空间中，每个成员都无法掌握所有的知识技能，而是在共同的智力活动和情感投入中，成员之间进行合作与联

---

　　① 周宪：《艺术跨媒介性与艺术统一性——艺术理论学科知识建构的方法论》，《文艺研究》2019 年第 12 期。

　　② 西格弗里德·齐林斯基、唐宏峰、杨旖旎：《媒介考古学：概念与方法——西格弗里德·齐林斯基访谈》，《电影艺术》2020 第 1 期。

　　③ 周宪：《知行张力、多媒介性与感同体验——当前大学美育的三个问题》，《美育学刊》2019 年第 5 期。

系，从而获取更多的知识。① 而在媒介融合趋势的影响下，文本内容的传递则不再依赖于单一的介质，而是横跨多种媒介进行传播。以音乐史学习为例，其内容的传播方式已不仅限于书本文字，同样的内容可以通过电影、纪录片、视频、图画，甚至是游戏进行传播。因此，兴趣不一的学习者们都有可能找到最适合自己的学习方式和接受渠道。同时，互联网思维也进一步造成了信息的冗杂，各种媒介对于文本的传播有各自的特点及叙述习惯。这种现象对学生和教师的数字素养和媒介素养都提出了更高的要求，在种类繁多的媒介形式中选择最合适的方式，同时也要避免学习信息的片面性。在 5G 时代即将到来之际，丝毫不借助网络进行的教学活动已很难存在，因此，提升媒介素养，注重跨媒介艺术教育中的美育属性，是适应在线教育新变化的要求，也是时代所赋予的学术使命之一。

艺术教育路径拓展

多年来，我国学术界对于艺术教育的关注与研究多集中于学校艺术教育体制研究、育人功能、审美价值、课程模式、个案调研等具体问题方面，而较少对艺术教育本身进行跨学科、跨领域研究。然而，21 世纪以来，中国进入全面的媒介融合时代，网络迅速的变化与发展早已将消费者/受众的作用凸显。传统的艺术教育课堂中，师生关系是建立在共同合作与实践的基础上的，教师所担任的角色更多是"指导者"与"辅助者"。学生在艺术领域的成长除了专业知识的学习，更重要的是在引导下，激发出对艺术的理解并加以运用。而在市场化的影响下，学生对自己的定位有了第二重认知——消费者。尽管在知识的传播和推广上提供了更多的机会，但市场化艺术教育也必将因"消费者认知"带来难以调动积极性、课堂内容单一化等问题，向艺术教育工作者提出更高的要求。

如何能够以艺术的方式，唤醒学生、激发学生，这就涉及技术、方法、过程，以及最终能够到达艺术教育的手段。"一个完整的学习方案包括六个要素：

---

① 詹金斯：《融合文化：新媒体和旧媒体的冲突地带》，商务印书馆 2012 年版。

学习主题和课时、学习目标、评价任务、学习过程、作业与检测学后反思。"①
这样的学习要素对于在线音乐教育而言，主要体现在两个方面的不同。其一，
是对教师有了更高的要求。特别是在课堂时间、互动环节以及课下作业的把控
方面，尤为突出。给予学生的是引领，而不是知识的传授，运用碎片化教学的
技术特点，着力发挥学生线下的思考空间。如线上的打卡制度、互动问题、答
疑环节、作业验收、结课典礼等具体技术、可操作性层面的探讨。其二，是对
于学生的要求。显然，对于学生而言，在线教育方式迫使他们经历了一个转变
过程，学生的学习状态会从起初的被动、不适应甚至松散慢慢转变，在平台的
有效利用下、教师的引导下，学生会产生更强烈的主动学习的意识，以至于回
归到教育的本质，促使学生能够理解学习的本质在于学生。

最后，新媒体时代的在线教育在培养学生深度、主动学习上具有更强的优
势，但仍未被进一步挖掘。美国学者埃德加·戴尔曾提出"学习金字塔"(Cone of
Learning)理论，其中强调多感官、深入性、体验性的"主动学习"方法(包括讨
论、实践、传授给他人)能够达到更好的学习效率。② 国内学者胡铁生提到，线
上教育有助于"隐性知识""默会知识"等高阶思维能力的培养。③ 在"人人皆为创
作者"的新媒体时代，无论是综合性音乐平台、社交媒体还是各大视频网站都纷
纷涌现出一批青少年用户，他们运用自己所学的知识进行自媒体生产，并通过
兴趣群组和网站搜索来向其他用户进行学习和分享。在这一互动的过程中，实
际运用了主动学习法的核心环节，促进了对知识的吸收和理解。在线上教育中，
学生们可以跳脱出"倾听者"的模式，充分发挥自己的想象力和创造力，将传统
的学术知识与生活、社会热点、兴趣爱好等进行结合，在创作中实现对知识的
理解。尤其在艺术教育方面，艺术既可以是学生们研究的主题，也可以是学生
们进行创作的工具和途径。以当下青年学生使用度较高的哔哩哔哩网站(B站)

---

① 雷浩、崔允漷：《核心素养评价的质量标准：背景、内容和应用》，《中国教育学刊》
2020年第3期。

② 姜艳玲、徐彤：《学习成效金字塔理论在翻转课堂中的应用与实践》，《中国电化教
育》2014年第7期。

③ 胡铁生：《"微课"：区域教育信息资源发展的新趋势》，《电化教育研究》2011年第
10期。

为例，2019 年全年的数据显示，B 站学习类视频上传人数同比增长 151％，学习视频播放量同比增长 274％，品类覆盖多个学科。① 新冠疫情期间，B 站响应国家"停课不停学"的号召，联合上百家学校及机构提供线上教育，并成为上海市教委指定的"空中课堂"网络学习平台。而在 B 站的艺术内容生产中，既有生动可视化的艺术史讲解，也有原创音乐、名曲重奏、互动视频等具有艺术教育功能的创作。但同时，如何利用这一新型的在线教育手段，将课堂学习内容与自主性的创作紧密结合，在不偏离教学安排的基础上提升学生的主动性与学习兴趣，将成为一门新的课题，也对教师的新媒体素养提出了更高的要求。作为一种培养主动学习能力的教育模式，在线艺术教育在网络空间和新媒体领域仍存在更大的发展潜力和空间。

疫情突发之下，在线教育被迫走入大众视野。在线上艺术教育的实践中，也仍存在一些亟待解决的问题，如在线艺术教育与在线艺术培训的混淆问题等。但站在信息时代的视野下，在线教育，尤其是在线艺术教育并非只是一种妥协的方式。在加强审美力引领、打通媒介渠道、加强师生信息素养等行动的促进下，艺术教育的在线模式将产生更多独特的教学作用和价值，同时与传统的线上教育形成互补，丰富艺术教育的发展方式。我们甚至可以期待，在 5G 信息化的时代背景下，由于对于"在线性"含义的逐渐突破，艺术教育的跨媒介将成为 21 世纪常态化的主流艺术教育模式之一。

---

① 哔哩哔哩：《"破圈"效应显现》，2020 年 3 月 31 日，https：//new.qq.com/rain/a/20200331A08JIR00。

大学艺术场馆美育功能及测评指标体系构建

蔡劲松　刘建新

（北京航空航天大学）

大学美育作为高等教育改革发展的重要内涵，其理论及实践的诸多议题，不仅是学术研究的重点对象，更是一个涉及高等教育以美育人、塑造时代美好心灵、促进人们精神审美追求与社会文化建设不可或缺的重要领域。但当前有关大学美育的研究，往往聚焦于大学美育的内涵、意义或美育课程体系，对于大学艺术场馆等美育设施的关注度普遍较低，且多停留在场馆基本情况介绍的层面，关于其建设路径及美育功能的实现，则缺乏必要的关注。在大学美育体系中，大学艺术场馆何为？大学艺术场馆处于何种位置，有哪些美育功能？可通过什么方式和途径，提升其美育成效与境界？

日前，为加强学校美育工作的总体部署和系统设计，中共中央办公厅、国务院办公厅印发了《关于全面加强和改进新时代学校美育工作的意见》，[①] 其中特别强调要"加强高校美育场馆建设"，鼓励高校建设"剧院、音乐厅、美术馆、书法馆、博物馆"等艺术场馆，并与地方实现共建共享。这为我们加快推进大学艺术场馆建设，厘清大学艺术场馆的美育功能及其实现路径，提供了重要遵循。

大学美育与大学艺术场馆

狭义的大学美育，通常指在大学校园内部开展的艺术教育或人文艺术素养

---

① 《关于全面加强和改进学校美育工作的意见》，国办发〔2015〕71 号。

教育，教育内容主要包括美感体验、美学基础与审美素养等。① 它能够使学生在习得美学知识的同时，获得精神上的享受与快乐，进而达到提升审美素养和人格修养的目标。狭义的大学美育多发生在大学课堂中，美育内容的传播遵循着从教师到学生的简单逻辑，并且过多强调教师的教学主导作用，不太注重发挥学生的主动性，整个过程缺乏深入互动。

广义的大学美育，一般是以艺术教育为主，并囊括道德教育、经典教育、通识教育、社会教育等多层次多维度的全面教育，以提高人的艺术素养、道德修养和整体素质为目标，最终实现个人与社会的和谐发展。这个意义上，大学美育既重视美学知识的教授与习得，又将美育延伸到了一个更大的范畴，认为"美"是一种互动性、习得性的概念，非常注重学科与学科之间的联系、教学与实践之间的联系，以及个体与社会之间的联系。因此，美育的教与学，不仅发生在各个学科专业和教学领域之中，更融入日常的学习和生活中；美育对象不再仅仅局限于校内就读的学生乃至高校整体，而是向外辐射到周边地区。因而，大学美育秉承服务师生、惠及社会公众的思想，美育手段也不再仅仅依赖传统课堂教学，而更加注重营造良好的美育氛围，提高受众参与美育活动的积极性，探索更有效的美育实践模式，扩大美育成效及辐射面等。

大学艺术场馆，专指建于大学校园内部，以展览、演出为主要功能的文化艺术设施，包括剧院、音乐厅、美术馆、书法馆、博物馆等。大学艺术场馆是大学美育实施的有形媒介，这是因为美育在很大程度上是一种形象教育，而不是枯燥的课堂教育，需要通过一定的媒介，即审美对象来进行。各类艺术场馆收藏、展示的艺术作品能够以有形、可感的方式促进学生的理解与感受，从而塑造学生高度的审美感知力和鉴赏力。② 此外，大学艺术场馆隶属于高校，这决定了大学艺术场馆既具备一般艺术场馆的共性，又兼具大学文化设施的特性。有学者提出，大学艺术场馆由两部分构成，一层是大学，另一层则是艺术场馆。例如大学美术馆，它和公共的美术馆一样，应强调"公益性"，为公众提供服务，

---

① 蔡劲松：《通识教育视域中的大学美育》，《北京教育（高教）》2018年第10期。

② 王旭晓：《课外、校外艺术教育是美育的一个重要组成部分——英国艺术馆、博物馆见闻与启示》，《河南教育学院学报（哲学社会科学版）》2008年第3期。

但在美术馆前冠以"大学"之后，它还应当具备大学文化设施应有的学术性。①
正是由于大学艺术场馆的学术性、文化性特征，其文化传承及育人的重要职能
就尤为凸显。这种育人作用，不仅表现在大学艺术场馆的运营理念及日常的美
育活动中，还在于大学艺术场馆所营造的一种文化氛围，能够在潜移默化中塑
造师生们的审美理念和价值标准。实施大学美育，是为了达成大学"文化育人"
的目标。文化育人主要通过各种文化行为活动和文化环境的影响来实现。② 大
学艺术场馆的价值在于其举办的每一次展览展演，以及这些展览展演所积累而
成的"文化场"，提供了一种特殊的校园"文化场景"，在提升大学美育成效中发
挥着越来越重要的作用。③

　　场景理论④认为，文化场景能够对社会发展起到驱动作用。文化场景独特
的价值理念，能够吸引对此感兴趣的人群聚集于此，同时，场景中的文化设施
并非是孤立存在的，而是处在一定的区域空间之中，与周围的环境发生互动。
大学文化场景中的艺术场馆，不仅仅是校园内部的文化设施，而且是一个具有
巨大美育潜力的文化育人和文化传播机构。事实上，国外大学一直十分重视利
用艺术场馆开展审美教育，几乎所有世界著名高校都建有多种类型的艺术场馆，
有些甚至成为享誉全球的公共文化艺术设施。1988 年，哈佛大学美术馆曾发布
《哈佛艺术博物馆与本科教育》的报告，强调大学艺术场馆要在艺术教育中发挥

---

① 王璜生、赵炎：《建设开放与自由的大学美术馆》，《美术研究》2015 年第 2 期。
② 杨意青、张智侠、苏婧等：《高校文化育人实现路径探析》，《北京教育（高教）》2018
年增刊第 1 期。
③ 蔡劲松：《大学的文化逻辑：理念·议题·实践》，人民日报出版社 2017 年版，第
56—57 页。
④ 场景理论（The Theory of Scenes）由美国芝加哥大学社会学系特里·克拉克教授及其
团队提出，该理论认为城市中的公共文化设施（博物馆、剧院等）的组合构成的文化场景，蕴
含着一定的价值取向，能够吸引特殊的人群聚集，影响人们的价值观念与文化体验，从而为
城市的发展注入文化活力。场景理论阐释了文化场景的动力作用，为评价大学文化场景的价
值及功能提供了理论框架：其一，大学艺术场馆通过其建筑空间与艺术活动的结合，形成了
一种大学校园里独特的"文化场景"。这种文化场景能够在潜移默化中影响参与者的艺术审美
倾向，提升大学的人文氛围，促进艺术文化的传播，这为大学艺术场馆美育功能分析提供了
依据。其二，场景理论提供了评估文化设施的框架，如合法性、功用性等，这为构建大学艺
术场馆美育功能监测评价指标体系提供了依据。

自身的最大价值，必须具备真实性、开放性、典型性、实验性和激励性，为学生们提供最真实可靠的学习材料，面向社会公众开放，建设有自身艺术特色的活动，勇于尝试运用新技术，激励观众情感。① 国外有关大学艺术场馆的研究和探索，对于发挥我国大学艺术场馆的多重功能提供了重要启示：Denise L. Stone 以问卷调查的方式，分析了五所大学美术馆的调研结果，认为大学艺术场馆不应该将文化影响力局限在校园内，而要向周边地区提供更多的文化服务，实现大学艺术场馆教育价值的最大化。② Henry S. Kim 认为，大学艺术场馆本身就具有教育性和传播性的特点，还具有跨文化性质的机构设施，尤其在艺术审美教育方面，具有天然的传播优势和扩散效应。③

综上，作为附属于大学的艺术文化机构，大学艺术场馆都承担着提供公共文化服务的责任，为公众提供优质的艺术资源，面向社会开展公共美育活动，成为社会公共艺术场馆之外的重要补充。大学艺术场馆能够将高校师生享有的教育和文化优势资源，转变为社会公众普遍享有的文化福利，在营造社会美育环境、提供美育学习实践平台等方面，蕴含着重要的文化价值和美育实践潜能。

大学艺术场馆美育功能的内涵及基本范畴

大学艺术场馆的美育功能的内涵，是指大学艺术场馆作为大学文化传承创新的重要设施和有形载体，通过其物理空间举办的各类艺术活动，多途径促进自身艺术审美教育职能的发挥，进而提升受众的审美感应、人文艺术素养及其特殊文化价值旨归的综合反映。

基于以上内涵界定，大学艺术场馆的美育功能的典型特征主要体现在三个方面：一是文化性，它是大学专门开展艺术展览展演等活动、实现文化育人的

---

① The President and Fellows of Harvard University on behalf of the Harvard Art Museums. The Art Museums and Undergraduate Education at Harvard. *Directors Report*，1988：54-58.

② Stone D L. The Campus Art Museum and its Relationship to Schools. *Visual Arts Research*，1993，19（1）：100-108.

③ Kim H S. Crossing cultures：Redefining a university museum. *RES：Anthropology and Aesthetics*，2007，52(1)：44-50.

重要平台,其美育功能首先体现为文化育人功能;二是审美性,它以展览展演等审美教育活动的实施形成特殊的文化场景,陶冶受众情感,其美育功能又体现为审美传递功能;三是辐射性,它不拘泥于大学校园内部,更注重社会文化艺术资源的引进及公共服务理念的确立,以此扩展其美育活动的价值与影响,其美育功能还体现为价值辐射功能。

探讨大学艺术场馆的美育功能,实际上涉及大学艺术场馆如何更好地以自身建设促进其实现美育价值的"应然"讨论。这能够引导我们思考大学艺术场馆存在的合理性和必要性,探寻大学艺术场馆未来的发展模式。通过分析梳理国内外大学艺术场馆的模式及经验,本文认为大学艺术场馆美育功能的基本范畴,主要有如下七个方面(见图1),共同生成其不可或缺的特殊美育场。

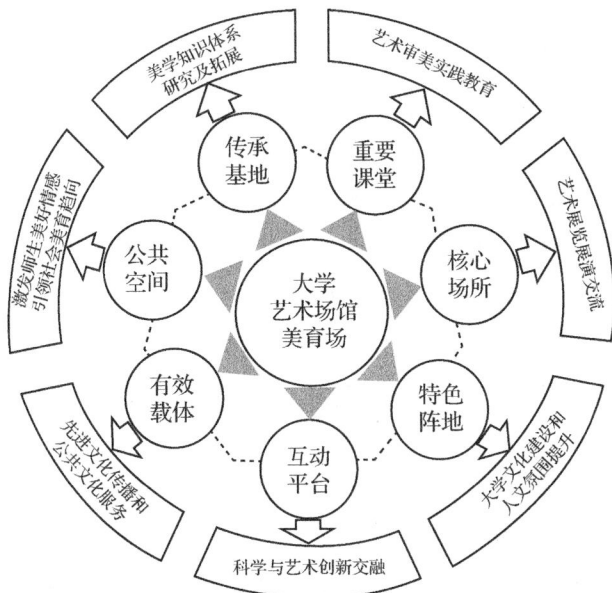

图1 大学艺术场馆美育功能的基本范畴及其美育场生成

一是作为美学知识体系研究及拓展的传承基地。大学艺术场馆作为一所大学中最具审美意蕴和气息的场所,追求"美"贯穿在大学艺术场馆发展的整个历程,而研究"美"更是其内在发展的动力。大学艺术场馆,尤其是艺术专业类院校里的艺术场馆,通过对藏品进行深入研究、对艺术概念作出创新性阐释,已经成为大学内部进行美学知识体系研究的核心力量。同时，大学艺术场馆经由开展的美育活动，将美学知识传递给了更多的人，实现美学知识的复制性输出与大学美育体系的传承性发展。

二是作为艺术审美实践教育的重要课堂。艺术审美实践教育是大学美育不可缺少的环节，是学生"美学知识输入"指导"艺术行为能力"的实现途径，具有高度互动性和深度参与性的特点。大学艺术场馆作为大学校园内的教学辅助设施，是大学实施美育项目、组织艺术教育实践的重要课堂。大学艺术场馆开展的每一场展览、演出，都包含了大学艺术场馆自身的审美取向和价值判断，其使命就是要尽可能地发挥美育功能，培养大学生们高雅的审美趣味。因此，大学艺术场馆与大学美育体系深度融合，为学生们提供近距离接触艺术作品的机会，调动学生参与审美活动的积极性，帮助学生深化审美认知，从而提升整体的美育效果。

三是作为艺术展览展演交流的核心场所。任何艺术活动的开展都离不开必要的场地和设施设备。大学艺术场馆最基本的功能，就是为艺术展览、展演活动提供场所。艺术馆策划的精彩展览、音乐厅里传出的美妙旋律、剧院里上演的优秀话剧，吸引着大学师生和社会公众的关注。大学艺术场馆引入校外优秀艺术资源，并在活动类型、传播形式上不断创新，已成为师生在日常生活中获取艺术资源的重要途径。如自 2006 年起，教育部、文化部、财政部联合推进实施"高雅艺术进校园"项目，在许多高校的艺术场馆展出或上演高品位展览、经典演艺作品，有效地聚集了师生观众参与，扩大了艺术展览展演交流的综合影响力。

四是作为大学文化建设和人文氛围提升的特色阵地。大学艺术场馆需要在"硬件"（场地、设施）和"软件"（如活动、服务、氛围）上达到较高的水准，深入开展多种类型的美育活动。作为大学校园内独特的文化风景线和特色阵地，大学艺术场馆常常将自身的空间条件和文化优势结合起来，构成一种能够吸引师生广泛参与的文化场景。此外，大学艺术场馆的对外开放，让更多校外观众在心理上更加亲近大学文化，增加了大学文化与社会文化的互动互联，在潜移默化中影响每一个受众的心灵品格，反过来亦会有力促进大学人文氛围建设和大学文化品质与影响力提升。

五是作为科学与艺术创新交融的互动平台。近年来,科技注入艺术的新趋势新变化,引发了艺术审美领域的融合、裂变与创新。艺术展览和演出,越来越注重真实与虚幻、精确与变幻的交融呈现。大学作为科学研究的重要前沿和技术创新的主要基地,为科学与艺术的创新交融提供了无限可能。大学艺术场馆,应当以其文化的包容性为促进科学与艺术的互动提供碰撞空间、交互平台和实验场所。此外,新媒体等新技术手段的融合应用,不仅能提高观众互动的积极性与兴趣,增强艺术传播氛围,也为扩大大学艺术场馆活动的美育实效提供了便利,有利于增强艺术场馆美育活动的影响力。

六是作为先进文化传播和公共文化服务的有效载体。根本上讲,大学美育同大学文化建设有着一致的目标,并且大学文化能够对大学艺术场馆的美育能力产生直接的影响。加强大学艺术场馆建设,不仅在于促进其美育功能的深化与发展,还要自觉将传播先进文化、弘扬大学精神作为重要目标载体。同时,大学艺术场馆还是大学承担公共服务职能的有效载体,需要不断增强自身公共服务意识,更深层地参与大学文化建设和社会文化构建,提升大学精神的价值引领力和文化品牌影响力。

七是作为激发师生美好情感、引领社会美育趋向的公共空间。大学美育重在培育和传播艺术之美、知性之美、情感之美。作为公益性、专业化、开放式的美育公共空间,大学艺术场馆通过传播美育理念、营造美育氛围、促进科技艺术融合等方式,在校园内形成独特的美育场,在潜移默化中深化了美育效果,满足了师生和社会公众追求美、欣赏美、体验美的向往和诉求,不仅扩大了大学艺术场馆美育辐射的范围,亦引领着社会美育的发展趋向。

大学艺术场馆美育功能监测评价指标体系构建

为更好地了解公众对大学艺术场馆美育功能的认知情况,笔者以北京航空航天大学为例,专门编制了《北航艺术场馆美育功能及成效调查问卷》,就北航艺术馆、晨兴音乐厅的美育活动满意度及美育成效进行了调查分析。调查结论显示,受众在整体上比较肯定北航艺术场馆的美育成效,但同时也突出存在以下问题:美育活动类型单一、活动质量参差不齐、场馆设施不齐全、信息传播力度不够、专业人员数量不足、社会艺术资源美育联动待提升、美育品牌建设需要加强等。这在一定程度上，反映了我国大学艺术场馆美育的现状。于是，为大学艺术场馆提供一套美育功能监测评价指标体系，达到自检、自评和以评促建的目的，显得十分必要。

（一）监测评价指标设计依据

基于大学艺术场馆美育功能的范畴及其现状，设计构建科学、合理、操作性强的大学艺术场馆美育功能监测评价指标体系，使其能够自主评价美育功能的实现情况，是本文研究的重要目标。从理论依据上看，一方面，场景理论强调"文化场景"的价值，认为文化场景是文化设施发挥吸引、凝聚、宣传和引导作用的根本力量。同时，场景理论提出的评价文化设施价值观及内涵的指标体系，为本文对大学艺术场馆美育功能的评价带来启示。另一方面，新公共服务理论①关注公共利益，追求为社会中的每一位成员提供公平而有效的公共服务。大学艺术场馆作为大学内部的文化机构，承担着大学提供公共服务满足公众需求、引领社会文化趋向的责任，需要将"开展公共美育活动"作为自身重视公共利益、提供公共文化服务的方式和衡量标准。

根据北航艺术场馆的问卷调查结果和场景理论、新公共服务理论的观点，本文将大学艺术场馆美育能力概括为三个维度的能力（见图2）。

一是场馆基础建设及美育平台发展能力。这一维度反映的是大学艺术场馆硬件设施建设情况以及艺术场馆美育平台管理与利用情况，是大学艺术场馆开展美育活动的前提和保障。主要包括场馆基础设施与投入、美育平台建设与发展。

二是美育实践过程及满足需求能力。这一维度反映的是大学艺术场馆美育管理与实践情况，即大学艺术场馆为大学美育提供支持、满足师生文化需求的能力。包括但不限于美育组织机构与人员结构、美育实践课堂、展览展演活动、

---

① 新公共服务理论（The New Public Service Theory）兴起于 20 世纪末，是对新公共管理理论中建设"企业家政府"、追求效率最大化等内在缺陷的批判式发展。新公共服务理论主张公共管理实践要追求公共利益，培养公民积极参与社会事务的精神，强调"以人为本"和"服务至上"的基本原则，关注公共利益，追求为社会中的每一位成员提供公平而有效的服务。

美育学术交流与实践、满足美育需求的能力。

三是美育创新引领及反馈优化能力。这一维度反映的是大学艺术场馆美育活动的价值，对于大学文化体系和社会文化体系建设影响力的大小。主要包括文化传承创新、公共文化服务等。

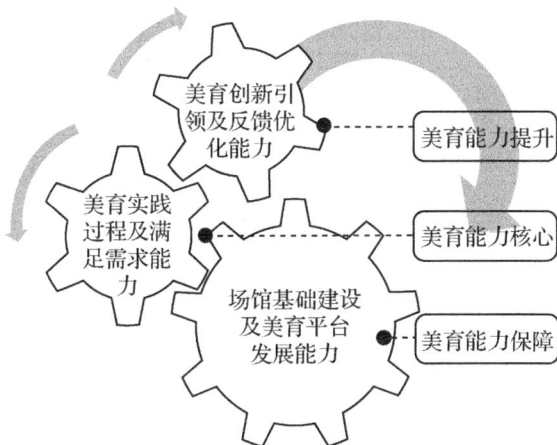

图2　大学艺术场馆美育能力构成

其中，场馆基础建设及美育平台发展能力，是大学艺术场馆美育能力的基础性保障，也体现了大学艺术场馆作为高校文化设施存在的正当性和合理性，即具备基础的空间条件，营造良好的美育氛围；美育实践过程与满足需求能力，是大学艺术场馆美育能力的核心，可以以此了解大学艺术场馆各项美育功能的实现情况；美育创新引领及反馈优化能力，是大学艺术场馆美育能力提升的关键，是大学艺术场馆直面新时代需求，创新自身美育能力的缩影。三种能力之间是互相联动、互相促进的关系。大学艺术场馆美育能力的整体提升，离不开这三者的互动、协同乃至"共谋"。

（二）监测评价指标编制及构建

围绕场馆基础建设及美育平台发展能力、美育实践过程与满足需求能力、美育创新引领及反馈优化能力三个维度，笔者广泛收集了多所大学艺术博物馆、音乐厅等场馆机构的章程及规章制度，调研了数十所高校艺术场馆运营管理及美育活动实施情况，分析其中影响大学艺术场馆美育能力的因素。本着全面、系统、可操作的原则，通过开展问卷调查和专家访谈，并对相关指标进行筛选和完善，总结出可以衡量大学艺术场馆美育能力的指标，目的在于通过定性和定量指标的结合，为大学艺术场馆提供可监测自身美育功能实现情况的方法（见图3）。

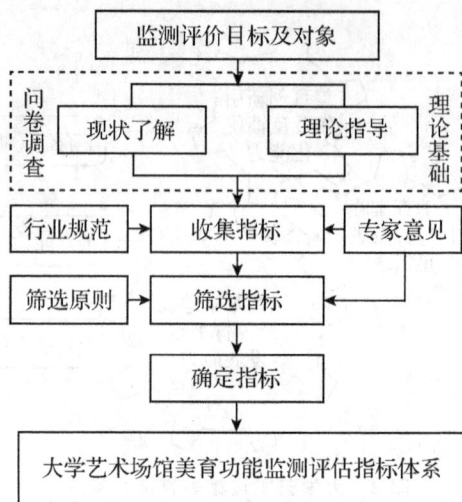

图3　大学艺术场馆美育功能监测评估指标体系设计

　　基于此，本研究初步设计了监测评价大学艺术场馆美育能力的三级指标体系，同时设计了《大学艺术场馆美育功能监测评价指标及权重》问卷，重点咨询了大学文化建设专家、大学艺术场馆专家、公共文化服务领域专家、知名美育专家学者等十余人。根据专家对问卷的反馈意见，进一步完善了大学艺术场馆美育功能监测评价指标体系，包括3个一级指标、10个二级指标、37个三级指标。根据专家权重填写打分情况，通过层次分析法得出各级指标对上一级指标的权重，并标示出三级指标对总目标的权重，把对大学艺术场馆美育功能评价指标的定性判断，转化为量化描述。

　　最终指标体系及权重如表1所示。

表1 大学艺术场馆美育功能影响因素及监测评价指标权重

一级指标	权重	二级指标	权重	三级指标	权重	对总目标的权重
1 场馆基础建设及美育平台发展能力	0.3	1.1 场馆基础建设与投入	0.4	1.1.1 场馆硬件设施建设及其满足发展需要情况	0.35	0.042
				1.1.2 场馆中长期发展规划及条件支持保障情况	0.3	0.036
				1.1.3 场馆日常运营经费投入使用情况	0.35	0.042
		1.2 美育平台建设与发展	0.3	1.2.1 美育专门平台建设规模与数量	0.36	0.0342
				1.2.2 美育平台综合管理与利用情况	0.4	0.036
				1.2.3 美育平台与社会专业机构协作发展情况	0.24	0.0216
		1.3 组织机构美育分工与人员结构	0.3	1.3.1 场馆组织机构及美育专业化分工情况	0.42	0.0378
				1.3.2 美育专业人员占场馆员工比例	0.37	0.0333
				1.3.3 具有博士学位及高级职称美育专业人员数量	0.21	0.0189
2 美育实践过程与满足需求能力	0.4	2.1 开设美育实践课堂	0.32	2.1.1 承担高校美育通识课程数量	0.4	0.0512
				2.1.2 开办美育实践工作坊情况	0.29	0.03712
				2.1.3 结合展览展演组织公益讲座情况	0.31	0.03968

一级指标	权重	二级指标	权重	三级指标	权重	对总目标的权重
2 美育实践过程与满足需求能力	0.4	2.2 举办展览展演活动	0.38	2.2.1年度展览展演活动计划及其可持续性	0.21	0.03192
				2.2.2引进国外高雅艺术展览展演数量	0.12	0.01824
				2.2.3引进国内高雅艺术展览展演数量	0.13	0.01976
				2.2.4举办校内师生艺术展览展演数量	0.13	0.01976
				2.2.5影响重大的品牌展览展演活动情况	0.09	0.01368
				2.2.6展览展演活动的(票价)收益情况	0.11	0.01672
				2.2.7新技术手段在展览展演及美育实践活动中的应用情况	0.21	0.03192
		2.3 美育学术研究与交流	0.12	2.3.1美育学术研究及交流制度	0.37	0.01776
				2.3.2组织或参与国际美育学术会议情况	0.17	0.00816
				2.3.3组织或参与全国美育学术会议情况	0.19	0.00912
				2.3.4项目获得教学、科研省部级以上奖励情况	0.27	0.01296
		2.4 满足美育需求能力	0.18	2.4.1学生参与程度(参与学生人次占在校生总数比例)	0.28	0.02016
				2.4.2在校生对展览展演及美育活动的满意度	0.24	0.01728
				2.4.3毕业生对展览展演及美育活动的满意度	0.14	0.01008
				2.4.4社会公众对展览展演及美育活动的满意度	0.21	0.01512
				2.4.5被社会媒体公开报道情况	0.13	0.00936

一级指标	权重	二级指标	权重	三级指标	权重	对总目标的权重
3 美育创新引领及反馈优化能力	0.3	3.1 文化传承创新	0.28	3.1.1 场馆纳入高校文化建设长远规划情况	0.33	0.02772
				3.1.2 场馆自身的发展理念、目标与愿景	0.33	0.02772
				3.1.3 场馆融入大学文化传承创新的竞争力	0.34	0.02856
		3.2 公共文化服务	0.41	3.2.1 场馆获得政府文化机构政策扶持情况	0.38	0.04674
				3.2.2 场馆承担社会公共文化服务项目数量	0.28	0.03444
				3.2.3 社会对场馆履行公共服务职能的综合评价	0.34	0.04182
		3.3 美育成效评估	0.31	3.3.1 美育实施成效综合评价制度	0.28	0.02604
				3.3.2 美育创新引领问题及质量发展报告	0.35	0.03255
				3.3.3 美育评价结果反馈与优化改进举措	0.37	0.03441

大学艺术场馆美育功能监测评价指标体系，可以用于大学艺术场馆对自身美育功能的自查自验。但由于各所大学艺术场馆在发展情况上存在较大差距，同时，监测评价的目的也是给大学艺术场馆自身建设提供参考，因此每个评价指标并不设置固定的标准，而是与大学艺术场馆在这些指标上的目标愿景相对比。评价可采用组织相关专家考察打分或大学艺术场馆负责人自主打分的方式，对三级指标中的各项分别进行打分考核（满分100分），然后根据该项权重计算出加权分值。所有三级指标加权分值的总和，即为该大学艺术场馆美育能力评价的总得分。

大学艺术场馆美育功能实现的逻辑框架

　　大学艺术场馆美育功能的实现，受到了社会文化和大学文化的影响。社会文化的影响包括与大学艺术场馆相关的法律法规、传播渠道、群体期待与公共舆论等，其形成与发展很大程度上受到政府的引导。大学文化的影响主要体现在大学内部整体对美育的重视程度、对艺术场馆美育功能的认知与实践、对大学艺术场馆的规范管理程度、对大学艺术场馆投入的运营资金、选派的人员结构等方面。在社会文化和大学文化的共同作用下，大学艺术场馆自身也会进行相应的调整，这些都影响到大学艺术场馆的美育功能的实现。在此，本文尝试构建了基于能力评价的大学艺术场馆美育功能实现的逻辑框架模型（见图4）。

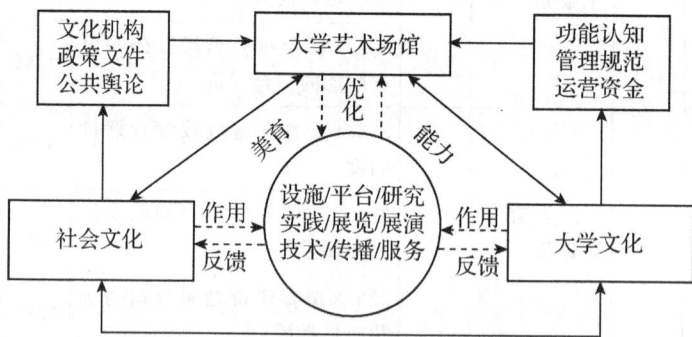

图 4　大学艺术场馆美育功能实现的逻辑框架

　　大学艺术场馆美育功能是社会文化、大学文化共同作用于大学艺术场馆之后，大学艺术场馆在传播美学观念、推进美育实施等方面的能力。社会文化主要经由政府引导的政策文件、文化机构和公共舆论，在宏观层面上影响大学艺术场馆美育能力；大学文化则在中观层面上，通过重视大学艺术场馆美育功能，给予资金、人员等方面的倾斜和支持，影响大学艺术场馆美育能力；大学艺术场馆则通过合理规划内外部的各类资源，提高自身专业性，来达到提升美育功能的目的。

　　总体而言，大学艺术场馆美育功能的实现，是一个以社会文化为支撑、大学文化为主导、大学艺术场馆为主体的路径。大学艺术场馆美育需要坚持公益性和合作性的原则，面向社会提供公共文化服务，增强社会文化和大学文化对于大学艺术场馆美育功能的认可度。同时，要加强协作性，主动寻求政府、社会文化机构、大学内部的支持与合作，为顺利开展美育活动打好基础。大学艺术场馆美育功能的具体实现，则表现为大学艺术场馆在硬件设施建设、美育平台发展、美育知识研究、美育教学与实践、组织展览展演活动、引入先进技术、开展公共文化服务等方面的现实作用力。

可以预期，随着人们对大学美育重视程度加深，随着全社会对美育和美育精神内涵、规律与建设框架认知的不断提高，我国大学艺术场馆一定能够得到长足的发展，其美育功能也会进一步凸显，必将在发掘大学美育新内涵、构建大学美育新体系、拓展大学美育新境界中，凸显更大作用。

结合桌面式 VR 和实体交互的
美育教学研究及调研

张 岩 淮永建 费广正 朱雅鑫

（北京邮电大学世纪学院 中国传媒大学 清华大学）

虚拟现实技术在教学研究中的应用综述

美育教学的内涵在广义上指培养学生认识美、体验美、欣赏美、创造美的能力，使学生成长成为具有美的情操、品格及具备审美修养的全面发展的人。在狭义范围而言，美育教学也可涵盖传统艺术教育的各种形式。在数字媒体技术飞速发展的当前，传统美育课程的教学形式正面临挑战。传统美育课程教学方式依赖教师讲授、图文演示及作品赏析，其知识传播媒介单一，学生大多处于被动接受的学习状态。如何将美育教学内容与数字化资源进行高度结合，使学生全面理解美育教学内容和沉浸于美育知识情境，已成为值得新一代美育工作者深入思考的问题。采用数字化、信息化手段进行美育教学是必要且极具发展前景的，但目前国内高校在美育教学领域尚未对此开展更为深入的工作。

虚拟现实技术（Virtual Reality，VR）作为数字媒体技术的一种，在美育教学研究中有着天然优势，但其潜力尚待挖掘。虚拟现实应用于美育教学的优点主要有以下方面：

首先，在 VR 环境中学生足不出户即可体验各种数字化美育资源，例如景观空间或历史遗迹的可视化展示，建筑或雕塑的参数化设计及虚拟呈现（图 1、图 2），VR 博物馆及画廊的漫游体验等（图 3）。学生在教学环境中即可获得感官信息的延伸，打破了时空界限，还可在虚拟环境中展现艺术创造力和编创艺术作品。

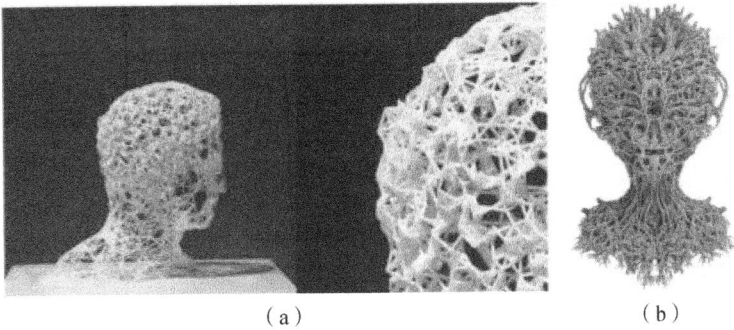

（a）　　　　　　　　　　　　　　（b）

图1　基于虚拟参数化设计和3D打印生成算法雕塑：

（a）Starry Sky-Algorithm-Human（张盛，2018），（b）ARGIEBORZ（Nick Ervinck，2009）[1]

图2　三维环境中基于曲率和网格显著性的参数化建筑设计：

（左）Shell Star（Andrew Kudless，Riyad Joucka），

（右）斯图加特大学研发的 BUGA Fibre Pavilion（ICD，ITKE）[1]

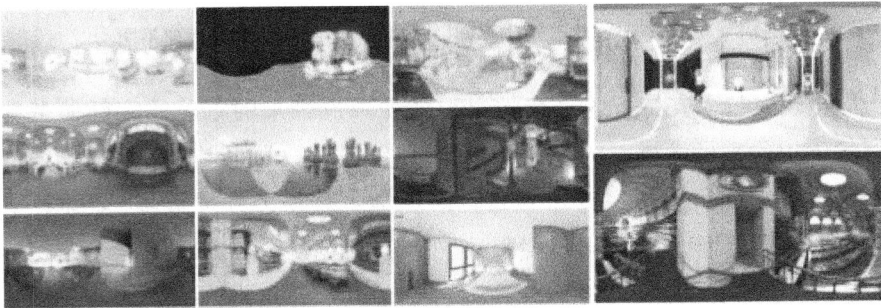

图3　VR展馆中虚拟视点导引漫游[2]

其次，虚拟现实环境可引发学生的幻想审美体验（也有学者称"可变审美体验"[3]），相对于传统美育知识传达方式，VR 所具有的幻想式审美体验具有相当的人文价值和美学功能，更能调动学生以"心流"状态[4]进行美育知识的学习。

最后，虚拟现实技术在美育教学中带来的创新性审美方式，在一定程度上促进美育教学中艺术观念、表现形式及精神内核的革新。正如当代艺术发展中每一次媒介的变革必将导致审美趣味和艺术观念的创新（图 4）。虚拟现实技术善于融合人工智能、可视化计算以及艺术创作等多学科知识，从而为数字媒体环境下的美育实践开拓广阔的发展空间。

图 4 Lok 对虚拟现实和新媒体数字艺术作品的视觉平衡分类：
(a-b)对称平衡，(c-d)不对称平衡，(e-f)径向平衡，(g-h)晶向平衡[5]

虚拟现实技术支持下的美育教学形式变革所带来的审美维度延伸是其在美育教学中的突出优势。VR 手段改变了传统美育教学中惯常采取的低维信息（文字、图像、视音频等）传达方式，而让学生获得多维度信息（多维数字空间、多媒介融合环境等）、多感官刺激（视觉、听觉甚至触觉）相融合的审美体验（图 5）。

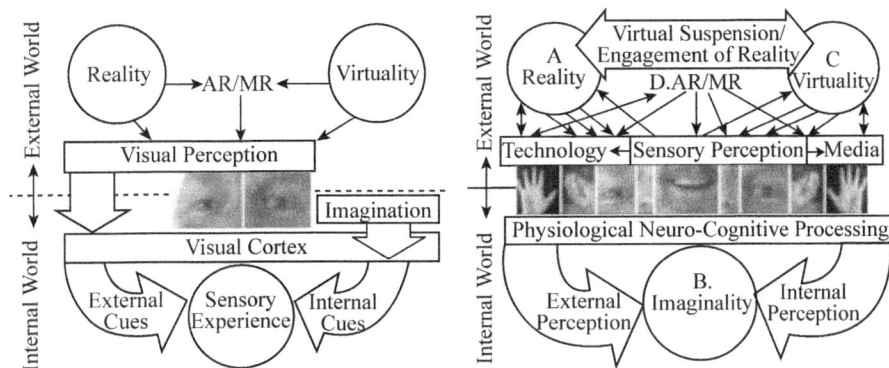

图 5 想象与虚实环境融合的关联：(a) 感官 (例如眼睛) 接收虚拟现实和真实环境的信息，然后由视觉皮层解释，想象力直接刺激视觉皮层。(b) 真实环境 A 和虚拟现实 C 是由每种感官通过不同的神经认知途径分别感知的，然后在想象 B 中作为外部感知聚集在一起。想象力可以产生自身的内部知觉，从而影响外部知觉[3]。

相对于传统美育课堂教学环境而言，基于 VR 环境的美育教学更能在教学环节中充分调动学生自主学习能力，同时也强调教师在授课过程中的主导地位，双向调动教学者和学习者的情绪和心理，实现教学相长的良性循环。若在教学环节适当植入与美育内容相关的游戏性环节[3,6]，则 VR 技术所特有的娱乐性特质更能刺激青年学生的兴趣和探索欲望，从而达到"寓教于乐"的目的。

目前国内外很多高校及研究机构均已开展基于 VR 技术的教学模式探索，例如 Stanford University 的交互工作站、Harvard Business School 的虚拟教室、Microsoft Research 的 Easy Living、MITAI 的人工智能实验室、GMD 的 I-Land 以及 GIT 的 Aware Home 等。国内近几年在 VR 教育领域的探索也开展得如火如荼，如清华大学计算机学院的智能教室、清华大学未来实验室、华中师范大学的媒体融合智能实验室、中国传媒大学的媒体融合重点实验室等，这些工作有效推动了国内 VR 教育的普及和发展。

虚拟现实技术应用于美育教学的现状和所存在的问题

VR 技术的主要目的是将用户从现实环境中隔离出来，并通过不同目标驱动下的交互设计，使用户在积极探索的过程中获得主观经验的加深，以达到"心流"的状态[6]。"心流"教育理论源自心理学家 Mihaly 的相关研究[7]，现代实验心理学证明学习者在"心流"状态下获得的学习质量最佳。Li 等人针对桌面虚拟现实即 DVREs 的心流教学体验进行实验分析并提出最优学习状态模型[6]，如图 6(a)所示。

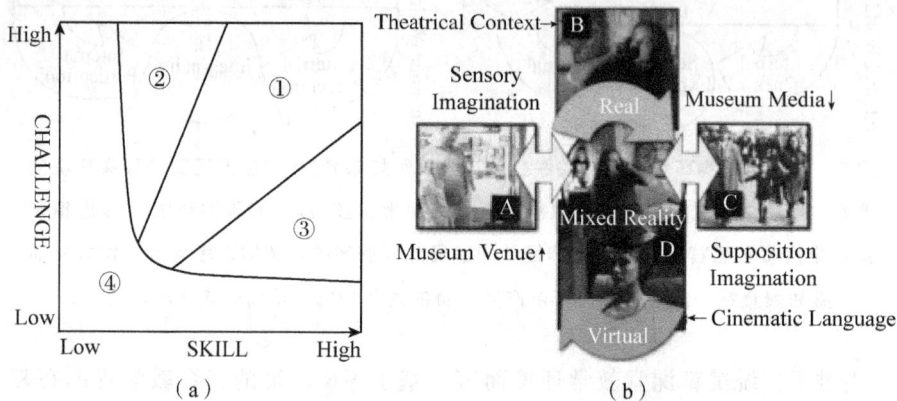

图 6 (a)Li 等人提出的 DVREs 环境下的最优学习状态模型[6]，
(b)虚拟与真实场景之间的转换及用户心理状态[3]

图 6(a)中横坐标表示学习者在 DVREs 环境下的技能水平，纵坐标表示用户感知层面所面临的挑战难度。其中序号①所涵盖的区域为心流状态，序号④所对应区域则代表学习体验中的冷漠或焦虑情绪。Li 等人通过实验心理学方法证实，VR 技术与传统方法相比，更易让孩子达到心流学习状态[6]。VR 应用在美育教学中的最直接目的，是希望在教学过程中促使学习者达到"心流"状态，并受自身情感驱动而达到主动学习的目的。在此过程中，学习者追求审美幻想和娱乐趣味的期望将刺激学习者对知识情境产生感官与思维的高度协调。但目前 VR 教学的实际现状离上述目标还有较大差距，面临的问题主要包括以下方面：

（1）知识情境设计欠缺。大多数应用于美育教研的虚拟现实系统往往过分关注技术成果，而忽略美育教学中的知识情境设计和内容组织，但这些因素对于学生理解美育知识内涵是非常重要的，且直接影响学生创造性的培养和审美素质的提高。

（2）设备限制过多。绝大多数 VR/AR 设备仅支持个人式穿戴（或手持），在人数较多的课堂情境中则会面临窘境。若配备充足的虚拟现实教学设备需要投入大量资金和人力资源，且可能导致课程节奏难以控制，由于高度沉浸感所带来的学生与教学环境隔离、和指导教师情感疏离等问题。

（3）研发难度较高。从事美育教学的教师若不具备虚拟现实作品的编创能力，则无法实现美育教学的内容；同时也有部分教师认为学生通过虚拟现实手段实现自我学习目的，而削弱了教师在课程实验中的主导地位，从而排斥其在美育教学中的应用。

（4）学生自主性过强。沉浸感较强的虚拟现实环境，更强调学生自主学习的观念和主动性，因 VR 设备造成学习者与外部真实环境的隔绝，则过分强调了学生在美育教学过程中的"主体"地位，忽略了师生面对面交流的情感因素，从而导致学生自主学习的自由度过高，对于自觉性较差的学生则不利于其学习质量的提高，从而偏离既定的教学目的。

（5）交互方式陈旧。传统 VR 环境依赖头戴式设备、手柄、鼠标、键盘等用户交互手段，往往难以达到"心流"的学习状态体验，学生没有真正意义上实现动手实操，自然无法融入美育知识情境，反而更类似于游戏心态，导致学生在美育实践中个人技能和知识积累的教学目标难以达成。

针对以上问题，本文从作者张岩、淮永建、费广正已经积累的科研及美育教学经验中进行提炼，从美育教学环境搭建的成本、目标导向、教学效果及人员质量等因素考虑，提出结合桌面虚拟现实（Desktop Virtual Reality-based Experiments，即 DVREs）和桌面式实体交互界面设计（Tangible User Interface，即 TUI）来协同构建美育实践环境的新思路。实践证明该美育教学环境的构建方法不仅适用于高等院校艺术类学生的美育实践课程，也适合于其他专业学生的美育类公共课程研修，甚至对于青少年美育启蒙而言也是行之有效的策略。

基于 DVREs 和 TUI 的美育教研实践

DVREs 和 TUI 均属于目前人机交互领域的热点研究课题，尤其是 DVREs

已经变得相对比较普及，但 TUI 相关技术的研究仍是较为前沿的课题。TUI 通常基于多点触控表面进行交互，其融合计算机视觉、模式识别等方法检测与光学显示屏（或电容屏）相接触的实物信息（位置、属性、方向等），并将实物表征信息通过投影或多屏显示方式通过虚拟环境进行映射[8]。国内对于 TUI 研究开展相对较少，中国科学院的戴国忠教授、中国传媒大学费广正教授及清华大学徐迎庆教授等人是目前国内在 TUI 研究领域的重要代表性学者，并对 TUI 应用于艺术教育的可行性进行深入研究。这些研究中已有成果转化为商业产品，如费广正教授带队研发的锐秀互动台已应用于中国传媒大学游戏设计专业的实践课程，并获得国家专利。

图 7　常见 TUI 系统的表现形式

本文针对传统 VR 技术应用于美育教学所面临的问题，将 DVREs 和 TUI 进行融合，让学生在美育实践中"所见即所得"，通过实体对象的操作来构建虚拟环境、获取数字信息，从而达到寓教于乐的目的，实现美育教学中所追求的"心流"教学目的。我们的工作主要包括如下方面：

1. 基于 DVREs 呈现美育实践内容

桌面式虚拟现实 DVREs 与实体交互界面 TUI 的融合是美育教学中基于建构主义学习理论的一种全新尝试，其符合建构主义教学方法所强调的"动态"学习过程。在美育教学环节，我们在课堂实践中注重应用已有的技能手段去挖掘尚未探索的美育研究课题。例如学生经过三维建模和 3D 动画等相关课程学习后，在美育实践环节中我们将 VR 技术应用于历史文化遗迹真实图像的三维重构和美学分析、古代画作的三维重现以及基于美学视点的游戏场景快速生成等方面的课题。我们将一些开源软件应用于美育课程实践，例如采用免费开源软件 Regard3D 从数据集（即一组文化遗迹照片）来创建三维点云，以实现精确而高效率的三维建模，并结合 3D 课程所学习的知识，让学生对带有大量噪声数据的点云模型进行"人工清洗"，从而修复破损的文化遗迹三维模型（例如石雕、建筑等）。我们将所创建和修复的 3D 艺术作品进行完善，通过上传一些具有托管功能的非营利性平台（如 Sketchfab、OGRE 3D 等）进行展示以达到普及推广的目的，即实现对美育知识的普及。我们还采用 Unity 3D 和 Unreal Engine 4 等引擎来实现基于 VR/AR 的虚拟现实编创作品，使学生可在虚拟空间中使用虚拟笔刷进行二次创作（图 8），取得较好的美育教学效果。

图 8 本文作者张岩、淮永建通过 DVREs 环境让学生对文化遗产类 3D 对象（古代塑像）的视觉关键区域进行提取[9]和使用虚拟笔刷进行加工

为进一步加强 VR 技术在美育教学中的智能化分析作用，我们开发相应框架以满足美育教学的需求，如实现在虚拟环境中快速分析 3D 对象的美学结构、提取美学造型关键区域、获得最优观察视点等功能[9]（图 9—10）。

（a）   （b）

图 9 在哥特建筑点云模型上得到视觉信息及视点位置：(a)在巴黎圣母院模型上获得的视觉独特性区域分布；(b)对所获得该对象的优视点渲染图[9]

low distinctness value ▬▬▬▬▬▬▬▬▬▬▬▬▬▬ high distinctness value

**图 10　本文作者张岩、淮永建提出 3D 对象视觉兴趣区域的提取方法[9]，
并用于美育课程中学生作品的个性化纹理绘制**

　　以文化遗迹保护为例，美育实践环节让学生采用本文作者张岩、淮永建所提出的视觉显著性提取方法以修复文物模型，或对 3D 对象提取视觉独特性区域并进行美学量化分析（图 9），实验证明这些方法可对学生进行有效的美育知识情境化教学。

　　基于我们对虚拟环境美学因素提取的相关研究，本文作者张岩、淮永建将基于优视点的虚拟场景规划方法[10]应用于美育教学课程实践中。我们尝试让学生以古代画作中的建筑形象为蓝本创建三维建筑单体模型，并将场景模型以遗传算法方式进行智能重组，以美学元素作为布局优化的驱动因素，从而快速生成大型场景。学生可在场景中根据自己的个性化需求进行场景布局的美学重组，并在虚拟漫游中体验"人在画中游"的感觉（图 11）。

　　我们还将美育教学结合游戏创作，在 DVREs 中引入游戏场景快速设计方法，学生在美育实践中可根据自己的需求创作游戏场景，并通过快速的一键式生成方法，参数化组织场景结构，生成优化的漫游路径以及道路组织[1]。

　　上述案例方法在游戏场景设计、景观设计、虚拟博物馆漫游及古迹仿真复原等美育实践中具有明显优势。学生通过类似美育实践环节，更加深对古人审美意识和空间之美的理解，尤其适合游戏专业、园林景观及环境艺术设计等专业的美育课程实践。

（a）

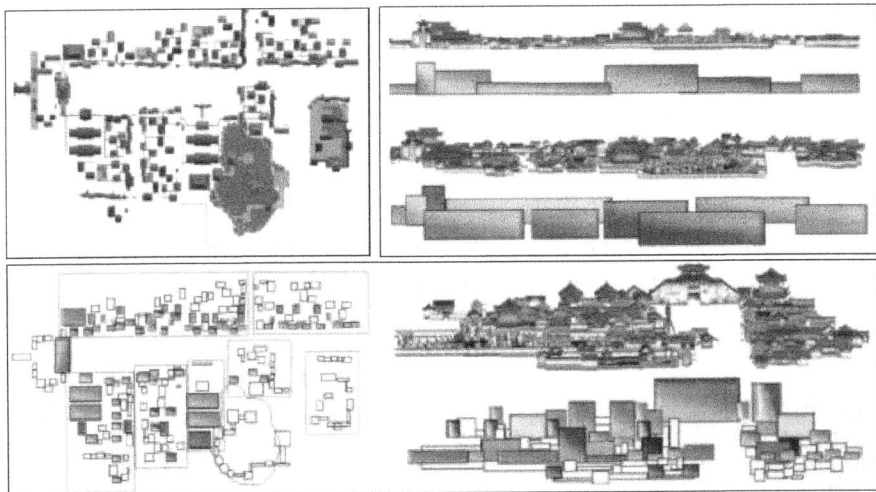

（b）

图 11　以《清明上河图》为蓝本的美育教学实践：(a)以《清明上河图》中单体建筑为基因单元进行建模；(b)让学生采用本文作者张岩、淮永建提出的基于美学布局的3D 场景自动生成方法[10]生成不同审美意味的仿古三维场景并进行漫游体验

2. 结合 DVREs 与 TUI 实现美育互动教学

上述内容主要阐述我们基于 DVERs 的美育教学实践，但 DVERs 本身以桌面式虚拟环境的方式展示，较难使学生在美育实践环节增强动手能力而获得"心流"体验，故无法有效提高学生的自主学习性。在 DVERs 基础上，我们引入 TUI 方法来构建 DVERs 结合 TUI 的美育教学环境架构。该思想也与 5G 时代所倡导的"万物皆可交互"相吻合，同时将"普适计算"的概念渗透到一线教学中，让学生对前沿科技理念也有一定的了解。TUI 的本质在于用新颖的人机交互形式来连接虚拟环境和实体对象，从而使学习者在使用该环境时体验"所见即所得"的知识情境化设计。该方法通过实物操控虚拟环境，不仅让学习者在视听感官体验上获得直接感受，也将触觉（实物形态、手感），甚至是味觉（有些实体交互组件可配置相应的气味）进行融合，有形、便捷且易于操作，能够多人同屏学习及展示，寓教于乐且增强协作能力，尤其适合美育类课程、多学科交叉课程及公共选修类课程的学习。

我们提出结合 DVREs 和 TUI 的美育教学实践环境具有诸多优势，其搭建方便，框架通用且跨平台，适合多人协作，成本低廉，轻便易搬运，有效避免了沉浸式 VR 系统造价昂贵、仅适合单人体验、由于穿戴设备所导致的指导教师与学生的情感隔绝、封闭式 VR 环境所带来的教学信息滞塞，以及学生自主学习灵活度过高所导致的教学目标偏离等一系列问题。实现 TUI 架构的基础是将传统 GUI 界面元素进行实物化，即通过隐喻的方式构建全新的交互界面，并实现 GUI 元素到 TUI 元素的视觉迁移[8]。实物设计可采用 3D 打印方式实现，学生也可自行设计所操作实物（也可称之为令牌）的造型，以增强趣味性，更增强美育教学的实践效果。

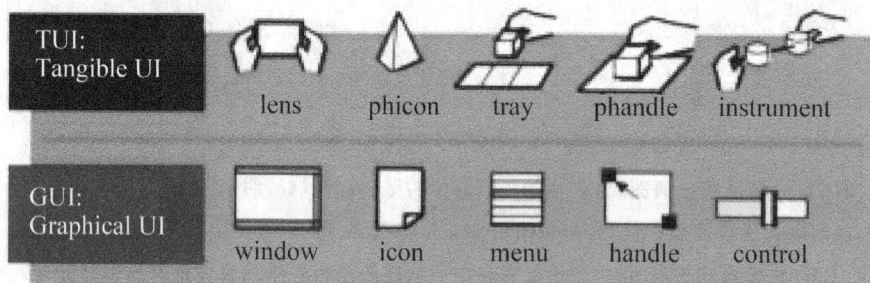

图 12　利用 TUI 实例化 GUI[8]

在交互框架的具体实现中，我们采用情境模型对应用层进行抽象和分层，将其分解为虚拟场景、用例和任务等细化层次，并基于 UML 协作图对任务进行建模；对于交互层的实现，我们通过定义基于 Phidget 物理控件的结构模型，并采用嵌套式 Perti 网来描述交互元素的动态活动，从而构建行为模型范式以规范其操作。同时，我们将建模语言转化为形式化界面标记语言，以进一步具体化模型的实现细节，可以实现自动或半自动的可执行程序导出，并且将转换过程通过可视化的界面编辑器完成[8]。

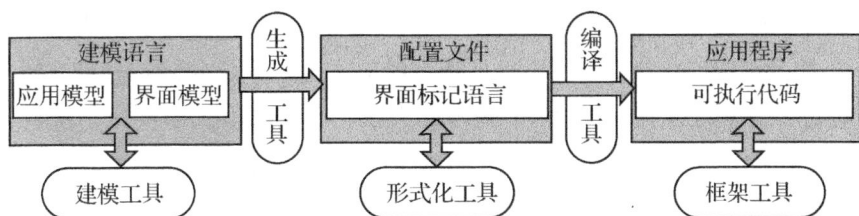

图13 基于模型驱动的用户界面开发架构[8]

在后续工作过程中我们采用较为通用的桌面式实体交互界面框架，其基于统一的桌面式实体用户界面建模语言，并在抽象层次上定义了实体交互系统的业务逻辑及界面元素范式，可根据虚拟现实作品的内容采用一键式生成场景，将实体交互与虚拟现实的界限打通，且易于拓展开发。在识别算法部分，本文

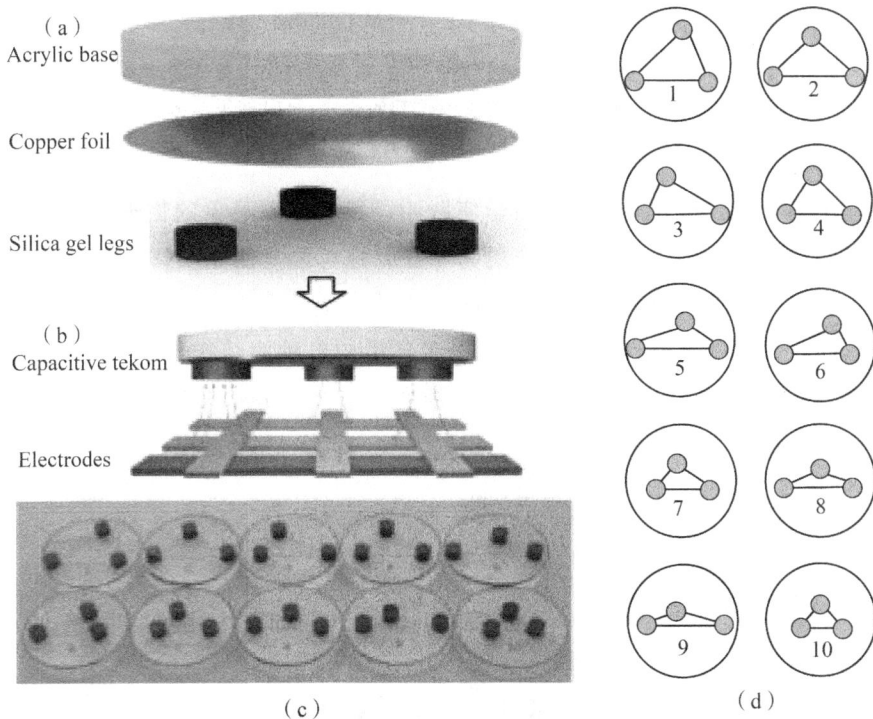

图14 实物令牌识别采用 Huang 等人提出的识别算法[11]进行桌面式实物交互设计：
(a)令牌实物的三层结构；(b)令牌实物在电容屏上产生触点；(c)基于不同采样模式
所获得的令牌实物；(d)从特征向量空间采样的不同模式

作者张岩、淮永建、费广正采用 Huang 等人提出的 PTPG 法来获得不同识别模式[11]，并采用造价相对低廉的电容屏作为触屏，达到 100％准确率（该方法已被锐扬科技公司申请专利[11]）。在中国传媒大学、北京邮电大学世纪学院的艺术类实践课程中，我们分别对实体环境和基于 Unity 3D 的编辑器模拟环境进行了测试，均得到学生的良好反馈。

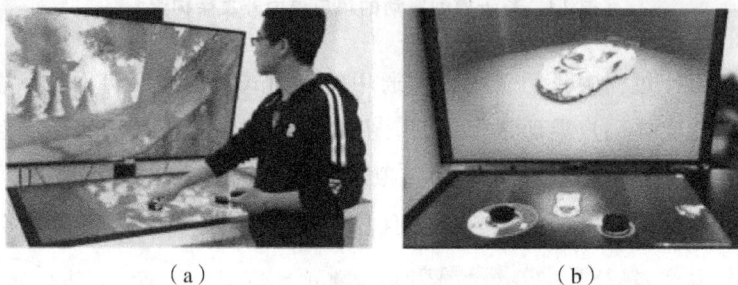

（a）　　　　　　　　　　　　（b）

图 15　本文作者张岩、淮永建、费广正应用于虚拟现实教学的 TUI 应用程序展示：(a)通过 TUI 控制虚拟景观的生成；(b)基于实体交互的美育教学实践(工业设计产品分析)

基于 DVREs 和 TUI 的课程教学实践中，我们发现具象的物理实体可以让学习者心理状态更加轻松，且操作更为专注，这可能是由于实体交互会增强虚拟现实系统的沉浸感和亲近感，并伴随真实的触觉感受而带给用户更加真实的体验。同时，学习者更容易理解虚拟现实环境中各种实体操作所对应的功能，其原因可能是实体对象由抽象 GUI 元素演变而来，在用户认知上更倾向于感受真实有形的对象，从而减少了认知负担。

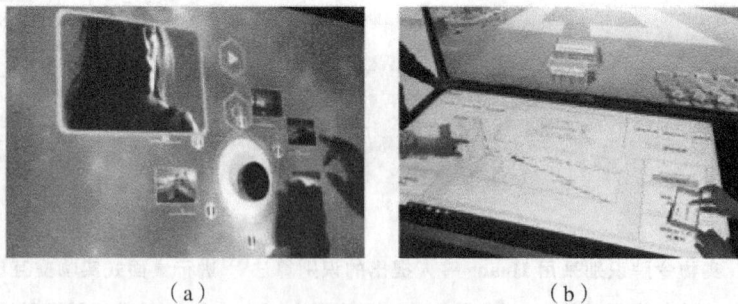

（a）　　　　　　　　　　　　（b）

图 16　本文 TUI 框架在教学中的应用实例：(a)基于 TUI 的多媒体课件展示；(b) 基于 TUI 的作品编创及虚拟场景管理

3. 实体交互与可视化技术在儿童美育中的探索

将本文所探讨的美育教学内涵进行延伸，相关工作也包括在儿童美育教学中所进行的尝试，即研究如何将可视化计算和实体交互用于启发和鼓励儿童的创造性思维，以及增强美育教学的效果。本文作者费广正与 Gao 等人[12]将美育教学以实体积木结合可视化三维重建的方式开展，启发儿童的美学思维、创造力以及实践动手能力等。

图 17　基于可视化实体交互的应用范例及儿童用户研究[12]

该方法可将实体积木模型组接形成的三维动画形象在 DVREs 环境中进行三维重建，通过拖曳不同虚拟模块来激活实物对象的智能驱动单元，可自主构建游戏情境，达到启迪智力和评估儿童美育素质的功能。同时该方法还可以用于建筑可视化、桌面式音乐可视化创作等多个领域，在青少年美育教学中具有较大潜力。

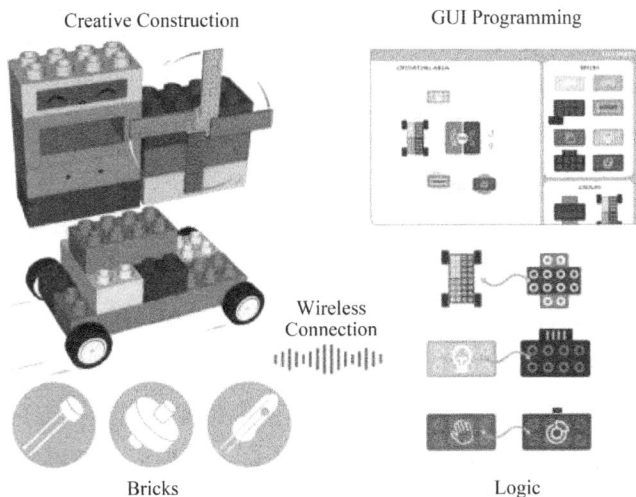

Creative Construction　　　GUI Programming

Wireless Connection

Bricks　　　Logic

图 18　本文作者费广正与 Gao 等人设计采用虚拟模块组接
逻辑层以激活实体拼装对象的运行能力[12]

　　通过上述研究工作，可以发现我们所提出的基于 DVREs 和 TUI 的美育教学实践环境具有如下优势：

　　(1)"所见即所得"的信息可视化过程。DVREs 可延展学生感官体验，而 TUI 则提供了形式多样的实体交互方式，这些方法不再局限于传统 VR 设备高度沉浸感和隔绝性的特点，增强了指导教师与学生之间的情感连接，并且将三维虚拟形象通过实体模型来隐喻，让学习者更容易达到学习过程中的"心流"体验，从而提高美育教学的效果。

　　(2)提高学生动手解决问题的能力。美育教学环节中关键的一点，是如何将学生的认知过程和学习行为进行统一。传统虚拟现实方法容易让部分学生产生认知过程和行为状态不和谐的现象，造成学生厌学情绪的产生。本文所阐述的基于 DVREs 和 TUI 的美育教学实验环境，可增强学习者对于知识情境的了解，有助于促进学生在美育教学过程中的新旧知识同化，提高学生自主学习的能力和探索精神。

　　(3)强调教师在美育教学中的主导地位。本文所探讨的结合 DVREs 和 TUI 的美育实践环境，其情景教学模式不像传统 VR 环境那样弱化指导教师的主导地位，而以相对开放式的学习环境开展知识情境教学，适合多人协同创作和并行学习，指导教师的主导作用被进一步强化。学生可利用实践经验及反馈信息来强化美育知识情境的认知度和提高解决问题的能力。教师的引导和学生的学习、实践融于一体，便于根据教学目标而灵活设定趣味性授课策略，还可对美育知识进行内容过滤和层次化组织，适当降低学生的自由度，达到教学相长的目的。

　　(4)造价低廉，便于构建虚拟实验室或培训基地。DVREs 和 TUI 均可根据美育课程实际需要而生成或导入相应的数字化教学资源，且其桌面式实体交互装置可实现多人共享，不同于传统 VR 设备只限于单人使用。其情境化课程设计的趣味性便于普及美育知识，还可减少实验耗材和降低某些风险隐患(例如实地调研所带来的危险性)。实践环境便于学生借用课下创作(TUI 的实体对象均可通过 3D 打印实现)，轻松实现美育作品的自主编创，从而提高学生的实际动手能力和增强学习者的美育素质。

总结和展望

当代数字媒体环境下的美育教学更注重审美主体(学习者)积极表达自己的审美体验和美学追求,但传统美育教学形式则对此有所限制。在新颖技术不断涌现的当下,美育教学的研究重点应侧重于对审美体验的传播媒介、美育作品的表现形式、审美情趣的多元化培养以及审美实践的个性化诉求等多方面因素。国际教育界普遍达成共识,即在技术水平达到一定高度后,科学与艺术在美学、可塑性和形式上将趋于统一。本文提出基于 DVREs 和 TUI 相结合的美育教学实践环境,即通过将桌面虚拟现实的呈现内容和桌面式实体交互技术的操作方式进行融合,让学习者在开放的、直观的协作方式下,与指导教师和其他组员进行高效的美育知识情境组织和学习,提高学习者的认知能力和动手能力,实现"知行合一"的美育教学效果。我们已有的工作表明[1,8,9,10,11,12],该方法在美育教学中具有其独特的优势,可将抽象的内容形象化,激发学习者对美育知识的学习热情,增强学生对于美育内涵的理解,不仅有利于学生提高审美素质、增强艺术创作能力,更能促进学生创意思维的发展和新旧知识的融合,同时也强调教师在美育教学中的主导地位,增强学生和教师的情感连接,创造有利于认知发展的良性循环。在将来的工作中,我们还需加强对美育教学内容的知识情境化设计和学生美育学习过程中的认知心理的研究,以期望开展更为有效的工作。

参考文献

[1] 张岩. 三维视点研究及在场景理解中的应用[Z]. 北京:中国传媒大学,2019.

[2] Sitzmann V, Serrano A, Pavel A, et al. Saliency in VR:How do people explore virtual environments? [J]. *IEEE Transactions on Visualization and Computer Graphics*,2016,24(4):1633.

[3] Stapleton C,Davies J. Imagination:The third reality to the virtuality continuum[C]. 10th International Symposium on Mixed and Augmented Reality-Arts,2011.

[4] Vieira T,Bordignon A,Peixoto A,et al. Learning good views through intelligent galleries[J]. *Proceedings of Computer Graphics Forum*,2010,28(2):717-726.

［5］Lok S. Evaluation of Visual Balance for Automated Layout［C］. Proceedings of the 9th international conference on Intelligent user interfaces，January，2004：101-108.

［6］Li S K，Yang X. Grounded in flow theory：Preliminary design principles for desktop virtual reality-based experiments toward optimal learning state［C］. International Conference on Computer Science & Education. 2012.

［7］Csikszentmihalyi M. Flow：The Psychology of Optimal Experience［J］. *Design Issues*，1991，8(1).

［8］朱雅鑫. 基于模型的桌面式实体用户界面开发方法研究［Z］. 北京：中国传媒大学，2019.

［9］Zhang Y，Fei G Z，Yang G. 3D Viewpoint Estimation Based on Aesthetics［J］. *IEEE Access*，2020(8)：108602-108621.

［10］Zhang Y，Fei G Z. Interactive genetic algorithm for extending 3D scenes［J］. *Journal of Image and Graphics*，2017，22(5).

［11］Huang Z Z，Shi M Y，Fei G Z，et al. PTPG：A Poisson Triangular Pattern Generator for Tokens on Tangible Surfaces［J］. *IEEE Access*，2020(8)：76019-76027.

［12］Gao J S，Wang M，Zhu Y X，et al. LinkBricks：A Construction Kit for Intuitively Creating and Programming Interactive Installations and Robots［C］. Proceedings-IEEE International Workshop on Robot and Human Interactive Communication，2020.

京剧的"大美之艺"与"大爱之情"

吉 蓓 梁建明

（中国戏曲学院）

2018 年 8 月 30 日，习近平总书记给中央美术学院老教授回信，对如何做好美育工作提出了明确要求，要坚持立德树人，扎根时代生活，遵循美育特点，弘扬中华美育精神，让祖国青年一代身心都健康成长，发扬爱国为民、崇德尚艺的优良传统，以大爱之心培育莘莘学子，以大美之艺绘传世之作。中华美育精神是民族文化的重要组成部分，民族文化是一个国家、一个民族的灵魂，也是促进经济社会发展的基础。当前我们正处在文化多样化的时代，各种思想文化观念交流非常频繁，面对各种西方文化观念的影响及新兴文化的冲击，传统民族文化的生存环境越来越严峻。如何以民族精神引领社会进步、坚定文化自信，是一个重大的理论和实践问题。美育在塑造民族性格和民族文化精神上具有伟大作用，它的基本精神和智慧为后世子孙克服困难和自强不息提供精神动力和源泉。当前我们要在世界多种文化形态的激荡中站稳脚跟，就要传承和发展中华美育精神，增强文化自觉和文化自信，守护中华民族的共有精神家园。让中华美育精神特别是中华优秀戏曲文化中所承载和弘扬的美育精神不仅是"过去、曾经、以前"的记忆，更是现实中鲜活的人物事件；不仅存在于文献记载之中，更要活在现实的舞台上；要走出专家学者研究的象牙塔，走进新时代、扎根生活，走进人民心中。

中国戏曲艺术的美育理论基础

"美学"一词源于西方，十八世纪随着西方哲学和科学的蓬勃发展，美学在德国古典哲学中作为一个特殊门类开始确立。鲍姆加登于 1750 年第一次使用"美学"这个术语，其含义是：研究感觉和情感的理论，并把美学作为哲学的组成部分。美是社会实践的产物，艺术是复杂的社会现象，其共性是人对客观世界的美的反映或审美意识。美学是以社会实践为基础，随着历史发展而不断变化着的审美观念科学。

在中国古代美学史上，先秦儒家美学占有极其重要的地位，对中国古代的审美意识和审美文化有着深远的影响。先秦儒家美学的代表主要有孔子、孟子和荀子。孔子以"天人合一"为最高理想，在审美尺度上强调温柔敦厚的中和原则，以"尽善尽美""文质彬彬"为具体的艺术标准，追求被后人概括为"孔颜乐处"的人生境界。孟子的美学思想是对孔子美学的继承和发挥。他从"性善论"的基本思想出发，提出"充实之谓美"的人格美论，将道德目标、人格精神、审美愉悦联系在一起，认为只有内心养"浩然之气"，才能达到充实的目的。他还认为"口之于味也，有同耆焉；耳之于声也，有同听焉；目之于色也，有同美焉"，第一次明确地以生理感官的共同性来解释美感的共同性问题。荀子则与孟子有所不同。荀子主张人性本恶，性情相通，人的心灵由自然性发展为社会性乃是"化性起伪"的结果。他的"虚一而静"思想接近于道家，但又不同于道家。在人格美的问题上，他重视全粹为美和美善相乐，重视文学艺术对人的熏陶和感动。在艺术风格上，荀子继承孔子的观点，推崇繁丽和奢华。

孔子美学的出发点和中心，是探讨审美和艺术在社会生活中的作用。孔子认为，审美和艺术在人们为达到"仁"的精神境界而进行的主观修养中能起到一种特殊的作用，其核心在于成就人生的最高境界，即"从心所欲而不逾矩""与日月合其明，与天地合其德"的圣人境界，从中体现了智与德的高度完备，并通过个体的修养推广到整个社会，具有身体力行的实践性品格。他认为审美的愉悦超过了物质上的感官快适，以至进入迷狂状态。《论语·述而》："子在齐闻《韶》，三月不知肉味道。曰：'不图为乐之于斯也。'"他还主张把社会的道德规范转化为与天性融为一体的心灵的自觉要求，追求"浴乎沂，风乎舞雩，咏而归"的境界。孔子是儒家美学的奠基人，在中国美学的发展历程中有着重要作用。

中国戏曲有着千百年富有传奇的历史，至今仍保留着几百种戏曲形式，其中以京剧为代表，博大精深，美轮美奂，其表演艺术形式、戏曲剧目等都体现着中国传统的审美意识。中国戏曲艺术体系在艺术的创作、欣赏、表演等诸多方面独树一帜。京剧体现出的美学特征集中体现在"形"的完整、"意"的体现和"象"的高度。"形"的完整，即技能的表现——情绪之快感，不难着意的内涵；"意"的体现——视觉听觉之美感，生命之动感；"象"的高度——心灵的愉悦，感悟天地之气息。

中国京剧的"大美之艺"

戏曲的美无处不在，其表现形式丰富多彩，或者含蓄，或者张扬，充分显示了中华美育精神的本质特征。

1. "形"的完整——戏曲的内涵美

中国戏曲艺术源远流长，有着悠久绵延的历史，最早可以追溯至两宋年间。经过千年时空更替，它依然保持着自己独特而完善的美学风格。京剧艺术是中国传统戏曲文化的精髓，它丰富的剧目、成熟精湛的表演形式，韵味醇厚的美学风格在戏曲中占有极其重要的地位。京剧中的身段、水袖、台步、趟马、花枪等舞台艺术样式，展示了戏曲"形"的完整，使戏曲的情绪快感得以充分展现。

（1）京剧艺术的独特美。京剧是集音乐、舞蹈、文学、艺术等于一体的艺术形式。它的核心是用歌舞演故事，蕴含着丰富的审美特征，使中国京剧的艺术迸发出持续的生命力和深远的影响力。（2）京剧的写意美。京剧表演全在一个"心"字上。唱、念、坐、舞、音是心的延伸，是突破时间、空间的限制，造成一个与实际生活相去甚远，却又富含意境的舞台艺术世界。（3）京剧人物的造型美。通过演员的服饰、头饰、俊扮、脸谱整体呈现人物的造型，反映了中国文化的审美情趣。（4）京剧的服饰美。精美的刺绣、夸张的图案、鲜明的色彩、考究的质地，给人们绚丽华彩之感，其本身就有很高的欣赏价值。（5）京剧脸谱的夸张美。戏曲角色图案化的脸部化装，一般用于净、丑两行。在脸上画一幅画，是生命的象征，也是京剧脸谱最富有魅力和灵性的地方。（6）京剧演员手势的变化美。京剧的手势变化，是通过掌法、拳法、指法等细微的手势，表现剧中角色心情的转变，一双手就可以描绘一个世界，这是京剧最重要的表演手段之一。

（7）京剧行当的多样美。京剧行当划分为生、旦、净、丑，生是男性角色，旦是女性角色，净就是画着花脸的男性角色，丑是机智、幽默、心地善良的人物。（8）京剧音乐的和谐美。通过京剧音乐演奏者灵巧的双手，可以演奏出千变万化、大气磅礴的音乐。（9）京剧唱腔的传神美。戏曲表演以唱腔最为重要，唱腔浑厚圆润，演员的演唱抑扬顿挫、行云流水，有余音绕梁之效。

京剧之美展现了中国戏曲的"大美之艺"，是中国美育精神的真实表现。京剧表演艺术内涵丰富，博大精深，具有程式性、虚拟性、规范化的特点。对于"形"追求完美；"四功五法"是戏曲表演的基本功，是演员创造角色、进行舞台表演的表现方法，一招一式规范严谨，一举一动，唱、念、坐、打等都要有"样"，通过手、眼、身、法、步的训练，使演员具有优美的身段，展现"美"的形体和动作。唱腔丰富多彩、韵味十足，表演优美动人、妙不可言，武打惊险绝伦、扣人心弦。"水上行船，有桨无船；陆上骑马，有鞭无马"，戏曲演员运用虚拟的方法来表现戏里的生活图景。戏曲演员以自己优美的形体和舞蹈化的表演，运用丰富的语言和唱腔，通过各种夸张的舞台动作，来演绎故事情节和塑造人物形象。

2."意"的体现——视觉听觉之美感

京剧的视觉之美。戏曲舞台五彩缤纷，赤橙黄绿青蓝紫，令人眼花缭乱，京剧服饰是表现故事情节和人物性格的重要手段，其五光十色、华丽鲜艳、个性十足的特点，会给观者带来赏心悦目的美的享受。体现中国传统戏曲美学意念的"圆"的意味在京剧中体现得非常突出，叶长海先生认为"圆者，完美而又虚心也"[1]，钱锺书先生认为"形之浑简完备者，无过于圆"[2]。

戏曲演绎的故事大多有美好的圆满结局，叙述白蛇与许仙爱情故事的《白蛇传》，其结局是小青搬来神将，烧毁雷峰塔，救出白娘子，全家圆满团聚，正如观众期待的那样实现了最终团圆。就连名列中国古典十大悲剧之首的《窦娥冤》，其结局也是窦娥之父重新审理了案件，使真相大白于天下，窦娥虽然蒙冤而死，但案件终于真相大白。

京剧无论是表演、剧目还是服饰灯光，都充分体现了中国美学精神的传统

---

[1]　叶长海：《中国艺术虚实论》，台湾学海出版社1997年版，第15页。

[2]　钱锺书：《谈艺录》，中华书局1984年版，第111页。

美、艺术美。

3. "象"的高度——心灵的愉悦

中国戏曲以特有的写意传神的叙事原则为戏曲舞台增添了万千变化。将戏曲的有形与无形、有限与无限、情与景、虚与实巧妙地相互结合，使戏曲舞台获得了以一当十、以少叙多的无限发展空间。西方戏剧家把京剧称为"不可思议的艺术"，就在于它把写意性发挥到了极致，达到了难以超越的高度。写意性是中国艺术的独特风格。它不拘泥于物理空间，不受限于物象之实，巧妙地于心与物、有与无之间，激发出由虚入实的想象力，从而获得最为丰富的艺术享受。京剧舞台以"空"为主，全凭演员"无实物表演"让观众看到雨雪阴晴、轿舟车马，"水上行船，有桨无船；陆上骑马，有鞭无马"，三五人代表万千大军，转眼间来到千里之外。戏曲演员在舞台上运用虚拟的方法来表现戏里的生活图景，戏曲演员以自己优美的形体和舞蹈化的表演，运用丰富的语言和唱腔，通过各种夸张的舞蹈化的舞台形体表演，来演绎故事情节和塑造人物形象。

京剧表演体系是因写意性建构而成，又以虚拟性、程式化作为主要手段，创作出了远比实境更充实的意境，使人们得到美不胜收的心灵愉悦体验，这是"大美之艺"。

京剧的"大爱之情"：戏曲价值观的演绎

戏曲具有寓教、寓理、寓乐、寓情的道德教化功能。戏无情不动人，无理不服人，无技不惊人。京剧剧目通过美技，传播与传承中国精神、中国文化和价值观，弘扬中华美育精神。

戏曲是艺术化的道德传承的最佳载体。美美与共，与大爱同行，京剧剧目大多具有鲜明的伦理道德色彩，闪耀着"真、善、美"的人性之光。《岳母刺字》的忠与孝、《赵氏孤儿》的仁与义、《四进士》的廉与耻，长期以来，京剧成了别具一格的道德教本，"高台教化"作用的剧目数不胜数。描述杨继业、岳飞等人事迹的《李陵碑》《岳母刺字》，激发了人们的爱国情怀和为国家民族利益不怕流血牺牲的民族气概。表现清正廉洁、为民伸张正义的《铡美案》《七品芝麻官》，表现除暴安良、善恶分明、扶危济困的《除三害》，表现美好爱情故事的《白蛇传》《梁山伯与祝英台》等剧目，都以强烈的艺术感染力，增强了人们的历史使命感和对美好、幸福的向往。

京剧《锁麟囊》是描写扶危济困的程派经典剧目。富家之女薛湘灵与贫女赵守贞同日出嫁，两人为避雨相遇，"耳听得悲声惨心中如捣"，赵守贞因感世态炎凉而啼哭。薛湘灵问明情由之后，毅然将自己装有珠宝的"锁麟囊"相赠。薛湘灵虽出身豪富，但她心地善良，同情穷人，面对悲伤的"同遇人"，她慷慨解"囊"，不留姓名，施恩不图回报。一场水灾致薛湘灵与亲人失散，流落到卢员外府上做保姆。当年的赵守贞即是卢夫人，她始终不忘薛湘灵的恩情，时刻留意探寻恩人下落。薛湘灵偶然看见卢家珍藏自己当日送出的锁麟囊，不觉感泣。卢夫人才知面前的这位"薛妈"便是六年前慷慨赠囊的薛小姐，遂敬之如上宾，薛湘灵后与家人团圆并与卢夫人结为金兰之好。这样的场面亲切和乐，暖意融融，感人肺腑，催人泪下。呈现了好心有好报、知恩必报的"大爱之意"。

古往今来中国戏曲突出的特点，就是创作者自觉地将戏曲传承和弘扬中华优秀传统文化中所蕴含的价值追求和精神财富相结合。许多戏塑造的主人公身上都具有令人崇敬的高尚道德品质，使人们在享受艺术的同时得到灵魂的洗涤。不论是精忠报国的岳飞戏、义薄云天的关公戏、清正廉洁的包公戏，还是满门忠将的杨家将故事，通过讲述是与非、善与恶的故事，抒发家国情怀。一部好戏能够让观众明白为人处世的道理，甚至影响一个地方的生活形态和社会风俗，传承戏曲艺术，有利于美好道德的弘扬，有利于主流价值的传播，有利于民族精神的发扬。对于人们满足精神文化需求，具有独特和重要的作用。

戏曲演员在职业生涯中，把道德放在极为重要的位置，涌现了许多不畏权势，忠于国家，威武不能屈，贫贱不能移，富贵不能淫的优秀典型。梅兰芳蓄须明志，不为日本侵略者演出的故事几乎尽人皆知。丰子恺在《梅兰芳不朽》一文中赞扬他这种威武不屈的精神，"抗战时期，我避寇重庆沙坪小屋，家徒四壁，毫无装饰，墙上只贴着一张梅兰芳蓄须照片，我十分珍爱这张照片，抗战期间一直贴在墙上，我欣赏这张照片，觉得这个留须的梅兰芳，比舞台上的西施、杨贵妃更加美丽，因而更可敬仰"。1945年抗战胜利的消息一传出，梅兰芳高兴得当天就剃掉了胡须，两个月后，他就在上海重登舞台，庆贺抗日战争的胜利。梅先生以"威武不能屈"的大无畏精神，保持了崇高的民族气节。这种大爱之心就是"忠",忠于国家,忠于理想,忠于人民,内化于心,外化于行,做到知行合一。后来田汉有诗赞曰:"八载留须罢歌舞,坚贞几辈出伶官。轻裘典去休相虑,傲骨从来耐岁寒。"①

挖掘戏曲美育资源　构建以美育人精品课

戏曲艺术蕴含着丰富的德育资源,我们构建"思政＋戏曲特色"的美育教学,发挥优秀戏曲文化的育人作用,凝练、解析富有戏曲特色的德育资源,突出戏曲美育特点,促进课堂教学艺术的运用。戏曲艺术美育资源融入思政课教学,使学生有兴趣,听得进,增强了教学针对性和实效性。

连续举办六届"中国传统文化的当代价值"高峰论坛。论坛邀请传统文化和美育研究学者、思政课理论和教学研究专家、文化机构和艺术院团管理者、表演艺术家围绕"中国传统文化的当代价值"的核心话题展开讨论,集思广益,极大地丰富了以美育人的视野和内容,把戏曲道德美育与思想政治教育相结合,引导师生敬畏传统,尊重戏曲,树立民族自尊和文化自信,坚持以社会主义核心价值观为引领,坚持在戏曲教学实践中扬善弃恶,转化与创新、传承与发展并重,努力发挥艺术美育在人才培养和教学中的独特优势作用。

梅兰芳先生的代表作《穆桂英挂帅》把京剧艺术的"大美之艺"与"我不挂帅谁挂帅"的"大爱之情"融为一体,转化成演员和观众发自内心的呐喊:

猛听得金鼓响画角声震,
唤起我破天门壮志凌云。
想当年桃花马上威风凛凛,
敌血飞溅石榴裙。
有生之日责当尽,
寸土怎能够属于他人!
番王小丑何足论,

---

① 田汉:《梅兰芳纪事诗(二十五首)》,《人民日报》1961年9月10日。

我一剑能挡百万兵。

台上台下、剧中人物与演员本就是一致的，要学好唱好这出戏就要了解穆桂英，知道她的故事，了解她的思想，把握她的心理活动；要唱好这出戏还要理解舞台人物举手投足、一招一式、一词一句所包含的思想和情怀；最重要的是我们要像梅兰芳大师一样和剧中人物有着一样的情怀和精神，这样才能让舞台人物有灵魂，才能让"我不挂帅，谁挂帅？我不领兵，谁领兵？"的唱词产生如同郭沫若先生的散文诗所表达的"冲破原子核的回旋加速器，使人们发生着责任感的连锁反应"①。我们用戏文戏理和老一辈艺术家的情怀传递给学生做人的道理，学艺要先学做人，德艺双馨，德在艺先，这是起码的准则，也是我们作为教师应该传导给学生的"大道"。

精心打造"艺术名家领读经典"市级美育示范课、创新课。从 2017 年春季学期开始北京六所艺术院校联合开设了"艺术名家领读经典"市级思政课选修课，至今已进入第六学期。先后聘请了孙毓敏、濮存昕、冯远征、仲呈祥、王黎光、俞峰、高洪、吴碧霞等六十余位来自戏曲、音乐、舞蹈、美术、影视等领域的艺术家，结合演艺创作实践经验讲授真、善、美的思想境界以及追求德艺双馨的艺术之路，把艺术美育的创造与艺术家的心灵感悟紧密结合，使美育理论与艺术经典和谐融合，受到学生欢迎。他们纷纷在朋友圈发照片，谈感受，往往讲课一结束学生就在刷屏，影响不断扩大。

把艺术院校专业特点与学生思想实际、社会热点密切结合，形成以美育人、以文化人的精品课、创新课。

艺术家以身教示人，以艺术感染人，以自己美好的心灵塑造人的成长，春风化雨，润物无声，潜移默化地影响着人们的人生观、价值观和美育观。我们挖掘解析戏曲的德育资源，把思政、美育、艺术、人生之道融入其中，促进课堂美育艺术的运用，增强实效性。形成充满教学活力、学生热情参与、戏曲融入美育教学的特色模式。

---

① 郭沫若：《在梅兰芳同志长眠榻畔的一刹那》，《人民日报》1961 年 8 月 10 日。

大学英语读写教学的美育策略及教学效果研究

陈　星　　张林冬

（北京化工大学）

狭义的美育，指的是"对艺术和自然的审美教育，主要指对艺术欣赏能力的教育"①。狭义的美育培养懂艺术的人，而广义的美育则注重培养全面发展的人，是"将美学原则渗透于各科教学后形成的教育"②。习近平总书记在全国教育大会上指出，要全面加强和改进学校美育，坚持以美育人、以文化人，提高学生审美和人文素养。③《关于全面加强和改进学校美育工作的意见》提到："美育是审美教育，也是情操教育和心灵教育，不仅能提升人的审美素养，还能潜移默化地影响人的情感、趣味、气质、胸襟，激励人的精神，温润人的心灵。"由此可见，新时代的学校美育需要突破狭义的美术教育范畴，扩大到对学生德育和价值观的教育，美育与德育、智育、体育相辅相成，相互促进。

教育部（2019）对高校美育工作也提出了目标："到2022年，高校美育取得突破性进展，美育教育教学改革成效显著，师资队伍建设和场馆设施明显加强，推进机制和评价体系日益完善，高校学生的审美和人文素养显著提升。到2035年，形成多样化高质量具有中国特色的社会主义现代化高等学校美育体系。"为实现这个宏伟目标，高校美育工作不仅仅需要开发艺术教育课程体系，还需要

---

① 高建平：《从狭义的美育到广义的美育》，http：//theory. gmw. cn/2018-09/19/content_31255896. htm。

② 滕守尧：《美育——教育现代化的关键》，《北京大学学报（哲学社会科学版）》1995年第2期。

③ 吴为山：《以美育提升人文素养筑牢文化自信》，http：//theory. people. com. cn/n1/2019/0201/c40531-30604560. html。

各个学科联动，结合各学科课程开展美育教育和实践活动。

在此背景下，英语学科如何开展美育教育？王登峰指出，美育是"日常生活"，也是"价值观"。[1] 学生日常英语学习材料既源于生活，也是很好的美育载体。因此，选择优秀的大学英语阅读材料，进行恰当的教学环节和写作任务设计，是学生价值观培养的重要手段。通过英语读写课上的美育教育，把中华优秀传统文化和学校学科教育融合起来，推进学生的德智体美全面发展，把学生培养成全面发展的栋梁之材。有鉴于此，本文将探讨如何在大学英语读写课上开展美育教育，实现全方位育人；并考查学生学习成果，讨论德育美育结合的教学效果。

文献回顾

学界对于美育的研究主要对必要性和实施途径进行了探讨和分析。陈梦媛提出了现阶段高校美育的现状和开展美育的困难，如形式单一、师资匮乏、观念淡薄等，讨论了美育的价值及推进美育的工作途径[2]；钱锋研究了加强高校美育工作的必然性和实施途径，如营造文化氛围，完善课程体系，健全保障机制[3]；朱哲、任惠宇指出高校应结合实际，综合施策，深化美育教学改革，推动美育创新发展[4]。

学者们对语言类课上的美育关注较少，但也有学者发现了语言类课程的美育价值：洪水英研究了唐诗中"香"的隐喻及美育价值，通过隐喻作为窗口，分析"香"所具有的美学特征，感受美学内涵，提升发现美和欣赏美的能力[5]；夏育文探究了基于审美教育的大学英语阅读教学策略，指出教学应注重学生审美

---

① 王登峰：《美育是什么》，http://www.moe.gov.cn/s78/A17/moe_797/201805/t20180511_335687.html.

② 陈梦媛：《新时代下大学生美育工作之探究》，《集宁师范学院学报》2018 年第 5 期。

③ 钱锋：《新时代背景下加强高校美育工作的必然性及实施途径》，《延边教育学院学报》2019 年第 4 期。

④ 朱哲、任惠宇：《新时代高校美育工作的瓶颈及其破解》，《人民论坛》2019 年第 7 期。

⑤ 洪水英：《唐诗"香"之隐喻及美育价值》，《闽南师范大学学报（哲学社会科学版）》2016 年第 3 期。

学习、感受和评价的主体地位，引导学生进行深层次的审美阅读，培养其审美观念①。由此可见，隐喻作为一个美学的载体，在课文中经常出现却在美育研究中易被忽视。学生在大学英语课上接触到很多优美的文章，如果能结合英语读写课对学生进行美育，将是对优质课程资源的合理利用，也是美育教育体系上的创新。然而，鲜有学者关注与美育结合的课堂教学及学生的学习效果，也很少有人对课堂美育产出进行实证研究。因此，本研究将结合美育策略和教学效果，以评价理论中的态度系统为描写层，分析学生的学习成果，并通过访谈的形式了解学生的接受度和反馈情况。

课程美育策略及研究设计

1. 研究问题

为充分了解美育策略的教学效果，本研究主要探讨以下问题：

1）通过隐喻进行美育能否促进学生的阅读学习？

2）案例课堂的美育策略是否能够帮助学生树立正确的价值观？是否可以通过小组写作活动表达出来？

3）学生对大学英语课上的艺术实践活动研究和美育学习有什么看法？

2. 案例课堂简介

本案例是某高校非英语专业本科二年级读写课，共4个班级学生，人数215人，所用教材为《新标准大学英语综合教程第三册》（第二版），授课主题是第1单元第二篇课文"We Are All Dying"。学生在入学时都曾同意将自己未来的写作作品用于教师的教学研究，在本案例课堂上也都按要求提交了小组写作作业，且对于此次作业是否成为教师的研究对象并不知晓。

3. 教学步骤及美育策略

笔者在所教授的4个班级中进行了结合美育的大学英语读写课设计，提出了针对课文隐喻进行美育的策略。

隐喻是一种修辞方式，把两个具有相同特点的不同事物进行比较，是一种

---

① 夏育文：《基于审美教育的大学英语阅读教学策略探究》，《高教论坛》2011年第3期。

体验与想象融合的审美表达。[①] 隐喻增加了文章的诗意，作者通过想象力来描述世间的事物，让读者在阅读的时候进行主观体验，观察世界、理解隐喻并欣赏文章。鉴于此，笔者采用了"阅读理解—阅读感受—阅读鉴赏—写作创作"作为本节读写课程的美育策略框架。

首先，教师要求学生通读全文，找出自己最喜欢或者印象最深的一句话。学生完成此任务前并未在大学中学习隐喻，是"发现美"的过程。虽然尚未学习隐喻，但是由于隐喻的特殊性，在未经教师提示的情况下，学生们都有"发现美"的能力，会找出富含作者想象力的隐喻事物。

随后，教师邀请学生朗读所找到的句子，并进行总结和点评。由于隐喻为文章增色的特点，学生们找出的句子大都包含隐喻，教师随即对隐喻的概念和例句进行讲解，引导学生对隐喻进行思考即"感受美"。如文中"Fill your bowl. (把你的碗盛满。)"中，把充实人生比作盛满碗；"There is only a promissory note that we are often not in a position to cash. (只有一张我们常常无法兑现的期票。)"，把因为拖延而无法完成的事务比作无法兑现的期票。通过这个课堂活动，学生会发现隐喻的力量和自身对隐喻蕴含的美感的感知能力，进一步理解隐喻这个修辞方式。

之后，教师要求学生找到文中运用隐喻修辞法的句子，朗读并解释、比较隐喻的本体和喻体，体会作者笔下的隐喻效果，这是"欣赏美"的过程。如，"Tomorrow is an empty field that will remain so unless we start planting some seeds. (明天是一块空地，除非我们开始在那里播种，否则它永远都是空地。)" "The right time is the cheque that is permanently in the post, it never arrives. (成熟的时机是一张支票，它永远都在邮寄的路上，永远都不会到来。)" "The least you can do is start the journey now. (至少可以马上开始你的旅程，即刻启程。)"。

最后，学生以小组为单位，练习用隐喻修辞法进行写作：绘制小组的标志(Logo)并运用隐喻写出一段话描述小组的标志或小组精神。这个产出环节也是

---

① 洪水英：《唐诗"香"之隐喻及美育价值》，《闽南师范大学学报(哲学社会科学版)》2016年第3期。

"应用美"的过程。学生绘制的小组标志形态各异，如"花瓣""星星""帆船"等，绝大多数包含集体、团结的元素，反映出友爱、合作等精神。至此，从发现美到感受美、欣赏美和应用美，学生经历了整个美育的过程。全过程具体如图 1 所示：

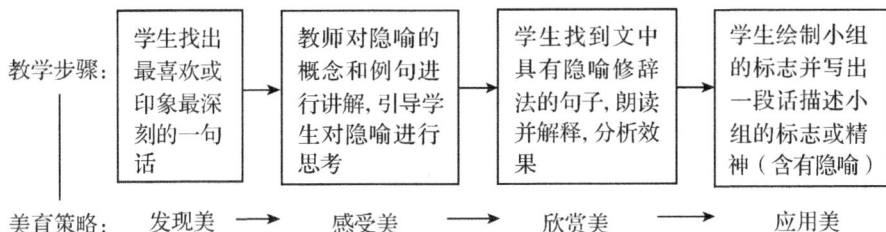

教学步骤：

| 学生找出最喜欢或印象最深刻的一句话 | → | 教师对隐喻的概念和例句进行讲解，引导学生对隐喻进行思考 | → | 学生找到文中具有隐喻修辞法的句子，朗读并解释，分析效果 | → | 学生绘制小组的标志并写出一段话描述小组的标志或精神（含有隐喻） |

美育策略：　发现美　→　感受美　→　欣赏美　→　应用美

图 1　教学步骤及美育策略

4. 数据收集与分析

笔者在 4 个班级开展了同样的课堂活动，共收集小组提交上来的绘画作品和隐喻习作 39 份。

由于习作的话题是描述小组的标志或小组精神，本体即小组标志或小组精神，笔者对学生习作中出现的喻体进行了统计。

随后，笔者使用评价理论中的态度系统[1]对学生在描述小组时使用的态度词汇进行手工标注，并进行统计（见表 1），得到学生对于小组标志或小组精神的评价意义分布特征（见表 2 和表 3）。

评价理论中的态度系统是评价理论的核心[2]，表达说话者对人或事物的情感和评价，包含情感、判断和鉴赏。使用态度系统来分析学生的习作，可以看出学生对小组标志或小组精神的积极或消极的态度，以及给出的鉴赏评价，由此能够分析出学生的价值观。

① Martin J R, White P R R. *The Language of Evaluation：Appraisal in English.* New York：Palgrave Macmillan, 2005.

② 江进林、张皎皎：《从态度系统看西方媒体对中国股市形象的构建》，《语料库语言学》2018 年第 2 期。

表1 学生习作中态度词汇标注

子系统	类别	定义	词汇标注
情感 (affect)	现实型 (realis)	不快乐/快乐 (un/happiness)	smiling/smile（2），freely（1）
		不安全/安全 (in/security)	nothing can defeat（1），friendly（1），amity（1），warmth（1），kind/kindness（2），protection（1），together（2），dark/darkness（3）
		不满意/满意 (dis/satisfaction)	positive（3），victory（1），ideal（1），handsome（1），success（1），auspiciousness（1）
	非现实型 (irrealis)	害怕 (fear)	timidity（1），without fear（1），dare（1）
		欲望 (desire)	pursuit/pursue（4），push（1），target（1）
判断 (judgment)	社会评判 (social esteem)	规范 (normality)	universe（1），destroy（1），regularly（1），orderly（1）
		才能 (capacity)	efficiently（1），power（2），foresee（1），active（1），ability（1），new（1），vigorous（1），destruction（1），energy（1）
		坚韧 (tenacity)	only direction（1），constant（1），persistence（1），dependent（1），determined/determination（2）
	社会约束 (social sanction)	诚实 (veracity)	0
		正当 (propriety)	equal（1）

子系统	类别	定义	词汇标注
鉴赏 (appreciation)	反应 (reaction)	影响 (impact)	bright (1), glorious (1), lightening/light (2), difficult/difficulty (4), reasonable (1), colorful/color (5), firm (1), wonderful (1)
		质量 (quality)	quick (1), hot (1), best/better/good (4), hard (1), wide (1), healthy (1), gold (1), beautiful (1), sharp (1), strong (4)
	构成 (composition)	平衡 (balance)	inseparable (1), indestructible (1), union/united/unity (6), group (1), team (1), complete (1), mutual (1), cooperation (1), collaboration (1)
		细节 (complexity)	pure (2), precise (1), fragile (1)
	价值 (value)		shine/shinning (3), glittering (1), future (3), rich (1), innovation (1), essential (1), hard-working (2), idealistic (1), unique (1), treasure (2), wonderful (1), gorgeous (1), brave (1)

表 2　评价意义分布特征

态度	情感					判断					鉴赏				
	快乐	安全	满意	害怕	欲望	规范	才能	坚韧	诚实	正当	影响	质量	平衡	细节	价值
正面	3	9	8	2	6	3	10	6	0	1	16	16	14	3	19
负面	0	3	0	1	0	1	0	0	0	0	0	0	0	1	0
小计	3	12	8	3	6	4	10	6	0	1	16	16	14	4	19

表 3　评价意义分布特征汇总表

态度	情感	判断	鉴赏	频次	百分比
正面	28	20	68	116	95.08%
负面	4	1	1	6	4.92%
小计	32	21	69	122	100.00%

5. 访谈

笔者在课程结束之后，随机选取 10 名学生进行了访谈，调查其对结合美育的大学英语读写课的看法和态度，以及对之后美育教学的期待。访谈单独进行，每个班都有学生参与访谈，每名学生大概 15 分钟。在访谈之前经学生同意，对访谈进行了录音，之后转录成文字资料进行质性分析。具体问题如下：

1)请问你之前是否听说过隐喻，是否在英语课上学过隐喻？感觉如何？

2)课程采取了小组活动的方式进行隐喻写作，要求画出小组标志并解释小组精神，对于绘画这一形式，你的态度如何？小组组员的配合程度如何？

3)你觉得绘画的方法是否能辅助隐喻的学习？英语课采用此活动的形式是否利于你的英语学习？

4)能否评价一下你们小组的作品？你觉得你们的设计或描述中最好的一点是什么？

5)你是否希望以后的学习融入此种学习方法？下一个单元主题为 Art（艺术），你对于大学英语课讲艺术有何期待？

研究结果与讨论

1. 学生习作喻体分析

经统计，学生在行文中进行了多处隐喻写作，共使用隐喻 63 次，明喻 24 次。出现最多的隐喻喻体为："star"(5 次)、"flower"(5 次)、"light"(3 次)。学生选择的图画具画面感，能够承载隐喻。以上数据表明，通过课堂学习，学生掌握了隐喻知识，能够阅读、鉴赏隐喻，并能在实际中进行应用。

2. 学生习作态度词汇分析

从表中可以看出，学生描述小组的词汇大多都是正面的，非常认同自己小组的精神。在三个态度系统之中，鉴赏类词汇出现最多，集中出现在"价值""影响""平衡""质量"子类，其中"union(united/unity)"一词出现频率最高，说明在小组中，尽管学生上交的绘画作品内容完全不同，但是大多数学生想到的小组精神是团结一致。如例 1 所示：

例 1：We are petals of a flower; hand in hand, together to form a complete flower, which symbolizes that we will unite as one to overcome difficulties. (我们都是一朵花上的花瓣；手牵手，共同组成一朵完整的花朵，象征着我们将团结一致，共同克服困难。)

情感类词汇共出现 33 次，其中 29 次为正面词汇，可以看出学生在小组活动中表现出开心快乐，具有归属感，对小组较为满意。其中出现频率较高的是"positive"(3 次)和"together"(2 次)，说明学生乐观积极向上的态度以及小组共同努力的美好愿望。值得注意的是，负面单词"dark/darkness"共出现 3 次，反映了尽管学生愿意团结一致，但是仍然对不确定的未来充满了不安全感。如例 2 所示：

例 2：Life is a journey and has many roads. We have chosen a road. Although this road may be covered with thorns, mud, and darkness, we have been moving in the only direction. (人生是一段旅程，有许多路要走。我们已经进行了选择。虽然这条路上可能布满荆棘、泥泞和黑暗，但我们一直朝着唯一的方向前进。)

判断类词汇属于评价人或事物，以及社会约束，在小组习作中出现最少，仅 20 次，说明小组成员们认同小组，未在描述中过多涉及负面的规范类或约束类词汇，出现较多的是描述小组才能类及坚韧程度类的词汇。可以看出，学生们看重小组能力并认为坚定的决心是需要小组成员们共同秉持的精神。如例 3 所示：

例 3：The little sprout on its head is our brain as we come up with new ideas all the time. The wavy skateboards are our determination to make waves! ([小组标志]头上的嫩芽就是我们的大脑，因为我们总能想出新点子。波浪形滑板是我们乘风破浪的决心！)

综上，从态度系统词汇的分析中可以看出，通过小组习作，学生们能够使用隐喻，写出小组认同的价值观，并对一些优秀价值观，如"团结一致""乐观积极""坚持不懈"等表示肯定。

3. 学生对美育学习的看法

访谈之后，笔者发现学生对本节课美育的看法如下：

1)7 名受访者表示此前未使用英语学习过隐喻或者了解不够深入，8 名受访者表示在语文课上接触过隐喻。学生们普遍认同本节课隐喻的课程设计，表示以前在阅读中没有意识到隐喻，通过今天的学习，让自己能在未来的写作中使用隐喻。

2)就小组绘画活动这一形式，8名学生认为非常有帮助，在小组讨论中可以共同解决问题；7名学生认为小组成员参与积极度高，小组活动能够给予学生参与课堂的机会，最终能够完成绘画和隐喻写作两个任务；但是也有2名学生表示小组组长承担任务繁重，需要督促组员完成任务。

3)7名学生认同使用小组绘画活动的形式来进行学习，其中5名学生表示结合绘画的形式学习英语非常有意思，让学生们提出设计方面的想法会提升兴趣，讨论时能主动进行思考，利于英语学习，团队共同完成任务增强了凝聚力。3名学生希望能够有更宽泛的绘画范围，不限于小组标志。然而，3位学生指出本课程没有强调课文中的词汇学习和语法学习，希望在课上通过词汇语法练习的形式来巩固课文中出现的词汇语法，特别是词汇考核；但是也有2名学生认为课堂需要讨论背单词学不到的东西，非常认同课堂的小组活动环节。

4)8名学生对小组活动的成果感到满意，也都在习作中成功使用了隐喻。学生认为讲完隐喻之后的应用活动能够帮助自己深刻理解这一修辞方式，在和同学的讨论中加深了印象。1名学生表示，如果在学习隐喻环节之初能够透露在即将开展的小组活动中要使用隐喻进行写作，学生们可能会更加认真对待，参与小组讨论时就会更加从容，效率更高。

5)受访者均表示，很喜欢绘画结合课文的实践活动，希望能够在不影响复习考试的基础上开展此类活动。对即将学习的以艺术为话题的单元，学生们提出了很多期待，如：希望教师能够介绍一些西方经典美术作品和建筑作品；多分享一些艺术的例子，可以让学生们设计艺术品；展示古今中外的经典艺术品，包括行为艺术，开阔视野；小组可以进行绘画，谈绘画的体会；讲解艺术包含的类别、外国不同艺术风格，以及中国的传统艺术等；让学生表演，进行音乐展示等。多数受访者表示对艺术很感兴趣，包括电影、摄影等，对艺术这个单元很期待。

4. 讨论

综合上述语篇分析及访谈结果，笔者发现，阅读教育功利化在学生的思维中根深蒂固，学生习惯了做题和考试的学习形式，学习隐喻之后并不能自主进行课文欣赏，而是关注隐喻是否能够应用到写作之中帮助提升作文的分数。学生对绘画和课堂美育环节关注不足，与美育和课程教育常年脱节有关。但是通过研究发现，学生通过习作表现出一定的创作能力，并在小组活动中表现出小组凝聚力和合作精神，展现了积极正确的价值观。虽然学生暂时忽视了艺术学习，但是多数学生对艺术学习有一定需求，也愿意开阔视野，了解艺术。因此，在课程设计时可以普及艺术教育，引导学生发现美、欣赏美和应用美的能力。

结论与教学启示

本研究以大学二年级非英语专业的大学生为研究对象，采用语篇分析和访谈的方法，考察了大学英语读写课堂的美育策略及教学效果。研究表明，美育结合学科课程学习能够实现德育目标，培养学生的价值观和团队合作精神。大学英语课文是开展美育极佳的教学材料，需要深度挖掘教材中的美育元素并开展美育教学实践。美育结合英语学习还有待进一步的实证探索，从而为外语教学和美育教育课程体系创新研究带来更多的启示。

农林院校公共艺术教育的创新与探索研究

王玉辞　闫晓军　张　琳

（北京农学院）

公共艺术教育是高等教育的重要组成部分，承担着审美教育及人文教育的功能。相比于综合性大学，农林院校大多以培养应用型农林人才为目标，其公共艺术教育有自身的特点和不足，需要不断完善公共艺术教育体系，提高教学质量，从而提高学生的综合素质。

农林院校公共艺术教育的现状与问题

（一）公共艺术教育定位模糊，教育理念存在偏差

尽管从 20 世纪 90 年代以来，我国大多数高校逐步加强了公共艺术教育，但并没有形成广泛共识和全面贯彻。通过对 19 所农林院校的调查，从建立公共艺术教育机构的年份来看，从 1996 年开始，开展公共艺术教育的学校数量逐年增多。还有一些农林院校开设了艺术类专业，使得非艺术类的学生有更多的机会接触到艺术教育，使农林院校的公共艺术教育实现整体规划与管理，但是公共艺术教育只是艺术类专业院系的附属教育任务，不能保证公共艺术教育得到重视和推广，在师资配置、课程设置、课程管理等方面主观性较强，没有系统科学规划。农林院校在人才培养上受到传统观念的影响，重理轻文、重专业技能轻基础知识和基本素质的培养、公共艺术教育边缘化的现象仍然十分普遍。随着高等教育的大众化，学生的就业压力加大，专业知识技能的培养，计算机、外语等技能的考核备受关注，而对帮助就业不显优势的公共艺术教育，学校重

视度不够、学生参与度不高。对于学校来说，没有科学定位公共艺术教育，没有将其视做完整的学科加以建设，没有将其与学校的课程体系融为一体，学科建设缺乏统筹规划，教学目标不明确，没有把普及公共艺术教育、提高学生的艺术修养作为培养目标，而是热衷于文艺团体竞赛，把获取的奖项和名次当做艺术教育的最终目标[①]，把公共艺术教育看做个别特长学生参与的艺术团体的事情，把艺术团当做装饰学校脸面的窗口，把公共艺术教育当做专业教育的附加课程。对于学生来说，一部分学生觉得自己没有"艺术细胞"，学习艺术类课程有困难；一部分学生认为艺术教育就是玩乐，没有实用价值，占用了学习专业知识的时间。

(二)课程体系设置不合理，缺乏科学性

由于对公共艺术教育缺乏认识，农林院校在办学上突出了学校特色和农林优势，在课程设置上存在严重的比例失衡。从图1可以看出，教育部门规定的8大艺术课程普遍开设不足，其中"书法鉴赏"开设学校最少，仅有2所院校开课，其次是"艺术导论"，有3所院校开设，"音乐鉴赏"开设院校最多，有8所院校开课。

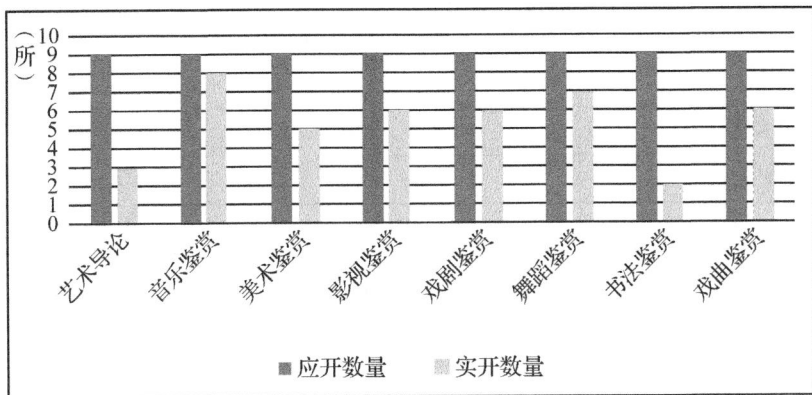

图1 8大艺术课程应开数量与实开数量对比图

多数院校的艺术课程设置比较随意，有教师就开设，没有教师就不开，因人设课现象比较普遍。课程内容交叉重叠，课时比例不合理，学生不能根据自

---

① 张炫：《高校公共艺术教育的困惑与思考》，《当代教育科学》2013年第7期。

己的兴趣和特长选择相应的公共艺术教育课程，没有体现出公共艺术教育课程的特点。甚至有个别学校把公共艺术教育课程设置为任选课程，导致部分学生大学四年从未选修过公共艺术教育课程。部分教师开设的公共艺术教育课程由于理论性较强，学生望而却步，导致因选课人数不足而不能开课，造成承担公共艺术教育的教师面临无课可上的地步。这对于学校、教师和学生都是极大的遗憾。一些院校的公共艺术教育由于师资缺乏只能大班授课，部分课程选课人数多达两三百人。有些学校引进了尔雅类公共艺术教育课程，学生选课人数多达 500 人。这种大班授课或者在线教育的形式，缺乏高效的教学反馈，只是单向的教学知识输出，学生很难参与其中，忽视了艺术教学中的体验与感悟，更不要说艺术实践环节的落实。

（三）师资力量薄弱，教师素质亟待提高

教育部规定公共艺术教育要按照师生比 0.15％—0.2％ 的比例配备教师，但是大部分农林院校的师生比远远低于这个数值。在对 9 所农林院校的调查中，只有 1 所院校师生比接近 0.15％，其他院校都远低于这个数值（见表 1）。

表 1　农林院校艺术教育师生比调查表

学校	教师人数	本科生人数	师生比
北京农学院	3	8000	0.038％
中国农业大学	7	12182	0.057％
西北农林科技大学	7	20925	0.033％
东北林业大学	5	19290	0.026％
南京农业大学	12	17000	0.071％
沈阳农业大学	6	13310	0.045％
安徽农业大学	3	19210	0.016％
甘肃农业大学	5	16920	0.030％
河南农业职业学院	28	19200	0.146％

由于对公共艺术教育的忽视，一些农林院校对引进艺术专业教师缺乏认识，认为一两个艺术类教师能够应付学校艺术团的活动就可以了，有些公共艺术教育课程的教师由团委、学生处等行政部门的工作人员或辅导员兼任。随着互联

网技术的不断发展，认为引进艺术类尔雅课程等在线课程就可以满足学生选修公共艺术教育的需要。师资力量缺乏，学校把公共艺术教育教师和其他专业教师进行"一刀切"考核评价，没有考虑公共艺术教育的特点，缺乏对艺术教师的激励机制，导致公共艺术教育的教师工作量不够，论文质量与数量难以比肩专业课教师，职称晋升更是困难。有些学校的公共艺术教育教师综合素质偏低、科研能力薄弱、专业理论和能力欠缺，又得不到有效的培训和晋升，工作十多年二十年仍然得不到职称晋升的机会，职称低、待遇低，这些都严重挫伤了教师的教学热情和工作积极性，部分教师对于教学应付了事，认为完成自己基本的工作量就可以了，较少进行教学研究和科学研究，有些教师甚至转行到机关从事行政管理工作，从而形成教师教育教学质量不高、师资流失严重的局面。

（四）管理机构缺乏，管理制度不健全

多数农林院校设立有大学外语、体育、"两课"等公共课教学部门，很少设立公共艺术教育机构。缺乏艺术教育的管理机构，艺术教师缺乏教学科研的环境，分散各处的艺术教师缺乏合力，对艺术教育的教学目标、课程规划等缺乏共识，难以提高公共艺术教育的教学质量。部分高校迫于行政压力被动设立公共艺术教育机构，但是缺乏顶层设计，造成多头管理或者管理无序的局面，缺乏与公共艺术教育相适应的管理制度和政策支持。有些高校的公共艺术教育管理机构没有独立的公共艺术教育中心，管理机构的职能权限不明确，在资源分配、课程设置、教学评价、经费使用、教师考核、艺术团管理及艺术活动开展等方面缺少话语权，组织机构虚化，监督管理脱节，影响了公共艺术教育的健康发展。在对19所农林院校的调查中，有10所院校没有独立的公共艺术教育机构，在9所设立公共艺术教育机构的学校中，管理体制很不规范（见表2）。首先表现在公共艺术教育机构名称不一，既有艺术教育中心，也有艺术教学部、艺术教研室等。管理归属也不尽相同，2所隶属学校，2所隶属团委，5所挂靠在二级学院教学部门。挂靠在学校或团委的公共艺术教育机构，艺术教师除了完成艺术课程教学，还承担着比较多的行政事务，不利于教学质量的提高和艺术教育的有效开展。

表2 农林院校公共艺术教育机构设置情况表

学校	机构名称	挂靠单位
北京农学院	艺术教研室	基础教学部
中国农业大学	体育与艺术教学部	学校
西北农林科技大学	公共艺术教育中心	团委
东北林业大学	大学生艺术教育中心	团委
南京农业大学	艺术系	人文与社会发展学院
沈阳农业大学	人文艺术教研室	马克思主义学院
安徽农业大学	艺术部	人文社科学院
甘肃农业大学	艺术教学部	人文学院
河南农业职业学院	艺术教育中心	学校
天津农学院	无	无
山西农业大学	无	无
吉林农业大学	无	无
华中农业大学	无	无
仲恺农业工程学院	无	无
新疆农业大学	无	无
新疆农业职业技术学院	无	无
北京农业职业技术学院	无	无
黑龙江八一农垦大学	无	无
吉林农业科技学院	无	无

农林院校公共艺术教育创新与探索

农林院校的公共艺术教育有别于专业艺术院校和综合性大学，有其自身的特点和学科优势，有服务于培养农林人才的专业特点，应根据农林院校的学生特点、专业特色，创造出适合农林院校公共艺术教育的教育体系和管理方式，从而培养学生发现美、欣赏美、创造美的艺术素质，陶冶学生的高尚情操，塑造学生的完美人格。

(一)科学定位公共艺术教育，严格执行教育部文件要求

自20世纪90年代以来，国家教育部门先后发布了11个红头文件(见表3)，对学校艺术教育进行指导、规划、督促和检查，可见国家对高校的艺术教育越来越重视。

表3　近20年国家颁布的艺术教育文件表

时间(年)	发布单位	文件名称
1997	国家教委	《关于加强学校艺术教育的意见》
1999	教育部	《全国普通高校艺术教育研讨会纪要》
2001	教育部	《全国学校艺术教育工作经验交流会会议纪要》
2002	教育部	《全国学校艺术教育发展规划(2001—2010)》
2002	教育部	《学校艺术教育工作规程》
2004	教育部	《普通高校公共艺术课程设置方案》
2006	教育部	《全国普通高等学校公共艺术课程指导方案》
2009	教育部	《关于开展普通高校公共艺术教育通讯调研的通知》
2014	教育部	《教育部关于推进学校艺术教育发展的若干意见》
2015	国务院	《关于全面加强和改进学校美育工作的意见》
2019	教育部	《关于切实加强新时代高等学校美育工作的意见》

公共艺术教育是美育的重要组成部分，农林院校的公共艺术教育不是培养专门的艺术人才，而是培养学生审美情趣、审美能力、审美素质的教育，是通过对学生进行艺术教育和美的体验，培养学生的艺术素质和综合能力。农林院校的领导、教师和学生要重视起来，充分认识公共艺术教育的重要性，正确把握公共艺术教育的内涵，严格执行国家教育部门关于公共艺术教育的文件要求，明确公共艺术教育不仅是艺术知识的传授，也是培养学生发现美、辨别美的能力，培养学生综合素质的重要课程，把公共艺术教育纳入全校的课程体系中，树立正确的教育理念，确立音乐、舞蹈、戏剧、美术、影视、书法等艺术课程在课程体系中的地位。农林院校的公共艺术教育，要结合农林特色开设艺术教育课程，开展丰富多彩的艺术实践教育活动，实现公共艺术教育的教学目标。

MEIYU DE SHIMING

农林院校的领导首先要认识到公共艺术教育的重要性，加强制度性建设，从根本上作出改变；公共艺术课教师要认识到公共艺术教育的重要性，提高自身业务素质和能力，加强教学科学研究，提高教育教学质量；大学生要重视公共艺术教育的学习，提高自身的审美素质和综合能力。

（二）优化公共艺术教育课程体系，加强课程建设

课程结构是公共艺术教育科学化开设的基础，要根据农林院校的特色设置科学合理的公共艺术教育课程体系，加强课程建设。

1. 分层规划课程内容

根据农林院校的学生特点和艺术基础，设置不同层次的艺术类课程，可以将艺术类课程分层设置为艺术类必修课、限定性选修课、任意选修课和艺术专题讲座共4个层次，从而形成完整有序、层次分明的课程体系。首先，面向低年级学生，根据《全国普通高校公共艺术课程指导方案》规定的8门课程，每位学生根据自身特长必修其中1门课程。每门课程2个学分，每个学生必须完成艺术类课程2个学分的要求。这些课程以鉴赏为中心，以普及审美为主，以艺术类基础课、艺术类欣赏课为主，让学生通过这些课程的学习，初步了解我国优秀的艺术文化，提高他们的学习兴趣。其次，面向不同专业或有一定艺术基础的高年级学生开设艺术类限定性选修课。学生通过选修这些课程，可以亲身体验参与音乐、美术、影视、戏剧、舞蹈等艺术活动，通过艺术实践环节，提高他们感受美、发现美、创造美的能力。通过学习较高层次的艺术类理论知识，提高学生的审美能力和艺术批判能力。再次，面向全体学生开设不同形式、不同类型的任意选修课。可以通过线上线下相结合的模式，不仅有教师开设的线下课程，也有引进的艺术类尔雅课等课程，扩大艺术类课程的范围和规模，学生根据自己的兴趣可以任意选修，这样既可以满足学生的艺术兴趣需要，也可以弥补师资不足的问题。最后，举办艺术类专题讲座。邀请校外艺术大家或专家学者，为大学生讲述艺术类理论的前沿，丰富学生的艺术知识，提高学生的艺术品位和感悟能力。

2. 分类设置课程内容

农林院校可以根据专业特点分类设置课程内容，将综合性与专门性、知识性和趣味性、艺术性和专业特点相融合。根据课程内容，可以分为艺术类基础

课、艺术类欣赏课、艺术类实践课、艺术类理论课、艺术类综合课。艺术类基础课侧重培养学生的审美基础和能力，激发他们热爱艺术的兴趣。艺术类欣赏课，通过赏析古今中外的艺术作品，培养学生艺术鉴赏的能力，提高学生的审美品位。艺术类实践课，通过学生参与和体验，让学生感受不同的审美艺术，加深学生对艺术的理解和认识，提高学生发现美、欣赏美、创造美的能力。艺术类理论课，通过丰富学生的艺术理论和认识，提高学生对各种形式的艺术的批判性评价的能力。① 艺术类综合课有两类：一是指将音乐、美术、舞蹈、戏剧、表演、书法等多门艺术融合在一起的课程，如综合性的文化史论，涉及各种艺术的作品赏析，涉及美学、哲学、文化学、社会学等多门学科的理论，学生在多学科的交叉联系中提高艺术综合素质；另一种是将同一门类的不同课程综合起来，如综合性的音乐课程，将乐理知识、视唱练耳、作品分析、音乐史论等课程内容综合起来，将基础理论、作品赏析、技能训练等结合起来，让对音乐有兴趣的学生在较短的时间内获得完整的音乐体验。

3. 结合地方文化和专业特点，艺术课程特色化

首先，可以根据农林院校的特点，将专业教育与艺术教育结合起来，艺术课程体现专业特色。比如，根据农林院校的特点，开设花卉造型、小盆景制作、插花艺术、茶艺表演、食品鉴赏、名花赏评、园林艺术赏析等特色艺术课程。这样，既可以有效利用学校的教学资源，也能激发学生的学习兴趣。其次，结合地方特色艺术文化，将艺术类非物质文化遗产引入课堂，融入公共艺术教育的课程体系。挖掘不同地域文化的艺术资源，整理出具有教育价值的艺术理论与技能，开设具有地域文化特色的艺术类课程，如剪纸、蜡染、戏曲、民歌、刺绣、面人等民间艺术和传统艺术。通过邀请民间艺术家、非遗传承人进校指导学生艺术实践，让学生更深刻地理解民间艺术的构思、内涵及表现手法，使高校公共艺术教育植根于优秀的传统文化土壤，既可以突出公共艺术教育的地方特色，也可以传承地方优秀传统文化。② 此外，要加强与地方文化部门、博物馆、美术馆等的交流联系，吸收整合校外公共艺术教学资源，将公共艺术教育融合到地方文化的建设中。

---

① 朱苏华：《高校公共艺术教育课程建设与实施构想》，《江苏高教》2012 年第 2 期。
② 杨荔：《地方高校公共艺术教育的价值认知与实施策略》，《江苏高教》2019 年第 10 期。

4. 线上线下相结合，丰富完善教学模式

首先，充分利用慕课等互联网课程资源，引进艺术类尔雅课程，扩展艺术教育资源，丰富艺术教育形式，解决师资不足等问题。教师也可以通过网络教学，为更多的学生提供艺术教育。如北京农学院音乐教师张琳，2018 年在美国进修学习期间，没有中断对学生的艺术教育，通过网络教学对大学生艺术团进行指导和训练，并取得了优异成绩。但要看到，线上教学缺乏教学反馈，学生的参与性不足，缺少了艺术实践环节。在艺术教育中学生对艺术的体验和感悟是必不可少的，因此，要将线上教学与线下教学相结合，一方面引进线上教育，另一方面配置相应的艺术实践，将两者结合起来才能取得相应的艺术类必修课学分。要明确规定，线下课堂教学是学生取得艺术类必修课学分的必须途径，线上课堂教学只能作为补充，单一的艺术类线上课程，只能作为艺术课程开放的教学资源，可以任选课的形式供学生选修，开阔学生的艺术视野，满足学生的艺术学习兴趣。① 其次，改变传统的教师在台上讲、学生在下面听的课堂教学模式，提倡互动、参与、合作、实践等多种类型的教学模式，将"传授式"课堂改变为综合活动的课堂，激发学生讨论、交流艺术知识和艺术技能的热情，加强师生互动、学生互动，启发学生的创新思维和审美情趣。

5. 丰富课外艺术活动，建设艺术团体

首先，结合公共艺术教育课程的教学实际，开展丰富多彩的课外艺术活动，使其成为课堂教学的延伸，举办不同层次和主题的艺术活动，如歌唱比赛、书画比赛、摄影展览等，让学生在实践中感受艺术的美，促进艺术理论融于实践。② 其次，成立学生艺术社团，如北京农学院成立了戏剧团、舞蹈团、合唱团、器乐团、主持与朗诵团、礼仪团、表演团等，吸纳有艺术特长和兴趣的学生参与，由专业老师负责训练指导，提高艺术社团的艺术素质和团队协作能力。艺术社团一方面代表学校参加各种演出和艺术比赛，另一方面可以走出校园，走向社会舞台，进行公共艺术展演或艺术志愿活动，让学生在社会中感受艺术魅力。最后，邀请高水平的艺术家或专业团体来校演出，拓宽学生的艺术视野，提高学生的审美情趣。通过开展丰富的课外艺术活动，活跃校园艺术文化氛围，

---

① 郭必恒：《2019 年中国艺术教育年度报告》，《艺术教育》2020 年第 5 期。

② 邵萍：《高校公共艺术教育中心发展策略探析》，《江苏高教》2014 年第 6 期。

调动学生展示才艺的热情，激发学生对艺术的热爱和向往。

（三）优化公共艺术教育师资队伍，提高业务能力

首先，优化教师结构，提升业务素质和能力。根据学校特色和学生对公共艺术教育的需要，引进高学历、高素质的公共艺术教育教师，制定中长期规划，通过政策激励和引导，吸引与留住人才，拓宽公共艺术教育师资来源渠道，建立稳定的教师队伍。聘请校外艺术文化领域内的资深教授或专家学者担任兼职教师，邀请优秀民间艺术家、非物质文化传承人进校指导学生的艺术实践，与在校艺术教师合作开设艺术课程，壮大教师队伍，加强师资力量。

其次，强化教师的学习意识，给他们提供培训和进修的机会。一方面，为艺术课教师创造条件进行业务培训，聘请资深教授、专家学者作报告讲座，提高教师的艺术造诣。另一方面，派教师以参观、访学、进修的方式学习同类院校先进的教育教学经验，促进教师不断提高自身素质。

再次，采取科学的评价方式，建立有效的激励制度。要根据艺术教育的特点，采取多样化的课程评价和考核方式，要将创造性的艺术作品纳入考核评价体系中，不能只看教师的科研课题、论文与竞赛成绩，更不能以和专业课教师相同的标准"一刀切"地评价。不仅要看学生对艺术知识和技能的掌握程度，还要看学生在欣赏美、发现美、创造美等方面取得的进步，将动态的教学过程和静态的教学成果结合起来进行科学评价。在考核、职称晋升等方面，要体现出公共艺术教育的特殊性，发挥教师的艺术潜能，采取有效的激励制度，稳定教师队伍，调动教师的工作热情。[1]

最后，鼓励教师开展教学研究与科学研究。鼓励艺术教育教师积极申报各类科学研究和教学研究课题，把具有地方特色、院校特色的艺术文化素材转化为艺术教育的教学资源，拓宽和提高教师的艺术视野和学术高度，不断提高公共艺术教育教学质量。

（四）建立健全课程管理机构及规章制度

首先，成立公共艺术教育的组织领导机构，由分管校领导或主要领导担任组长，相关教学部门或职能部门负责人为成员，对公共艺术教育进行顶层设计，

---

① 张华：《高校公共艺术教育可持续发展路径初探》，《教育理论与实践》2020 年第 12 期。

自上而下有序推进公共艺术教育顺利开展。其次，成立公共艺术教育的教学管理机构，如公共艺术教育中心，建立科学合理的公共艺术教育教师队伍，并配备专门的教学管理人员，为公共艺术教育提供组织保障。教学管理人员要职责明确，负责对公共艺术教育的管理协调、课程安排、课程建设、检查督导、考核评价等。最后，制定公共艺术教育教学管理制度，包括课程设置、教学评价、课程考核、奖惩制度等，从制度上保证公共艺术教育沿着正规化、科学化方向顺利开展。

北京语言大学中外学生美育课程建设

史大鹏　孙　润

（北京语言大学）

美育温润人的心灵，滋养精神世界。美育的提出由来已久，高校美育在当今更被视为人才培养的重要组成部分，是对时代呼唤的积极回应。[①] 为适应当前教育改革发展的要求、完善德智体美劳全面培养的育人体系、满足广大青年学生对优质丰富美育资源的期盼，美育工作成为近年来各大高校探索与研究的重点之一。

北京语言大学是一所以传承与传播中国文化为己任的综合性大学，素有"小联合国"之称。在美育工作中不仅承担着对中国学生进行审美培养的任务，还肩负着向来华留学生进行中国艺术传播的重任。在习近平总书记关于教育的重要论述和全国教育大会精神，及《教育部关于切实加强新时代高等学校美育工作的意见》（教体艺〔2019〕2号）文件的指导下，结合学校第九次党代会提出的"落实立德树人根本任务，使中外学生成为人类命运共同体的建设者、文明交流互鉴的推动者和具有全球竞争力的高素质国际化人才"的培养目标，北京语言大学美育工作面向全体中外学生开展公共艺术教育，彰显美育特点和校园特色，提升中外学生的全面素质。

本文试以北京语言大学中外学生美育课程的建设探讨高校美育课程体系与普及艺术教育的推进机制，为相关研究提供参考。

---

① 叶朗：《把美育正式列入教育方针是时代的要求》，《北京大学学报（哲学社会科学版）》1999年第2期。

丰富的美育课程与艺术活动实践

在综合性大学开设面向全体学生的公共艺术教育课，是提升学生综合素质和审美情趣的主要渠道。北京语言大学艺术学院依托学院专业师资优势，至今面向全校中外学生开设两类美育课程：通识课、共享课。通识课以理论、赏析为主要学习内容与方式，共享课以实践、体验为主要学习内容与方式，其中通识课包括中国绘画赏析、中国书法赏析、聆听国乐、中国古诗词歌曲赏析、中国经典传统音乐赏析等5门艺术审美选修课程。共享课自2014年起首次面向全校中外零基础学生，开设了中外学生同班、多元文化并存的33门艺术共享课程，涵盖中国民族器乐、民族声乐、书法、绘画、戏曲、古琴、钢琴等门类，在艺术技能训练与文化体验中进一步加深中外学生对中国传统艺术的热爱与了解。截至目前，已有来自120多个国家的近3000名学生修习该门课程。

在公共艺术教育课程之外，丰富的讲座与音乐会对于开阔中外学生的艺术视野与丰富其精神世界有着积极的推动作用。北京语言大学自2014年以来以"博艺雅集"为主题举办内容丰富的艺术讲座40余场，广泛聘请艺术专业教师及艺术名家来校指导、讲座、教学。音乐会与展览活动更是丰富多样，仅2019年学校就累计引进高水平演出30场，受众超过2万人次，高水平展览14次，累计近3000人次参观。

课外艺术实践活动，不仅是帮助学生学以致用的"第二课堂"，更是润育学生心性和灵魂、提升学生审美情趣的重要平台。"北语中外学生艺术团"是全国首个由中外学生组成的艺术团，下设合唱队、国乐队、打击乐队、舞蹈队、西乐队、话剧队、主持队、戏曲队等8个演出队伍。拥有学生团员328名，其中中国学生274名，留学生54名。2019年，学生艺术团参加了学校2019"英才筑梦"五四表彰活动、"不忘初心、牢记使命"北京语言大学师生合唱比赛，并完成了北京语言大学世界文化节的多场演出任务。2019年6月，艺术团合唱队在梧桐会堂举办"世界音乐地图"专场演出，向校内外1000余名观众呈现了五大洲13个地区和民族的音乐，获得了超过4万次的点击量。2019年艺术团赴中国驻马来西亚大使馆完成慈善义演；参加中越建交69周年庆典晚会、国家汉办与孔子学院主办的"汉语桥"活动、2019 年"北京留学生之夜"活动等各项外事接待及国际交流活动。

中外学生同堂的美育课程、多元的讲座展览及音乐会、丰富的课外艺术实践活动，共同促进中外文化艺术交流，提升中外学生艺术审美，推动中国文化的传承与对外传播。

美育课程体系的建构

《教育部关于切实加强新时代高等学校美育工作的意见》中明确部署了高校美育工作的指导思想、基本原则和总体目标，在重点任务部署中，特别将"强化普及艺术教育"放在首要位置，提出"普通高校要强化面向全体学生的普及艺术教育"，完善课程教学、实践活动、校园文化、艺术展演"四位一体"的普及艺术教育推进机制。

（一）完善课程内容与形式

北京语言大学重视对中外学生的中国传统文化培养，同时具有较多国际性的优势，按照《全国普通高等学校公共艺术课程指导方案》，结合艺术课程与艺术实践纳入人才培养方案及学校教学计划，实行学分制管理。按照分层次、多类型、阶梯式、学科化的整体要求，整合各级各类美育资源，打造集艺术赏析、艺术史论和艺术实践为一体的中外学生公共艺术课程体系。同时，将艺术专业教育结合，推动校内普及教育与专业教育的相互促进。

北京语言大学艺术学院艺术专业本科培养方案围绕国家文化"走出去"战略需求，紧密结合学校语言文化教学优势，以"艺术＋语言"为特色，培养文化底蕴深厚、素质全面、专业扎实的艺术国际传播与交流人才，全面提升学生专业能力、语言能力、跨文化交际能力的培养。面向艺术专业本科生开设了首门"中国音乐表演实践英语"全英文专业课程，引进国外师资进入课堂，全英文开设"跨文化音乐国际教育与传播理论与实践"专业课程，全面拓宽学生的专业视野，加强学生专业能力与语言能力的具体实践。

艺术专业与艺术普及课程体系在内容上进行交叉，通过多元的实践形式，如专业学生以助教身份参与艺术普及课堂、中外学生参与艺术专业英语实践报告等，共同促进校园内艺术专业与普及课程中外学生的交流互助。这一专业与普及课程体系在艺术实践的交叉，为艺术专业中外学生提供实践的园地，为艺术普及课程的中外学生增加多元文化交流的空间，开阔艺术视野，形成专业教育与普及教育的互补与相互促进，不断扩大和深化校园内美育教育的覆盖面。

同时，在艺术专业教学与中外学生公共艺术课程体系中，实行"中外同班"的课堂教学模式，为学生提供文化交流与碰撞的课堂环境，打造彰显北语特色的美育教学模式，为培养学生跨文化能力与开阔国际视野创造了良好氛围。

(二)理论与实践并重的课程体系

在艺术专业课程和普及课程的设置中，北京语言大学都非常重视对中外学生艺术理论与艺术实践的培养。艺术教育应以审美为核心，将自身的体验感悟与书本学理结合。亲历，是使外在的东西内化，使其真正为体验者拥有的途径，在"亲历"即动手创造的体验中获得感性的审美感觉。① 理论教学能够帮助学生获得一定的背景知识等理性信息，但由于缺乏"内化"的过程，学生往往难以体验艺术审美。而实践类课程正是使中外学生"亲历"中国艺术，真正使他们拥有艺术审美的重要途径。因此实践类课程的开设是非常必要且重要的。

面向全校中外零基础学生开设的"艺术共享课"正是出于这一目标而设立，通过亲自提笔书写、绘画、演奏中国乐器、演唱中国民歌、唱念京剧，真正使学生深度体验其中，"内化"中国艺术，进而与中国文化产生共鸣。在针对艺术共享课选课学生的访谈中，许多学生表示通过亲自演奏、演唱、书画，体验到了中国艺术的魅力，有许多国际学生将中国艺术变为自己的爱好，为其留学生活增添乐趣，还有两位国际学生通过艺术共享课的学习，进而申请至艺术学院绘画和音乐专业进行更深度的专业学习。

实践课程在对中外学生的美育中起着重要作用，不仅快速提高他们的艺术审美，使他们真正获得感性的审美体验，完成美育课程的培养目标，同时，更为中国艺术的传承与对外传播起到重要的促进和推动作用。

自"艺术共享课"开设以来，受到中外学生尤其是来华留学生的热烈欢迎，近年来随着专业设置的不断丰富，2018年首场中外学生共同演奏中国音乐的专

---

① 宋瑾：《以审美为核心的音乐教育改革》，《中央音乐学院学报》2004年第4期。

场音乐会在北语逸夫报告厅举办，来自 20 余个国家的留学生演奏了中国竹笛、二胡、古琴、古筝等乐器，演唱了中国民歌；首次成立的"留学生中国乐团"，也在这场音乐会中演奏了《彩云追月》《金蛇狂舞》两首中国民族器乐经典作品，受到校内外领导、观众的好评。在随后的 2018 年秋季学期以及 2019 年春季学期，艺术学院又连续举办了每学期一场的"艺术共享课"汇报音乐会。共享课中的留学生古筝课单门课程自 2018 年至 2020 年已连续 3 年举行全由来华留学生演奏的古筝专场音乐会，在 2020 年疫情期间以"中华筝五洲行"线上音乐会的形式跨 4 大洲 13 国 14 个小时的时差用中国筝乐向世界传递爱，《人民日报》(海外版)报道了此次活动。北京语言大学"艺术共享课"的国际学生"玩转"中国传统艺术，引起了校内外社会各界关注，他们也多次受邀参与多项国际、国内大型活动，真正成为人类命运共同体的建设者与文明交流互鉴的推动者。

"艺术共享课"作为实践类课程，是北京语言大学美育课程体系的重要组成部分，尤其在器乐类、京剧等课程中，通过实践获得的艺术审美感受比赏析更加深入，加之此类艺术形式需要长时间系统学习，从基础技法到简单乐曲，再到一定深度的作品与多样的艺术呈现方式，循序渐进才能使中外学生深入其中。在专业教师指导下进行一定时长和多个学期课程的学习，使中外学生真正通过实践类美育课程获益。"艺术共享课"是通识课的重要补充，更是促进美育"内化"到中外学生身心的重要方式。

截至目前，通识课与共享课覆盖北语全校中外学生，理论赏析与实践体验并重，是全校美育教学的重要载体。艺术共享课已成为北语美育教育的重要课程体系，同时也是北语传播中国文化教学内容中最有代表性的系列课程，逐渐成为对外艺术教育的特色与亮点。以共享课实践课程为基础建立的北京语言大学"留学生中国乐团"，是中国音乐传承与传播的重要载体，充分体现了北语独特的校园文化氛围和鲜明的办学特色。

(三)丰富的展演活动推动艺术传承与国际传播

北京语言大学美育教育以促进中华文化传承与传播和构建人类命运共同体为宗旨。在国内外大赛中，北语艺术专业学生崭露头角，2019 年共获得 36 个专业奖项，充分展示了艺术专业人才培养的特色与成果。为加强学生的专业能力与语言能力的具体实践，2019 年艺术学院组织学生参加了"创新与创业中的科学女性"国际学术会议、首届"音创未来"跨界人才与产业繁荣国际论坛,通过艺术实践与会议服务,学生的综合素质得到社会高度认可。

通过面向全体学生尤其是国际学生,普及推广中华优秀传统文化,引领学生树立健康向上的审美观和正确的价值观,通过组织国际留学生广泛参与艺术实践活动,使他们体验中国国情,汲取中国智慧。2019 年,北京语言大学选修"艺术共享课"的国际学生参与了在中国政协礼堂举办的"丝路美丝路长"丝路青年国际音乐会、"亚洲文明对话·亚洲文化嘉年华"活动、"亚洲国际文化艺术论坛"等多场重要国际、国内演出,同时还参与了 CCTV 综艺频道 2019 年端午特别节目《最潮是端午》晚会,与李谷一老师共同演唱歌曲《龙文》,参加国家孔子学院总部开放日"语通中文心联世界"演出,并为美国校长访问代表团进行了表演。在中外学生中广泛开展丰富的展演活动,促进中国艺术的传承与传播,弘扬中国精神,促进中外艺术交流,传播中国价值。

同时,北京语言大学还广泛开展国际艺术巡演巡展活动。2019 年组织赴保加利亚举办了"东渐西传文明互鉴"中保建交 70 周年艺术展,赴德国柏林开展汉字书法巡展、巡讲系列活动。中国戏曲文化通过在海外北语承办的孔子学院进行国际传播,2019 年 2 月美国佐治亚州立大学孔子学院主办"亚城之春"大型晚会,意大利米兰举办"江山婺剧走进米兰"系列活动,美国西密歇根大学孔子学院在卡拉马祖幼儿园举办了京剧体验活动,日本关西外大孔子学院举办了中国京剧系列讲座及体验活动等。

依托北语办学特色与国际化优势,充分调动艺术学院专业资源,借鉴美育工作实践成果,将中国优秀文化艺术在海内外广泛传播,为国家文化"走出去"战略贡献北语模式。

(四)营造多元的校园文化氛围

美育润育学生心性和灵魂、提升学生审美情趣,同时也为校园文化带来创造力与活力。高雅艺术进校园,使中外学生受到中华优秀传统文化的熏陶,增强文化自觉、文化自信,引领学生自觉增强文化主体意识,通过来华留学生对外讲好中国故事。2019 年 6 月 13 日北京语言大学正式揭牌成立了与梅兰芳纪念馆、甘肃省环县人民政府合作共建的重要文化研究、传承传播平台——"梅兰芳艺术传播中心",举办了"梅兰芳艺术及传统文化的传承传播"学术研讨会。通过邀请戏曲艺术名家走进课堂，引进百年秦腔《三滴血》、跨界艺术《琴芳梅兰》等高水平演出，大力开展戏曲艺术普及教育，提升学生的艺术审美、鉴赏力和文化素养。

北京语言大学有着多元的国际化校园文化氛围，一年一度的"世界文化节"已举办 16 届，2019 年校内外共有 10 万人次参与；"一二·九"歌咏合唱比赛、中外学生歌手大赛、中外学生旗袍大赛、院系文化节等不仅使广大中外学生接受了传统文化教育、受到美育熏陶，更成为校园美育育人的重要课堂，是深受师生喜爱的校园风景线。

理论赏析与实践体验并重，是北京语言大学美育课程建设的重要载体。以理论赏析为主的通识课与注重实践体验为主的共享课共同组成北京语言大学美育课程体系，纳入学校人才培养方案。

将校园生活和社会实践相互结合，校园美育和社会美育相互联系，是现代大学美育体系，也是北京语言大学美育课程建设的工作格局。

尽管在开展美育工作中还有许多问题与挑战，但通过优化结构布局、稳步推进符合学校办学特色的美育课程建设，在当前和今后的一个时期，高校美育会成为培根铸魂的重要工作，提高学生艺术审美，开阔学生的国际视野，弘扬中华美育精神，让优美的校园文化浸润学生心田。

琴韵百年　春风化雨博雅塔

——美育视域下的"北大古琴传承计划"研究

李　阳

（北京大学）

北大百年琴缘与美育的渊源

古琴，是中国传统拨弦乐器，有着三千多年的历史，在乐器史中一直有着崇高的地位，有"士无故不撤琴瑟"和"左琴右书"之说，自古以来一直是许多文人必备的知识和必修的科目。近代古琴在北大中的传承与传播最先始于蔡元培校长的大力支持和推动，北大在蔡元培担任校长期间积极发展美育思想，北大音乐组织的发展，始于 1916 年秋由北大学子发起的以"陶淑性情、活泼天机"为宗旨的"北京大学音乐团"，这是我国近代最早出现的音乐社团。在 1918 年，"北京大学音乐团"更名为"北京大学音乐会"，以"研究音乐、陶冶性情"为宗旨，设立"国乐部"和"西乐部"。① 1918 年 6 月，蔡元培校长聘请王露为北大音乐会古乐教员，并将"北京大学音乐会"更名为"北京大学乐理研究会"，以"敦重乐教、提倡美育"为宗旨，至此，这个学生音乐社团开始被纳入蔡元培的"美育"教育体系。之后在蔡元培校长主导下，1919 年 1 月"北京大学乐理研究会"更名为"北京大学音乐研究会"，蔡元培任会长，研究会为导师制，王露为"古琴组"导师。在此期间，蔡元培校长提倡以"美育"为中心，音乐技术与理论并重，在教学、音乐会和刊物发布诸多方面作出了极大的努力和贡献。近代以来，古琴在

---

① 廖书仓：《北京大学音乐会沿革略》，《北京大学日刊》1918 年 2 月 8 日第 4 版。

北大美育体系中是浓墨重彩的一笔。

"北大古琴传承计划"始于2018年11月份，由北京大学昆曲传承与研究中心副主任陈均老师牵头，参照历经十年的北大昆曲传承计划的成功模式，并在中国昆剧古琴研究会副秘书长金蔚先生的大力支持和推动下，于2019年4月份立项，9月份正式实施。

在"北大古琴传承计划"中，重点从三大板块进行推动和开展，分别是"新知"、"推鉴"和"学研"。在"新知"板块中，主要以公选课"古琴经典艺术欣赏"、古琴工作坊为主，让选课的学生理论实践相结合，促进对古琴艺术的深度了解和学习。在"推鉴"板块，开展了"北大古琴传承计划——古琴进高校"的项目，通过举办古琴音乐会的形式，在校园巡演，让更多高校的学生了解古琴艺术。并在古琴的传承扶持的部分，通过"北大古琴传承计划"的发展，直接促进了北大古琴社的恢复和振兴，扶持了学生社团，与此同时促进成立了北大教工昆曲古琴协会。在"学研"板块，除了建立古琴课程数字档案，还将古琴课程、演奏会等所有活动进行摄像、留存，旨在通过对古琴传承计划的影像记录，建立古琴影像资料库。其中还包含着"古琴学术交流与研究计划"，将来拟举办古琴国际学术讨论会，用多种方式支持古琴研究，形成对古琴系统全面的研究成果。

"北大古琴传承计划"践行美育理念

蔡元培是我国近代著名教育家、思想家，是中国近代美育的倡导者、实践者。蔡元培在《美育与人生》一文中提出："人人都有感情，而并非都有伟大而高尚的行为，这由于感情推动力的薄弱。要转弱而为强，转薄而为厚，有待于陶养。陶养的工具，为美的对象，陶养的作用，叫做美育。"[①]由此可以体现美育的概念侧重于陶养人的性情。在他的《美育》一文中写道："美育者，应用美学之理论于教育，以陶养感情为目的者也……所以美育者，与智育相辅而行，以图

---

① 蔡元培：《美育与人生》，高平叔编：《蔡元培全集》第6卷，中华书局1984年版，第157页。

德育之完成者也。"①由此可以体现以美学为理论，以教育为手段，理论与实践相结合方能达成美育的目标。

21世纪以来，"北大古琴传承计划"承接美育理念的接力棒，于2018年11月份，由北京大学昆曲传承与研究中心副主任陈均老师牵头，参照历经十年的北大昆曲传承计划的成功模式，并在中国昆剧古琴研究会副秘书长金蔚先生的大力支持和推动下，于2019年4月份立项，9月份正式实施。"北大古琴传承计划"通过开展校级公选课"古琴经典艺术欣赏"、古琴工作坊以及"古琴进高校音乐会"进一步促进了古琴在高校的传承与发展，践行美育理念。

（一）校级公选课——古琴经典艺术欣赏

2019年9月，公选课"古琴经典艺术欣赏"首次在北大校园开设。该门课程由教育部中华优秀传统文化（昆曲）传承北京大学基地和中国昆剧古琴研究会共同携手，邀请海内外古琴演奏名家、研究专家担任课程授课教师，面向北大本科生开设，让学生全方位接触古琴艺术，该门课程是"北大古琴传承计划"的重要组成部分。

首先，从课程的师资来看，授课师资集合了古琴界最强大的师资力量。古琴经典艺术欣赏课程分别以古琴的历史与文化、大师说琴——我和古琴的故事、古琴的美学这三大模块作为课程的整体框架。这门课程从多角度出发，用多元的方式为学生建立了系统全面的古琴艺术知识，以历史、文化、艺术、美学的多重探讨不断打开学生对古琴认知的新视野，让学生一开始便高屋建瓴地领略了古琴艺术的全貌。

其次，从选课学生来看，2019年秋季学期的"古琴经典艺术欣赏"有24名学生参与选课，2020年秋季学期有69名学生选课。课程开展一个学期后便广受欢迎，很多不能选课的研究生前来旁听。由此可见，古琴在北大的受众基础是比较坚实的。通过调研，选课生对这门课程的学习热情非常高，不仅出勤记录优秀，而且有课程学习的主动积极性。

如图1所示，本次共对69名同学进行问卷调研，由表中可以了解到，认为古琴在学习和生活中的必要性大于80%的占约33%，在50%—80%的学生占约

---

① 蔡元培：《美育》，高平叔编：《蔡元培全集》第5卷，中华书局1984年版，第508页。

31％；由此可见，在 69 名同学中，有约 64％的同学认为古琴艺术在生活中是非常必要的。没必要且不重要的比例只有约 13％，由此说明，古琴所代表的艺术教育越来越呈现出必要性、重要性趋势。

问题：你觉得古琴在学习和生活中的必要性所占比例是多少？

选项	平均分	比例	
80%以上	33.19		33%
50%—80%	31.48		31%
10%—50%	22.35		22%
没必要且不重要	12.98		13%

图1 调研结果

(二)古琴教学工作坊

在北大古琴传承计划开展过程中，伴随着"古琴经典艺术欣赏"公选课的开设，同时开办了古琴工作坊，免费向选课生开放，鼓励选课学生深度接触并学习古琴艺术。古琴工作坊针对学生对古琴的掌握程度，主要从古琴入门的角度进行讲解。工作坊共开课 10 次，完成了选课同学对古琴学习的基础教学内容。古琴教学工作坊使得选课的学生能够切身实际地学习古琴，深度了解古琴艺术并且掌握古琴弹奏的技能，学生们对于古琴艺术的喜爱逐渐加深，在学琴过程中，结合"古琴经典艺术欣赏"课老师所讲的内容，选课生对一些古琴音乐的技艺有了更深刻的理解和掌握。每位学生在学习过程中，不仅进一步体会到古琴弹奏的乐趣，而且在实践的过程更深度地了解了"古琴经典艺术欣赏"课中各位老师所讲的内容，通过理论与实践相结合的形式，更多的北大学子切身体会到古琴艺术的深刻内涵与乐趣，激发了学生深度学习古琴的兴趣与信心。

(三)古琴进高校——古琴音乐会

北京大学在开展古琴传承计划过程中，结合公选课"古琴经典艺术欣赏"、古琴工作坊、古琴音乐会，全面而系统地将古琴艺术进行深度普及，以期让古琴艺术能够在高校得到有效的传承与传播。"北大古琴传承计划——古琴进高校"的活动，以古琴音乐会的形式，走入高校进行传播，提升大学生对于古琴的认知和欣赏能力。

例如，在 2019 年，为更好地挖掘"非遗"文化，进一步传播古琴艺术，教育部中华优秀传统文化（昆曲）传承基地、中国艺术研究院共同举办"枯木龙吟·让古琴醒来"中国艺术研究院馆藏古琴音乐会，分别在 2019 年 12 月 4 日于北大李莹厅，2019 年 12 月 5 日于清华蒙民伟音乐厅举行。"枯木龙吟·让古琴醒来"中国艺术研究院馆藏古琴音乐会中分别有一张唐琴、一张宋琴、三张明琴，由著名琴家丁承运、曾成伟、林晨、金蔚、赵晓霞演奏，同时结合琴学内容的学术讲解，以不同的角度展示古琴艺术的文化价值与艺术魅力所在。这也是"北大古琴传承计划——古琴进高校"的重要活动。

在北大、清华举办本次活动具有非凡的历史意义。此次音乐会邀请著名琴家演奏传世名琴，并通过学术讲解的形式，让观众近距离感受到了传承千年的琴声，也弘扬了保护传世古琴的科学理念。这也是传世古琴首次大范围公演，在高校以学术讲解与音乐会并行的模式进行传播。沉睡的千年老琴在琴家的演奏下所发出的历久弥新的琴声更是唤醒了观众对于古琴的新的认知。在这两场古琴音乐会中，老琴所焕发出的生命力让观众再次深度了解了古琴艺术，同时极大地促进了古琴艺术在高校的传播，得到北大校报、北大新闻网、《中国艺术报》、中国文艺网等多家媒体的报道，引起了良好的校园反响和社会反响。

美育视角下"北大古琴传承计划"的发展意义

第一，继承北大美育理念，发扬北大琴学传统。古琴在北大的发展是一个历史性的突破，古琴艺术第一次突破了业余组织的模式，首次以校级项目自上而下地进行传播和传承，既续写了北大百年琴学传统，又作为校级公选课程得以让更多学子深受其益。因此，北大开设的古琴传承计划，是一个有渊源、有传统、有使命的载体，承载的不仅仅是对于古琴音乐的传承与发展，更是作为曾经"美育"理念的重要组成部分，继续在这个新的时代焕发出新的生命活力，唤醒新时代下大学生对人文素养的需求。北京大学这样的知名学府既与古琴有着深刻的渊源，又有着深厚的美育传统，而古琴作为艺术教育的一部分，本就有着礼乐教化、修身养性的功用，其在北大的传承与发展既是有所需要，亦是有所必要。这也是古琴能够代替其他乐器得以在北京大学这样一所综合性大学进行传承的重要原因。

第二，美育理念与实践相结合，增加了陶冶性情的内容，拓宽了自我提升的渠道。蔡元培提出："知识以外，兼养情感，就是治科学以外，兼治美术。"[①] "北大古琴传承计划"开启了一种新的古琴人才培养模式，为具有浓厚人文气息的北京大学造就了一片古琴人才培养的试验田。面对当今社会对于古琴人才需求的日益增加以及专业音乐学院培养出来古琴人才的同质化、单薄化、人文气息弱的特征，"北大古琴传承计划"通过理论与实践相结合的模式，对学生的人文素养和弹琴技艺进行双向培养。虽然也有着自身不可避免的缺陷，比如课程的系统性设置、师资的选拔及教学方式都没有最终落定，但是仍不失为一种在综合性高校发展以"高学术素养、高人文情怀、高传统传承"为主旨的古琴人才培养的探究方向。

第三，以古琴为载体的艺术教育促进人格修养和品德完善。"我们提倡美育，便是使人类能在音乐、雕刻、图画、文学里又找到他们遗失了的情感，……觉得自身在这个世界上有一种伟大的使命，这种使命不仅使人要有饭吃，有衣裳穿，有房子住，他同时还要使人能在保持生存以外能去享受人生，知道享受人生的乐趣，同时更加知道人生的可爱，人与人的感情便不期然而然地更加浓厚起来。"[②]古琴是中国传统音乐艺术的重要组成部分，在综合性大学开展传统文化艺术教育、中国优秀音乐的传播有利于培养学生对音乐的欣赏、品鉴、评价能力，有利于优秀传统艺术在高校的继承和传播，提升青年大学生的审美水平，培养其高尚的审美情趣，陶冶其情操，助力于形成良好的艺术风气。

美育视角下"北大古琴传承计划"展望

当今教育侧重于专业人才的培养，科目细分明确，职业导向清晰。但是中国传统的教育理念更侧重于对人才全方位培养的考量。从学习知识到学习做人、完善人格，建立人的胸怀和公心，从技术掌握到以道统艺、由艺臻道的理念，

① 蔡元培：《美术与科学》，高平叔编：《蔡元培全集》第 4 卷，中华书局 1984 年版，第 31 页。

② 高平叔编：《蔡元培全集》第 6 卷，中华书局 1988 年版，第 520 页。

都体现出中国传统教育所不断追求的对于人才培养的人文精神的信念。古琴艺术有着三千多年的历史，在发展历程中不仅仅囊括着音乐的艺术，更在美育层面涵容着丰富的中国人文精神。

第一，以健全人格为培养导向，深化古琴艺术对大学生的陶养。"纯粹之美育，所以陶养吾人之感情，使有高尚纯洁之习惯，而使人我之见、利己损人之思念，以渐消沮也。"①古琴浓厚的人文精神正是用于"礼乐教化"的最好选择。《乐记》有云："君子曰，礼乐不可斯须去身。致乐以治心，则易、直、子、谅之心油然生矣。易、直、子、谅之心生则乐，乐由安，安则久，久则天，天则神。天则不失而信，神则不怒而威。致乐以治心者也。"②便体现出音乐对于人格修养的必要性。唐朝伟大的琴家薛易简，以琴待诏翰林，他提出的古琴《琴诀》写道："可以观风教，可以摄心魂，可以辨喜怒，可以悦情思，可以静神虑，可以壮胆勇，可以绝尘俗，可以格鬼神。"③中国传统文化基本上都有一个相同的依托，那就是"读书"。"左手吟猱绰注，右手轻重疾徐。更有一般难说，其人须是读书。"因此，尽管弹琴读书不等同于修养，但是通过弹琴读书可以增长人的见识、开阔人的视野；更重要的是能够让人意识到在平庸的日常生活之外还有一片意想不到的广阔的精神世界。由此，在琴声书卷中，人的精神气质也很可能会在不知不觉中发生改变。

第二，深入践行美育理念，开展全面系统化的项目发展方式，致力于优秀师资的培养。北京大学具有自身美育的文化积淀，又有综合性大学的人文主义的精神，校内青年学子对学术更有着高度重视和实践能力。古琴作为音乐艺术，在北京大学以公选课、工作坊、音乐会的传播形式，结合学生、教工、社团三位一体的良性运转模式，为古琴在高校的传承传播模式作出良好的示范。因此，更要优化项目运行机制，以"古琴经典艺术欣赏"和古琴工作坊为核心，搭建古琴知识的输出平台，以北大古琴社团和北大昆曲古琴教工协会为输入平台，促进古琴学习者在相应平台的交流与互动，同时辅之以学术研讨和音乐会，作为深度挖掘古琴艺术和内容展示的平台，为输入平台和输出平台补给内容，形成

---

① 高平叔编：《蔡元培全集》第 3 卷，中华书局 1988 年版，第 30 页。
② 《礼记》卷三十七《乐记》。
③ ［宋］朱长文：《琴史》，中华书局 2010 年版，第 112 页。

"北大古琴传承计划"项目开展的良性循环运营模式。

中国传统艺术大部分都依托于老师的口传心授得以历世而存，古琴艺术亦是如此。经历了三千多年的发展，古琴艺术不仅仅依据不同的地域有着多元化的派系，在弹奏风格和琴曲处理方面有着不同的呈现，它所蕴含的丰富的文化内涵更依赖于老师的口传心授才能使得学生最大限度地吸收其精髓，这就需要构建稳定的古琴师资团队。这样的师资团队应由理论教学和实践指导两种师资队伍共同协作，方可更为正确地传播古琴艺术。一方面，理论教学师资不仅要着眼于音乐知识的教学普及，更应以中国传统人文精神作为起点，进行背景式的铺垫性教学。另一方面，古琴师资不应仅局限于琴艺的高深，更应具有综合的人文素养，在音乐史层面、古琴打谱层面、古琴演奏技法层面、古琴创作层面进行分工协作，使得学生能够得到系统全面的指导。

第三，发挥北大美育传统，用文化经典构建人类命运共同体。蔡元培在其所著的《美育的实施方法》一文中重点阐述了美育的践行方式，主要包含家庭教育、社会教育与学校教育这三个方面。通过这三方面的协同进行，实现最佳的践行效果。学校教育作为一个重要的板块，对于人才的培养和社会审美导向都具有重大影响力。"古琴在音乐院校的教学已形成一种程序，固化了的古琴音乐、熟练的演奏技术、表演意识胜过文化意识，以及逐渐大同的流派与个性特点，古琴专业学术的表演已经成为一种一望而知的学院派风格"[①]，鉴于现行古琴专业教育的不足之处，综合性大学优秀的人文环境匹配以全方位的课程设置，能够为古琴的传承与传播营造更加适宜的文化环境。

长久以来，古琴艺术都是小众的，只存在于琴家的小圈子、琴馆教学以及一时之聚的古琴音乐会。随着"北大古琴传承计划"的提出与落地，更应从长久的角度把古琴艺术建立成为一个受高校系统以及社会系统所追随的导向。在全国高校中，更要致力于探究如何构建从斫琴人到琴师、再到学琴人的筛选系统，并将其持续循环的发展原样注入社会系统，这就需要高校在古琴的传承与传播中发挥效用，不仅要从开展课程角度构建学生筛选系统，更应该构建琴学教育

---

① 丁承运、付丽娜：《古琴专业教育模式研究》，郑培凯、张为群主编：《古琴的传承与开拓：香港城市大学中国文化中心古琴座谈会文集（2006）》，广西师范大学出版社 2014 年版，第 82—84 页。

系统，从琴器的产生到琴人的培养都以美育理念、人文精神为底色，依托高校构建古琴传承与发展的当代文化精神。

因此，在当代文化精神下，需要将文化经典在高校中进行传承与传播。让当代大学生不仅能够在高校中接受优秀传统文化的滋养，同时也能将优秀的文化带出校园，建设社会，用文化经典构建人类命运共同体。

20世纪，以蔡元培为主导的老一辈学者和艺术家对于古琴在北大的传承作出了不懈努力，在21世纪，北大在古琴艺术教育方面又作为主导扛起综合性大学艺术教育的大旗。如果说近代以来北大作为古琴艺术传播的先驱而载入史册，那么如今的"北大古琴传承计划"更是具有历史性里程碑的意义。"北大古琴传承计划"得益于天时地利人和而破土萌芽，在后续的发展中，北大更要将美育思想作为指导、将艺术教育作为使命去培养新时代有使命、有责任感、有学术头脑、有审美能力的符合时代需求的青年古琴艺术人才。

在"素质教育舞蹈"中实现以人为本的美育

——以清华大学教学实践为例

张 伟

（清华大学）

当今时代高校美育的方向和目标

美育是素质教育的重要组成部分，在高等教育中的地位与意义不断凸显。[①]习近平总书记在十八届三中全会中指出："改进美育教学，提高学生审美和人文素养。"《国家中长期教育改革和发展规划纲要（2010—2020 年）》中提出："坚持以人为本、推进素质教育是教育改革发展的战略主题，保证全体学生享有接受良好艺术教育的机会。"2020 年是全面推进美育的关键之年，也是下一个阶段的开启之年。笔者认为，广大一线教师要以提升美育教学质量为己任，不只是保证全体学生享有艺术教育的机会，还要对教学进行内涵式提升，才能真正落实以人为本的美育要求。

教育部在《关于切实加强新时代高等学校美育工作的意见》中强调："高校美育要以艺术教育的改革发展为重点，紧紧围绕高校普及艺术教育、专业艺术教育和艺术师范教育三个重点领域。"[②]其中明确"普及艺术教育"作为独立的美育阵地，与"专业艺术教育"和"艺术师范教育"具有同样的重要性（图 1）。"普及艺

---

① 鉴于学校美育工作的语境，特指综合类、理工类、财经类等高校，而非职业艺术院校和艺术师范院校。

② 《关于切实加强新时代高等学校美育工作的意见》，教体艺〔2019〕2 号。

术教育"不以教会一门技艺为目的，而是以美化心灵、追求身心整体和谐发展、培养高尚人格为旨归。与此对应，普通高校要自主研发适合普通学生的艺术教育课程体系，而不是照搬"专业艺术教育"和"艺术师范教育"。中共中央办公厅、国务院办公厅 2015 年出台的《关于全面加强和改进学校美育工作的意见》也指出，应以审美和人文素养培养为核心，以创新能力培育为重点等，完善课程设置。① 这为普通高校美育给出了方向性的引领。

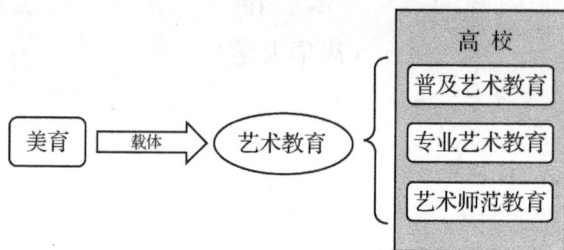

图1　高校美育重点领域(普通高校以普及艺术教育为主体)

舞蹈作为融合音乐、美术、动律、编创等多种元素的综合性艺术学科，具有自身独特且丰富的情感表达方式和视觉表现的感染力，是推进美育的有效载体。本文以面向普通高校学生的"素质教育舞蹈"教学实践经历展开论述，对标"普及艺术教育"，即以舞蹈作为审美教育的核心外化形式，通过系统教学，开发人的潜能，提升人文素养，引导艺术感觉与创造性思维的联系和融合，同时拓展与其他学科之间的丰富联系。

舞蹈美育的核心在于教师自发性探索

在近代，以提升人文素养为目标的舞蹈美育类课程体系在欧洲、美国、日本等国家以及中国台湾地区有较为系统化的发展，并涌现出了一些极具代表性的人物。例如，德国舞蹈教育家、舞蹈科学家鲁道夫·拉班(Rudolf von Laban)提出的教育性舞蹈(Educational Dance)即体现了完成全人教育的理念；他于1948 年出版的著作《现代教育性舞蹈》包括了舞蹈动律学、动作分析研究、舞谱

---

① 《关于全面加强和改进学校美育工作的意见》，国办发〔2015〕71 号。

等内容。美国体育、舞蹈教师玛格丽特·道布勒（Margaret H'Doubler）创建了"创造性舞蹈课"，提出通过舞蹈去发现情感并支配情感是舞蹈教育能够承担起的责任，使学生通过舞蹈得到关于美感的具体经验，并凭借这种经验使创造力得到发展，使人生更加完善①；她还开发了一套基于体育运动本质以及创新表达精神的科学舞蹈项目②，使舞蹈在大学教育中得到认可。日籍韩裔舞蹈家邦正美于1949年完成《教育舞蹈》首稿，沿用拉班"教育性舞蹈"的概念，既是专指国民教育上的舞蹈，也是对拉班教育思想的传承。2007年，台北艺术大学张中煖出版《创造性舞蹈宝典：打通九年一贯舞蹈教学之经脉》，也是这类教育舞蹈的延续。尽管此类课程在不同国家和地区的命名有所不同，但教育目的和方向是一致的，我们将其统称为"教育舞蹈"。

进入21世纪以后，"教育舞蹈"的概念在我国开始受到关注，虽然起步较晚，但在近年来得到较快发展。2011年，受教育部人文社会科学研究专项委托，"素质教育与舞蹈美育研究"课题在北京舞蹈学院落地，由吕艺生教授作为项目负责人带领团队实施完成，并于2013年结题，笔者也参与了课题的部分研究内容。依托研究成果，北京市教委进一步将课题成果转化为教学实践；结合中国国情，课题团队将课程命名为"素质教育舞蹈"，并于2014年出版了《素质教育舞蹈》教材（从小学至高中阶段）③，得到普遍认可和传播。

不难发现，每一次"教育舞蹈"的革新都是教师在发挥主观能动性，进而在传播过程中得到社会的认可。目前，国内综合类高校舞蹈教师群体，在面对普通学生时，纷纷意识到专业舞蹈教育的做法在普通高校无法落地，而正在完成从专业施教向非专业施教的思维切换，探索没有参照标准的教学方法，积极学习和补充其他方面的知识和能力。《中共教育部党组关于学习贯彻习近平总书记给中央美术学院老教授重要回信精神的通知》提出："要把美育教师队伍建设作

---

① 郑慧慧：《舞蹈的力量——中外舞蹈素质教育历程》，上海音乐出版社2015年版，第211页。

② Kraus R G. History of the Dance in Art and Education, Englewood Cliffs：Prentice Hall，1969：132.

③ 吕艺生：《素质教育舞蹈》，上海音乐出版社2014年版，第44页。

为美育工作的重中之重。"①新时代美育政策的感召给普通高校从事美育工作的教师以巨大信心,作为一线教师,有责任充分发挥自身潜能,探索高水平的普及型舞蹈教材及教学体系。截至目前,部分普通学校的一线教师已取得了试验性的教学成果。然而,中国大陆地区适用于普通高校学生的"教育舞蹈"教材及课程体系仍存在很大空白。

笔者在清华大学开设"素质教育舞蹈"舞蹈公选课已有八年时间,因该课程具有试验性,名称原为"舞蹈认知与体验"。称其为"认知与体验",主要是想把课程的门槛降低,让选课学生感觉比较容易"胜任"。这门课的教学成效不仅以可量化的成果或好评度来衡量,更以对学生所产生的深远影响作为重要的衡量标准。下面笔者摘取了在八年教学过程中的一些案例和教学反馈进行分析。

清华大学"素质教育舞蹈"授课实践及成效

2013 年秋季学期,笔者开设了清华大学史上首批面向普通学生(非艺术团同学)的舞蹈公选实践课。课程突破了以动作模仿为主的教学手法,而将教学主要环节设定为主题导入性课例、引导学生创作以激发其潜能和主动交流合作等。课堂上教与学的互动经历了鲜活的转变,出于教学的需要,笔者萌生了编写适用于普通高校学生的试验性教材课例的想法,并在教学实践中进行不断改良和迭代。

1. 学生初体验:这课"靠谱"吗?

最初,笔者带着不太成熟的课例走进教室,才发现摆在面前最大的问题不是如何讲课,而是如何在短时间内让多数来自理工科院系的学生摆脱束缚、打破一贯从理性角度去接受新事物的思维模式;选课学生来自各个院系和年级,刚到课堂互不相识,又缺乏舞蹈基础,在一起舞动未免会难为情;更让他们瞠目的是,被告知这门课不教现成的舞蹈,而是在老师启发下,自发地创作有自己特色的舞蹈⋯⋯对此,有学生这样反馈:

---

① 《中共教育部党组关于学习贯彻习近平总书记给中央美术学院老教授重要回信精神的通知》,教党〔2018〕48 号。

"老师告诉我们这门课不会教我们跳一些现成的舞蹈，只会教我们如何去开发和创作有自己特色的舞蹈，虽然听起来很有道理，但当时的我除了震惊还是震惊——创作？但我压根儿不会跳舞呀，何谈创作？"（计算机系，马琳）

当笔者第一次要求他们在感受音乐的同时舞动身体时，竟然没有人动！他们的身体好像根本不属于他们自己，而像被灌了铅。他们表情羞涩，不敢直视镜子里的自己，也不敢抬眼去看别人。对此，新闻学院的徐梦菡同学写道：

"对于一个没有舞蹈基础的学生来说，第一节课上来就让大家即兴跳舞，甚至编舞，未免是一件非常不靠谱的事情。"

为此，笔者悟出了学生最初主观臆断这课"不靠谱"的原因有二：一是不符合以往惯用的模仿式学习舞蹈方式；二是在别人面前用肢体自由抒发情感会感到尴尬。作为教师，必须马上找到能突破学生心理障碍的有效方法，同时屏蔽周围环境所造成的不适，引导他们逐渐进入状态。

2. 学生体验进阶：开启艺术思维模式

苏珊·朗格曾说过："舞蹈首要行动是要创造一个虚幻的力的世界"。为此，需要在教学环节上有意设计、引导，让学生屏蔽掉被人观察的不适感，进入一个自我的、想象的艺术情境当中。笔者便在需要时让学生闭上眼睛，通过话语引导他们去感受、想象和发掘自己身体内在的力量，由此开启艺术思维模式。让学生切身体会到，这不是一个只用理性接受知识的课堂，而是要敞开心扉调动自己的潜意识和本能，用想象带动情感，尽情地参与和表现。自动化系唐昕迪同学的期末感言证实，这样的引导取得了不错的效果：

"被束缚太久了，我们忘记了，我们不敢了。当第一课的音乐响起，站在镜子面前的我们，呆滞着，不敢有任何表现。还记得老师说：'闭上眼睛，找到本来的自己。'闭上眼，不去想我是谁，有多少人认识我。此刻，就只有我自己，我能感受到的，就只有音乐和律动，仅此而已。沉醉在自己的世界里，随性，自在，大胆，勇敢。这才是艺术本身具有的魅力和功用，每一个人都是这之中的主体。"

由于受应试教育的长期影响，大多数大学生很难迈出随心起舞的第一步。通过合理的引导，让他们不仅能够脱离束缚的桎梏，更重要的是突破心理障碍，开启艺术思维模式。教师在上课过程中，不只是传授，还要观察、发现、关照、理解和调动。在这样的教学环境中自然生发出一种"新舞蹈行为",这与效仿专业教学的舞蹈课堂有显著不同（表1）。

表1 专业教学与素质教育两种舞蹈课堂发生的舞蹈行为

	效仿专业教学舞蹈课堂	素质教育舞蹈课堂
参与主体	多为有特长的学生	全体学生
本能发挥	本能被抑制	本能回归
主被动关系	被动地跟着老师学	主动跳舞
界定标准	规定动作标准	动作标准依据感受界定
时间分布	课堂大部分时间教师在教	课堂大部分时间学生在探讨与编创
学生发言	学生很少主动发言	学生互相讨论热烈
个性表达	个性表达被压抑	个性表达被认可或鼓励

3. 学生融入课堂：浸入式学习体验

"素质教育舞蹈"课程最突出的教学方法就是"导入式课例教学"。通过教师设计的教学环节，学生沉浸其中，自然而然地开始舞蹈。比如，课例"律动的本质"中，以"节奏"导入，首先让学生听一首中速歌曲，同时，用手拍出自己想要的节奏型，试探究竟有多少种用动作处理音乐的方式，然后再把学生分成几组，各组围在一起，通过讨论和排练，最终以"拍打合奏"来诠释对歌曲的理解。看似是一项又一项的任务，但结果却让人看到他们的身体韵律与富有层次感的节奏浑然天成。在演练完成后，他们都会出乎意料地看到这个神奇的"拍打合奏"竟出于自己之手。

通过浸入式教学，不仅激发了学生的热情和想象力，而且促进了学生之间的交流与协作。课堂上舞蹈已然成为他们表达思想、传递情感的一种手段，也促使他们逐渐发现舞蹈艺术的奥妙。他们逐渐理解舞蹈（抽象艺术）作品创作不同于文学写作，没有固定的语法结构，而是通过"有意味的"动作形式和组合排列传达动作发送者的内在信息[①]；反之，一些以抽象动作语汇所表达的内心感受，用语言和文字却难以表达。对此，自动化系的邵静宇同学曾感到：

---

① 刘青弋：《返回原点：舞蹈的身体语言研究文集》，中国文联出版社2014年版，第101页。

"注重舞蹈的文字结构，会给舞蹈带来很好的创作基础，但要注意的是结构毕竟是静态的构思，如果就把结构中的内容用音乐和身体简单地表现出来而忽视了动作语汇的提炼，再好的结构也无济于事，毕竟舞蹈是舞蹈，文章是文章，若把舞蹈结构当做文学样式来对待，那么所谓的结构根本就是文学作品，对舞蹈的创作毫无帮助。"

　　在一个学期经过十个课例教学和课堂创作练习后，学生们似乎已能掌握肢体这个传情达意的媒介，敢于自由抒发和表达，为课程后期作品创作阶段打下了基础，正如美术学院的台湾交换生庄荣惟同学所说：

　　"老师的教学，让我对舞蹈建立起系统的认识，成为一个舞者，要信任自己的身体，要和自己的身体对话，要和它沟通，发掘里面宝藏一样的力量和潜能，学会如何在舞蹈中交代自己的情绪，然后不断修改自己肢体所传达的意思，舞蹈在每一次的诠释中被修正起来，不知不觉就会被这一连串的动作和这一连串的改变所感动。"

　　4. 学生思想进阶：用身体也可以思考？

　　"思想是舞蹈的灵魂，舞蹈是思想的延伸。在选修这门课前，我曾经片面地认为笨拙的肢体只能是迅捷思想的累赘，是这门课让我意识到肢体还可以如此灵活，肢体不仅不是思想的累赘，反倒是思想的引领者，让枯燥的生活变得如此生动活泼。"（生命学院，牛亚利）

　　"素质教育舞蹈"课程创建人吕艺生教授认为，"这门课，舞蹈不是目的，而是手段"，让学生掌握一种新的思维方式和表达方式，运用创作这一手段启发思考才是目的所在。以课程原创作品《谁偷走了我的灵魂？》为例，柯雨曦同学绘制了作品"生长"图，讲述他们小组在课程后期作品创作阶段的心路历程（图 2，自下向上看）。

　　"形象是心灵从混乱的自然中所创造成的整体，在创作过程中原来是散漫混乱的，在知觉的综合作用下，才现出形象来。"[1]本课程通过创造性活动（前期在课例中创作练习，后期进行作品创作），才有了将身体人情化和理想化的可能，促进学生思考最有价值的表现内容及最优表现形式，同时起到了净化心灵的

---

　　① 朱光潜：《谈美》，生活·读书·新知三联书店 2012 年版，第 168 页。

（作品最终的模样超乎我们最初的想象，
它如有机体般经历生长，我们是创作者，
却也在作品中不断发现新的精彩）

谁偷走了我的灵魂？

服装与道具的象征意义　　结构上的伏笔确认

卧底？潜伏？NO　　偷灵魂？YES　　恶贯满盈改过自新？NO

对动作解读的可能性

深层意义开始产生

肢体语言的多义性

痛不欲生

标志性动作元素的产生与重现

犯罪团伙入狱

行窃展开

基本元素：一惊一乍　小偷小摸的步伐　　诡异的音乐

一开始我们只想扮演犯罪团伙偷东西

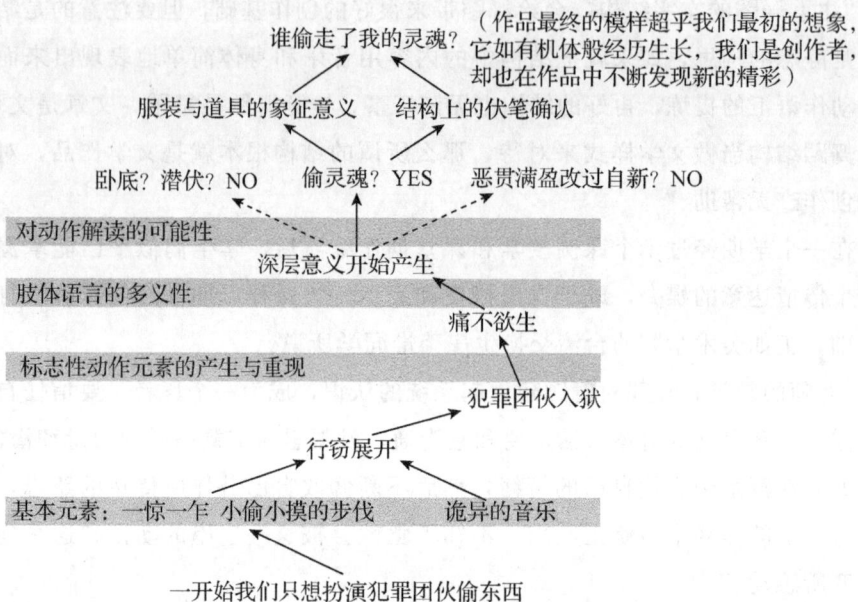

图 2　学生原创作品实例：一个作品的"生长"过程

作用。

5. 课程收获：每个人都是生命的舞者

2016 年 6 月，选修这门课的全体 24 名同学，在北京舞蹈学院召开的首届全国美育大会上，展演了共同创作的作品《生命》（图 3）。前期的创作练习为后期集体智慧的爆发做了充分储备，最终诞生了这部凝结众人智慧和创造力的作品。该作品表现了从细胞的形成、分裂，DNA 不间断的复制，直至演化成为生命个体的过程，表现了生命力的强大。

在"素质教育舞蹈"课程教学相长的美好旅程中，笔者被每位富有创造力和生命活力的学生深深打动。同时也体会到，"素质教育舞蹈"的目的，其实就是帮助学生在审美的语境中用诗意的身体发现自己、思考世界。每个人都是生命的"舞者"，这才应该是我们起舞的理由。以下是部分选课同学的感受摘录。

"作为化学生物学专业的学生，很惊喜能把自己所学的专业知识抽象出来展现在《生命》里，同时惊喜于科学知识还能通过舞蹈来诠释，用一种抽象感性的艺术表达，来让更多的人体会到理性的科学的美，我觉得这是一个非常好的尝

图3 课程原创作品《生命》展演剧照

试。并且明白舞蹈不只是专业表演者美好的肢体表现，更是每一个生命发自本能的情感表达。"（化学系，周碧妮）

"舞蹈来源于生命，是有生命活力的有机体自发产生的一种行为。真正萌发自心灵的舞蹈不是学来的——而是靠感知，靠体会。不要让一板一眼模块化的条条框框限制住了本来可以高飞的舞步，要知道，每个人都是生命的舞者。"（美术学院，欧阳诗琪）

在历年舞蹈作品选材当中，不乏贴近生活的题材，有的反映对社会现象的态度，有的是对灾难的反思，有的揭露人性弱点，有的宣泄精神压力，有的诉说内心深处的感情，还有对生命意义的思考等（表2）。学生期末评估反馈中的关键词有：解锁身体、用身体表达、心与心的沟通、释放压力、每周最开心的事情等。可见学生不只学会了用身体思考和表达，还得到了心灵的治愈和精神的鼓舞，在很大程度上实现了以人为本的美育宗旨。

表2 清华大学"素质教育舞蹈"课程期末原创作品详表（2013—2020年）

时间	作品名称
2020年6月	《好想爱这个世界》《你要相信这不是最后一天》
2019年12月	《听说春天很美》《Day and Night》《树爸爸》
2019年6月	《别等失去》《蜕变》《表情包》《同化》《3019》《Deadline》
2018年12月	《压抑·挣脱》
2018年6月	《工作狂》
2017年12月	《冬日阿甘》

续表

时间	作品名称
2017 年 6 月	《清华土著》《Don't Panic》
2016 年 12 月	《Telephone》《祭》《我购物，舞购我》《表情包体操》
2016 年 6 月	《生命》
2015 年 12 月	《里·外》《Mobile Brain》《魔偶》《导航》
2015 年 6 月	《提线木偶》《游戏》《关系》《谁偷走我的灵魂》《好久不见》《雕塑家的对话》《残梦》
2014 年 6 月	《校园恋情》《我》
2013 年 12 月	《礼赞》《假如我失去了一条腿》《飞翔》

普通高校舞蹈美育课程建设中的不足与亟待完善之处

虽然课程取得了阶段性成果，但"素质教育舞蹈"在普通高校真正落地还有一段征程。作为一名从事普及艺术教育的教师，笔者对普通高校舞蹈美育课程建设提出几点思考。

1. 面向普通高校大学生改进教学方法，建立完善的"素质教育舞蹈"教材及课程体系。教师应时刻牢记"以美育人，以文化人"的育人目标，立足自身优势，结合普通高校学生特点，不断钻研和改善教学方法，让美育对学生产生更积极的作用。同时还要与国外美育成效突出的高校深入交流，了解其先进教材和方法，通过对比研究，增强自身文化自信，建设适合中国国情的教材及课程体系。笔者初步把教材设计为四个部分：

(1)理论部分，以中华民族舞蹈文化功能为脉络，于美育视野之下进行"反刍式"分析，以便更全面深入地服务于当下的美育课程对象；

(2)实践部分，在原有课例基础上简而精地提取内容，在操作层面打通舞蹈原理和人的心灵情感本质，全面开发学生身体智能；

(3)作品创作部分，通过选材、立意、表现形式等要素反复推敲，引发多元思考；

(4)开放部分，通过专题等形式，拓展舞蹈理论认识、探讨交叉学科案例以及展开分析服务于日常生活的"行为视觉材料"。

2020 年笔者承担了"清华大学本科优秀教材建设"教改项目，旨在把原来的经验教学转化成强调理论性和逻辑性的教材以及教学方法。同年恰逢清华大学进行新一轮教学改革，与这门课相关的改革就是建设"通识"课程——艺术课组，这是学校落实国家新时代美育改革政策的具体做法，也为笔者通过教材撰写服务于课程建设提供了一个很好的契机。

2. 根据学生实际特点和需求，增设以人为本的多种类舞蹈课程设计。以清华大学艺术教育中心为例，近几年不断增设课程，自 2016 年以来，已经从单一的赏析类大课转变为体验型小课、舞蹈文化专题类大课和剧场观演相结合的大课堂。事实上，课程体系改革的背后是普通高校大学生的实际需求在驱动。2018 年 9 月笔者面向全体学生发起了问卷调查，收到有效问卷 166 份。部分题目统计和代表性回答如下：

其中第四题"你认为哪种与舞蹈接触的方式更吸引你？（多选题）"调查结果见图 4。

选项	人数	比例
亲自跳舞	157	94.58%
理论鉴赏	33	19.88%
工作坊（主题+导赏+体验）	97	58.43%
在剧场里欣赏	83	50%
在网络媒体上欣赏	37	22.29%
其他	3	1.81%

图 4　第四题调查结果

从图 4 中可以看出，选择最多的就是"亲自跳舞"，说明舞蹈实践课仍需不断扩充和建设；此外，学生审美需求已经从"理论鉴赏""网络媒体上欣赏"向"参加工作坊""剧场里欣赏"全面升级。学生不再是艺术的旁观者，而要成为艺术的体验者、参与者。

其中第十题：对于现有校内舞蹈课程和相关演出活动等有何建议？学生也给出了一些多样化的期待和需求，为课程体系建设提供了参考。如："希望增设舞蹈课程""课程种类可以更加丰富，希望也能增加课容量""期待多组织演出，尤其是非专业类的展演""提供层次更丰富，适合不同基础同学的舞蹈实践课"。

3. 结合现代技术手段，积极开发舞蹈类教学资源和教学手段。2020 年春季学期，受新冠疫情影响，舞蹈实践课不能当面授课，而是要通过线上教学，这给教师带来很多挑战，但与此同时线上教学迫使教师在教案准备中要更富有逻辑和深度，创造了整理教学内容的良好时机，也留下了很多宝贵的教学经验、教案课件、师生互动痕迹和统计数据等。线上教学激发了舞蹈实践课教师的热情，运用在线教学手段，积极建设在线课程，开展线上"克隆班"，将线下与线上有机融合。如将教学内容合理拆分，把文化解读、作品鉴赏等内容放入线上教学环节；把需要现场体验和互动的环节放在线下，以公开课、工作坊等形式让更多学生来到现场；通过统计数据分析及时掌握学生学习情况，更好调控教学。此外，每位教师各有所长，建议在高校之间建立课程资源共享机制，以弥补教师资源短缺、课程不充分等问题。为实现"到 2022 年，学生审美和人文素养明显提升"的美育目标添砖加瓦。

美育在高等教育中的作用和意义，不只是源于服务于国家人才战略的需求，也源自广大学生对美好生活向往的需要，"普及艺术教育"目的是通过"艺"实现"人"的教育。

作为一线教师，要进一步探索适宜的"教学生态"，不是以刻板的教材、教法，而是以开放式、互动式的样态开展教学；面向普通高校学生的"素质教育舞蹈"正是笔者潜心播种的一种"教学生态"，根据自己所长进行发挥和不断地更新与完善，为普通高校舞蹈教师提供教学参考。

作为美育沃土的播种者，要坚守以人为本的美育宗旨，要把美育作为自己崇高的事业，共同建设高校美育的美丽家园，为实现"到 2035 年，基本形式全覆盖、多样化、高质量的具有中国特色的现代化学校美育体系"的目标而奋斗。美育的影响在于"润物无声"，这些短期内看似"无用"的东西，相信在不久的将来会化为未来人才之"大用"，让我们拭目以待！

新时代过程性美育实践研究

——以中央戏剧学院"中国戏曲课"考察为中心

周　艳　戴谨忆

（中央戏剧学院）

人们对新鲜事物的认知，从来不是简单的单向性接受，而多为循环的(cyclical)、往复的(recursive)、无序的(disorderly)、充满过程性的学习。过程性教学美育实践，是将理论教学活动定义为一种审美过程，在这一过程中师生尊重课堂对话交流，共同发挥教学的创造性，通过营造良好的学习氛围调动学生积极性，将学生被动的课本学习变为主动的审美愉悦过程。中国戏曲课过程性美育实践研究，其构建初衷是改变传统教师"一言堂"授课的禁锢现状，将传统的、单向性的戏曲理论"冷知识"灌输模式在课堂讲授范畴内进行优化和调整，运用现代的且与戏剧专业学生结合度高的"情境式""体验式"教学手段，最大限度提升中国戏曲课的美育内涵。中国戏曲课过程性学习的理论部分来自认知心理学，将戏曲课的学习划分为学生对戏曲信息主动收集、带有专业背景的设计筛选和以过程性的接受积极反馈三个环节。戏曲课过程性学习的教学方法，要求教师关注学生内心感受，重视学生自我表达，培养学生初步具备戏曲审美"思维"（传统戏曲"曲牌体""板腔体"剧本解读；"四功五法""手眼身法步"技法赏评；舞台写意时空和"简繁"美学认知），引导学生对传统戏曲编、导、演、唱腔、音乐、舞美文化形成立体的认识。教师在三尺讲台之上，如何用"场上"思维串编其戏曲知识要点（文学/表演/舞台），如何最大化地呈现戏曲"案头"文学内涵（戏曲PPT/中西对比/美学嬗变），这是中国戏曲课美育研究的重心和初心，也是美育研究提升学生人文素养的目标和使命。

中国戏曲课的美学前沿是引导学生主动认知戏曲的过程

美国认知主义心理学家杰罗姆·布鲁纳(Jerome Seymour Bruner)和大卫·奥苏伯尔(D. P. AuSubel)认为，学习者对事物的学习过程，需要在具体的情境氛围中进行，学习者需要调整内心状态积极地对知识进行二度构建，如此才能结合自身的状态完成新的、带有主观特色的接受过程。新知识是否能被学习者接受，重点是看学习者的个人意识在受到新知识刺激后是否会有一种"积极反应"。杰罗姆·布鲁纳同时指出：当新知识的刺激与学习者已有知识结构关系不大时，学习者大脑对新知识无法立刻加工，甚至还会出现本能的排斥，这是新知识与大脑原有信息不能进行"完型同构"。经过几年的高校调研，发现中国传媒大学、上海戏剧学院等艺术高校的戏曲艺术通识课，存在学生选课兴趣和实际需求相矛盾的现象——即中国戏曲课教师坚持"学习不同学科的事实会以某种方法训练大脑的不同学习区域"①的盲目乐观，一成不变地进行戏曲理论课的课堂讲授，忽略学生非智力因素，进一步将戏曲推入了"冰封知识"的尴尬境地。具体到中央戏剧学院的中国戏曲课，经过几年的课堂调查发现，很多本科生入学前几乎没有接触过戏曲，戏曲知识储备严重匮乏（有的学生甚至把戏曲当成"咿咿呀呀"的传统残迹，心生抵触）。根据多年的高校戏曲课教学经验，如今多数的大学生对戏曲的认知还仅仅停留在京剧和昆曲的层面，对戏曲其他剧种知之甚少，学生对戏曲形成不良"刻板印象"的同时，也严重低估了戏曲的美学内涵。在这种情况下开设相对枯燥的戏曲理论讲授，学生对"久远"的知识进行学习，必定很难在第一时间调动良好的学习情绪，久而久之容易滋生出群体性的消极冷漠心态。这是当下高校戏曲课面临的实际问题，也是中央戏剧学院戏曲课堂讲授曾经遭遇的尴尬。

一门相对陌生的外界知识，只有跟接受者固有知识体系相关联的时候，才可在接受者那里进行二次加工。学生要对戏曲知识的接受进行有效转化，这中间便需要搭建一个有效融通的"介质"。介于大学生观看戏曲机会少、对戏曲缺

---

① 大卫·戴维斯：《想象真实：迈向教育戏剧的新理论》，曹曦译，中国人民大学出版社 2017 年版，第 11 页。

乏认知的现实，中央戏剧学院戏曲美育课积极调动学生的兴趣点，回溯到戏曲源头找思路，多元探索消除传统戏曲与现代审美的隔膜，帮助学生建立对戏曲认知的"完型结构"。具体如戏曲课授课大纲单元模块顺序的调整。自2017年以来，中央戏剧学院中国戏曲课将"戏曲地方剧种"授课单元，从教学大纲的后半部分调至大纲前半部分进行讲授。这一小小的举动，却将戏曲授课中的"枯燥劣势"单元转化为"兴趣优势"单元——大一新生，进入戏曲课堂的第一感受和印象，不再是千年戏曲史的开篇综述的被动接受，而是"熟悉的、来自家乡的戏曲优美小调"。乡情对每一个学生都是亲切的、熟悉的。大一新生在戏曲教师的引导下，经过几周课程便能自主制作带有浓郁乡情的地方剧种 PPT，并能挑选出优秀的 PPT 在课堂进行展示。学生学习的被动过程，也在这一微调中变为主观能动。

由于学生对各自家乡的戏曲剧种比较了解（很多学生还能哼唱相关剧目桥段），学生学习戏曲课时便有了"抓手"，课堂的讨论中学生声情并茂地描述着一个个不同的戏曲剧种，谈到川剧、黄梅戏、南京白局、山陕梆子、两广戏棚官话等剧种时，活泼的学生还会用"家乡方言"进行"戏曲唱念"特色展示，在其他学生鼓励的掌声中流露出无比的自豪感。这种积极学习状态，是打开戏曲课堂之锁的第一把"金钥匙"。

来自全国各地的学生，从带有"乡情"的戏曲剧目入手（2017年文化部全国戏曲剧种普查为 348 个），完成对戏曲艺术美的欣赏、体验和初步认知（优美、壮美、悲剧性、喜剧性、幽默、滑稽）。如此美育改革，使中国戏曲课行至学期的中段时，学生在学习戏曲理论过程中便没有了接受障碍，学生在学习过程中也收到事半功倍的效果。"知之者不如好之者，好之者不如乐之者。"因此，能否在"戏曲剧种 PPT"制作环节激发学生主动性，成为过程性美育学习的关键因素。

在这一环节，教师可引导学生先从相对熟悉的"国粹"京剧入手，分析京剧的艺术特征、表现方式、舞台形象、时空观念、创作原则等，使学生通过学习京剧初步构建对戏曲文化的认知。随后指导学生运用调查法（田野调查、文献索引），结合家乡剧种特色认识戏曲文化。如通过对戏曲的行当性、程式性表演和虚实相生知识的讲解，让学生结合几大剧种特色（昆曲、京剧、越剧、评剧、豫剧等），了解中国戏曲写意性美学原则和"圆融美"的舞台曲线运动规则，通过对"乐而不淫""哀而不伤"的戏曲编剧"大团圆"创作理念解析，让学生领悟中国传统文化自古以来对"中和之美"的理想与追求。同时，学生的戏曲剧种调查完毕，教师要挑选优秀的学生上台讲演，并把调查的戏曲剧种与其他同学进行分享，拓宽美育内涵。学生在教师的引导和同学鼓励下，大胆分析和表述戏曲剧种的特色，在教师的点评和同学的反馈中，完成对戏曲文化的再次认知。实践证明，讲演完成后的学生，会产生一种戏曲与我"共在"的价值归属感，为日后进一步学习和研究戏曲奠定了良好开端。

"在世界各大民族和文化传统中，中华民族是最重视伦理道德作用的民族之一。这一点深刻地影响了中国哲学和中国艺术，同时也深刻地影响了中国美学……我们应从这个根本点上，结合着中国哲学和中国艺术去观察中国美学的基本特征。"①中国戏曲剧种 PPT 的制作与展示，本身就是学生在戏曲课学习中，主动发现中国哲学美学、结合自身专业认知中国传统艺术、最终通过教师的协助实践一次美育学习的过程。戏曲剧种章节学习的单元前置与课堂互动，培养了学生发现传统戏曲相关问题的责任意识，鼓励学生找到攻克戏曲难点的理论与方法，为学生快速进入戏曲情境学习提供了最为便捷的途径，使学生初步完成对戏曲知识的专业认知。

中国戏曲课的美育重点在于重视学生良好人际行为过程

"独学而无友，则孤陋而寡闻"（《礼记·学记》）。中国古人们相互启发、群体激发的学习方法，为当下美育研究提供了宝贵的思路——中国戏曲课过程性学习，不能放任学生死记硬背地啃书本，自闭而学，而是需要将课堂建立在浓郁学习氛围和良好人际行为过程中。在认知心理学、教育心理学、社会学等理论看来，课堂教学中的人际关系处理、教学组织形式的灵活多样，均能极大地调动学生的积极性，实现班级学生成绩的整体提高。同时，学生在一个良好的氛围和人际关系中学习，有利于学生健康心理的形成。

---

① 李泽厚、刘纲纪：《中国美学史》，中国社会科学出版社 1984 年版，第 3 页。

在实施美育的教学过程中，教师要重点培养学生在戏曲专题研究方面的合作意识，以及学生在小组讨论中角色扮演的能力。如，教师要引导学生学会赏析戏曲剧本文辞之美，提炼和解析戏曲舞台行当/程式的运用规律，指导学生完成经典戏曲"案头"剧本的阅读，然后结合场上演出技法重点，让学生全面、立体地赏析戏曲。学会赏析，是中国戏曲课美育实施的最基础和最关键的一步。

　　首先，教师要引导学生正确看待关汉卿、汤显祖、李渔、孔尚任、谭鑫培、杨小楼、梅兰芳等中国戏曲名人的编剧思维和舞台技法，同时横向对比同时代西方戏剧文化发展，尤其是莎士比亚、契诃夫、斯坦尼斯拉夫斯基、梅耶荷德、布莱希特、格洛托夫斯基、铃木忠志等人的编导思维和训练方法，让学生在对比中加深对中国戏曲艺术的结构方式、表演技巧、流派风格的了解。

　　其次，学生作为课堂中心，教师在充分营造好互动的课堂氛围后，清晰简短地表述对不同时期戏剧文化美学的独特见解，并始终将论述视域观照中国戏曲，在立足传统文化且"众星拱月"的戏曲情境营造中，鼓励学生大胆发言，认识中华优秀传统文化特别是戏曲文化元素的独特价值，有效调动学生民族自豪感和文化自信，这是戏曲课的重要信息反馈过程。

　　清代戏曲家李渔论金圣叹点评《西厢记》时，精辟指出戏曲"案头""和"场上"的关系："文人把玩，只能得文字之三昧"，而唯独缺少"优人搬弄之三昧"。可以看出，戏曲需要案头剧本，但精髓仍是以舞台为中心的场上艺术。20世纪90年代起，戏曲学科的研究开始从文学向表演舞台回归，尤其是21世纪京剧入列"非遗"，戏曲"场上"即舞台扮演（关注演员身体）被提到了重要的位置。戏曲艺术独特的表演形式，除了具备中国特色的创作思维、时空观念、美学原则，其独特价值更是体现在戏曲舞台表演的"程式""行当""流派""观演关系"等领域。运用中西戏剧专题的授课，正是基于对比教学法的一种知识性单元实践。教师在讲授过程中，要重视和激发学生的发散思维，要求学生在对比中紧紧结合专业进行方案构思，在上台讲演前，要与其他组员（自2017年中国戏曲课开始试行，3—5人为1自然组）做好相应的准备。实践证明，有的小组查阅了多本戏剧书目的戏曲素材，讲演大纲达到了可发表论文的体量和质量，这些学习积累成为学生日后学位论文写作的重要引证材料。学生在课堂上关于戏曲的发言，由于结合了不同学科背景专业特性，很能引起其他专业学生的兴趣，得到同专业同学的共鸣。很多学生在其他同学的发言中受到启发，现场大胆表达自己的观点，或支持，或补充，或予以辩证思考，多维度地对戏曲个案问题进行探讨，完成一种师生、生生共在的学习场力。而事后教师与相关学生谈及这些颇为睿智的观点时，学生表示，这些观点是此前不曾想到的——"这个过程能使孩子意识到，他们已有但之前自己没有意识到他们已经拥有的知识和技能。"①（盖文·勃顿，《迈向教育戏剧理论》）这样的课堂互动过程，拓宽了学生的眼界，丰富了学生的想象力。从专业视角出发，这种过程性学习互动既延续了传统知识传授的系统性、完整性，又在新的知识点上让学生对戏曲"知其然"更"知其所以然"，加速着传统戏曲课认知向现代美育理念的转变：让学生从被动学习转变为主动学习，把戏曲鉴赏的培养目标与过程性学习相结合，着力提升学生的审美素养；从"泛文学"戏曲理论课堂转变为"重专业"色彩浓郁的内容共享，打造群体"共在场域"，整体提高学生的艺术鉴赏水平和创造力；从知识性教育转变为"完人"美育培养，学生在评赏戏曲的过程中，构建起良好的社会责任感和中华道德价值观。

中国戏曲美育通识课要重视体系构架和测试评价过程

"模仿和游戏与思想过程和认知发展直接相关，戏剧性想象是其中最关键的因素，通过戏剧性想象，外物得以内化，对个人产生意义，人类学习的基本模式就是感知—行动—描绘（戏剧性的和/或语言性的）理论"（理查德·柯尔尼，《游戏、戏剧和思想》）②。针对传统戏曲通识课以理论/史论教学为主、缺乏情感想象与美育文化不足的状况，在中央戏剧学院中国戏曲课过程性美育研究中，则提倡重视体系构架和测试评价的过程。

"古今之世殊，古今人之心不殊也，故居今之世读古之书，以今人之心上通

① Bolton G M. *Towards a Theory of Drama in Education*，London：Longman Group Limited，1979：21.

② Courtney R. *Play，Drama & Thought：The Intellectual Background to Drama in Education*，NewYork：Drama Book Specialists，1974：277.

古人之心，则心心相印，何虑书之不可以解解乎？"①今天的学生解读戏曲无法入门，只因学生怀有的是今人审美之心，"以百世以下之人而解百世以上之人之书"，故得不到贴切阐释。为此，戏曲理论/史论美育教学中，在引入戏曲经典案例讨论的基础上，设置相应的感知提问和课堂反馈，将学生带入百年前的戏曲生发原始情景，师生共同沉浸在"一个圆场，十万八千里，几声更鼓，夜尽天明"②的意境中，辅以游戏、模拟等扮演手段，运用联想教学法建立起课堂新模式。如此美育实践，一方面可将传统戏曲讲授与其他文学艺术(诗词、说唱)进行纵向的连接，加深专题讨论的深度；另一方面也可针对当下戏曲发展，让学生与其他媒介(互联网、流媒体等)进行横向对比，了解戏曲文化与时兴文化的差异。

中国戏曲课讲授戏曲史、戏曲剧本、戏曲剧种、戏曲传播等，是戏曲课程的基础知识和授课依据，但不是美育教学中戏曲审美鉴赏的终极目标。戏曲是"场上"和"案头"两擅其美的艺术形式，但目前国内大多戏曲理论通识课，存在案头与场上授课分离的状态，即案头(理论、史论、剧本)授课比例过重，而场上(舞台表演技能、音乐曲牌板式、戏曲舞台调度)讲授不足(缺失)。中央戏剧学院的戏曲课美育讲授，将戏曲审美讲授纳入"大戏剧"层面：戏曲经典剧本解读与演员表演(曲牌/板式)分析比例均衡，戏曲理论与中西舞台创作展示同步，将"经典曲本、美学嬗变、理论前沿、舞台时空、京昆剧目/折子、唱腔音乐创作"6个板块立体全面地融于一个课堂，为不同专业学生提供戏曲专业知识支撑，综合服务"新文科"学科建设。

(一)美育理念和测评方式

1. 中国戏曲课主要设置南戏戏文、元杂剧、传奇昆曲、京剧与地方戏 4 个板块，贯穿元、明、清、现当代 4 个时间段，突出 4 个特点："案头"与"场上"并重，理论与实践结合，东方与西方融汇，戏曲与话剧观照。

---

① ［清］王夫之：《庄子解·序》，《重刊船山遗书》，国家图书馆藏清同治四年湘乡曾氏刻本，1865 年。

② 张庚：《中国戏曲》，中国大百科全书总编辑委员会《戏曲 曲艺》编辑委员会、中国大百科全书出版社编辑部编：《中国大百科全书·戏曲曲艺》，中国大百科全书出版社 1983年版，第 2 页。

2. 测评成绩：随堂知识点作业 20%，PPT 讲解作业 20%，卷面考试 60%。其中 PPT 作业需要学生课堂阐释，教师现场点评，师生互动。

（二）美育内容和体系结构

1. 宋杂剧与南戏戏文（上、中、下）：南戏 800 年历史梳理，《张协状元》《错立身》以及五大南戏"荆、刘、拜、杀、琵"剧本讲解、美学嬗变、表演程式、戏剧理论、舞台美术的现代解读等。

2. 元杂剧（上、中、下）：元杂剧历史梳理，元—明杂剧审美变迁，《窦娥冤》《救风尘》《单刀会》《汉宫秋》《赵氏孤儿》《西厢记》《柳毅传书》等表演程式、剧本文学、经典唱段、曲牌板式、审美风格的现代解读等。

3. 传奇昆曲（上、中、下）：昆曲 600 年历史梳理，《夜奔》《玉簪记》《思凡》《挡马》等经典剧目讲解，汤显祖与莎士比亚中西对比，"南洪北孔"剧作解析（含经典唱段曲牌音乐），《长生殿》与《贵妃醉酒》剧目技法嬗变，李渔与李玉戏曲文化生成及追溯等。

4. 京剧及地方戏（上、中、下）：京剧行当、程式、流派、唱腔特色解析，生旦净丑演变及经典代表剧目解析，四功五法技能解析（中西戏剧交融中的应用），京剧舞台调度（二龙出水等），京剧百年审美嬗变，传统唱段板式音乐创作解析，新编历史剧（《曹操与杨修》《画龙点睛》《华子良》《骆驼祥子》等）舞台调度解析，现代戏（国家京剧院、上海京剧院为代表）创作拓展等。

（三）美育案例和实际效果

戏曲美育课程以学术性为本，兼顾前沿性。课堂多媒体展示环节，配合 PPT 图片、1—3 分钟左右戏曲演员表演及曲牌板式等视频，穿插于理论讲授过程，师生互动，解析戏曲案头、场上艺术，还原戏曲历史语境。

如讲授元杂剧（元曲）时，"四折一楔子"的结构与"曲牌叙事"密切联系，曲本文辞与舞台表演的纪录/创作关系，尤其是元曲宾白需要演员即兴发挥，多不记录在册，戏曲演员的舞台自由发挥与文化背景分析，都需要教师对剧本文化进行"情境还原"，对演员表演关键环节进行简单舞台"示范"。

如"南戏"多取自里巷歌谣，在宫调韵律方面无严格规定，可用不同宫调的数套曲，可换韵且后期多南北合套，在此环节教师多以《小孙屠》第九出"北曲〔新水令〕—南曲〔风入松〕—北曲〔折桂令〕—南曲〔风入松〕—北曲〔水仙子〕—南曲〔犯衮〕—北曲〔雁儿落〕—南曲〔风入松〕—北曲〔得胜令〕—南曲〔风入松〕"简单哼唱并打点讲解。

如讲授传统戏曲《赵氏孤儿》时，除了讲授传统剧本文学价值，更要将目前戏曲市场上演出的《赵氏孤儿》的几个版本（京、昆、陕西梆子）表演特色进行讲解（学生尤其喜欢与教师一起进入一两句唱腔、唱词的现场吟唱）；在大家吟唱完经典唱段后，教师引导处于兴奋状态的学生迅速进入全球化视野的文学对比分析中，将"孤儿"放置到中西碰撞的文化语境中〔伏尔泰的《中国孤儿》（法国），歌德的《埃尔泊诺》（德国），2018 年中国、希腊合作的跨文化《赵氏孤儿》〕。同时，示范《赵氏孤儿》中的表演片段，重点讲解演员怎样运用传统戏曲程式手段诸如"趟马""走边"等，这对教师本身就是不小的挑战——有的学生喜欢在课堂上刨根问底，这需要教师提前做好各项预案。如京剧版的《赵氏孤儿》的专题示范环节，曾有学生连续追问三个京剧技能技法的相关问题："曲牌体《赵氏孤儿》"与"板腔体《赵氏孤儿》"的审美区别是什么？京剧"湖广音"和"中州韵"发音怎么融入当下？《赵氏孤儿》的重点唱段"我魏绛闻此言如梦方醒"所涉及的辙口（"十三辙"）及"尖团字"如何解决？面对学生挥来的"三板斧"，教师必须快速招架并准确予以讲解和回应，如此才能让其他"抱有观看心态"的学生真心认可，让提出问题的学生对师生营造出的"过程性"课堂传授由衷信服，进一步夯实"教""学"互动生态基础之时，也将课堂美育共在氛围推向高潮。

"美应当渗透于一切形式的课内课外工作。"[1]中国戏曲课并非纯理论/史论的"案头"之设。中国戏曲课美育过程学习，有助于学生清晰认知戏曲"案头"与"场上"的互动关系，从而理性地、整体地把握戏曲美学的发展与嬗变。戏曲美育学习过程，教师运用多种方法激发学生，学生在快乐获得传统戏曲知识的同时对戏曲提出新的思考和认知。过程性学习，更要求教师及时更新知识储备，精进业务，随时解决学生课堂提出的各类戏曲问题。知不足然后能自反，知困然后能自强，师生一心，教学相长，不断取得新时代课堂美育研究的新突破。

---

① 〔苏〕阿里宁娜：《美育》，刘伦振、张谦译，教育科学出版社 1989 年版，第 15 页。

中　编

依托校本课程落实美育

李淑敏

（高井中学）

中国传统文化强调天人合一，老子说："人法地，地法天，天法道，道法自然。"孔子说："天何言哉？四时行焉，百物生焉，天何言哉？"中国传统文化讲究万物皆有理，四时合其序，顺其自然。鉴于此，我校构建了"时·律"课程，结合大自然运行的节奏，设计相应的主题活动，搭建知识与生活的桥梁，在实践中体验与之相对应的大自然及人类活动的规律、习俗，探索大自然的规律、人类生活的规律、成长的规律。在合时按律的实践活动中，学生认识美，体验美，创作美。

长期实践培养审美能力

马克思说："对于非音乐的耳朵，最美的音乐也没有意义，对于它，音乐并不是一个对象，因为我的对象只能是我的某一种本质力量的肯定。"[1]这里的"某一种本质力量"，就是指人的某一方面的审美能力；一个人有了音乐的审美能力，音乐对他才有意义。那么如何才能具有审美能力呢？狄德罗说，艺术鉴赏力是"由于反复的经验而获得的敏捷性"[2]，这"反复的经验"应该是指长期实践、不断地体验。"时·律"课程为学生提供了长期实践的机会，在长期实践中逐渐

---

① 《马克思恩格斯论艺术》第 1 卷，人民文学出版社 1960 年版，第 204 页。
② 狄德罗：《绘画论》，北京大学哲学系美学教研室编：《西方美学家论美和美感》，商务印书馆 1980 年版，第 141 页。

培养学生的审美能力。

"时·律"课程，结合大自然运行的节奏，设计相应的主题活动。大自然运行的节奏最突出的体现就是二十四节气和传统节日，我们的衣食住行等方方面面的生活都在其中有所体现。因此，我们按照时序以二十四节气和传统节日为载体进行了系列主题实践活动。

春天组织的实践活动有"清明连谷雨　时律蕴其中""以艾传爱话端午"；夏天"触摸'时·律'　探究三伏"；秋天"白露成霜　物语三秋""中秋时节圆　月饼一点心"；冬天"冬至数九　历寒看柳""触摸'时·律'　探究年俗"。

在活动中，学生先是通过查阅资料、调查访问等形式自主学习，了解节气、节日的相关知识、习俗及活动。然后进行实践，比如"清明连谷雨　时律蕴其中"活动中，学生去了宋庄农场进行实践，学生在草坪上放风筝，体验"忙趁东风放纸鸢"的快乐；在湖边举办诗词大会，体验"曲水流觞"的风雅；在原野中描绘自然、识别野菜，体验"出土蓼甲红，近水芹芽鲜"的野趣……在实践活动之后，各学科教师根据学生实践情况，进行了课堂教学设计。比如："清明连谷雨　时律蕴其中"实践活动之后，又上了研究课"阳春三月画兰花""字里行间读清明""气清景明游园赏景""Weather in Beijing""清明连谷雨　人地共和谐""如何看见时间？""裸子植物与被子植物""制作纸鸢"。"冬至数九　历寒看柳"实践活动之后，又上了研究课"傲雪迎春画梅花""数九风光美如画——图像色彩调整""草木也知春""历寒说雪""二十四节气歌学唱""张灯结彩话能量"……

随着时间的推移和季节的变化，学生应时读书、诵诗、作画……在生活中体验传统文化，在实践中发现美，感受美。

多学科融合获得美的享受

学习的主体——学生，以及学生所认识的世界，都是一个整体，学生在解决实际问题的过程中用到的也往往并不只是某一个学科的知识，有时会用到多学科的知识。同样，学生对于美的理解与接收，有时也需要通过多种方式去获得。打个比方：一个苹果，我们通过眼睛能看到它的形状、色彩，通过鼻子能嗅到它的芬芳，通过咀嚼能够品出它的香甜，如果它还能与我们记忆中的某个故事、某个人有关，那我们就从这个苹果获得了更多的美的享受。

在"触摸'时·律' 探究年俗"活动中，许多学生将目光聚焦在传统美食——饺子上，过年时他们拍了许多包饺子、煮饺子、吃饺子的照片。针对学生情况，几个学科的教师共同设计了一节长课——"品年味话年俗之饺子"。在这节课里，历史老师运用历史思维和学生探究了饺子的历史和文化象征；劳技老师带领学生实践包饺子和煮饺子的技法，体验不同包饺子方式的美好寄寓；物理老师引导学生探究煮饺子中沉浮的科学道理；政治老师从同学围坐吃饺子聊起，让学生感受全家围坐吃饺子的温暖，体悟家国情怀。

在探究饺子的过程中，学生综合运用知识认识饺子，调动不同的感官体验饺子，在相互交流中、在对生活的体味中得到美的享受。类似的探究活动还有许多，比如："以艾传爱话端午""历寒说雪""张灯结彩话能量"……

和时代节拍　完成美的作品

认识美，享受美，进而展现美，这是我们对学生的美育目标。那么如何才能让学生愿意且能够展现美，进而完成美的作品呢？我们认为要从时代生活出发，生活是最好的教科书。俄国文艺评论家车尔尼雪夫斯基认为，艺术"要成为人的生活教科书"[1]，即艺术具有的三大社会作用：再现生活、说明生活和对生活作出判断。那我们可不可以认为，生活能够触发学生创造美的灵感，从而完成体现生活美的作品呢？

我校的"时·律"课程就是希望教师和学生能够关注时下的时令、气候和当前的社会状况，做到因势而化、因时而进、因事而新。

2019 年，新中国七十华诞，全国上下掀起献礼活动，10 月 1 日的国庆阅兵更是点燃了学生们的爱国热情。这正是激发他们志存高远、心怀天下、保家卫国、顽强奋斗的大好时机。我校抓住此教育契机，开展了"献礼祖国七十华诞，与国同梦，奋进新时代，谱写新篇章"系列爱国教育主题活动，包括唱祖国、画祖国、拍祖国、写祖国、颂祖国等活动。在活动中，突出学生的活动体验，强

---

[1]　车尔尼雪夫斯基：《艺术与现实的审美关系》，周扬译，人民文学出版社 1979 年版，第 100 页。

化对学生的正向引导，尊重学生的主体地位，引发学生主动认知，调动学生内在动机，逐渐实现"知""情""意""行"的统一。

爱国，亦爱生活的这座城——北京。了解这座城有许多途径，我们选择了探访名人故居，了解名人名作、名人逸事，进而认识北京城，认识北京人，认识北京人的精神气韵。学生国庆期间，走进名人故居——老舍故居，亲身体会老舍及其书中人物的生活环境，感受生活气息，然后学生以故居里某一物件、角落的身份，用第一人称讲述自己的所见、所闻、所感，用第三人称展示作者的生平和作品，这样就将老舍故居、老舍、老舍作品融合在一起，充分了解了老舍其人其作，深入体会老北京的一些风俗人情，理解老舍及其作品中体现出的北京人的精神气韵。

"方舱医院里跳起了欢快的舞蹈"，这是在抗击新冠肺炎疫情中让人眼前一亮的一幕，从中我们看到了美，看到了乐观的情绪，看到了直面疫情的必胜信念。

"唱起来！画起来！美起来！"这是我校"直面疫情、陶养精神"美育教育在这场疫情防控战中对学生的倡导。

我校美育教育团队主要由音乐、美术、信息技术教师组成，他们依据学情，结合形势，引导学生进行艺术欣赏与创作。

信息技术教师引导学生通过电子小报宣传防疫知识；音乐教师引导学生学唱抗疫歌曲，欣赏《春之声圆舞曲》；美术教师引导学生用画笔致敬逆行者，描绘生机盎然的春天。

困难时刻，美育更见其力量。一张张小报、一首首曲子、一幅幅画作，让我们看到了一个个放松身心、直面疫情，进而宣传防疫知识、致敬逆行者，期盼春天到来、拥有必胜信念的普通学子！

与生活同行，和时代节拍，在中华优秀传统文化实践活动中认识美，享受美，创造美，是我们做的一点尝试，还需要继续探索如何提高学生的艺术修养，把学生培养为德智体美劳全面发展的社会主义建设者和接班人。

二十四节气融入中学美育课程体系初探

廖先怀

（北京师范大学附属实验中学）

二十四节气与中学美育课程体系

二十四节气为我国优秀传统文化，已列入世界人类非物质文化遗产名录，其凝聚着中华民族对自然时序的理解与尊重，也蕴含着中华民族对自然万物、生产生活的认识与感悟。《周易》有言"与天地合其德，与日夜合其明，与四时合其序"，也正诠释出中华民族对生活与自然的密切关注，并将这种关注上升为传统绵延至今。这种传统催生出了更为丰富的优秀文化成果，如二十四节气歌、二十四节气诗词曲赋、二十四节气民俗礼节等，这些成果亦蕴含着丰富的美，是对生活感悟之美，对自然尊重之美，及对自我认知之美。

在强调素质教育的当下，学生的全面发展成为教育的重要目标，具体指向"德智体美劳"全面发展，"美"是审美观，是鉴赏、发现和创造美的能力，是高尚情操。中学美育课程便可为此助力，二十四节气融入后更能引导学生关注生活、感悟生活，理解优秀传统文化，并从各方面得到美的提升。党的十九大指出："要全面贯彻党的教育方针，落实立德树人根本任务，发展素质教育，推进教育公平，培养德智体美全面发展的社会主义建设者和接班人。"可见美育在落实立德树人根本任务和全面素质教育中是相当重要的一环。

现阶段中学美育大都依托美术和音乐课程，配合着学校活动、社团活动来实现，总体来看，与中学课程形成较为明显的分隔，易造成对美育理解上的偏差，认为美育只能在这些特定的活动中实现，而美育实质更宜全面渗透，并贯穿于中学教育教学活动中，即融入中学课程，形成独特的美育课程体系。这种设想主要基于三个事实：其一，二十四节气是优秀传统文化中较为贴近学生学习生活的，具备较强的融入中学课程的条件，更易于形成中学美育课程体系。其二，以语文为例，统编版新教材中，多有与二十四节气相关的文体，如诗词曲赋。亦可由特定的季节景象关联上二十四节气，进而与美育产生关联，达成美育目的，如在讲解红楼梦诗词《紫菱洲歌》时关联上霜降节气。各学科亦可由此与美育课程产生关联。其三，现阶段已有部分关于二十四节气融入美育课程的研究成果，如《绘出风采，洋溢笑容——探讨结合节气创新大班美术活动实施策略》[1]《基于节气活动探讨小学语文特色课程教学》[2]等文章，但基本集中在幼儿园、小学阶段和大学阶段，探讨中学课程体系中二十四节气融入的相对较少。但一旦将其融入中学美育课程中，既可实现美育功能，也可衔接起幼小中的美育课程。

综上所述，二十四节气在审美鉴赏、情感体验、生活感悟等方面具备美育功能。中学美育课程可承担素质教育、学生"德智体美劳"全面发展以及落实立德树人的重要任务。中学各学科课程在美育方面具备可融入的条件，融入后能实现多方位目标，因此二十四节气融入中学美育课程体系具备了可探讨的空间。

二十四节气如何融入中学美育课程体系

在明确了二十四节气融入中学美育课程的重要性和必要性后，如何具体融入将成为重点解决的问题。总体融入的思路主要为：音乐美术等美育课程、中高考各学科课程、选修类课程、课程外延展（学生活动、社会实践等）和其他方面。

一般而言，实施美育的课程主要是音乐和美术，这类课程本身就承担着美育的功能，因此需要做的是将二十四节气融入其中，形成相应的专题。这种融合实质上是在原有课程体系基础上专题化和主题化，并在不同的时节加以融入，

---

[1] 史莎莎：《绘出风采，洋溢笑容——探讨结合节气创新大班美术活动实施策略》，《当代家庭教育》2020年第24期。

[2] 倪蕾：《基于节气活动探讨小学语文特色课程教学》，《科研论文》2020年第8期。

亦即"融入审美元素，挖掘课程对象的美感……让学生在课程中感受到生活之美与生活的意义"①。最终让学生养成关注生活、发掘生活美的习惯和能力。

中高考各学科课程方面，二十四节气亦可巧妙融入其中，达成美育目的。如语文学科，可从具体课文关联二十四节气，可在特定节气时开展诗歌教学，或举办相应的活动，如汇报分享、课堂剧表演、节气书法绘画、节气知识竞赛、绘制九九消寒图、设计艺术手抄等。如英语学科，可在作文教学中加入二十四节气主题，挖掘节气背后的文化内涵，可开展二十四节气演讲比赛等。如地理学科，可分析二十四节气相应自然变化背后的知识，可开展节气学科野外考察活动，可探讨二十四节气气候成因等。如物理学科，可探究二十四节气的自然变化背后的知识等。

选修类课程则是二十四节气融入课堂的集中呈现。依托选修课，可集中将二十四节气的美育功能全部发挥出来，也可激发学生兴趣，使学生多多参与其中。而课程外延展表面上看不属于课程体系，但实质上可理解为拓展课堂，这种方式的美育形式更加多样化，比如：可举办夏至诗会、秋分赏月晚会；可举办知识竞赛、传统文化节；可设置校园展板、班级板报、文化走廊；可鼓励学生创建文化社团，成立活动项目组参与节气活动策划；亦可举办课外实践活动，开展节气劳动类实践课程等。

总的来说，美育要达成最终的目标需要经历四个阶段：直观美（眼睛所观）、心灵美（审美感受）、实践美（亲身操作）、认知美（内化能力）。二十四节气融入课堂可从多学科、多角度达成这个目标。

二十四节气融入中学美育课程后的评价体系建设

二十四节气融入中学美育课程后，具体的评价体系就显得必要且重要，这是衡量课程有效性的标尺，也是检验学生美育方面成长的必要手段。当然总原则需依据党十八大"立德树人"的根本理念，以及现阶段育人的"全面核心素养"目标。此外，二十四节气既融入了中学美育课程体系中，具体的评价方式也可

---

① 马维林：《普通高中美育课程实施的路径研究——以江苏省南菁高级中学为例》，《当代教育理论与实践》2019 年第 17 期。

具体而微，有针对性地就融入的各方面进行探索。

首先，可依托各学科核心素养。就音乐美术课程而言，其学科核心素养与美育最直接相关，如美术学科核心素养为：图像识读、美术表现、审美判断、创意实践和文化理解。这实际上就是不同维度审美能力的分级，亦是中学培养学生的主方向和评价学生美育课程学习成果的依据，已然是较为成熟的评价体系。这其中涉及学生在美育过程中接触美、观察美、感受美、发现美和创造美的能力。这种评价体系亦能辅助二十四节气融入美育课程的建设中，即在融入过程中要有意识、有层级设置相应教学课程。二十四节气融入其他课程中的评价亦可结合各学科核心素养来进行，这与党的教育方针和全面核心素养的目标是一脉相承的，都共同指向学生最终的全面发展，而美育在其中是给学生营造了"生态化、情景化"[①]的依托，使学生更好地树立起积极健康的价值观。

其次，可参照现行中学生综合素质评价体系。具体包含五个方面：思想品德、学业成绩、身心健康、艺术素养、社会实践。该评价的出台能帮助高校更科学地衡量学生综合实力，也是"甄别和选拔优秀人才的重要方向"[②]。因此，中学美育课程的评价体系往这个方向走就具备了相应的依据。二十四节气融入美育课程后，可在综合素质评价中"身心健康、艺术素养和社会实践"三个维度上实现突破，且能有效促成学生整体综合素质的提升，助力中学生的长远发展。

最后，二十四节气融入中学美育课程的评价体系还可借鉴生涯规划教育。学生生涯规划教育和综合素质评价类似，注重"多元化和过程化的评价方式"[③]，以学生未来人生的发展为方向，美育的目的也与此密切相关。二十四节气融入美育课程亦在于让学生能有关注生活、感悟生活的能力，并在其中发现美和创造美。

总之，二十四节气融入中学美育课程评价体系的建设要依据一原则二要素，即建设以党的教育方针为原则（立德树人、全面素质教育等）、多元多维度和注重过程性为要素的评价体系。

---

① 胡小倩：《美术核心素养在中学视觉文化建设中的意义》，《大众文艺》2020年第13期。
② 徐洁：《迈向"核心素养"：新中国成立70周年基础教育课程改革逻辑旨归》，《教育科学研究》2020年第1期。
③ 樊亚峤、徐海：《高中生综合素质评价与生涯规划教育的整合策略》，《中国考试》2020年第1期。

"美"无处不在

——谈我校美育活动课程的研究与创新

张 静

（广渠门中学）

2019 年 4 月，在苏州召开的全国学校美育工作会议上，教育部部长陈宝生提出了"美育生活化、生活美育化"的要求。这一要求明确了学校美育教育应以服务学生审美需求为出发点和落脚点，强化学生实践体验，注重学校美育教育与学生生活相对接，搭建生活化展示的平台；学校美育教育应面向全体学生和教师，它不再是"选修"，不再是"专业教育""特长教育"。

我校在总结以往学生课外活动实践经验的基础上，重新审视艺术、科技、体育活动在美育教育中承担的角色和作用，进一步明确审美活动的功能，创新性地完善了以"以美育美、以美育德、以美启智、以美健体"为目标的美育活动课程体系。活动课程注重给予学生贴近生活的展示机会；注重在实践活动中给予学生实实在在的获得感、成就感；注重强化学生在活动参与、身体参与、情感参与、审美参与中系统提升审美趣味和人文素养。

美育活动课程的建构基础

1. 基于中学生身心现状

中学阶段是学生身心变化最为迅速和明显的时期，他们对美的追求开始有了自己特定的意向和行为模式，但审美基础能力的缺失则使得他们常常怯懦而不自信；越来越强烈的自主意识，又使他们表现出拒绝诸如"灌输""说教"的教育模式。在这个阶段，可以通过视、听、触、味、嗅等感官通道，将来自于感官通道的丰富多样的美育信息作为内容，有效地刺激学生大脑的五感区域，使他们感受美的事物。

2. 基于传统校园活动现状

我校传统的校园活动内容涉及舞蹈、戏曲、戏剧、绘画、演唱等多种类型，为学生提供了展示自我的艺术舞台；开展民族艺术进校园、高雅艺术进校园，开设大师讲堂等活动，把艺术家请进校园，让学生与艺术家近距离接触，领略艺术家们高尚的艺德；带领学生走出校园，到音乐厅、国家大剧院观看表演，对学生进行艺术的熏陶。在以往活动的基础上，我们从感性到理性，遵循不同类型活动的内在逻辑关系，将知识、技能、人文、美学等与活动方式巧妙结合，全方位提高学生的审美品位，形成美育活动的场域效应。

3. 基于中学生未来深层次的审美和人文素养发展

进入新时代，美育被赋予了前所未有的新内涵、新内容和新使命。《关于全面加强和改进学校美育工作的意见》（国办发〔2015〕71号）文件中提到：以审美和人文素养培养为核心，以创新能力培养为重点的目标，发挥美育在促进学生人格全面、和谐、个性发展，创造力发展和培育践行社会主义核心价值观等方面的作用。《关于全面加强和改进新时代学校美育工作的意见》中提到：以习近平新时代中国特色社会主义思想为指导，全面贯彻党的教育方针，坚持社会主义办学方向，以立德树人为根本，以社会主义核心价值观为引领，以提高学生审美和人文素养为目标，弘扬中华美育精神，以美育人、以美化人、以美培元，把美育纳入各级各类学校人才培养全过程，贯穿学校教育各学段，培养德智体美劳全面发展的社会主义建设者和接班人。这些相关政策，对学生未来深层次的审美和人文素养发展的方向做了指示，构成了我们美育活动课程的基本理念和总目标。

美育活动课程的基本原则

美育是面向每一个人的教育。我们在整合原有校园活动的基础上，秉承面向全体、充分均衡的基本原则，最大限度地扩大学生参与范围，强调活动课程规划的规范化、合理化、系列化、协同化，突出以精准为核心的活动模式，注重活动与学科能力的无缝连接，普及性地提高全体学生的审美认知力、审美体验力、审美表现力、审美创造力。

美育活动课程的目标

人类文化精髓体现在文学名著、古典音乐、哲学典籍、绘画作品、科学发明之中。艺术美中的音乐、绘画、雕塑、摄影、戏曲等，可以开发听觉系统和视觉系统；科技美中的动手制作可以启迪思维创新；体育美中身体美感与技能展现则可以促进运动系统的发展。通过这些多层次、多角度的活动，可以达到"以美育美、以美育德、以美启智、以美健体"的课程目标。

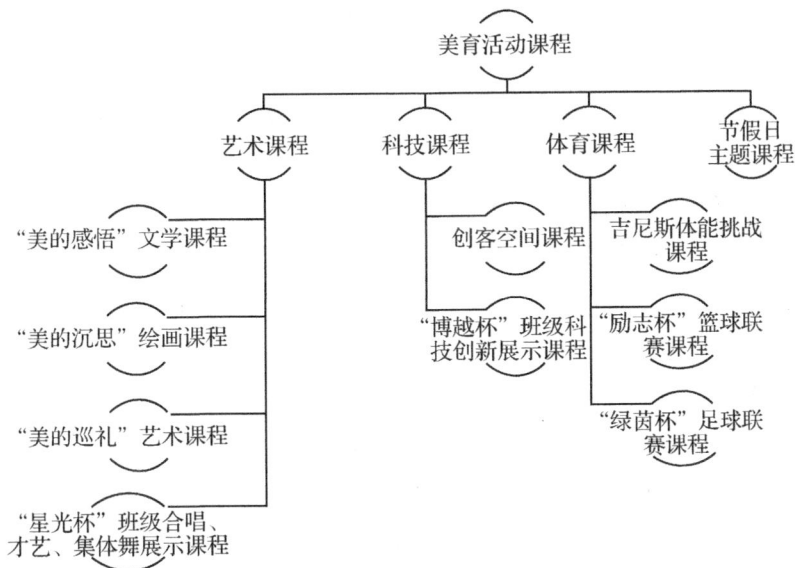

图1　美育活动课程的架构

1. 艺术活动课程——以美育美、以美育德

围绕美育活动课程中"以美育美、以美育德"的课程目标，定位语言美、艺术美，建立常态化学生全员常演机制。以音乐、美术、语文教研组教师为核心团队，创新性地开发出以"美的感悟""美的沉思""美的巡礼"为主题的三大艺术

活动课程。"美的感悟"于每周二、三、四早上 7：10—7：15 进行，通过校园广播的形式，学生朗读者将美的故事、美的生活、美的诗歌、美的绘画，配以美的音乐娓娓道来，让聆听者在清晨感悟美的真谛，开启一天的学习生活；"美的沉思"从学科融合理念出发，以体现中华美育精神与民族审美特质的中国书画作品为脉络，定期巡展具有代表性的绘画、书法作品，配合教师、学生的现场讲解，将美术、文学、历史等学科深度融合，为学生创造发现美、感悟美、描绘美的艺术长廊；"美的巡礼"则通过午间系列音乐会的形式，演讲结合，赏析并重，为具有艺术才华的学生们搭建展示舞台，为热爱音乐的学生们讲述音乐小知识，带领学生们透过多姿多彩的表演，捕捉内心艺术的"风景"！

2. 科技活动课程——以美启智

围绕美育活动课程中"以美启智"的课程目标，定位科学美、秩序美，建立常态化学生全员勤练、常展机制。每年根据数、理、化等学科知识及时事发展，规划不同的活动展示主题，配合校内教师、专家讲座、团队练习三个维度的全员培训，构建"博越杯"科技创新展示课程。这样的课程为学生提供学科知识实践的平台，在班级全员展示中既增强了班级凝聚力又发展了学生团结协作的能力，能够潜移默化地在设计、创新、思辨等活动过程中提升班级整体全方位科学素养。习近平总书记特别强调的中国历史观、国家观、民族观、文化观等中国精神，最终凝聚成中国力量，正是我们科技活动课程践行的标准。

3. 体育活动课程——以美健体

围绕美育活动课程中"以美健体"的课程目标，定位健康美，建立常态化学生全员勤练、常赛机制。我们将体育与健康课程中学生运动技能、健康行为、体育品德的核心素养有机结合，以学生体质健康测试和体育中考、合格考考试项目为依据，举办"聚力杯"团体吉尼斯挑战赛。活动以年级为单位，根据不同年龄段学生身心发展特点，设计十项趣味体能项目，在竞技与趣味并存中提高学生身体素质，促进学生身心健康发展；突出班级整体的参与，促进班级整体体能素养、运动能力的提升；增强学生勇于挑战自我、直面输赢的体育品质；弘扬积极进取、顽强拼搏、团结协作的体育精神。让每一名学生成为体育场的主角，不仅具有"美"的体魄，还拥有"美"的精神，成为体育锻炼的最大受益者。

美育是文化自信，更是文化繁荣的基础。美育绝不是空洞的概念和语词，只能在文件、著作上"写一写"，在各种会议、报告中"说一说"，在朋友圈里"议一议"……它是真正把中华优秀传统文化、中国革命文化、中国特色社会主义先进文化的种子深埋在孩子们内心，成为孩子们生长发育过程中践行社会主义核心价值观教育的重要组成部分。在充满审美体验的活动中展开对学生生命的栽培，要求我们不仅是园林师，更是送花人！

诗歌促美育　经典塑情怀

李　颖

（北京燕山东风中学）

　　弘扬中华美育精神，建立民族信仰，树立文化自信，是新时代美育的特殊使命。中华美育精神植根于中华优秀传统文化沃土，而古典诗词就是这片沃土上最奇丽耀眼的花。古典诗词历来受到教育者的重视，我国有"诗教"的传统，诗歌教学对培养品格、拓宽精神境界、提高审美情趣、传承民族文化等都有重要意义。

　　中学语文教材中选入的传统诗词，是传统诗词中的精华，文质兼美，传达了人世间最真挚的情感和昂扬向上的生活态度，教师应该借助古典诗词教学对学生进行审美熏陶，让学生真正能够感受到传统诗词的魅力，进而感受到中华传统文化的魅力，增强民族认同感，树立文化自信。

　　在传统诗词教学中渗透美育，可以从三方面入手。

　　第一，诵读品味，感受诗歌的音韵美。

　　汉字是最富有音韵美的文字，古典诗词是最富有音韵美的文学体裁，诗歌的平仄、格律使每一首诗朗朗上口，充满了音乐的美感。诵读是诗歌教学的重要组成部分，好的诗歌，其内容情感与音律应当高度融合。帮助学生在诵读的过程中培养语感，并通过声音的再创造去感知诗歌之美，是诵读教学的重要目标，同时，也可以潜移默化地影响学生的审美情趣。

　　诗歌的节奏有一定的规律可循，教师可以从这些规律入手，对学生进行初步的诵读指导。五言诗一般按照"二一二"或"二二一"节奏，例如"荡胸/生/层云，阴阳/割/昏晓"（《望岳》），"潮平/两岸/阔，风正/一帆/悬"（《次北固山下》)。七言诗大多为"二二三"节奏，"停杯/投箸/不能食，拔剑/四顾/心茫然"（《行路难》）；也有"二二一二"节奏，如"几处/早莺/争/暖树，谁家/新燕/啄/春泥"（《钱塘湖春行》）。诗句的节奏和它本身自带的平仄、韵脚配合，形成一种错落有致的整齐之美，极富感染力。此外，诗歌是"形"与"情"的高度融合，经典诗词的节奏音韵无不饱含深情，读出这些，情感也就自然流露出来，这种情感的力量更容易感染学生，直观地带给他们美的享受。

第二，把握意象，体会诗歌丰富的内涵美。

我们的古代诗歌在其长期发展的过程中，与历史、文化、社会生活等相结合，形成了许多含义丰富的意象。诗人在组织诗歌时，这些意象是经过精心选择，为了完美地体现诗歌主题而存在的。教师在教学中如能引导学生在脑海中再现这些形象，学生对诗歌的感受就会更加深刻，就能领悟到诗歌悠远深邃的意境，把握诗歌的内涵之美。

教师可以借助多媒体手段，用视频、音乐、图片等刺激学生的感官，再造情景，生发情感。例如在讲授马致远的《秋思》时，我先播放一段低沉幽怨的音乐，同时配以"枯藤""老树""昏鸦"等图片，要求学生根据这些意象带来的感受品读诗歌，让脑海中的意象与自身的情感交融，再以声音营造出诗歌的意境。这些意象的再创造让学生有了身临其境之感，他们虽未离家万里，但是游子对家乡的深深眷恋之情已经打动了他们。在古人的叹息声中，他们对"家乡"的珍贵美好有了一番新的感受，了解了"家"对国人的特殊意义。

但这还远远不够，我们知道，中国古代诗歌的意象是自成体系的，也是中华民族审美情趣的具象化。让学生把握住这些意象，了解其文化内涵，就可以让民族审美意识植根在学生心中。叶嘉莹从符号学的观点出发，认为古诗歌的意象可以作为一条文字的"联想轴"，这条"联想轴"能够引发读者无限的联想和想象，丰富诗歌的内容，深化诗歌的内涵。教师在讲解古诗词时，也应该帮助学生建立起"联想轴"，让他们的思绪纵横开去，将以前和现在所掌握的知识和审美体验相结合。当这些文化知识彼此交错融合，织成一张文化网的时候，中华文化的审美精神就在学生们的脑海中描绘出了大致的轮廓。

例如选入课本中的《采薇》前两句"昔我往矣，杨柳依依"，通过柳丝轻拂似在挽留行人的景象，写出了离家出征的依依不舍之情。我在教授这篇诗歌时，立刻想到可以通过"柳"这个意象帮助学生建立联想轴。首先我引导学生回忆小学时学过的《送元二使安西》，该诗有"客舍青青柳色新"之语，于是我设下问题：为何在写景时一定要提到"柳色"？进而告诉学生：因为这个"柳"是有特殊含义的，"柳"与"留"谐音，并且古人历来有折柳送别的传统，"青青"的"柳色"正反衬了离别的凄凉。由此延伸，让学生自己回想还学过哪些与这个意象有关的诗词，学生想到"羌笛何须怨杨柳，春风不度玉门关"（王之涣《凉州词》），从而体悟到"杨柳"二字，并不单单指一首曲子，更是将士们对家乡的思念！"杨柳"成了一道线索，把离家之艰、离别之难、思乡之苦、报国之情等穿成了一条文化链。

第三，"合纵""连横"，品味诗歌的精神美。

文学作品是作者主观情感的投射，流露出作者本人的人生观和价值观，同时也是时代精神的反映。优秀的古典诗词承载着中华民族精神中最精华的部分，它通过最简洁凝练的文字、最朗朗上口的表现形式，声情并茂地把刚健有为、自强不息、以民为本、以人为本、重视亲情、心怀天下等优秀思想传播开去，成为凝结民族之魂的重要力量。在古典诗词教学中，教师也应该重视诗歌中传达出来的民族精神，对诗歌主旨进行深入挖掘探究，让学生感受到诗歌的精神之美。我主要采用"合纵"和"连横"的方法深入挖掘主题。

所谓的"合纵"，就是从作者不同时期的作品入手，带领学生走进作者的内心世界，了解其情感变化的过程，从而更深刻体会作品的精神内涵。

在讲李清照《渔家傲·记梦》时，我从"学诗谩有惊人句"的"谩"字拓展开去，引导学生体会李清照在词中所流露出来的空有满腹才华却报国无门的愤懑与不满，又从"风休住，蓬舟吹取三山去"，让学生意识到词人没有在现实面前低头，始终保留着昂扬进取的精神和气魄。接着我又把以前学过的《夏日绝句》《如梦令》《醉花阴》拿出来，将四首诗词进行比较，让学生感受李清照作品风格的变化。学生发现，《如梦令》洋溢着欢乐的野趣，《醉花阴》虽然说"愁"，却是闺中女子的闲愁，而到了《渔家傲》和《夏日绝句》，却充满了一股愤懑之气和豪气。引领学生发现这一点后，我借机抛出了词人的经历以及靖康之变和宋室南渡等历史事件，让学生明白，对南宋朝廷的懦弱无能的痛恨愤慨，对国破家亡的深切忧思，才是造成这位女词人风格变化的根本原因。接下来，我告诉学生，家是最小国，国是最大家，使家国情怀深深植根在每个中华儿女灵魂深处。古人认为文品反映人品，李清照之所以成为一代词宗，除了因为她的文学造诣，更因为她有心忧天下的家国情怀。

"连横"就是把同一时期不同作者具有关联性的作品放在一起比较阅读，让学生对作品主题有更加深刻的了解。

在学习刘禹锡《酬乐天扬州初逢席上见赠》时，我把以前学过的王湾的《次北固山下》拿出来进行比较，学生从"沉舟侧畔千帆过，病树前头万木春"和"海日生残夜，江春入旧年"中感受到，无论是遭遇贬谪还是羁旅异乡，我们都不该失去积极进取的人生态度和乐观豁达的胸襟。自强不息，是先辈留给我们的宝贵的精神财富。

中华民族的伟大复兴，不仅需要物质基础，也需要精神层面的宝贵财富。以诗歌教学促美育教育，以文化经典促爱国情怀，对弘扬中华美育精神、帮助学生树立文化自信有着重要作用。

浅谈初中历史教学中的美育渗透

胡明颖

（北京理工大学附属中学通州校区）

初中历史教学不仅仅以实现教学目标为根本目的，还担负着培养学生认识美、欣赏美、创造美的能力，促进中学生全面发展的重任。因此，在初中历史教学中渗透美育教育，不仅能够提升学生对于"真、善、美"的理解，同时能够培养学生的家国情怀和历史文化认同感，从而帮助学生成为一个全面发展的人。

初中历史教学中美育渗透的内容

整个初中阶段历史教学的内容涉及从中国到世界、从远古到现代大跨度、大范围的历史，主要按照时间线对古今中外的历史事件、历史人物进行了梳理。以部编版为例，教材的编排体例和内容丰富多彩，除正文之外，还有相关史料、图片、拓展阅读和小常识等板块，一定程度上体现了美育在历史教材中的渗透。在对众多历史事件和人物的认识中可以将初中历史中涉及的美育内容大致分为以下几类：自然美、社会美、艺术美和科技美。表1对部编版《中国历史》七年级上册中涉及的美育内容进行了简单分类。

表1　部编版《中国历史》七年级上册中涉及的美育内容

内容章节	美育内容			
	自然美	社会美（人物美、事件美）	艺术美	科技美
史前时期：中国境内早期人类与文明的起源		早期人类、原始农耕、远古传说等	骨针、装饰品、陶器等	
夏商周时期：早期国家与社会变革	都江堰等	世袭制、商汤灭夏、武王伐纣、分封制、诸侯争霸、商鞅变法、百家争鸣等	青铜器、甲骨文等	铁犁牛耕等
秦汉时期：统一多民族国家的建立与巩固	灵渠、秦长城等	秦始皇、文景之治、汉武帝、光武中兴、丝绸之路等	《史记》等	造纸术、《伤寒杂病论》等
三国两晋南北朝时期：政权分立与民族交融	游牧民族内迁、江南经济的开发、石窟等	官渡之战、赤壁之战、三国鼎立、淝水之战、北魏孝文帝改革等	书法、绘画、雕刻等	《齐民要术》、圆周率等

　　由上表可见，初中历史教材中蕴含了丰富的美育内容，且涉及美育的方方面面。教师在进行历史教学的过程中应该充分运用历史教材中的美育内容，将其适当融入平时的历史教学中。美育教育在历史教学中的渗透也需要遵循一定的原则，以达到最好的美育渗透效果。

初中历史教学中美育渗透的原则

　　美育原则即是美育心理特点、规律和伦理的转化，是美育实践遵循美育心理特点及规律的操作方法的基本要领。因此，在初中历史教学中需按照美育心理特征和规律进行美育渗透，从而达到美育渗透的目标。据此，笔者认为初中历史教学中的美育渗透需要遵循以下原则：

（一）以人为本

历史教学讲究"以人为本"和"立德树人"。所谓"以人为本"即在美育渗透中坚持以学生为中心的教育方式，在充分了解学生学情和心理认知程度的背景下进行历史教学中的美育渗透。具体而言，初中学生基本处在 11 岁至 15 岁这个年龄段，从心理学角度来看，这一阶段属于"学龄中期"，也就是通常所谓的少年期。在一个人成长过程，初中阶段是人的整个心理发展过程中的关键时期，世界观、人生观和价值观往往在这个阶段形成。故而，在历史教学中对初中生进行美育渗透显得至关重要，需要依据历史课程标准要求和学生的基础知识、心理水平等因素，同时结合实际教学内容对历史教学中的美育内容进行设计，尊重初中学生的主体性，发挥学生的主动性，利用历史教学中的美育内容对学生进行认识美、欣赏美和创造美的教育，以满足学生求真、求美、求善的心理特征。

所谓"立德树人"，则是指历史教学中美育渗透的目的在于"立德树人"，即培养有理想、有道德、有文化、有纪律的"四有"新人。具体而言，则是在初中历史教学中寻找适合学生心理认知特点的教学内容启发学生有德行、有理想。例如，通过认识历史人物的事迹培养学生的使命感和责任担当；通过对历史事件的了解，感悟中华历史的沧桑与辉煌。故而，在历史教学的美育渗透中需要坚持"以人为本"和"以德树人"的原则，从而培养有思想、有情怀、有爱的社会主义建设者和接班人。

（二）历史智育、德育与美育渗透的有机结合

所谓历史智育，即：学生在学习历史之后，能够对历史全貌有基本了解，渐渐形成正确的历史时空观念；也能应用各类历史史料，对认为"人类社会遵循客观规律并不断发展"的科学历史观有所了解；同时，能够通过唯物史观客观评价历史人物和分析一些历史现象，进行合理的历史解释，感悟历史的伟大和迷人之处，并从中获取力量。简而言之，主要是对历史知识、历史思维、历史能力的培养和提升。而所谓历史德育，则是通过对历史知识的学习，学生能够形成基本的行为规范，提升家国情怀，在历史学习中了解中华民族的兴衰，体会中华民族的伟大，从而形成责任意识，明白自己肩负中华民族复兴的伟大使命。可以说，智育的目的是使学生掌握历史知识、提升历史能力、形成历史思维；

德育的目的则是知识实践，让历史照进现实，使学生形成正确的世界观、人生观和价值观，但二者的实现都离不开美育这一基础。历史知识的学习大多比较枯燥乏味，德育的培养也很少落到实处，产生切实的效果，但如果在历史智育和德育的学习中渗透美育学习，则能够更好地改善历史课堂教学的效果，实现历史德育、智育与美育的共同提高。故而，只有充分利用初中历史教材中的美育因素，将历史的智育、德育与美育渗透进行有机融合，才能真正做到以学生为主体、以学生为中心，将学生培养成全面发展的人。

（三）以"情"促"美"，以"美"带"情"

所谓"情"即情感、情境。斯基尔斯认为，情有助于启发思考，情感可以充实人的思维并促进其发展。情感性是美育心理的重要特征。故而，在初中历史教学中应该创设合理的情境，从而在情感上引起学生的共鸣，达到共情效果，这将有助于学生对历史知识的掌握，以及对历史事件或历史现象背后所反映的家国情怀的理解。例如，在讲授"百家争鸣"时可以通过让学生进行角色扮演的方法，重现春秋时期学术思想的繁荣景象，在情境中感受各思想流派的思想主张与当时社会思想的繁荣。同样，在讲授"两汉的科技和文化"时可以借助多媒体进行图片或视频的展示，尽可能地还原历史场景，感受中国古代科技文化的发展与繁荣，从而形成国家自豪感和民族荣誉感。此外，美育的另一个特征则是激起受教者的情绪呼应，这就需要教师以积极的情感、饱满的情绪来调动学生对历史事件或历史现象的学习兴趣，从而达到美育的目的。

历史学科作为人文学科，不仅承担着教授历史知识的教学任务，更承担着"立德树人"的育人使命。结合初中历史教材部编版七年级上册的具体内容，充分挖掘教材中的美育素材，在历史教学中渗透美育，在美育渗透中激发学生的学习动机，帮助学生更好地理解历史、感受历史，让二者充分融合，起到相辅相成的作用。不仅能够提升学生认识美、欣赏美和创造美的能力，同时也能够帮助学生在最关键的人生阶段形成正确的世界观、人生观和价值观，从而培育道德涵养、批判精神、审美趣味和价值导向，实现道德的完善和精神的丰盈。在历史教学和美育渗透的相互促进下，达到一加一大于二的目的，能够实现历史学科育人的最终价值。

数学教学中渗透美育

陈雨佳

（通州区第六中学）

初中数学相比小学，知识更深，学习内容增加，难度加大，此时，如果只是靠一味地大量练习、采用题海战术，学生可能会觉得不适应，失去学习数学的兴趣。兴趣是最好的老师。初中数学教师要注意让学生感受到数学的美感，以此激发起学生们对数学学习的热情。初中数学内容中的美是多方面的，主要有四种体现——对称美、简洁美、和谐美和奇异美。

感受对称之美　激发数学热情

我国建筑师梁思成说过："无论东方、西方，再没有一个民族对中轴对称线如此钟爱与恪守。"我们看到中国的建筑，从古至今无不有着对称之美。德国数学家威尔提出："美和对称紧密相连。"毕达哥拉斯学派提出："一切平面图形中最美的是圆。"作为新课程改革下的数学教师，要善于发现代数和几何图形中的对称美，合理地传递给学生，让学生提高审美意识，渐渐让学生养成善于发现美、感受美的习惯，提高学生的数学素养。教材"轴对称"部分的学习内容展示了很多具有对称美的图形；课本中的作图章节对学生作角平分线、垂直平分线等的要求也渗透了对称美，使学生对于对称美有了深刻体验；抛物线中通过求解对称轴，可使解析二次函数结合抛物线的复杂题目变得简单；圆的几何证明题依然存在着对称美（图1），对称使题目变得容易理解，能够唤起学生学习的热情。

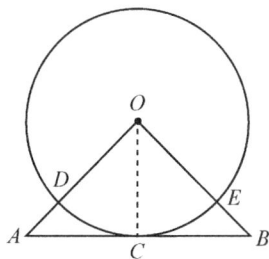

图1 圆的几何证明题中的对称

总结简洁之美 陶冶学生情操

爱因斯坦说过，美，本质上终究是简单性。生活中我们常常喜欢把事物简单化，并对于简洁的事物更加喜爱，认为其"美"，相反则对烦琐的事物比较抵触。对于数学学科来讲，简洁美不是知识的简单容易，而是表达或者方法上的简洁。

首先，数学的简洁美在使用数学公式、几何符号表达中体现得尤为明显。代数中的公式富有简洁美，例如分式的基本性质：分式的分子、分母同乘一个不等于零的整式，分数的值不变。公式如下：

$$\frac{A}{B} = \frac{A \times M}{B \times M}(M \neq 0)$$

如果用文字语言表述，需要相当复杂和严谨的语言，用公式则简单明了，一目了然，体现了数学语言的精练、简洁的美感。

几何中特殊的符号语言也具有简洁美，例如："两个三角形全等"，在证明题中要写成"$\triangle ABC \cong \triangle A'B'C'$"；"两条直线平行"，要写成"$a /\!/ b$"的形式。然而，在几何证明题的解题中，常有学生理解大体解题思路，却无法用几何语言表达的现象。教师应要求学生掌握精确的几何语言，培养其逻辑思维能力。

其次，数学中的简洁美也体现在解题思维和方法中。数学教师要引导学生从简洁的角度出发，分析题目的结构特点，明白思考方向，获得简洁明了的解题效果。证明题通常是简单、明快的。例如代数题中"根的判别式"相关题目：已知方程$(a^2 - 2b^2)x^2 + (2b^2 - 2c^2)x + 2c^2 - a^2 = 0$有两个相等的实数根，求证：$a^2 = b^2 + c^2$。

此题有如下求解方法：

方法一：我们可以使用根的判别式，使其为 0，然而大量的计算不仅会使学生出现计算的错误，同时会让学生因为繁重而停下笔来。

方法二：由于系数之和为 0，故两根相等均为 1，根据根与系数的关系很容易得出结论。

因此，简洁美是初中数学课程内容的重要特征，在数学教学过程中渗透简洁美，有利于培养学生乐观、上进的学习态度。在课堂上教师应该抓住简洁美，组织开展课堂学习活动，既能加深学生对知识的理解，又能调动学生的积极性，促使学生提高数学学习成绩。

体味和谐之美　增加学习趣味

数学学科具有和谐美。钱学森说"美就是与宇宙真理相协调"，和谐就是一种"美"。古希腊的毕达哥拉斯认为"万物皆数""美是数的和谐"。在生活中常会用到这种和谐之美。断臂维纳斯的美被世界公认，她的身材比就是我们初中所学习的黄金分割比——0.618。我国古代的兵马俑，它们的垂直线和水平线的关系完全符合 1：0.618 的比例。

黄金分割比被广泛应用在生活中的原因就是和谐美。令人惊奇的是，有人研究过自然界中的小麦和水稻，其茎节长度之比也是著名的黄金分割比。在教学中，我们应该引导学生关注这些和谐之美，促进学生将数学学习与生活应用紧密结合。

数学规律同样具有和谐性。余弦定理对于三角形是普遍的，然而当三角形中有一个角为直角时，即为勾股定理。在解直角三角形中，认识其三边的关系即是数学规律一般性到特殊性的和谐。[1] 在学生学习图形的过程中，四边形、平行四边形、矩形、菱形、正方形之间的变化规律与性质联系，也同样体现了

---

[1]　王林辉：《中学数学教学中的美育初探》，东北师范大学硕士毕业论文，2002 年。

数学规律的和谐美。①

在数学解题中，也可以从条件与结论的和谐、思维策略和解题方法的和谐的角度出发进行解题。② 和谐美能够让我们的解题思路更加顺畅，迅速对解题策略进行抉择。数学题的结构突出，让学生感悟到数学美，数学题目的结构一般是和谐统一的，学生能够真正地感悟到和谐美。教师在教学过程中，应该让学生感受到初中数学在知识上的和谐美，提高学生的审美能力，激发起学生们对数学知识的兴趣。

感悟奇异之美　调动探究欲望

英国实验科学家培根，素有"奇异的博士"之称，曾提出"没有一样极美的东西不是在调和中存在着某种奇异"。大家都喜欢新颖的东西，它们能在人们的内心深处激起愉悦的惊喜，满足人们的好奇心。教师应鼓励学生标新立异，通过一题多解、变式练习寻找出最优解题方法，提高学生探索问题和解决问题的能力并由此感悟数学的奇异美。例如在讲授"直线和圆的位置关系"时，通过圆的位置变化，展示出数学的奇异美，让学生感受不同的位置有不同的结论；在讲授"圆与圆的位置关系"时，通过两个圆在不同位置的变化，引起学生的好奇，激起学生的学习兴趣。"奇异美"让课堂充满惊喜，潜移默化地让学生进行思考，发散思维进而影响学生对数学学习的兴趣。

数学中的美还有很多方面，教师在教学过程中可以让学生多角度地去审视数学之美，每一种美都不是孤立的，其是密不可分、相辅相成的，需要教师在传递知识的过程中不断挖掘，这样才能更加让学生体会到数学的美学价值。教师要勇于创新，引导学生感受并发现数学之美，激发学生的学习动机，以学生的数学素质、数学学习兴趣、数学能力为目标，调动学生学习数学的积极性和探究欲望，激起学生的审美兴趣，增强学生对初中数学的探索创新能力。

---

① 常洁：《初中数学教学中应怎样让学生"悟"到数学美思考》，《赤子（上中旬）》2016年第 24 期。

② 谢文广：《浅析初中数学课堂中"数学美"的探索》，《科学大众·科学教育》2012 年第7 期。

高中数学教学中的美育渗透

张改丽

（北京市第二十一中学）

数学教育承载着立德树人的根本任务，美育教育在立德树人中又具有非常重要的作用，显然，高中数学教学中注重渗透美育教育是必要的。很多学生，在小学及初中阶段，数学成绩尚可，但是到了高中，面对大容量的数学概念、定理、定律、性质、公式等，就力不从心，导致学生对数学产生抵触情绪。因此，教师在认真备课的同时，适时在数学中渗透美育，化抽象为具体，使学生感受数学的抽象之美；鼓励学生积极探究数学的科学价值、本质内涵，体会探索美；在教学过程中，注重数形结合，引导学生发散思维，体会数学的图形美；鼓励学生善于发现和提出问题，建立和求解模型，体会数学的应用美。本文以实际教学经验为依托，浅谈在高中数学课堂教学中进行的美育教育渗透。

重视基础概念　体会数学的抽象美

概念是基础，能力是归宿，没有概念的充分理解，就无法真正展现能力。在课堂教学中，不少教师往往急于解释数学概念而忽略了讲解概念的形成过程。数学源于生活现象，多数概念相对比较抽象，教师在教学中往往急于得出相关概念的定论，从而忽视概念的形成演变过程，学生往往只知其果，而难知其因。文化知识的学习过程，也是潜移默化地影响和改变人的世界观的过程。我们应在日常的教学中，让学生充分认识知识的本质，明晰具体和抽象之间的关系，体会数学的抽象美。

我们知道，数学抽象是从数量与数量的关系、图形与图形的关系中抽象出数学概念及概念之间的关系，从事物的具体背景中抽象出一般规律和结构，并用数学语言予以表征。教师在备课中，应通过设立现实的情景，让学生在情景中思考，分析事物间的本质关系，抽象出数学概念，引领学生体会数学在实际生活中的抽象美。例如在讲解角的概念的推广时，为使学生明白角的概念推广的必要性，我们引入高台跳水实例，提问学生：在入水过程中，如何用角度表示运动员转体的周数？转体一周半是多少度？如何用角度区分向内转体和向外转体？通过提问的形式使学生意识到，若要充分解释日常生活中的数学现象，我们有必要将角的范围进行扩充。教师通过情景引入，从具体到抽象，认识事物的本质，引出数学概念，学生不但能加深对数学概念的理解，规避了纯概念的枯燥感，还能进一步感受数学的抽象美。

重视探究推理 体会数学的探索美

对于未知的研究和探索推动着人类社会的进步，对知识探究推理的过程则展现出人类智慧的伟大和探索之美。数学中理论性较强的定理、公式、性质等知识看似深不可测，使很多学生面对时犹如头顶乌云，毫无头绪，极大削弱了学习数学的信心。在教学中，我们应当引导学生既要知其然又要知其所以然，探赜索隐，充分重视数学概念、定理、性质的逻辑推理，感受风雨过后见彩虹的甘甜，体会数学的探索美。

高中阶段是培养学生逻辑分析能力的关键时期，在课堂教学中，我们要避免一味灌输结论，应该给予学生足够的思考探究空间，引导学生在系统的探究推理、归纳分析的过程中品味"战果"。例如在讲解平面向量基本定理时，教师应该引导学生经历平面向量基本定理的验证推理过程，运用由特殊到一般的思维方法，培养学生动手操作、观察判断的能力，搭建代数、几何沟通的桥梁，不仅充分发掘学生的探究精神，更能在这个过程中体会这种探索美。

重视直观解析 体会数学的图形美

"数缺形时少直观，形少数时难入微。"数学概念相对抽象，建立数学理论与直观图形的有机结合，能更大程度上引发学生理性思维和直观感受的共鸣，激发学生的学习潜能，加深学生对知识点的理解识记。

在教学中，重视数形结合思想的运用，鼓励学生依据理论性质构思空间图形，用空间图形寻找数学中的数量关系，借助图形的直观作用，大胆猜想验证，促进形象思维和逻辑思维的结合，最终化繁为简，寻找突破，体会数学的图形美。例如在解决基本初等函数类型的零点问题时，作出函数的简图，查看交点的个数，对应解答函数零点的问题；解决空间图形的位置关系时，有机地结合直观图形，有利于增强学生的理解，使学生对结论进行有效猜想，有目标地进行论证；在解答一元二次不等式时，结合一元二次函数图像，能快速准确地写出不等式的解集；在解答解析几何问题时，借助坐标系标点、画圆，能快速判断解的个数，有效避免丢解情况。数学图形不仅帮助学生快速解答问题，利用数学图形的对称性、平移变换性还能帮助学生构造出生活中各种美的图形，享受生活中的事物美。

重视实践算理　体会数学的应用美

所谓"学以致用"，我们需将所学的理论知识与实践结合起来，发挥科学文化知识的力量。数学的应用非常广泛，在日常生活、生产、科研中经常遇到求利润最大、费用最省、效率最高等问题。学生学习导数在生活中的优化问题时，常常会遇到"如何设计一款饮料瓶能够使得生产成本最低""修建一段铁路，如何设置货物供应站使运费最省"等实际问题。教师应给予学生充分的时间和空间，让学生进行实践算理，经历解决问题的过程，体会数学的应用美。再比如，对于"如何判断人患肺癌和吸烟两个事件之间的关联"这一问题，可以引导学生利用独立性检验对相关知识进行分析、推理，使学生在回答生活中常见的数学问题时感受数学的实践应用美。

高中数学学习阶段是学生迈入专业领域的关键时期。在高中数学教学中，教师应充分发掘数学的美，将学科的美育教育贯彻下去，使学生既能通透理解数学概念的本质，又能将知识灵活地应用到生活中，用知识构建生活美。

马克思说，人类对美的追求，是社会进步的象征。学习科学文化知识的过程，既是人类不断追求进步的过程，也是人类对自我进行完善的过程。在中学数学教育阶段，注重落实新课程标准，又渗透美育，既可以让学生在枯燥的理论知识中感受数学知识中蕴含的美，又可以提升学生的审美能力，整体提升学生的综合素质能力，实现教育立德树人的根本作用。

道德与法治学科融入民族精神
进行美育教学的思考

范博畅

（北京市燕山东风中学）

初中阶段是学生形成基本是非、善恶和美丑观念的重要阶段。党的十六大提出"把弘扬和培育民族精神作为文化建设极为重要的任务，纳入国民教育全过程"。在初中道德与法治学科教学中，教师应围绕习总书记提出的"做好美育工作，要坚持立德树人，扎根时代生活，遵循美育特点，弘扬中华美育精神"的相关精神，将弘扬和培育民族精神融入教学，对学生进行美育培养。

依托教材：从历史故事感受民族精神之美

在中华民族五千多年历史长河中，流传下来的具有民族精神的神话故事、名人事迹不胜枚举。如何选择其中更具代表性的故事融入道德与法治学科教学，而不至于冗长堆砌使课堂变成"故事汇"或成为历史课，需要教师对故事素材斟酌选择。

其实，教育部组织编写的《道德与法治》（2016 年版）教材中，就有许多历史故事出现在"探究与分享""阅读感悟"等小字部分，教师可以深入挖掘相关素材，在课堂中带领学生共同分析其内涵，这样不仅能使学生加深对课本内容的记忆，提高教学效率，更能使其感受民族精神，进行美德教育。例如，关于友谊的特质中"友谊是平等的、双向的"相关内容有一个《诗经·木瓜》的阅读感悟，学生可根据所学文言文知识进行翻译解读，拿捏不准的教师加以指导，让学生认识到诗歌传递的是朋友间一种相互赠答、礼尚往来的精神，符合中华文化中"投桃报李""以和为贵"的精神内涵，将同学之间的友谊拓展到人与人之间的交往原则，为学生树立正确的人际交往观念。再如，"青少年的情怀与抱负"内容下"探究与分享"板块介绍了诸葛亮、陆游、顾炎武等历史名人的理想，教师可让学生回答书中的问题，并让学生在查阅资料后介绍自己熟悉的名人如岳飞、文天祥等的爱国事迹，分享他们自强不息、将个人理想与国家梦想相结合、为国为民的民族气节等品质，依托教材并适当拓展，对学生进行爱国主义教育，激发学生奉献精神，助力学生实现更高的人生价值。

总之，教材中的材料不可忽视，教师在教学中不可一语带过，必要时可适当拓展但要言简意赅。如若忽视，也许学生也能记住知识点，却失去了一次感悟传统文化中民族精神美的机会。

树立榜样：从优秀人物汲取民族精神之美

榜样是旗帜，代表着方向；榜样是资源，凝聚着力量。作为道德与法治教师，应引导学生树立榜样意识，向榜样学习，汲取榜样力量。下面介绍了如何使学生真正受到榜样熏陶，激发同理心，使学生在"感受美""认同美"的基础上，养成"践行美"的意识和行为。

（一）关注时事新闻，寻找时代楷模

抗疫过程中，涌现出许许多多的"逆行者"，他们从事不同工作，身处不同地点，无不为打赢抗疫阻击战奉献自己的光和热，他们都是这个时代最美的人。

作为道德与法治教师，应结合抗击疫情中的"最美逆行者"的真实事迹，引导学生树立榜样意识，向榜样学习，汲取榜样的力量。可以组织学生以小组为单位分别搜集医护人员、公职人员、企业家、教师、学生等不同群体在抗疫期间的真实事迹并进行分享、讨论，使学生认识到其实英雄并不仅仅出现在历史课本中，他们离自己并不遥远，自己也可以成为"最美的人"。

（二）运用多种形式，开展实践活动

时代在发展，道德与法治教师的美育教学手段也要跟随时代发展。教师可通过线下、线上双管齐下的方式，组织学生开展向榜样学习的实践活动。

　　开展线下活动，教师可以整理部编版课本中可以结合榜样事迹开展学习的内容，制作学习任务单，发布活动任务。例如，教材中有关"师生交往"内容的教学，教师为了将"尊师重道""教学相长"等理念更有效地传递给学生，可以指导学生选择自己最尊敬的一位老师进行采访，采访内容包括"为什么选择教师职业""教师的责任感""教师的成就感"等等。任务单中的采访问题仅仅作为导向，学生可自己拓展问题，当学生推陈出新，提出新颖问题时不要反对，因为这不仅仅是为师生、同学之间搭建了一个互相学习美德、共同进步的平台，也是增强学生人际交往能力、提高综合素质的一个机会。

　　在特殊时期或未来教育发展趋势中开展线上学习也是教师进行美育教育的必要补充，教师应打破时空限制，依托互联网等手段开展有效的美育实践活动。例如，在学习"活出生命的精彩"中"平凡与伟大"相关内容时，教师可组织学生开展"平凡人更能推动时代发展 vs 知名人物更能推动时代发展"主题微信线上辩论会。线上辩论比起线下辩论，除了不受地点束缚，还具有参与度高、可随时查取资料等优势。正反持方同学必然会搜集大量"知名榜样"及"无名英雄"故事，观点交锋中学生可以通过众多人物事迹，学习到镌刻在中华儿女内心的奉献、创造等民族精神，使学生形成正确的榜样观、生命观，不失为一次"美的教育"。

教学相长：力所能及传递民族精神之美

　　从教材当中感受美，从榜样身上学习美，最终要落实到从自身出发践行美。民族精神并不是只有在国家和民族面临严重威胁、遭遇重大自然灾害时才会得到展现和升华。它可以不要轰轰烈烈，民族精神可以体现在我们日常生活中的一言一行、举手投足之间。

　　作为道德与法治学科教师，应首先端正自身行为，在学校里爱岗敬业，对学生尽职尽责，举手投足间做学生表率并接受学生监督。然后，传递给学生"勿以善小而不为，勿以恶小而为之"的民族精神理念，当学生认真完成每一学科作业时，当学生在食堂为生病的同学打饭时，当学生在公车上为年迈的老人让座时，当学生面对疫情期间国际舆论不传谣、不信谣时，当学生们作出有利于社会和他人、关心他人、关爱集体的行为时，告诉学生这些都是民族精神的种种体现，并鼓励相互学习。道德与法治教师，可以不定期总结或鼓励，相信每个孩子内心都住着一个天使，对学生的美好行为不吝溢美之词也是一种"美的教育"。

开阔视野：从国际视角传承民族精神之美

当今世界，是一个联系日益紧密的世界，全球化的趋势正在不断加强。传统民族精神在全球化背景下、在与世界各地文化相碰撞与融合的过程中更显出独特魅力。

教师应增强全球意识，正确认识中国在国际舞台上所扮演的角色，正确理解中华民族精神在应对世界时局变化时的优势所在。例如，在这场抗击疫情的人民战争中，我们国家充分发挥集中力量办大事的制度优势，全国上下迅速形成了抗击疫情的强大合力，充分展现了中国力量、中国精神、中国效率。其中，以伟大创造精神、伟大奋斗精神、伟大团结精神和伟大梦想精神为内核的伟大民族精神是中国精神的崭新凝练和时代注解，是中华民族风雨无阻、砥砺前行的精神动力，是我国疫情防控取得来之不易"决定性成果"和"重大战略成果"的强大精神力量。教师可以指导学生深入了解中国政府在应对突发公共安全事件时果断决策、中国人民在响应国家号召时勠力同心的大国效率；在全球疫情日趋严重的大背景下，中国为越来越多国家提供援助的大国担当；面对不利的国际舆论，中国政府的妥善面对彰显"以和为贵"的大国风范。开阔学生国际视野，激发学生作为中华儿女的民族自豪感，传承自古以来中华民族拥有的凝聚力、向心力、战斗力，传承时代赋予的使命，激励学生作为中国公民，也可以在国际社会中传承中华文明、发扬民族意志并以中华民族精神之美感染世界。

中华民族精神，不仅仅是疫情中无数"逆行者"体现出来的大无畏牺牲精神，在五千多年的发展中，中华民族形成了以爱国主义为核心的团结统一、爱好和平、勤劳勇敢、自强不息的伟大民族精神。道德与法治教师将传统民族精神与教材知识、时局动态、国际环境等相结合进行美育教学，引领学生树立正确的榜样意识，自觉传承民族精神，做有理想、有担当、有本领的有为青年，既是为社会培养负责任公民的必然之举，更是为实现中华民族伟大复兴奉献自己的绵薄之力。

汉字文化的普及与美育渗透教学研究

——学科融合与社会展览实践结合初试

王翊卿

（北京市第十三中学）

课程设计背景综述

在当今开放和先进的教育大环境背景下，我们一直致力于在提升学生核心素养方面进行教学研究与课程落实开展——如何真正地实现"立德树人"的根本任务，已经逐渐贯彻在每位教师的每堂课的教学设计思考与研究中。在此基础上，学科融合已不再是一个陌生的课题。

近年来，社会上各大博物馆、美术馆、各类文化类展览宣传活动都逐步提高了对大众的开放度。免费的展览、更大的宣传力度与更加丰富的推广途径，都对我国现阶段众多人口的平均人文素养提升起到了相当大的推进作用。

该课程的研究即是在博物馆教育进课堂及学科融合的基础上进行的一次教学研究尝试，也是带领学生根据校内所学，让学生带着知识和问题进行针对课题的博物馆展览参观，从而在一系列完整的教学活动设计中，进一步思考和探究学生高效学习的新方式。

该课程的目标学生是我校初一年级学生，结合他们作为入学新生的事实及当下年龄特点情况，该课程的设置有助于帮助他们通过学习，爱上语文、历史及美术（书法）学科知识，感受不同的学科魅力，更多地去深入理解我国博大精深的汉字文化内涵，帮助他们真正理解"写好一手好字"的实践意义，借助课程的辅导初步领略"一手好字"的实践价值，切身体会汉字艺术中蕴含的文化精神内涵，在感受汉字文化意蕴的同时，增强学生对于美的追求和更深层的审美理解能力。

课程实施目的

这一课程的主要目的是：学生能够通过项目学习更加全方位地解读一项知识，而美术课程的作用即是在此基础上，引导学生在进行知识学习的同时逐步渗透上升到文化理解和审美态度等艺术学科核心素养的能力提升，加强美育作用，渗透中华美育精神。

进行该方向的研究是出于笔者对学科知识与学生学习特点的理解，现阶段的校内教学主要还是运用传统教学方式，学生所接收的学习文本大多数仍是分科形式，虽然各学科教师都在本学科基础上进行了核心素养的渗透，但对于学生而言很多知识并没有更好及更有效地融会贯通。

知识对于学科而言是专业的、独立的，但对于一个完整的"人"来说却是相互连贯、相辅相成的。在数学科目中培养的逻辑思维能力与空间能力，与在语文学科培养的阅读能力、理解能力，对于学生而言都是能力培养。这些能力需要学生自发地进行学科之间更高阶的认知联结才能够更好地理解和运用，从而达到融会贯通的效果。

该项课题的研究有助于借助课程的进行和教师的引导铺垫，指导学生通过不同学科的学习，更主动，也更容易地进行对于知识的更全面理解，有助于学生全面认知的发展，从而促成学生的认知神经元更高效地联结，而在有限的课程时间内，更高效地获取知识并实现围绕学生个人的核心素养能力提高。

课题研究意义

作为一名从事教育工作的一线美术教师，手执课本的同时更要放眼世界；当下的学生作为社会的未来人才，他们更当以世界为教材，汲取更多有益的知识，开阔视野，树立正确、向上的审美观点，培养更高尚的道德情操，而非把目光仅仅停留在教材所呈现的知识内容上。因此，如何有效利用现有社会资源，如何高效结合优秀的社会展览活动实施美育教育，是笔者经常在思考并深入研究的课题之一。

这项课程的实施结果比较理想。学生通过学习，确实增强了对于汉字文化的理解及重视程度。从前对于写字没有要求的学生在课程中反馈出很多积极的声音：

1. "现在才真正地理解了为什么要写好我们的汉字，这不仅仅是卷面整洁的问题。"——这体现出学生增强了对该文化的认知理解，同时在美育教育培养下，对待汉字文化的情感态度发生了一定的转变。

2. "原来我们的汉字文化如此深厚，书法可真好看。"——这体现出学生对于汉字的文化审美理解提升。

3. "我想写好字，以后可以开设更多这样的课程吗?"——展现出学生对学习需求的积极表达与学习热情的提升。

由于篇幅原因，还有许多学生的积极反馈暂且不进行逐一列举，但是通过学生的课程反思与小结及学生的硬笔、软笔作品来看，每位学生或多或少都对"汉字"这一课题有了更加深层的理解和认识。学生对于汉字的深层理解、对于课程的积极反馈，都是笔者进行该课题研究的意义所在。

课程实施安排

该课程共计 11 节课。

第 1—3 节由历史教师讲解汉字的历史文化发展与汉字的演变。

第 4 节课由美术教师带领学生从美术的角度欣赏汉字演变过程，欣赏不同书体的艺术美感，同时学生亲自体验甲骨文及篆书的实际软笔操作。

语文教师利用第 5—7 节课，从语文角度对汉字文化进行讲解，具体分析汉字的组成、结构、音节、含义和成语等知识内容。

第 8、9 节课，仍由笔者(美术教师)带领学生，继续认识和欣赏现代书法艺术与硬笔书法艺术，同时，建立在认知基础上，笔者着重强调了以中华传统文化为生活背景的现当代青少年写出一手漂亮的硬笔字的意义与重要性。在课堂中，笔者带领学生进行书写实践，过程中细心指导，逐步引导学生通过切实的体验感受和领会到书法独特的魅力所在。

第 10 节课的内容则是带领学生欣赏北京天桥艺术中心的"汉字记忆空间"展览。在这个展览中，我们带领学生跟随博物馆专业人士，实际体验孔子六艺、线装书、汉字皮影戏等内容，从多种角度体会汉字之美。具体体验内容包括：

1. 结合秦汉时期的十二字砖等文物，观汉字从甲骨文、金文到小篆、大篆的演变，溯源文脉，了解汉字演变史。

2. 结合汉字转盘，通过汉字古今书写方式对照，探索汉字前世今生。

3. 体验"孔子六艺"，学生反思自己在生活中都做到了哪些。

4. 体验线装书、拓字，通过非遗课堂了解六艺故事，动手制作六艺作品。

5. 通过诗词 AR，感受中国诗词韵律之美。

6. 用汉字故事演绎非遗皮影戏，锻炼学生们的情景创造力和舞台表演力。

7. 齐诵"汉字礼赞"，综合培养学生的语言艺术审美能力、创新思维设计能力、小组任务规划与团队协作能力。

以上是项目课程实践过程的全部课时安排。

课程实施成果

在此次实践活动中，学生学习状态积极，参与热情高涨，真正意义上实现了从书本走向课外，从单方面的知识获得走向尽可能多元化的知识吸收。学生对于"汉字"的认知不再仅仅停留于某一学科角度，而是综合融合各个学科知识，对于"汉字"有了全面认知。同时，社会博物馆与艺术中心的展览参观对于校内教育教学而言是极好的知识延展，大大加强了知识的生动性与活动的充沛程度，为本次课程起到了锦上添花的作用，丰富了当下项目式课程与学科融合的实践探索形式，对于学校教育而言是不可多得的优质教育资源。

在今后的教育教学中，笔者也将继续进行课程的深入研发和探究学习，在学校教育中不断渗透美育教育的作用，争取让课程内容更加充实，在更加高效的课堂教学中使学生获得更进一步的提升。在学科融合方面笔者也将不断探索，尝试更多的可能性，希望将美育教育带到更多的学科中去，不断丰富学校教育的可能性，创造更多多元化的教学设计内容。

心美而志明　舞造潜育人

——以舞蹈创作教学成果《心之所向》为例

王　蕾

（北京一零一中学石油分校）

　　审美体验的建构在一定程度上旨在建立一种高级的认知方式，这一点在当下社会发展中尤为重要，因为高效的信息流通会导致大量未经筛选的信息被心理发展尚未成熟的青少年接收，故需要通过学校教育的手段去帮助青少年正确认识"真善美"，提高审美趣味，培养学生良好的审美感知以及正确的审美判断。作为情感表达最高级的艺术形式，舞蹈有着自身独特的艺术魅力，进而能够反作用于人的情感并陶冶人的情操。因此笔者将舞蹈艺术形式中最高级的创作实践活动作为一种教学手段，尝试在培养中学生创造力的同时建构一种高雅的、独立的、有品格的认知方式，最终达到理性与感性并存的审美体验。

单一元素激发审美感知

　　对一门艺术中单一元素的充分理解，例如音乐中对单一元素"音"的理解，美术中对"点、线、色"的理解，可以使学生们更加深刻地认识到该门艺术的魅力和特点，因此可以成为一种有效的激发学生审美感知的培养路径。舞蹈是运用肢体动作来表达情感的艺术，因此舞蹈中的最基本的单一元素就是人的肢体动作。

　　在构思舞蹈作品《心之所向》时，笔者从作品表达与学生的实际出发，确定以现、当代舞入手，展开动作语言的创编。在课堂中，运用了启发式的教学方法，通过亲身示范，用标准规范的现、当代舞动作示范启发学生进行舞蹈创作的学习。在学习舞蹈的动作创编的过程中，加以言语的引导，启发语均基于学生们感受过、体验过的生活经历，积极引导学生进行创想，让学生在舞蹈动作创编中大胆加入自己的想象，结合创作主题、情感等要素进行动作创编。同时，教师要细心观察并辅助学生，要抓住学生们一些好的动作与创意，并进行优化，使之更符合舞台艺术的要求。例如：在作品起始段出现的现代舞"滚地"动作。在创作这一动作时，首先带领学生掌握该动作的基本方法，同时积极引导学生想象"沙子"的形象，将形象融入舞蹈动作之中，配合"滚地"这单一动作进行延展，运用身体变化、集体配合形成沙子被风吹起来的画面。此时，给予学生一个创意点，比如在滚地过程中加入上身的起和落的动作［如图 1(a)、图 1(b)］，通过不断的启发，使学生学会如何运用肢体进行变化，进而创编出呈现于舞台上的"沙海"意象画面。

(a)   (b)

图 1　现代舞"滚地"动作

因此，在舞蹈创作教学过程中，不仅需要教师引导学生理解肢体动作元素，还需充分利用学生已有知识让他们自主探索与开发这些动作元素，从而在不断探索的过程中认识到肢体美，并通过有效的训练，提高其对舞蹈单一动作元素的理解与运用的能力，将肢体动作元素重新排列与组合，构成一种语言性的表达，最终达到对审美感知力和创造力的培养。

形式结构丰富审美联想

调度与构图是舞蹈的一种形式结构，也是舞蹈创作时的核心要素之一，表演者在舞台上的构图画面和流动的路线能够极大提升舞台空间的可塑性，并表达出创作者想要传达的内在的意义。在学生充分感知与理解舞蹈动作的单一元素之后，如何培养学生整体化思维就成为形式结构训练的教学目标，例如在绘画中对构图与比例的理解和运用，将基本元素进行整体上的组合铺排，可以在很大程度上开发学生的联想与想象力，进而培养学生的审美联想能力。

在创作教学实践中，通过营造教学情境，引导学生将自身的审美感知与生活经验相联系并展开联想，审美体验才能在感知的基础上发展，并使得学生和其审美对象之间产生更为高级的精神性审美关系。因此，应在主题动作、动机确立的基础上让学生进一步了解舞蹈中的调度构图技术，并在舞蹈创编之中学会如何运用该技术，使舞蹈作品更加富有寓意。笔者选择运用影像、音乐、语言等方式对学生进行启发，从而丰富学生的审美联想：在课堂教学中运用影像启发学生的创意想象，思考该如何表达影像中的画面；师生讨论交流并配合实践演练，让学生聆听作品音乐，以音乐特有的旋律、节奏、情绪将学生带入到特定的情境之中；创设语言描述情境，语言中包含具有情感性、教育性等的内容，由此激发学生创作灵感。

经过实践训练，由此形成图形状的调度构图，符合表达且丰富了编创者所思所想。

首先，以作品中的"线性构图"为例，竖线上的变化运用多米诺骨牌的编创手法，凸显舞者上身的表现力，她们如同链条般的动作，制造出连绵不断、接踵而来的效果，突出表达了少女渴望到达向往之地的内心独白。不仅如此，学生们还在竖线上使用层次变化的处理[如图 2(a)、图 2(b)]，这样的变化给人一种虚实交织的错觉感，用以加强表达的效果，意象化处理"渴望找到绿洲，渴望追寻梦想"的意味。

(a)   (b)

图 2　线性构图

　　其次，以作品中的"图形构图"为例，用封闭的空心圆"O"表现被困在风沙的险境中，舞蹈调度则是由单一的圆通过碎步流动形成四层圆里套圆的环形构图[如图 3(a)]。外面三层圆都是表现抵抗艰难险阻的一种状态，最里面的圆心则是向往美好之地的表达，与外面三层形成反差[如图 3(b)、图 3(c)]。层层渲染意在表达困难与欢乐并存的情感以及追寻梦想的意志力，借此来体现舞者心中想要表达的一种向上而充盈的生命意识。

(a)   (b)   (c)

图 3　图形构图

　　在一个艺术形式中基本元素和形式结构是部分与整体的关系，在教学上两者的次序也要有先后，不可跨越和逆向进行——当学生对于一个艺术形式的基本单一元素经过理解与组合训练并最终形成语言性表达后，在形式结构教学中的整体性思维才能发挥作用，从而使艺术的形式结构上的训练成为一种培养学生整体思维与审美联想能力的有效途径。

情感表达深化审美想象

审美想象是一种特殊的想象。它的特殊性表现为在想象的过程中始终伴随着强烈的感情活动。[①] 审美想象过程都是以强烈的情感为动力，并结合个体以往的审美经验对审美对象进行加工改造，从而达到感同身受、物我合一的境界，而一个艺术作品的优秀不仅仅体现在形式上，更体现在作品所表达的情感内涵上。由此可见，情感的培养对于深化审美想象有重要作用，也因此情感的感受与表达是艺术创作教学中最后进行并且被极度重视的一个教学环节。当学生对一个艺术形式中的基本元素和整体结构有了一定的理解后，学生已经在自己的认知中理解了该艺术的特点与必要存在的意义，并最终能够通过对艺术形式理解的不断深化与巧妙的运用，去恰当地表达情感并传递"真善美"。因此，培养学生的艺术情感体会与表达能力是一种深化审美想象力与艺术创造力的培养途径。

情感不仅在审美想象中具有重要作用，它还是舞蹈的核心要素之一，且舞蹈"长于抒情，拙于叙事"。此外，舞蹈表达的是人与人之间相同且真实的情感，情感的表达能够提升舞蹈艺术的生命力，能够激发创作者的创作欲望和表演者的二度创作，从而使观者能够在观赏舞蹈作品时不仅能感受到源于生活又高于生活的艺术表现，并且更能深刻地体味到人与人之间最真实的情感。

在舞蹈创编教学中，会发现在学习舞蹈初期学生并不善于表达自己的感情，更不擅长用肢体语言去表达自己的内心感受，而舞蹈创编实践则能打破这一窘境。教师需坚持"学生主体，教师主导"这一理念，通过运用情境情感启发教学的方式，对学生进行肢体语言的开发、舞蹈基本要素的解读、舞蹈动作的拆分重组等。在这之中让学生通过舞蹈实践来丰富自己的情感表达，满足自己精神与身体的需要，并且通过集体舞蹈的配合帮助学生增强集体观念和提高配合沟通能力。

在进行舞蹈《心之所向》创编教学时，首先让参演学生了解作品所表达的内

---

① 曾繁仁：《美育十五讲》，北京大学出版社 2012 年版，第 69 页。

容，这样能够加深学生对作品表达的认识，从而融入自己的亲身感受、经历和思考等。其次，让学生知道所有舞蹈作品都围绕着"情"来展开，包括作品中舞蹈形象的情绪起伏、动作幅度、身体节奏等的变化，都是伴随情感的变化而变化的。所以不同的舞蹈情感可以构成不同的舞蹈意象，舞者借助身体，其肢体动作就是情感的外化显现，而连接不同动作间的运动路线则反映出了不同的情感意象。最后，在编与排的过程中，教师还会与学生分享自己的经历和感受以及对这个作品所要表达情感的体会，通对学生的启发和沟通交流，让学生不仅了解作品的主题立意和情绪情感，还能够让学生体会坚持不懈的内在精神。

可见，情感表达不仅能引起编创者和表演者之间的共鸣，还能够引起表演者与观众的共鸣，而这一审美共鸣能够使表演者完全沉浸在对审美对象特有的情感氛围之中。

艺术教育作为培养学生精神世界最好的手段之一，需要从事艺术教育的工作者不断优化施教的方式和内容，去积极探索符合当今社会发展的教育理念与教学方式。故而笔者将舞蹈创作教学的经验进行总结，探索艺术教育的培养路径，争取通过培养学生的审美力和树立正确的审美观，唤起学生们对美好生活的追求，最终通过舞蹈艺术教育，促使学生形成健康的世界观、人生观、价值观。

指向艺术核心素养的
高中舞蹈校本课程开发研究

王小莲

（北京师范大学第二附属中学）

基于核心素养的课程改革，不仅是提出新方向、新目标，也是对过去长期存在于教育一线的"老问题"的重新梳理和审视。对长期处于"边缘地位"的舞蹈教育而言，要真正贯彻落实培育学生艺术核心素养的目标，更需要明确现实层面的困难和挑战，主要表现为以下三点。第一，对包括舞蹈教育在内的艺术教育的现实意义认识不足。第二，课程目标定位不清。第三，学校的舞蹈课程设置零碎，忽视面向全体的舞蹈课程的系统开设，也就难以整合课程育人的总体优势，不利于核心素养形成和发展。因此，改变此现状需要建立一套具有系统性和科学性的课程体系，才能克服现实层面的困难，切实推进学校的美育工作。

高中舞蹈校本课程开发原则

以艺术核心素养为整体育人目标，引领课程开发和教学策略研究，具体内容由四个基本部分组成。

（一）面向全体学生，贯穿高中始终

鉴于核心素养的发展是一个持续不间断的过程，在高中阶段不能因为学业压力中断对艺术核心素养的培育。因此，高中艺术课程开发要具有全员性和三年一贯性的特点，这是高中舞蹈课程开发的总的着眼点。

（二）立足现实环境，因势借力发展

任何一门学科都只是高中教育的一个有机组成部分，不宜片面强调局部而忽视整体。尤其在普通高中的课程环境下，艺术学科在国家的课程整体设置和学生实际的心理预期中并不处在特别重要的地位，且不是美育的唯一渠道，而舞蹈又只是艺术教育的一个分支，更要找准课程定位，注重课程内涵发展，争取少开课、高效开课，同时要整体筹划舞蹈和其他学科以及学校综合实践活动，形成跨学科课程开发观，在因势而动、借力而为中取得实效。

（三）淡化技能训练，强调主动参与

面向全体的基础教育舞蹈课程不宜过分强调专业基本功训练，在能够达到基本的动作要求、具有一定的鉴赏能力基础上，要把课程开发的重点放在如何激发学生的内驱力上，让学生喜爱舞蹈、敢做动作、勇于表现，以舞蹈为媒介促进审美品位的提升和审美能力的发展，提高创造性思维能力，即在积极主动的参与过程中形成和发展艺术核心素养。

（四）构建课程单元，注重过程评价

单元设计主张师生合作共同建构具有整体性、协同性、探究性的课程基本单位，以改变课时主义下的碎片化教学模式，避免注重知识传递效率带来的素养滞后、能力匮乏。艺术学科课程既包含艺术实践也包含艺术欣赏，舞蹈学科也是如此。相比之下，舞蹈更注重动态的实践课程，在每一门课程中开展动静结合、以动为主的单元整体设计尤为重要。在课程单元实施中，注意搭建同伴合作平台，开展相应的过程性和表现性评价，满足学生的多元需求。

第一，为了满足全体学生的共同需求，符合不同年级学生的实际情况，面向全体高一学生开设素质教育舞蹈课程，打好共同参与的基础。面向高二全体学生开设舞蹈赏析评论课程，重在提升学生审美水平和理论素养。面向高三全体学生开设减压释放舞蹈课程，助力学生在高负荷的学习中健康成长。这三门课程在国家课程中开发，面向全体且各有侧重。

第二，高二年级一部分学生有更为强烈的创造性表达的需要，且理论上也应该具备了一定的审美能力基础和舞蹈课程参与经验，因此在选修课程中面向他们开设挑战性更高的诗乐舞跨学科课程，以培养学生艺术创造力为目的，满足不同层次学生发展的需要。

第三，在每种课程内部，围绕核心素养生成的内在规律，细化每一门课程的具体目标，以课程单元为基本单位进行整体开发。例如，高一素质教育舞蹈课程聚焦学生身体舞动能力，通过八个课程单元培养观察模仿、创造求新、即兴表现、交流合作和综合融化等五个能力。高二舞蹈赏析评论课程以静态课程单元为主，聚焦知识整合和审美能力；诗乐舞跨学科课程以动态课程单元为主，指向创意表达和艺术作品的加工。

学校整体课程框架下的舞蹈校本课程结构见图1，每门课程具体设计见表1。

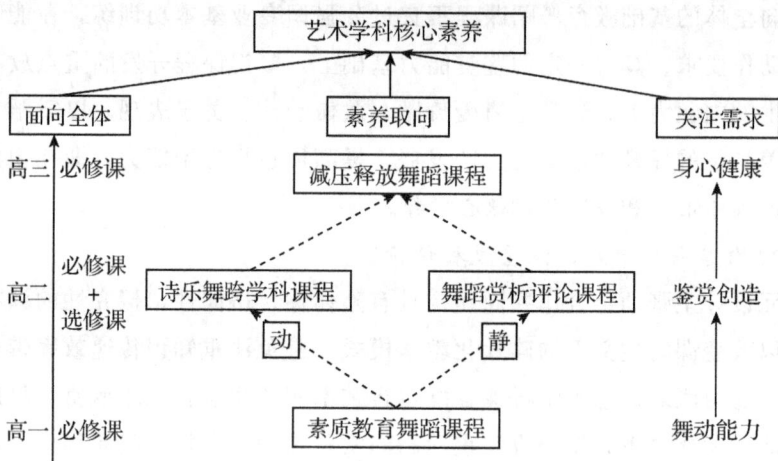

图1　指向艺术核心素养的高中舞蹈校本课程框架体系

表1　指向艺术核心素养的高中舞蹈校本课程细目

年级	名称	类型	任务	内容	课时
高一	素质教育舞蹈课程	必修课	身体舞动能力	八大主题	36
高二	诗乐舞跨学科课程	选修课	跨学科创作能力	四个任务	36
高二	舞蹈赏析评论课程	选修课	综合鉴赏能力	四级阶梯	36
高三	减压释放舞蹈课程	必修课	身体表达能力	三个阶段	24

高中舞蹈校本课程内容设计

（一）素质教育舞蹈课程

该课程侧重对身体的初步认知与探索，通过八个主题式的课程单元使学生感知舞蹈运动的乐趣和规律。单元顺序按学生接受舞蹈的身心一般规律拟定，达到一种"可舞"的能力后再向下一个舞蹈能力前进。单元衔接的内在逻辑不按专业舞蹈的规律，而是按照舞蹈能力的完成度。该课程每个主题单元都可以进行横纵延展，可以根据实际的教学情况进行深入拓展，利用小组合作式的学习方式，对主题进行延展体验、探索。本课程过程性评价采取问卷和访谈等方式，主要维度基于五项能力指标展开，着重观察每项能力的创新表现、团队合作和参与度；表现性评价主要与学校艺术节素质教育舞蹈专场活动对接，将课堂创生的成果呈现在舞台上（该课程教学原则、能力目标、课程单元设计和评价办法见表2）。

表2 素质教育舞蹈课程单元结构与能力目标

单元序号	单元主题	单元目标	能力目标
1	造型	向动而静	观察模仿能力 创造求新能力 即兴表现能力 交流合作能力 综合融合能力
2	律动	寻找力量	
3	舞动	感动身体	
4	排序	序列表达	
5	道具	借物体验	
6	情感	因情而动	
7	融合	跨界尝试	
8	创造	创编作品	
每个课程单元同时指向上述能力的综合培养			

（二）诗乐舞跨学科课程

该课程以《诗经》经典诗歌为核心文本，以创编艺术作品为任务驱动，整合语文、音乐、舞蹈等学科，通过理解、表现和创造的综合，培养学生的艺术感知力和表现力。在中国传统文化中，诗歌、音乐和舞蹈是密不可分的综合体，用乐舞还原、复现或再现《诗经》不是简单复古，而是新的艺术创造，应该追求 $1+1+1>3$ 的教学效益，这也是跨学科教学的共同属性。

为发挥学科合力，帮助学生领会不同学科思维方式并有机融合，本课程共分为四个阶段：第一阶段的中心任务是"入门"，帮助学生分别了解三个学科有关《诗经》的关键知识，初步了解三个学科不同的思维方式。第二阶段的中心任务是"探究"，围绕确定的《诗经》篇章进行全面的文献检索和作品搜集，熟知学科表达语汇风格，建立学科间互通的通道和自我内化后的思维模型。第三阶段的中心任务是"创编"，以小组为单位合作创编作品，完成设计文案、作曲、填词、编舞、服装道具设计等，在此过程中综合使用学科知识解决问题。第四阶段的中心任务是"呈现"，即反复排练直至舞台演出，在此过程中不断更新视角、重组学科知识、培养跨学科合作能力、及时解决复杂多变的舞台问题，形成多元思维。四个阶段任务和隐性的思维发展目标如图 2 所示。本课程过程性评价贯穿始终，终结性评价包括过程成绩（40％）、作品质量（40％）和学业反思（20％）。

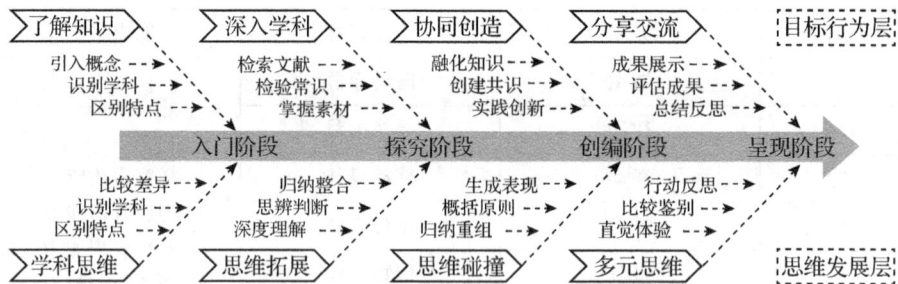

图 2　诗乐舞跨学科课程阶段任务和思维发展目标关系图

（三）舞蹈赏析评论课程

舞蹈赏析评论课程脱胎于传统的艺术鉴赏课，过去这类课程主要以年代、国别或艺术流派为逻辑进行单一讲授，虽然具有一定的知识连贯性，但因为与现实生活关联度不大，不利于激发学生的学习动机。本课程的总原则是：以问题为线索而不是以知识为线索；注重综合知识的建构而不是单一学科知识传递；培养批判性思维而不是复现能力；赏析与评论紧密互动而不是单一欣赏。该课程分四个单元，每个单元指向一个艺术批评主题，通过几部作品对同一主题的表达，比较出不同艺术表现形式的表达优势，以及不同导演如何运用艺术语汇去表达自己的价值态度。先自上而下地对艺术作品进行解读和解构，再自下而上地对自己的审美观点进行重组与表达，以便于整合知识、明晰观点，提升审美品位。四个单元主题全部由师生共同商定，如现代女性主义、人的存在价值、先锋艺术实验、东方美学探索等，再据此选择相关的艺术作品（该课程结构与内容示例见图3）。

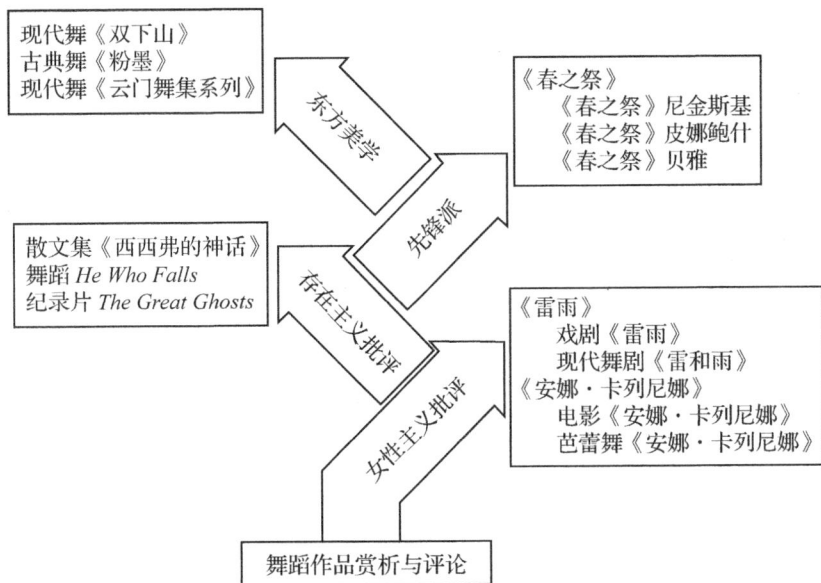

图3 舞蹈赏析评论课程结构与内容示例

（四）减压释放舞蹈课程

对高三学生来说，不仅要提升艺术素养，还要关注身心健康。本课程借鉴舞动治疗的方法，对学生进行压力管理，唤醒学生对自身需求的观照，纾解学习压力。鉴于高三学生集中精力备考，难以系统学习，故不追求每个课程单元的延续性，而以课时为单位，采取"一课一结"的办法，学生上课不需要回顾前一节课的学习内容。整体上，高三减压释放舞蹈课程以"互动"为中心任务，分为三个阶段，每个阶段围绕互动对象展开，同时指向下一阶段。在能力要求不断递进的学习中，最终实现自然而然的情感表达和压力释放。第一阶段侧重与同伴的互动，形成轻松愉快的舞蹈交流氛围。第二阶段侧重与媒介的互动，借物抒情，促进情绪情感的释放和表达。第三阶段，侧重与自己互动，与自己的空间、力效和意象互动，激发表达意愿并能够主动通过舞蹈动作释放压力（该课程结构与内容示例见图4）。

第三阶段
自我互动

《拉班力效》
《舞出高能量》
《翻译诗词》
《诗意舞蹈》
......

第二阶段
媒介互动

《椅子之舞》
《气球舞蹈》
《装扮舞会》
《绘画舞蹈》
......

第一阶段
同伴互动

《流动的雕塑》
《二维三维》
《舞动关系》
《宫廷华尔兹》
......

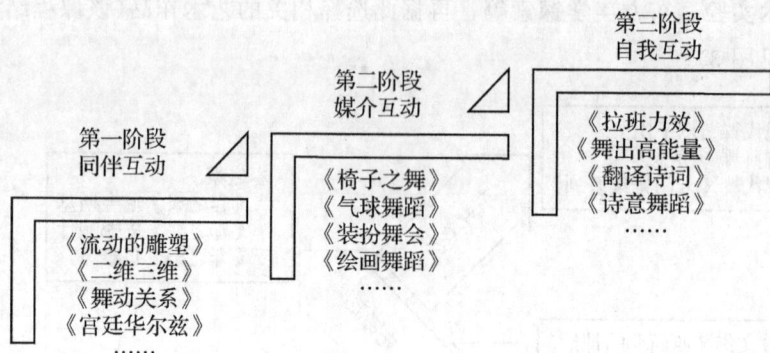

图 4　减压释放舞蹈课程结构与内容示例

舞蹈社团践行社会主义核心价值观的艺术创作实践研究

陈苏君

（北京师范大学第二附属中学）

　　舞蹈是人类文化的结晶，更是完整教育的重要组成部分。舞蹈能够传达无可言喻的讯息，提供人类非语言的沟通形式；可以提升人的直觉和想象力，培养人的创造力。人们可以用舞蹈分享源自生活的思想情感，并从中获得知识，建立价值观。社会主义核心价值观对中学生建立正确的世界观、人生观、价值观具有重要的指导作用，如何将社会主义核心价值观教育融入中学舞蹈教学是笔者这些年一直探索研究的课题。研究发现，创新舞蹈社团实践活动的形式和内容，形成契合社会主义核心价值观的社团文化，能够督促学生形成良好的艺术修养，促进学生全面发展。

　　北京师范大学第二附属中学校舞蹈团的建立是为了满足有舞蹈兴趣的学生，发展他们的爱好和特长，同时丰富校园文化。校舞蹈团积极参加各种演出交流和比赛，一方面展示我校学生的风采，另一方面也呈现了我校舞蹈教育的成果，渗透了学校的教育理念。这些年，我校舞团的原创作品多次在全国、市、区获得金奖、一等奖的好成绩。秉着原创的理念，舞团有了自己的特色和表演风格。培育和弘扬社会主义核心价值观，关键在践行，教师以学生的生理和心理特征为依据，从社会主义核心价值观的角度出发，以创作舞蹈为基点进行教学，通过舞蹈进行教育，促进学生养成健全人格。

在创作中寻找与社会主义核心价值观教育的契合点

社会高速发展的今天，各种信息充斥着整个世界，学校也不再是象牙塔，学生不只是通过传统课堂教学学习和掌握知识，而是更多通过网络等媒体积累知识，关注生活，认识和了解世界。日本舞蹈教育家邦正美在《教育舞蹈原论》中说："舞蹈是创作的，从它是创作的这件事上开始有了舞蹈的本质。这个创作便是以身体的运动为素材，而这创作却因表现了我们的思想或感情，才有舞蹈的本质，即：借运动达成形而上学性的美便是舞蹈，亦如此才有舞蹈的本质。"①培育和弘扬社会主义核心价值观，关键在践行，在创作中寻找与社会主义核心价值观教育的契合点，让学生在创作的过程中去体验社会主义核心价值观的重要性，自觉去提高自身思想道德的素养，践行社会主义核心价值观。

（一）从社会主义核心价值观角度出发，关注社会现实，结合当下所需，选取题材。例如原创作品《瞬间》关注的是交通安全问题，强化人人守法的意识，表达了珍爱生命、尊重生命的主题；原创作品《白色之殇》表现人们方便快捷地使用塑料袋时带来的环保问题，唤醒和传递环保意识，倡导人与自然的和谐发展；原创作品《控》通过表现现代人对手机的喜爱和依赖，引人深思，传达科技带来生活方式转变的同时我们要懂得平衡，积极建立人与人的和谐关系；在呼吁"保护传统文艺"，嚷着"要创新要改良"，喊着"保持原汁原味"等不同声音中，融合戏曲元素的原创作品《玉生烟》诞生了，戏曲具有的是一种与现代文化略有不同的古典美，它的慢节奏和程式性在适应现代审美的过程中也逐渐显露出吃力，这个作品尝试着探寻古典与现代的交汇融合，关注的是艺术的传承与发扬；原创作品《海菜腔》《左脚调》《烟波江》《黄河谣》是对乡土情、爱国情的诗意描绘，平实质朴却带有哲思，饱含源远流长的家国情怀和始终如一的民族情感。

（二）以作品凝聚团队，训练围绕作品展开，渗透社会主义核心价值观教育。我校舞蹈团的学生来自高一、高二年级的20多名学生，有男有女，除了4个舞蹈特长生以外，其他的都是舞蹈爱好者。他们的舞蹈基础差异很大，有的学生

---

① ［日］邦正美：《教育舞蹈原论》，李哲洋译，大陆书店1994年版。

学了近十年的舞蹈，有的学生却是零基础。不同于大多数学校的舞团的训练模式，我校舞团的训练和创作是分开的，训练采用芭蕾基训或者中国舞基训，排练作品和这些训练联系不大。舞团课程的创新点主要围绕作品进行，提出的主题涉及人与人、人与社会、人与自然等，充满无限思考和想象。训练的方式不局限于芭蕾、民族舞、古典舞、现代舞、拉丁舞等单一舞种，而是在有限的时空里结合学生的身体条件与能力进行主题性训练。训练的内容有关于身体能力、团队合作的，也有思想和语言方面的。其中最重要的一点是培养学生的想象力。通过有趣的、富有想象的方式，让学生参与并觉察身体的可能性，学生可以去探索发现、创作与分享，最后得到自己的体悟，更好地认识自我。学生在参与体验中主动探索，将舞蹈与生活紧密联系在一起，对主题进行思考并有创意地表达，使得学生能积极愉快地接受社会主义核心价值观教育。

在教学中探索符合社会主义核心价值观教育的方式

(一)民主友善的教学方式

教师围绕创作作品所需要的要素，例如作品需要的情感表现、动作质感、空间构图等，结合学生的情况运用多种教学方法进行教学，例如示范教学、项目教学、任务驱动、参观教学、自主学习等。这里介绍学生们特别喜欢的两种教学方式。

1. 游戏式。环境教学对学生人格与思维培养非常重要，营造良好的课堂氛围，给予学生们轻松、快乐之感，就会让教学在学生们没有思想负担和压力束缚的情况下开展。教师在教学中可以安排一些游戏环节，让学生在游戏中掌握良好的身体控制能力、团队合作能力以及一些身体运动技能。例如两人一组的抓纸巾游戏，一人手里拿一张纸巾，另一人用手去抓。持纸巾的人要尽量让对方抓不到，在没有抓到的情况下，身体要瞬间停住，抓到的话就换角色。教师在引导中要求有空间变化，这个游戏可以原地进行，还可以流动进行。一方面锻炼学生的专注力和反应力，另一方面增强身体的控制力，很好地发展学生对身体的认知以及探索身体的可能性。

2. 分享式。教师常与学生围坐一起，平起平坐，进行主题分享，从不同方面了解和亲近学生。分享的主题涉及层面十分宽广，比如近期发生的时事、各大演出动态、校园资讯、文化现象等。在教师发表完自己的观点后邀请同学们进行分享，学生可以根据教师的话题来发表自己的见解和看法，也可以针对自己近期所发生的事件发言，内容不限。在同学们分享和讨论后，教师会总结发言内容，承上启下开始转移到热身活动，从而开始教学。例如对作品《白色之殇》进行分享讨论后，确定了快板"快乐使用塑料袋"和慢板"拒绝使用塑料袋"两个对比强烈的舞段形成作品结构。"快乐使用塑料袋"表现人们浪费塑料袋的情节，情绪欢快，节奏明显，音乐充满动感，展现当下生活的语境。"拒绝使用塑料袋"是人们从意识到白色污染危害的存在，到强烈感受到白色污染的危害，并有了挣扎的呐喊。民主友善的状态贯穿整个创作过程，教师从多角度出发开阔学生眼界，启发学生的发散性思维，使学生深入其中，赋予学生们主人翁的归属感和存在感。舞蹈创作紧密联系着同学们和教师的心，分享有助于学生对舞蹈深入理解，从而实现师生之间的互动交流、双向反馈。

（二）平等公正的合作关系

在排练中教师引导学生尊重自己与他人，互助合作。参与群舞排练总是要遭遇种种关系，个人与他人、前排与后排、主角与配角、男生与女生、中心与边缘的关系等，让每个学生意识到"在作品中无论哪个表演位置都是重要的，我要尽力做好，我们是一个团队"。在排练中引导学生乐意参与与付出，具有民主素养，愿意包容不同意见，发挥团队合作精神。《白色之殇》的服装设计是一个亮点。舞蹈服装是舞蹈中塑造人物形象、烘托气氛、推动情节发展的重要手段。简洁是舞蹈《白色之殇》中服装的气质。黑色的工字背心和黑色收脚运动裤、黑的服装与白色的塑料袋对比鲜明。舞蹈中重要角色"垃圾人"的服装主要由教师设计，为了使服装上布满白色垃圾袋，又不会使演员无法做动作，师生协作尝试了很多方法：塑料袋直接粘在衣服上很困难，一下子就掉了；直接粘在身体上不合适，胶带对皮肤有不好的影响，而且随着舞动还是会掉下来。经过实践后，最终确定了使用保鲜膜在肉色连体服外裹上一层，塑料袋集中在身体中段，留出一定的空间让手脚活动的方案。穿肉色连体服对于青春期的孩子来说真是有点难为情，特别是在同龄人前，但扮演"垃圾人"的同学克服了自己的不安与担心，完全投入到角色中。而穿上这样的服装，更是需要全体舞蹈团成员的共同协助，有人负责裹保鲜膜，有人负责贴双面胶定位，有人负责给塑料袋充气，有人负责粘塑料袋，每个人都表现出主动参与、与他人互助合作的良好态度与风范。

有时候作品中需要安排领舞和特定角色，教师会根据作品的需要结合学生的表现特质来安排。记得有一次排练后，一位学生 A 很不高兴，要罢演，因为她觉得老师偏心，把好位置留给了团长。但当时的实际状况是，教师摆好了一排椅子让学生自由选择位置，而这位表现欲强、特别关注自我的学生 A，快速抢占了最中间的"C"位，舞团团长等大家坐好了才在最边上落座，而这个最边上的位置恰恰在舞蹈设计中有一段个人 solo。经过沟通，A 同学同意正常参加演出，但心里有了一个结，直到毕业后回校看望老师时才解开心结，说自己不懂事，误会老师了，上了大学才感觉以前在舞团学到了很多，老师尊重学生并平等公平对待每一位舞团成员，特别负责特别温暖。

在实践活动中深化学生对社会主义核心价值观的理解

（一）以舞台表演为载体，与公益活动有效对接，传播向上向善的精神力量，使学生在社会实践中深化对社会主义核心价值观的理解。舞团除了代表学校参加北京市、区的学生艺术节展演以外，还经常不定期地参加许多公益演出活动，传递正能量。例如参加庆祝新中国成立 60 周年和 70 周年的文艺演出，中国航天日的公益演出，"七一"庆祝党的生日活动，CCTV 文艺频道春晚演出，为退休老教师迎新年活动的慰问表演，学校的科技节、艺术节、毕业典礼、庆祝教师节活动的演出以及中日友谊校、意大利普契尼音乐节的交流演出等等。例如在 2019 年，作品《黄河谣》上演了两次，反响很好。演出的成功与舞团每一个人的辛苦付出是分不开的。学生在舞团公众号中这样写道："在排练时，除了要练好动作，同学们还要时刻保持感情充沛，表情到位。为了让我们更好地进入角色，陈苏君老师经常为我们描述当时的时代背景和故事情境，启发学生的想象力，让大家体会到战争年代的年轻人的历史使命，由此体会作品的情感，并融入舞蹈表演中。演出前，每名舞团成员都制作了爱国书签和宣传海报，并在表演过程中发给观众，让观众们也参与其中，将他们带入当时的年代。同时，演出采用创新性的台上台下全场互动的表演方式，很好地表达了作品中不同时空的连接。特别是在结尾处，全场人一起面向五星红旗时，每个人都已心潮澎湃，既沉浸在过去那段革命岁月的激昂奋进中，又感受到了祖国如今的繁荣富强，使爱国主义精神在青少年们身上继续传承下去。每次表演《黄河谣》，总会有一种溢于言表的感动；每次听到《东方红》的音乐响起，对祖国的自豪感总是油然而生。"

参演同学用文字记录了当时的感受：

> 《黄河谣》真的有一种魔力，能让演员将心底所有的热爱融入表演，在一瞬间迸发；让观众把心里全部的自豪化为掌声如雷鸣般响起。对于我来说，能够参演《黄河谣》是一次表演的机会，一次情感的抒发，一次全新的体验。
>
> ——崔雪婷

> 已然记不清是第几遍跳《黄河谣》了，每一次跳感受都会不一样。依稀记得第一次看这个舞蹈还是在初中的艺术节闭幕式上，当时的感觉就只停留在：她们都好厉害，每一个技巧、动作都熟记于心并表现得淋漓尽致，把每一位在场的同学都感染了。如今，我成了这其中的一员，感受黄河的澎湃汹涌，感受中国逐渐辉煌的点滴岁月，感受自己身为一名中华儿女的幸福与骄傲。正值祖国 70 周年华诞，我们的情绪、肢体动作都在被感染与感染观众。我爱你，中国！
>
> ——王静怡

> 《黄河谣》是一部主题十分明确易懂的舞蹈作品，在宣扬民族精神的同时也教会了我们不放弃、斗争到底的精神。古有李白叹：黄河之水天上来，奔流到海不复回。今有诗人赞：万山丛中，抗日英雄真不少！青纱帐里，游击健儿逞英豪！敌强我弱又怎样，受伤又怎样，沦陷又怎样？正如舞蹈中所表达的，被敌人击倒的战士们一次又一次地爬起来，不怕失败，不怕牺牲，眼神越来越坚定，脚步越来越敏捷。这部作品教会了我，即便穷困，

即便艰难，只要精神在、希望在，就没有什么能难倒我们。

——张梦蕾

如果说创作像一粒种子，演出则是一个不断生长的过程，它如一面镜子，学生可以从中清楚地看到自己的优点和不足。通过一次次在公益活动上的表演，学生掌握了表演技巧，提高了临场不乱的心理素质与团队协作能力，把情感投入到表演中，深化了对艺术的理解，获得了自信，同时践行了社会主义核心价值观。

（二）以观演学习为契机，从不同的艺术作品中汲取养分，使学生拓宽眼界获得成长。除了平时分享一些舞蹈作品资料以外，更多地鼓励学生走进剧场观演。舞团也择机组织学生参加社会性的艺术活动，例如中国舞协培青计划演出、中国拉班中心举办的拉班动作教育课程、北京新舞蹈国际艺术节提供的观演机会以及区教委组织的一些艺术观摩和学习等。舞团成员在观演中从不同视角感知学习，受益匪浅。例如在观看《马拉霍夫和朋友们芭蕾精品荟萃》后，很多同学被编舞者的精妙构思和表演者的精准表达所震撼，他们享受到现场的视觉冲击与感受心灵的洗涤。其中郭羽凡同学说道："随校舞团赴国家大剧院观芭蕾舞剧，这应该是我第一次专门去观看芭蕾舞。没想到自己会与舞蹈有这么多的接触，在这里我要感谢舞团，让我喜欢上了舞蹈，无论跳得好或坏。无论哪一舞种、乐种还是肤色，都不应该区分高贵与低贱。只有心灵，才存在高贵与低贱。我在这里想说，无论芭蕾还是街舞，歌剧还是 Rap，根本不重要。求同存异，做好自己，坚持自己所热爱的，包容其他艺术。"他的语言传递出追求艺术的自由，更展现出健康的心性和宽广的胸怀，透露着现代中国人的自信。

收获与评价

我校舞团坚持以社会主义核心价值观为导向创作，教师和学生一起创造，共同完成作品并取得了较好成绩。例如作品《瞬间》荣获第二届"荷花少年"全国中学校园舞蹈展演金奖、最佳编创奖；作品《烟波江》在北京市第十六届学生艺术节中荣获中学组群舞一等奖、最佳编创奖；舞蹈作品《白色之殇》荣获北京市第十六届学生艺术节一等奖、最佳编创奖；作品《控》在北京市第十八届学生艺术节中荣获中学组群舞银奖，并获得"优秀作品展演现场最受欢迎作品"称号；作品《玉生烟》荣获北京市第二十届学生艺术节（西城区）一等奖；作品《海菜腔》荣获北京市第二十届学生艺术节中学组金奖；等等。还记得舞蹈《白色之殇》参加北京市艺术节展演时，现场评委、青年编导家靳苗苗老师评价："这个舞蹈我特别喜欢，单有这个想法就很了不起，而且表达很出色，很鲜活动人。有机会我想邀请北京舞蹈学院的老师看看这个作品。"北京舞蹈学院前院长吕艺生老师评价："这个作品结合学生的实际生活，很贴切。从动作中能看出不全都是舞蹈特长生，但他们的投入让我很感动。"舞蹈团的孩子们深受鼓舞，更为自己成为舞蹈团的一员感到骄傲，更重要的是舞蹈在他们心里开花了。

（一）从社会主义核心价值观的角度出发，培养学生创造思考的能力，让学生获取知识和情感体验，引导他们对未来充满希望，内心充满阳光，并延伸到生活中，用好的行为方式辐射到周边的人，进行传递。在排演《白色之殇》后，舞团的小伙伴的环保意识增强了，除了用自己的行动践行，还倡导身边的同学践行环保行为。参加《玉生烟》的同学，在排练中收集了许多戏曲相关的素材和知识，了解了戏曲的审美特点，并有意识地开始关注戏曲作品、戏曲音乐、戏曲表演艺术家等。这些举动是发自内心，不是靠说教来完成的，这是舞蹈的魅力，也是教育舞蹈的重要价值。

（二）毕业后的舞团学生对舞团一直保持关注，彼此分享信息，获得启发与成长。毕业的舞团学生常回舞团看看老师，看看学弟学妹，分享毕业后的故事。有的学生说因为在舞团的经历，让她有勇气走上了艺术道路；有的同学说感谢老师收留以前毫无舞蹈基础，且四肢不协调的自己，现在在大学当了文艺部长，还教同学跳舞，最近成功组织了一台晚会；有的同学说因为自己是特长生，文化成绩不太好，内心还有一点自卑，后来在大学逆袭了，成了超级"学霸"，每年都是三好生，担任了学生会主席，现在也成了一名人民教师……在舞蹈学习创作中了解人与人、人与环境、人与社会的关系，他们将体验和感受留在身体里，变成生长的力量，传播正能量，适应复杂的人际关系以及多变的外部环境，更健康、更有创造性、更快乐地成长。

学校教育是整体教育，需要从各个部门机构到各个学科的相互关联和互相配合，需要从校领导到教师的全员参与，需要将学科知识和育人理念融合、融通，促进学生健康人格的培养。如张中煖教授在《创造性宝典——打通九年一贯舞蹈教学之经脉》中所述："创造不是胡乱拼凑、为所欲为，创造意味着知识的消化、处理及运用，牵涉到个人的选择、筛删及组织重整的能力。"[1]我校舞蹈社团将继续以舞蹈创作为突破点，在创作中紧密结合社会实践，与时共进。学生们通过舞蹈社团活动认识和了解自己，进而尊重身体，肯定自我，提高自身修养，深化对社会主义核心价值观的理解，积极践行社会主义核心价值观。舞蹈社团是实现创意、传播正能量的平台，是师生交流、分享的场域，是充满未知和吸引力的历程，在这里，教师和学生共同成长，共绘美好蓝图。

---

　　① 张中煖：《创造性舞蹈宝典——打通九年一贯舞蹈教学之经脉》，台北艺术大学 2007年版。

"半音阶口琴艺术课程研发"研究报告

杨俐嘉　王　芳

（北京教育学院丰台分院　北京市丰台区槐房小学）

问题的提出

（一）国内外研究现状

1. 关于器乐教学

《教育部办公厅关于在义务教育阶段中小学实施"体育、艺术 2＋1 项目"的通知》（教体艺厅〔2011〕4 号）中提出："通过学校组织的课内外体育、艺术教育的教学和活动，让每个学生至少学习掌握两项体育运动技能和一项艺术特长，为学生的终身发展奠定良好的基础。"

《义务教育音乐课程标准（2011 年版）》提出：1—2 年级，学习常见的课堂打击乐器，能用其与其他声音材料合奏或为歌曲伴奏；3—6 年级，学习竖笛、口琴、口风琴或其他课堂乐器的演奏方法，参与歌曲、乐曲的演奏。①

《美国国家核心艺术标准》提出：2 年级，能够根据特定的目标，富于表情地应用精准的演奏技巧进行音乐表演；3—4 年级，能够富于表情地应用精准的演奏技巧进行音乐表演；5 年级，能够富于表情地应用精准的演奏技巧和适当的音乐释义进行独奏和合奏的音乐表演；6 年级，能够应用精准的演奏技巧进

---

① 中华人民共和国教育部制定：《义务教育音乐课程标准（2011 年版）》，北京师范大学出版社 2012 年版。

行音乐表演，以传达创作者的表现意图。①

周海宏教授在《音乐何需懂》中提出：器乐教学和我们普通的"感性为主"音乐课堂不太一样，它不以"学懂"为目标，而是更多地需要学生参与、实践、动手，通过自主发现理解音乐、表现音乐、创造音乐，不要让学习音乐的一切来得太容易，通过发现、征服与进步，最后做到卓有成效的演奏，并完成舞台上的表演，是器乐教学体系中可实践的"奥林匹克"精神，也对学生全面素质教育起到了非常重要的作用。

综上，音乐教学是以审美为核心的普及性艺术教育，可全面培养学生的音乐素质。学习器乐演奏对于激发学生音乐学习兴趣，提高对音乐的理解、表达和创造能力，全面提升音乐素养具有十分重要的作用。器乐教学不仅仅局限于学会一件乐器的演奏方法或学会演奏几首乐曲，从社会参与角度看，器乐学习，能使学生学会与他人合作，建立团队意识；从身心发展角度看，演奏音乐能影响情绪，情绪又影响荷尔蒙分泌，进而影响大脑分析能力和记忆能力，促进智力的开发，陶冶情操，美化心灵。

2. 关于课堂乐器选择

课堂乐器要适合音乐课堂教学，既要求乐器形体小巧，便于携带，又需要演奏难度适中，适合义务教育阶段一般学校的基础音乐教学。近几年，能够进入音乐课堂的乐器局限性较大，多以复音口琴、竖笛和口风琴为主。但是，普通复音口琴音孔多，音域窄，同时因为没有半音，因此局限于演奏一个固定调式的音乐作品；口风琴音域较窄，从音乐审美的角度看，因其材质、音域制作工艺等的局限性，它并非一件专业乐器；竖笛相对好些，但亦有近似问题，其演奏曲目选择具有局限性。当学生走出校门之后，这些乐器大部分不能够伴随他继续进行音乐的深入学习。

半音阶口琴俗称"口袋里的钢琴"，它相较于复音口琴来说，不但具有同样小巧的外形，更是一件专业的演奏乐器。其音阶构成和钢琴一样，拥有三个八度的全部半音，入门容易、转调方便、声音饱满，能够演奏古典乐、爵士乐、

---

① 美国核心艺术标准联盟编写：《美国国家核心艺术标准》，徐婷翻译、刘沛审校，上海音乐出版社 2018 年版。

现代音乐等，可以独奏、重奏以及成立乐团进行合奏，学生掌握起来也难易适中。半音阶口琴是可以伴随学生终身的一类专业乐器，对于学生的音乐学习具有长远的意义。

3. 关于半音阶口琴教学

半音阶口琴的演奏相较于普通复音口琴略有难度，也因为半音阶口琴师资的缺乏，目前国内选择半音阶口琴作为课堂教学乐器的不多，更没有相应的适合义务教育阶段学生使用的课程教材。经过中国知网、百度百科以及国外研究资料的查询，中国知网中搜索"半音阶口琴教材"结果为 0，搜索"半音阶口琴"结果为 6，其内容均为论文和案例，无课程研究内容。在百度百科中查找"中小学半音阶口琴教材""半音阶口琴教材"，关于半音阶口琴教材的内容基本没有，有个别针对成人自学的口琴教材，但大部分是演奏曲目集，以及简单的技巧说明，很难成为学生教学的辅助用书。在查询国外一些比较有限的资料时，对于基础教育中半音阶口琴的教学读本这一内容，目前处于缺失状态。

基于以上多重原因，笔者将课题定为"半音阶口琴艺术课程研发"，在教学实践中设计一套适合学生的半音阶口琴课程读本，推进半音阶口琴教学，旨在培养学生一项伴随终身的艺术特长，切实落实教育部"体育、艺术 2＋1 项目"。

（二）选题的目的与意义

1. 选题的目的

借助业界专家培训半音阶口琴教学师资，课内外结合，开展课堂教学实践研究，并鼓励和指导学校成立半音阶口琴社团，辅助普通学校形成艺术发展特色，提升学生艺术素养。

在教学实践与理论学习中研发半音阶口琴艺术课程，形成相对系统的课程构架，完成《半音阶口琴课程读本》的编撰，以便教师开展器乐教学时有本可依。

2. 选题的意义

（1）对学科发展的意义

从课程角度，能够填补义务教育阶段半音阶口琴基础课程的空白；能够在一定程度上解决适合学生器乐演奏教学内容的缺失。

（2）对校园文化建设的意义

从校园文化角度，能够帮助普通学校形成艺术发展特色，提供专业性的指导意见；能够提高校园艺术文化气息，在学生普及学习基础上，使学校拥有属于自己的口琴乐团，形成良好的艺术氛围。

（3）对教师发展的意义

从教师发展角度，课程的研发过程，能够发掘音乐教师的课程意识和研究意识；使教师掌握一种便捷的专业课堂器乐，提升艺术教育专项和整体素质。

（4）对学生发展的意义

从学生发展角度，落实"体育、艺术 2＋1 项目"，使每个学生能够掌握一项伴随终身的艺术特长，激发更多学生对音乐的热爱，提升学生艺术素养。

课题的界定

（一）核心概念的界定

1. 半音阶口琴

半音阶口琴由传统口琴改良而来，利用口琴侧方的一个按键，在一支口琴上面吹奏出半音。1885 年，德国 Hohner 琴厂研制出世界上第一支十二孔半音阶口琴，这是一个革命性的发明创造。它的音阶构成和钢琴一样，拥有三个八度的全部半音，是一件专业演奏乐器，入门容易、转调方便、声音饱满，可以独奏、重奏、合奏。

2. 课程

课程是对教育的目标、教学内容、教学活动方式的规划和设计，是教学计划、教学大纲等诸多方面实施过程的总和。这里的课程是相对狭义的课程，特指基于音乐课堂器乐教学与半音阶口琴演奏的必备技能技巧，在教学实践与研究中所产生的辅助音乐课堂教学、提升学生综合艺术素养的半音阶口琴艺术课程。

（二）本课题创新点

第一，以全面发展的人的核心素养培养为目标，以中国《义务教育音乐课程标准(2011 年版)》与美国的《美国国家核心艺术标准》为依据，根据学生年龄特点和认知规律，综合半音阶口琴构造、演奏技能技巧与音乐学科核心素养培养于一体的初级阶段—中级阶段—高级阶段的进阶式半音阶口琴艺术课程设计，填补目前基础教育阶段半音阶口琴课程的空白。

第二，课题研究期间，利用基地校带动全区总体器乐教学水平，落实"体育、艺术 2＋1 项目"，让学生掌握一项器乐演奏技巧，从而多角度激发学生对音乐的学习热情，培养良好的学习习惯和提升综合艺术素养。

(三)本课题的研究思路与方法

1. 研究思路

组织课题基地校教师学习中外艺术课程的相关理论，提高课题组教师对半音阶口琴艺术课程的理解与认识，同时边学习边整理半音阶口琴演奏进阶的技能技巧，在国家规定的课程教材内容及半音阶口琴曲集中，搜集整理适合的音乐演奏素材，请专业教师对曲目进行合奏曲的编配，并在此基础上进行以半音阶口琴教学为主体内容/教学辅助内容的音乐教学实践研究，并不断修改、完善和创新。加强对半音阶口琴艺术课程教学方法策略的研究，把半音阶口琴课程内容广泛应用于课堂教学实践，形成相对科学系统的课程框架与内容。

2. 研究方法

文献研究法：利用图书馆和互联网，对半音阶口琴课程研究进行分析，了解国内外半音阶口琴课程实践的现状，进一步明确研究内容和目标。

调查研究法：通过问卷和测试等调查方法，了解学生对音乐器乐教学的需求，通过对比测试调研分析学生参与半音阶口琴器乐学习的成效。

行动研究法：将半音阶口琴器乐课堂实践与音乐教学有机结合，创设多样化半音阶口琴课程实践途径和方法，在教学实践中发现问题，研究解决办法，并形成较为完善的课程体系。

经验总结法：参加课题研究及基地校的教师总结自身教学实践过程中的体会、收获与方法，最终以教材的方式呈现成果，进行课程的研发。

课题研究的过程

(一)准备阶段的方向地位

撰写《半音阶口琴课程读本》研发项目实施方案，进行教学读本乐曲的收集、整理和论证工作。2016 年 5 月召开"体育、艺术 2＋1 项目——半音阶口琴课程研发"启动会,确立半音阶口琴实验基地校,开展课题研究工作。

进行课题调研问卷调查,对部分学生进行音乐能力前测,基于前测结果(见表1)和课题调研分析,总结和梳理课题研究的目标,制定研究过程与方法策略,并针对调研分析进一步调整和完善课题研究内容。

(1)前测结果

半音阶口琴基地校:两所农村小学校

学生人数:100人(各校抽样二年级50人)

检测时间:2016年5月—6月

检验周期:一年

表1 部分基地校学生抽样前测结果

项目	内容	结果
识谱	无升降号谱子4—8小节	合格37% 优秀8%
节奏	简单节奏4小节	合格50% 优秀13%
视唱	4小节	合格28% 优秀10%
听音	无升降号单音听辨	合格16% 优秀5%
音乐表现力	8小节熟悉乐曲哼唱	合格30% 优秀13%

(2)调研分析

本次前测对象为半音阶口琴基地校,根据检测结果发现,无论是在音乐基础方面还是音乐表现方面,整体均较为薄弱。

(二)实施阶段的策略与成效

1.师资培训与课程研发同行

(1)依据师资水平设计持续进阶式师资培训

开展课题研究最基础的前提条件首先就是师资,助力于中国口琴协会的艺术教育专家,全区统筹安排半音阶口琴的研训与指导,设计进阶式的培训,学习半音阶口琴理论知识,提升专业演奏技能技巧,每个学期对基地校所有教师进行为期4个月的培训。

大部分教师在专家指导下,经过了专业教师考核认证,部分教师成为文化部全国口琴专业指导委员会认定的半音阶口琴专业培训教师。同时,成立教师口琴乐团，参加各类演出。学习与实践结合，提升教师专业与教学能力。

(2)依据学生发展核心素养设计进阶式课程

根据学生年龄特点和认知规律，以及全面发展的人的核心素养指向，综合半音阶口琴构造、演奏技能技巧与音乐感受、表现、创造能力培养融于一体的课程框架设计，选择课程内容，包括在口琴曲集中收集，在音乐课程教材及其他器乐练习曲中选择，教师编创的小型练习曲、专家编配的合奏曲等。

初级阶段的课程，根据半音阶口琴的结构特点进行教学内容的选择，此阶段主要目标以激发学生的半音阶口琴演奏兴趣为主，了解半音阶口琴的基本结构，进行基础性的口琴演奏技巧学习。

中级阶段的课程，一方面以演奏技能技巧的进阶学习为目标来选择课程内容，另一方面则考虑适当加入合奏曲目，使学生在理解原有横向旋律美的基础上，感受纵向和声织体美，同时提升学生团队合作意识。

高级阶段的课程，在原有课程内容的基础上进行综合性学习，并对学生音乐创造能力进行培养，例如：从《乒乓变奏曲》欣赏中了解变奏曲、提炼变奏手法；利用已有的口琴演奏技巧，以《闪烁的小星星》为音乐素材，运用不同变奏手法，进行《小星星变奏曲》的编创与演奏，培养学生音乐创造力。

2. 课内课外交流并驾齐驱

(1)课堂教学研究体现学科育人价值

据统计，北京市器乐进课堂的比例大概为60％，近年来，北京市乃至全国的教学研讨中少有器乐教学课展示，各类教学赛事中器乐教学更是寥寥无几，多为社团性的展演，器乐课堂教学亟待开展和进一步深入研究。

课堂是所有学生学习的主阵地，基于教师培训陆续开展半音阶口琴课堂教学的研究与交流活动。第一阶段，基于教学实践研究召开器乐教学研讨会，作为半音阶口琴课堂教学的初探与引领。三年级半音阶口琴课"天鹅"是欣赏课与器乐课融合的尝试，从根据学生学习进度与已有能力进行作品的选择与确定，到由欣赏及器乐演奏的教学方式方法的研究与设计，如何高效掌握演奏技能技巧，再到学习过程中学生自评、互评与教师评价的设计等，为器乐课堂教学研究打开了新的一页，为半音阶口琴课程研发奠定了实践基础。

收尾阶段，基于器乐教学中学生核心素养的落实研究，作为半音阶口琴课堂教学研究后期的成果性汇报。呈现的五年级半音阶口琴课《小星星变奏曲》，学生以曲目《闪烁的小星星》为音乐载体，利用已掌握的变奏手法，以及对于小星星音乐形象的想象，分组进行变奏曲的编创，汇报演奏编创的变奏旋律，并合成一首变奏曲进行整体表演。这节半音阶口琴课，是基于 3 年的课题研究，呈现的音乐学科核心素养与学生发展核心素养在器乐教学中的具体落实。学生对于音乐的审美感知、艺术表现与文化理解全部呈现在这节课的编创与演奏之中。学生的创作和演奏热情、每个学习小组学生之间的默契配合与相互评价以及精准专业的表演，均诠释了音乐教学的全面育人价值。

（2）课外社团交流培养艺术人才

随着课题研究的深入，各基地校在学生课堂学习的基础上，陆续组织校级口琴乐团，做到"重普及，抓特色"，向"一校一品"的办学模式迈出坚实的步伐。各基地校每年都开展不同规模的口琴音乐会，搭建展示平台，激励学生学习热情。

槐房小学"自主向上，精彩绽放，小小口琴，伴我成长"半音阶口琴乐团新年专场音乐会，秉承"以生为本，让每一个孩子都得到发展"的教育理念，学校半音阶口琴乐团的 80 余名学生参演。

看丹小学"银槐之声"半音阶口琴专场音乐会暨第四届"小银槐"艺术节，秉承"银槐精神"教育理念，对学生特色艺术教育进行积极探索与实践。半音阶口琴在全校学生中普及，成为学校一门独具特色的校本课程。

东铁匠营二小举行"让新星谱写华彩乐章——簧片乐器之爱"口琴交响乐团成立三周年暨 2018 新年音乐会。秉承"让每颗星都闪亮"的教育理念，成立"簧片乐器之爱"口琴交响乐团，展演了一场口琴交响音乐会。

丰台分院艺体教研室组织承办"口袋里的钢琴——丰台区青少年口琴交响乐团专场音乐会"。音乐会在来自 9 所学校的 300 名学生的口琴大合奏中拉开帷幕，大合奏、小合奏、重奏、独奏、师生同台演奏、口琴大师黄文胜的精彩演奏，近千名师生为 700 余位观众带来一场视听盛宴，凸显了半音阶口琴课堂教学成果。

近三年，各基地校口琴乐团先后参加了"全国首届青少年口琴艺术节""全国第二届青少年口琴艺术节""清华大学东方情口琴音乐会""奇美扬帆·京津冀青少年口琴艺术教育协同发展交流峰会"等比赛和演出。目前本区已有 2000 余名学生学习半音阶口琴，300 余名学生参加并通过了口琴专业考级，并在市级和全国的各项器乐赛事上获得数十个奖项。

（三）总结阶段的整理与评价

整理课题研究资料：《半音阶口琴课程读本》、课题实施调研汇总和反馈、各基地校取得的主要成绩以及课题活动影像和照片展示素材等。通过抽样测试形式，对部分学校学生进行全面音乐能力测评，分析结果，整理经验，针对发现的问题进行进一步研究与实践，进而完成《半音阶口琴课程读本》的编写，完善半音阶口琴义务教育阶段教学体系。

课题研究效果及主要成果

（一）半音阶口琴教学见实效

伴随半音阶口琴走进课堂，学生们的音乐能力得到了普遍提升。

2017 年 6 月，对学习一年口琴的前测学生进行了后测（见表 2）。

表 2　部分基地校学生抽样后测结果

项目	内容	结果	
识谱	无升降号谱子 4—8 小节	合格 86%	优秀 60%
节奏	简单节奏 4 小节	合格 90%	优秀 70%
视唱	4 小节	合格 87%	优秀 53%
听音	无升降号单音听辨	合格 86%	优秀 65%
音乐表现力	8 小节熟悉乐曲哼唱	合格 89%	优秀 60%

根据以上数据我们可以看出，学习半音阶口琴对提高学生各方面音乐能力有很大的帮助。从低年级开始学习半音阶口琴对学生音乐素养的提升更能起到意想不到的效果。

2019 年 4 月，我们又对全区 12 所学校的四年级学生进行了音乐能力测评（见图 1、图 2），其中有 4 所学校为半音阶口琴基地校的学生。

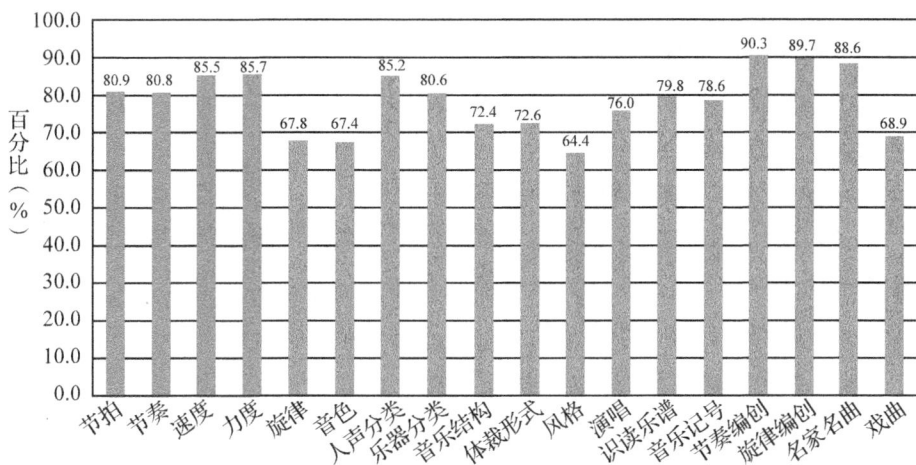

图1　丰台区小学音乐学科抽样测试各知识点的得分率情况统计

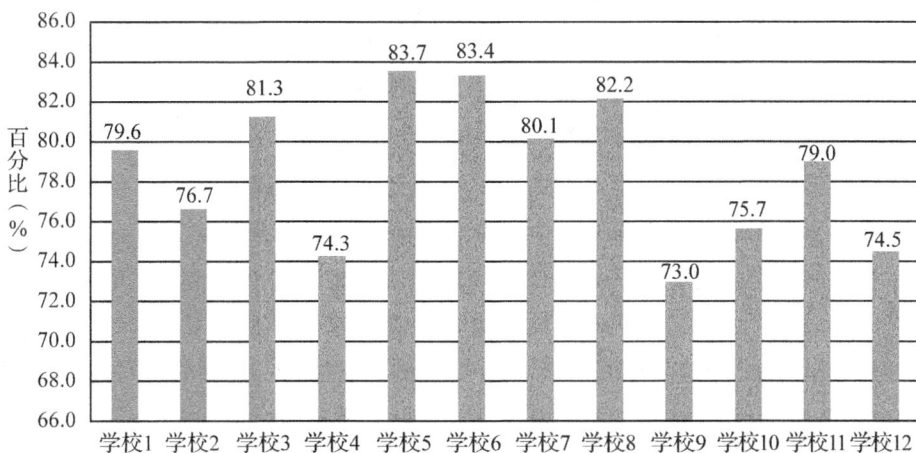

图2　丰台区小学音乐学科抽样测试各学校的得分率情况统计

图1呈现的是测试各知识点的得分率情况，我们对音乐课程标准中规定内容进行了知识点的梳理，对各校四年级学生进行了相对全面的音乐能力测评。

图2呈现的是各测试学校的得分率情况，其中学校3、学校5、学校6、学校7为半音阶口琴基地校，图中显示此4所学校学生的得分率分别为81.3%、83.7%、83.4%、80.1%，其平均得分率为82.1%，相对于其他未开设半音阶

口琴的 8 所学校 76.9％的平均得分率来说，得分率高出了 5.2％，而且这 4 所学校均为我区相对薄弱的学校和农村学校。

此抽样测试结果说明，半音阶口琴走进课堂确实使学生的综合音乐能力得到了全面、普遍的提升。

（二）学生口琴社团创佳绩

基地校参加全国首届、第二届青少年口琴大赛，基地校的大合奏、小合奏、独奏等获数十项奖，并有近 300 名学生通过不同水平的专业口琴考级。各基地校长期举办半音阶口琴专场音乐会，学生人手一琴，普及率达到 100％。

（三）《半音阶口琴课程读本》编写完成

教材编写由初步认识半音阶口琴到熟练掌握半音阶口琴，由简单的单音吹奏到乐曲多声部的演奏，让学生循序渐进地进行学习，从而逐渐培养学生的音乐能力，提升学生的音乐素养。

随着中国学生发展核心素养的确定，需要进一步探索核心素养落实到器乐教学中的创新与发展。作为全国半音阶口琴开展特色区，接下来我们会进一步开发拓展半音阶口琴基地校，深入研究探索更高效的半音阶口琴课堂教学，进一步满足学生对音乐器乐学习的需求，不断补充和完善半音阶口琴器乐教学的辅助性内容及素材，继续深入探索研究器乐教学方法与策略，提升课堂教学实效。使更多的学生喜爱和掌握半音阶口琴，从而在北京市乃至全国范围内的半音阶口琴教学领域与口琴交响乐队的组建交流中起到引领作用，带动更多的音乐教师和学生掌握"口袋里的钢琴"这一专业的课堂乐器，全面落实"体育、艺术 2＋1"项目所提出的"让每个学生至少学习掌握一项艺术特长"，以立德树人为根本，进一步提升学生的艺术综合素养，增加人文积淀，培养人文情怀，陶冶审美情操。

从细节入手探秘《虢国夫人游春图》

——基于核心素养的美术鉴赏实践探究

尤 江

（北京市第八中学怡海分校）

中国传统绘画作为中华文化的重要组成部分，有着几千年的历史和文化积淀。各个时期画家的经典作品为我们留下了极其宝贵的精神财富。《虢国夫人游春图》是我国盛唐时期著名的宫廷画家张萱的经典名作，原画已不存，现存辽宁省博物馆的藏品为宋代摹本。这件作品不仅出现在北京版九年级上册美术课本中国博物馆集萃中，也出现在高中美术鉴赏课本第二单元"图像之美——中国传统绘画"中。从初中美术鉴赏的"初印象"到高中美术鉴赏的"深研究"，这幅作品都是学生了解中国古代人物画的窗口。

尽管这幅画的地位如此之高，但中学时代，我们通常会更喜欢凡·高、莫奈，喜欢浓烈的色彩、热烈的情感。面对平静如水、波澜不惊的中国传统绘画，学生向来都很难表现出更多的兴趣。通过多年与学生的接触与调查，学生对中国传统绘画的"兴趣冷淡"更多源于"看不懂""不会看"，从而导致"不喜欢"。

如何引导学生"看得懂""学会看""喜欢看"是弘扬我国优秀传统文化、坚定文化自信、进行美术鉴赏需要走好的第一步。在此，我将自己在疫情期间的网络课程——"探秘《虢国夫人游春图》"的教学实践进行梳理与分享。

考古式探秘细节　破解鉴赏谜团

面对《虢国夫人游春图》，学生的直接观看经验是："画面里有一群人骑着马。"似乎一眼就看完了整幅画作，结束了美术鉴赏。而高中美术鉴赏要求学生深入作品的"四步法"似乎还没开始，就被学生扼杀了。

高中美术鉴赏"四步法"来自于美国批评家费德门提出的四步鉴赏程序：描述—分析—解释—评价。这对学生学习鉴赏是非常好的鉴赏要素导引。但如果一开始就给学生这样一个鉴赏表格，部分学生难免会有畏难情绪，导致鉴赏活动的不愉快。

在实践教学中，为了激发学生的好奇心和兴趣，我将鉴赏"四步法"的要求融入学生的感受中，以考古学回到作品本身的方法去引导学生根据画面初印象进行设问，通过一系列由浅入深的问题激发学生去探究。

例如，引导学生从标题开始创设问题情境，"历史上真的有虢国吗？"。从"虢"字的解读开始拉开序幕，逐步探究这幅中国经典传统人物画。"虢国夫人是谁？""画里的春天在哪里？"从"虢国"的识读鉴别到唐代的"国夫人"称号习俗，直指作品背后的时代背景和人文信息。带着时代背景的破解，我们再从头一一梳理疑问，解答问题。

从"女主角之谜"引导学生从细节入手识读画面，小到服装样式、发型梳理、马匹的鬃毛、踢胸的出现、障泥的长短、鞍鞯的图案，大到画面构图的习惯、色彩平衡的分布、人物表情的捕捉、动物姿态的描绘、画面节奏的对比，逐一激发学生的鉴赏兴趣，调动他们的视觉经验，利用对比、找不同、前后比较等方法抽丝剥茧地与学生共同解析，破解画作中隐藏的鉴赏谜团。

将美术核心素养的"图像识读"结合"审美判断"和"文化理解"，走近历史上的经典名作，在实践中激发学生的鉴赏兴趣，调动他们的视野感受和听觉联想，从而形成自己的文化理解。在鉴别、比较、分析和评价等活动中提高学生的"图像识读"核心素养，形成深入鉴赏的思维习惯。

保持好奇与质疑　提高审美判断力

用眼睛去看，用心去倾听，你就会发现"作品本身在说话"，这也是我一直致力于培养学生养成的鉴赏习惯。我在美术课前，每次都会安排两名同学进行艺术赏析推介，在他们的讲解中，我发现部分学生一讲作品赏析，即使是自己一眼看上去喜欢的作品，也会先去查百度，把网络上别人的赏析看法、专家的赏析观点，直接复制粘贴在自己的演讲文档里，替代了自己对作品深入识读的过程，失去了鉴赏和判识作品的勇气。

　　人一生中非常重要的学习经验就是永远保持好奇心与保持质疑的思考能力。在《虢国夫人游春图》中存在争议较多的问题就是"谁是虢国夫人？"。全图八匹马、九个人，其中哪位才是虢国夫人？历史上并没有明确记载。现在的中国美术史上的"权威解释"是杨仁恺先生在 1954 年所作的《〈虢国夫人游春图〉的初步剖析》一文所做的分析结论：即前三人为"导骑、前卫"，第一人为"中年从监"，"全图中心"的"红裙女"为虢国夫人，旁边和她说话的是韩国夫人。[①] 认同此观点的还有徐邦达、刘凌沧等大家。而曾任教上海美术学院的姜一鸣教授通过临摹发现不同可能的端倪，通过细致考察资料及研究分析，认为右起第一人为虢国夫人。[②] 那作为观者的学生会认为谁是女主角呢？这个开放的答案教会学生相信自己，在艺术鉴赏中每个人都可以有自己的答案，也启发学生重新投入画作的鉴赏，再次审视画作，不被专家的思维禁锢自己的判断。

　　对于"画里的春天在哪里？"这个问题的设计，我特意在春天去拍摄了春花的颜色、春水的颜色，早春的阴天的地面、早春阳光明媚的地面，进行实物照片与画作的对比，再现了画家着笔表现季节的绘画技法。因为上课时正处疫情期间，为网络授课，在微课中我引入动图与 PPT 中的静止画面进行对比呼应，让学生在比较中寻找答案。

　　在画面的布局节奏里，我引入音乐的节奏理解，邀请音乐老师根据画面谱写了一曲游春曲，并邀请两位音乐老师分别用钢琴和古筝演奏了他们对画面的节奏理解，让学生眼前有视觉的画面，耳边有听觉的联想。

　　在一系列的对比实践后，学生感叹中国古代人物画"精妙绝伦，了不起！"。我想此刻，他们在中国传统绘画的审美判断上有了自己崭新的认识。

　　① 杨仁恺：《〈虢国夫人游春图〉的初步剖析》，《中国书画研究》，上海古籍出版社 2006 年版，第 212 页。

　　② 姜一鸣：《〈虢国夫人游春图〉考辨》，天津人民美术出版社 2017 年版，第 1 页。

创新实践体验　体会中国画的魅力

"纸上得来终觉浅，绝知此事要躬行。"每一件经典美术作品背后都有一双富有创造力的手，都有一个富有想象力的人。诗比历史真实，艺术离人心更近。如果真想走近艺术，临摹实践必不可少，有时候看一辈子理解不了的东西，动手画一画就明白了；有时候艺术的感知，就是笔尖划过纸张时刹那间的触感。所以在课程设计中，我将"传移模写"作为结尾体验，从作品的流传经历到宋代摹本的出现，从作品的真伪鉴定方法到局部临摹，了解中国传统人物画的以"形"写"神"的技法语言，最后给学生展现了现代的创意临摹，比如用 iPad 或手绘板临摹古代人物的服饰与配色，用指绘的方法在手机上创作卡通版虢国夫人形象，这些网络时代的新兴学习方式，激发了学生对经典名画更多的兴趣，有助于学生加深对作品的认识和理解。

这是一次中国古代人物画的探秘鉴赏课尝试，也是一次教师不断磨课的自我成长，更是一段教学相长的美好旅程。学生通过教师的引导，逐步发现美术鉴赏抽丝剥茧的乐趣，从而慢慢喜欢上美术鉴赏，不排斥、不抗拒，能用一颗包容的心去拥抱艺术，我相信，这是每位美术教师的心愿。

美术鉴赏引导的方法很多，条条大路通罗马。只要不忘初心，牢记基于核心素养的人才培养要求，美术鉴赏的课堂就能培养出学生离开教师引导的"拐杖"，独自面对艺术作品时，依然能静心用眼去看，用心去欣赏，用批判去识读，形成敏锐的视觉意识，养成独立思考、主动分析的思维习惯，成为一个有品位的鉴赏者。

借 STEAM 教育理念于美术教学初探

关艳奇　李文青

（密云区第三中学）

毛笔引发的思考

常见国画教学中介绍毛笔的环节：第一步，讲执笔，两指捏笔往后靠，五指握笔不放松，手腕侧竖需集中，肩背下垂腕肘平。教师一边讲一边演示，还得手把手纠正学生执笔姿势。第二步，讲笔法，演示中锋，教师画条线；演示侧锋，教师画片黑……学生全神贯注盯着教师画出的线或面，小心翼翼地模仿。

教师觉得讲得累、示范得累、指导得累；学生觉得听得难、用笔难、国画难。

我们是否想过换个方法教？给孩子一支毛笔，引导学生思考：为什么会出现毛笔？毛笔为什么由笔绳、笔挂、笔杆、笔斗、笔头这么多部分组成，都有什么作用？对于自己哪种方式拿笔更灵活？要想画不同形状、面积的内容应该怎样使用毛笔？不同材质、吸水性的毛笔都适合用来表现哪些物体？……学生在查找资料、观察、实践甚至拆装笔等过程中不断发现问题、解决问题，从而了解毛笔知识和掌握笔法。

有很多教师会提出质疑：学生拿笔姿势都不对怎么能画画？学生在涂鸦中能学好笔法吗？

国画一定要五指执笔吗？王羲之用"二指禅"单钩法写出了旷世杰作《兰亭序》；画圣吴道子也用"二指禅"开创了"吴带当风"。不管孩子用二指、三指、四指还是五指，能有效地掌控毛笔，灵活运用毛笔画出作品就是合格的执笔方式。第二个问题，教师一笔一笔地教限制了学生的思考，不如放手让学生去探究。

教师适时引导学生发现毛笔运笔角度不同、行笔变化中画出效果不同的点、线、面；引导学生发现不同笔法适合表现哪些物象……

这种教学模式就是基于 STEAM 教育理念的一种探究，提倡学生利用计算机技术查找资料；利用数学中的比例、测量等了解毛笔结构；利用力学、吸水、摩擦等多学科知识完成问题的探究。鼓励学生做中学，学中思，思中有收获。

理解 STEAM

（一）什么是 STEAM？

STEAM 理念的教学摒弃知识的灌输，强调的是在综合学科视角下发现问题并解决问题。

（二）STEAM 的特点

1. 解决实际问题——更注重"思考方式"

教给孩子思维方式、创造性的思考方法，让学生能自己去解决问题。

2. 跨学科知识——更注重"整体融合"

不是单一能力的突出，而是要将多门学科的知识融会贯通，养成从多角度去思索问题本质的思考习惯。

美术＋STEAM 的思考

综合课程起源于 20 世纪初德国的合科教学，而 STEAM 理念最早是美国政府提出的教育倡议。但我认为中国早有 STEAM 项目，以造纸术的发明为例：

1."上古无文字，结绳以记事"——结绳记事。（问题：如果他在绳子上打了很多结，恐怕他想记的事情也就记不住了，所以这个办法虽简单但不可靠。）

2. 甲骨文。（问题：兽骨、龟壳上刻字太硬，书写不便。）

3. 竹简。（问题：竹简厚重，不易携带。）

4. 绢帛。（问题：造价高，在生活中不能普及。）

5. 纸。造纸术的发明基于"记事"这个生活中真实的情况，古人不断探索，动手操作解决问题，又不断发现新的问题，直到找到一个更好的解决方式。这就是古人的 STEAM 项目，历经时间较长，但是蕴含的 STEAM 理念不容忽视，我们美术教学是否可以借鉴运用这些理念呢？

随着素质教育的推进以及培养学生美术学科素养(图像识读、美术表现、创意实践、审美判断、文化理解)的要求，倡导从培养人的角度更新教学观念、变革学习方式、改变评价策略和方法。

美术教学和 STEAM 教育理念可以在以下几个方面碰撞出火花：

1. 关注过程，而非结果导向

真正的教育，是要教会学生独立思考、时刻有自我觉知，树立终身学习意识。

2. 鼓励创造，而非简单加工

学生在学习过程中会遇到各种问题，不能要求学生按部就班地按照教师的步骤去解决问题，而是鼓励学生在掌握基本知识和技能的基础上独立思考，有创意地解决问题。

3. 在动手实践过程中培养创新意识

基于创新意识下，结合动手实践和探索才能真正唤醒孩子与生俱来的创造力潜能。

4. 引导同伴之间合作

教师引导孩子在小组合作时，善于与旁人、同伴交流或交换思想意见，在遇到问题时发挥集体的智慧。

5. 以课为点，培养终身学习的意识

借鉴 STEAM 教育理念于美术教学

七年级美术教材中"中国美术馆"一课是欣赏、评述领域课程。结合 STEAM 教育理念，我把它设计成项目式教学。

课前准备：

公布探究项目(中国美术馆)—讨论探究内容[学生经过讨论确定中国美术馆探究内容：(1)中国美术馆地理、历史简介；(2)建筑特色；(3)馆藏经典作品；(4)其他馆藏作品]—分组(小组长采用自荐确定，组员通过自愿＋组长选拔形式确定)—领取任务—组内分工(各组进行查找资料、制作课件、课堂展示等工作分工)—完成本组任务。

教师设计教学环节、串联各组课件、设计评价表、绘制范画等。

教学过程:

(一)创设情境

国歌中"起来,不愿做奴隶的人们……",为什么要起来?被压迫的奴隶过的是怎样的生活?

欣赏短片(西藏农奴短片)。

讨论交流:

1. 短片中西藏农奴历经怎样的变迁?

2. 是谁帮助农奴翻身做了土地的主人?

3. 解放后藏民的心情怎样?

学生结合自己在电视、网络、书籍上获取的知识、资料思考回答。

设计意图:互动性活动设计,引导学生关注社会事件,力求教学能将学生的生活经验与学习整合。

(二)讲解新课

1. 自主学习,获得新知。

董希文为了记录西藏伟大变迁和藏民的真实生活,三次深入西藏写生。

小组介绍董希文生平,介绍董希文的代表作。师生归纳学生分析董希文作品《千年土地翻了身》的过程,引导学生总结欣赏美术作品的方法:了解作品背景—内容描述—形式分析—画家意图—作品评价。

设计意图:通过小组合作和集体交流,教师及时点拨和归纳,获得沟通与协作能力的锻炼和提高,实现"先学后教,以学定教"的教学思路。

2. 小组合作,提升素养。

经典作品赏析:罗中立的《父亲》。

设计意图:在师生共构的前提下,对小组合作成果进行展示,把观察、发现、建构与巩固交融,达到所学内容积极应用与实践。培养学生勇于发言、敢于质疑的精神,提升图像识读、审美判断、文化理解等美术素养。

(三)课堂实践,构思创新

1. 运用赏析美术作品的方法分析一幅美术作品。

2.《带鸟的步兵》绘画临摹或者改编。

设计意图：课堂实践环节采用了写或画分层设计，激发学生兴趣、巩固新知，进一步提升学生对美术作品的感知评述能力。

(四)总结点评

根据量化＋质化评价标准以教师评价、自我评价、学生互评、组内评价、小组投票等相结合的形式进行评价。

设计意图：通过自评、互评、点评三个环节，让学生在看到自主探究、努力实践下的学习成果时充满自信，从而积极调动多个感官参与联动，激活高阶思维的运用，深深地体验美术知识学习的成就感。

总结与反思：

1．采用项目式教学，整体设计借鉴了 STEAM 理念。

2．采用小组合作形式完成项目探究。发挥小组成员之所长，实现教学目标，达到 1＋1＞2 的效果。

3．允许学生失误，鼓励学生质疑。引导学生针对质疑提出有价值的问题，并进行深入探究。

4．在 STEAM 教育理念指导下，教师在本课注重引导学生观察美术作品，发现、实践、思考，培养学生举一反三、触类旁通的能力。

STEAM＋美术教学提示

(一)教学立足美术之本

著名美术教育家尹少淳说：每一个学科都有它的立科之本，没有视觉形象就没有美术，那这就是它的立科之本。

(二)学科跨界多元融通

融合相关学科知识和多媒体的综合运用，以跨学科或者多学科融合的方式推进美术教学，将 STEAM＋美术教学本土化，让课堂教学和美术活动结合得更立体、更丰富。

借鉴 STEAM 教育理念，我们还要在教学实践中不断挖掘探索，不仅可以使学生的美术素养得到有效提升，也能够赋予美术教学新的内涵。

基于"启发式"教学探索
美术作品语言规律的本质

——以高一"美术作品的艺术语言"教学为例

初 亮

（北京师范大学密云实验中学）

启发式教学是教育的基本方式，我国古代大教育家孔子就很重视启发式教学，曾谓："不愤不启，不悱不发。"这里"愤"意为发愤学习，积极思考，然后想把知识表达出来；"悱"意为积极思考后要表达而表达不清，则要求老师予以答其词，使其清楚；"发"意为开其意、指导。对教师来讲，应该通过自己的外因作用，调动起学生内因的积极性。尤其是美术鉴赏这一学科，应充分调动起学生的学习兴趣。本文以"美术作品的艺术语言"一课为例，探讨启发式教学方法在美术课当中的运用。

"美术作品的艺术语言"问题串设计

1. 听完音乐同学们的感受？（引出本节课主题）2. 三幅作品分别运用了什么语言手段？（引出美术作品艺术语言的内容）3. 什么是美术作品的艺术语言？（理解定义）4. 结合作品分析东西方作品中不同的表达手段。（观察东西方绘画作品的语言手段）5. 请同学们观察三幅作品在风格上有什么不同？（引出美术作品风格的归类）6. 具象艺术、意向艺术和抽象艺术的表现语言特点。（理解三大风格的概念）7. 请同学们分析哪些作品是具象艺术、意向艺术和抽象艺术？（实践练习）8. 抽象艺术在生活中有哪些体现？（联系生活）

教学问题解决措施

（一）视觉语言规律的认识：启发式教学的渗入

教材中对于美术作品的艺术语言是这样定义的：美术所专门使用的、具有视觉传达功能的形象和形式就是美术作品的艺术语言，其特征就是具体性和形象性。针对学生对于定义的理解，教师从"视觉"这一关键词汇入手，设计《天鹅湖》交响乐视频导入，引导学生理解视觉语言与听觉语言的异同，以达到触类旁通的目的。

（二）美术作品的语言表达方式：小组进行分工讨论

人美版高中《美术鉴赏》中对于美术语言类型的讲解，是以三位画家的作品为例进行的，分别是五代南唐画家顾闳中的作品《韩熙载夜宴图》、美国画家克里福德·斯蒂尔的作品《1954》和宋代梁楷的作品《泼墨仙人图》。但其中克里福德·斯蒂尔的作品《1954》没有足够的代表性，一方面这位艺术家的名字对于学生们来说比较拗口，难以记忆；另一方面网络上关于这位艺术家的资料也非常少，不利于学生们进一步的探索。基于两方面的问题，笔者运用了20世纪美国抽象表现主义画家马克·罗斯科的作品，它在形式上更具有代表性，名字更便于记忆，而且网络上关于马克·罗斯科的资料、艺术作品非常多，有利于学生们进一步的探索。

教师组织学生分为三组分别对三张作品进行讨论。每一大组又分为两个小组，第一小组回答第一个问题，第二小组回答第二个问题。第一个问题的设计是基于前面的知识点（基本语言元素、基本语言方式），目的是让同学们学以致用，用美术学科思维来欣赏绘画。第二个问题的设计，目的在于引出接下来的重点（美术作品的语言表达方式），着重于让学生们独自观察总结，有助于培养学生们审美判断和图像识别的美术学科素养。

在学生的讨论过程中，不仅运用了本节课前面部分的知识基本语言元素以及基本语言手段去评价绘画，也激发了学生们的积极性去进一步自主探索下面的知识。学生通过观察、讨论、总结的方式能使知识点记忆更加牢靠。

（三）美术作品的语言表达方式：进一步延伸

基于前面对三种语言表达方式（具象艺术、意象艺术、抽象艺术）的学习，为了进一步开阔学生们的视野，对三种类型的表达方式进一步展开，锻炼学生们举一反三的能力。分别列举了波提切利的作品《春》、马蒂斯的作品、波洛克和蒙德里安的作品，逐一进行引导，目的是让学生们更全面地掌握具象艺术、意象艺术和抽象艺术的语言特点。

教学问题解决成效分析

(一)问卷调查

教学完成后，采用问卷调查法，选取北京师范大学密云实验中学 51 名高二学生作为被试，学生已经完成人美版《美术鉴赏》高一部分的学习，美术鉴赏知识掌握较好。

调查问卷共 16 题，前 15 题采用李克特式 5 点量表计分法，选项包括非常同意、同意、一般、不同意和非常不同意，分别记为 5、4、3、2、1 分。最后一题为不定项选择，学生根据自己喜好，选择自己喜欢的教学方法。发放问卷51 份，回收问卷 51 份，有效回收率 100%。

(二)调查结果与分析

该问卷的 Alpha 值为 0.774，信度尚可，统计结果具有较高的可靠性。具体调查结果见表 1。

表 1　调查结果

题号	三维目标的具体项目	学生答题平均分(M)
1	通过此堂课的学习，我了解了美术作品基本语言元素	4.902
2	通过此堂课的学习，我了解了美术作品基本语言手段	4.941
3	通过讨论，我了解了具象艺术、意象艺术和抽象艺术的特点	4.902
4	通过此堂课的学习，我了解了美术作品语言表达方式	4.941
5	通过此堂课的学习，我了解了对美术作品简单归类的方法	4.922
6	通过此堂课的学习，我了解了"对比归纳"思维方法在美术鉴赏中的运用	4.765
7	通过此堂课的学习，我对美术作品的语言规律有了进一步的认识，对美术作品开始有兴趣	4.863

题号	三维目标的具体项目	学生答题平均分（M）
8	通过此堂课的学习，我了解了美术作品基本语言元素	4.824
9	通过此堂课的学习，我了解了美术作品基本语言手段	4.922
10	通过讨论，我了解了具象艺术、意象艺术和抽象艺术的特点	4.922
11	本堂课比传统的讲授课更轻松、更有趣	4.863
12	我对本堂课总体满意	4.961
13	我觉得此次教学过于复杂	1.471
14	我觉得自主讨论、自己总结的时间太长	1.333
15	我觉得此次教学让我不知道重点在哪里	1.140

（三）美术作品语言规律掌握情况分析

以上调查分析可得，本节课通过启发式教学突破了美术作品艺术语言一课的三个重难点，分别是对美术作品基本语言元素的理解、对美术作品基本语言手段的理解、对美术作品三种语言表达方式（具象艺术、意象艺术、抽象艺术）的理解。在教学设计中，采用其他学科知识引入、小组合作的启发式教学手段，三维目标顺利达成，教学方法学生喜爱，整堂课达到了极好的教学效果。

启发式教学的思考

学生通过比较分析、讨论探究得出结论以及教师对学生结论作出课堂预想，对教学效果的影响主要包括以下几个方面：

第一，教师在课堂上要提前预知可能出现的问题，对教学过程中学生产生的问题进行认真的总结和思考，给予学生相对准确和有依据的答案。

第二，在美术教学过程中经常会出现一些开放性的问题，其问题本身并没有固定不变的答案，教师在回答问题时可综合考虑，进行比较式的、辩证的总结，巧妙地将问题引向学生预知的方向，完成课堂教学中的疑难任务。

第三，要善于利用有价值和有意义的结论。每个学生都是独立的个体，在作品欣赏过程中都会有自己独特的艺术见解，随着课堂中诸多不同问题的出现，教师应学会随着实际变化而变化，善于总结不同学生的艺术见解，真正达到在教学过程中教学相长。

运用有效教学方式提高美术课堂实效性

张 倩

（密云区第二中学）

　　普通高中美术课程是艺术学习领域中的必修课程，既与义务教育阶段美术课程相衔接，又具有自身的特点。其根本任务是：立德树人，以美育人，培育健康审美观念，陶冶高尚情操；认识文明成果，坚定文化自信，树立正确的文化观；激发想象力和创造力，培养创新精神，促进学生全面而有个性的发展。因此，在学生宝贵的高中学习阶段更要运用合理、有效的资源高效地开展艺术教学活动、传授美术技法，帮助学生对美术实践课更感兴趣、对自己更有信心，在实践课中有所收获。

　　在工艺、绘画等实践课中我尝试运用的名画改编的实践方式，是提高作品质量、课堂效力的有效方法之一。学生们可以更好地鉴赏名画、发现名画的魅力、学习名画的表现方法、借鉴名画进行改编和再创作，感受艺术家的创作思想、学习艺术家的优秀技法，更能借助名画的优势发挥自己的想象，完成让自己充满信心的艺术作品，从而提高学生对美术实践课的兴趣。

利用名画改编教学高效培养学生美术学科素养

　　《普通高中美术课程标准（2017 年版 2020 年修订）》中提到："普通高中美术课程要体现普通高中课程方案提出的时代性、基础性、选择性和关联性，充分发挥美术学科独特的育人功能，引导学生通过观察、感知、体验、思考、探究、创造和评价等具有美术学科特点的学习活动，形成美术学科核心素养，促进全面发展。"美术学科核心素养，主要包括图像识读、美术表现、审美判断、创意实践和文化理解。

在名画改编教学中，首先应该对经典名作进行观看、识别和解读，学生通过整体观察的方式，感受图像的造型、色彩、材质、肌理、空间等形式特征，从而识别和解读作品的内涵和意义，在这一过程中，学生提高了图像识读的能力，同时为进一步改编或创编作品做好充足的准备。

接着，学生在理解和赏析的基础上，运用已有的美术经验，结合美术语言，通过观察、想象、构思和表现等过程，在经典作品的基础之上，筛选颜色、线条、构图、肌理、形式等某一种最吸引自己的因素，进行改编或创编，创造出有意味的视觉形象，表达自己的意图、思想和情感。这样做一方面更好地赏析了经典作品，另一方面对名作进行了深入的思考，尝试运用自己的理解和表达方式进行了创造性的改编，既降低了实践课的难度，又提高了美术课堂实效性，同时使学生的美术表现能力得到了充分的锻炼，学习兴趣也在不断地提升。

学生在进行名画改编的过程中，借鉴经典名作的创意和方法，进一步对改编作品进行感知、分析和表达，运用自己的创意和方式呈现出具有自身个性的优秀作品，在这个过程中，作品被不断地改进和优化，学生对作品的理解也逐渐深入，改编的过程锻炼了学生的审美判断和创意实践能力，同时也加深了其对经典名作的文化理解。

名画改编教学在美术实践课教学中的尝试

(一)名画改编教学在绘画实践课中的尝试

在高一美术鉴赏课之后，学生已经奠定了一定的美术基础知识，选修课可以对必修课的内容进行拓展或深化，在绘画模块的教学中，我选择了装饰画作为切入点，帮助学生们运用美术语言中的基本元素进行创作，在这个学习过程中，首先我帮助学生们选择经典名作通过整体而细致的观察、分析和比较，认识画家在造型、色彩、比例、构图和情境营造等方面的艺术匠心，以及作品的形象特征、表现方式和结构关系，研究绘画创作的特点与表现规律。接着帮助学生们运用美术的基本元素概括地表现画面中的各种层次，再利用原有的形式美的相关知识完成创作，我们把这个阶段的学习叫做名画改编学习。

学习过程中，学生可以通过鉴赏活动开阔艺术视野，形成学习绘画创作的基本观念，直观地感受名画中的形式美。选取名画中最打动自己的某一方面去进行创编，运用美术语言结合形式美法则，在经典作品的基础上加入自己的想法和创意，使一件作品迅速成型并不断丰满。学生在这样的学习过程中提高了学习效率，增强了创作的自信心，学习兴趣明显提升。同时学生对物象的观察能力、分析能力、整合能力、创意思维都有所锻炼和提高，这样的教学事半功倍。

(二)名画改编教学在工艺实践课中的尝试

在工艺选修课的教学中，我也运用了名画改编的方式进行纸捻画的教学尝试，同时也取得了不错的效果。

1. 运用纸捻画进行名画改编的尝试

首先让学生分组，并选择喜欢的作品为改编创作做准备。接着小组间共同探讨经典作品的艺术形式、构图、色彩等，并根据原作的色彩选取相应的纸绳进行配色，再讨论用纸绳的形式对名作进行进一步创编，逐一解决色彩、肌理、造型等问题，在这个过程中学生们以小组的形式集思广益，发挥自己的优势，作品效果明显。

2. 对中国传统图案的借鉴尝试

学生通过选择主题、搜集素材、借鉴素材，再根据经验运用已有材料和素材进行配色、创意制作、完善等方式体验创作过程。学生体会中国传统图案的象征意义和文化特点，对其功能、形态、色彩、材质、制作方法及独特的审美品质进行分析和认识，加深对中国特有艺术语言的理解。

名画改编教学方式在美术实践课中的优势

(一)借鉴名画进行再创作，可以有效提高课堂实效性

在高中生有限的美术课堂教学中，有效地提高课堂效率，高效地完成教学任务是非常迫切的，要想充分利用好有限的美术课，帮助学生寻找到高效的学习方法是非常有必要的。名画改编教学正是这样一种高效的教学方式，它能带

动学生边借鉴边进行创作，缩短了学生们构思的时间，当创作遇到瓶颈时，从经典名作中获取灵感而达到突破。学生在这种实践体验中往往能很轻松很顺畅地完成学习任务，作品的效果也令人满意。这种教学方式让学生们乐学。

(二)借鉴名画进行创作，开阔学生视野，激发想象力，形成发散性思维并锻炼学生解决问题的能力

学生们借鉴名画创作的过程中，必须先对名画进行鉴赏、深入探讨，这个过程帮助学生积累视觉经验，开阔视野。进入到构思环节中，学生站在对经典名作理解的基础上，充分地调动自身的想象力，结合已有经验完成构思，培养学生的发散性思维。在创作这个环节学生们会充分调动已有的知识和经验，解决创作中的各种困难。比如在纸捻画创作中，学生们为达到某种肌理效果，尝试各种方案，用剪碎纸绳解决了向日葵花心质感的难题，用多色搭配编织解决了配色难题，用给纸绳打结、编织解决了各种各样的肌理效果难题。在这样的学习过程中，学生们很有成就感。

(三)借助名画进行创作有效地提高学生自信心，激发学生学习兴趣

在创作时借鉴名画的经典构图、经典配色、经典形式、经典形象等成熟的因素，可以有效地帮助一些在美术创作中有困难的同学，使他们有所借鉴，有所依托，在作品创作中有更轻松的体验，不但提高了学习效率也增加了创作的自信心。当作品完成时，学生们可以互相讲述创作经历，介绍经验，发表创作演讲，所有学生能在这样的体验中得到各种各样的收获，充分激发了学生的学习自信心，调动了学习兴趣。

名画改编的教学方式，让学生们在美术实践课上收获很多，他们鉴赏能力提高了，技法提升了，同时还收获了学习的乐趣和创作的自信，这种教学方式的尝试是高效的，在以后的教学中我还将继续探讨并深入研究。

优化美术教学情境 提高课堂实效性

张学勤

（巨各庄中学）

　　所有的教学活动都要在一定的教学情境中进行，教学情境的创设，直接影响到教学的效果，科学、合适、生动的教学情境，有利于学生对所学知识的认识、理解和掌握。孔子的"不愤不启，不悱不发，举一隅不以三隅反，则不复也"就尤其强调了进入学习情境的重要性。美国教育家杜威也指出"思维起于直接经验的情境"，并把情境列为教学法的首要因素。他认为，教学过程必须创设情境，利用教学情境引起学生的学习动机、实施教学计划和评价教学成果。因此，中外教育专家学者都一致认为：有效的教学情境能充分调动学生学习的主动性和积极性，启发学生思维，开发学生智力，提高教学效率。那么，什么是教学情境呢？在我们的课堂教学中又该如何创设合适的教学情境？

教学情境的含义与意义

　　现在普遍认为教学情境是指在课堂教学中，根据教学的内容，为落实教学目标所设定的，适合学习主体并作用于学习主体，产生一定情感反应，能够使其主动积极建构性学习的具有学习背景、景象和学习活动条件的学习环境。具体到课堂教学中就是指在课堂教学环境中，作用于学生而引起学生积极学习情感反应的教学过程。再简单一点理解就是：综合利用多种教学手段通过外显的教学活动形式，营造一种学习氛围，使学生形成良好的求知心理，参与对所学知识的探索、发现和认识的过程。

基于此，说明教学情境是课堂教学的基本要素，创设教学情境是教师课堂教学的一项常规教学工作，创设有价值的、激发学生求知欲的教学情境是教师教学改革的重要追求。几年来，我一直尝试在自己的美术教学中，遵照教学情境的特性，通过创设自然、有效的教学情境，提高课堂教学的实效性，潜移默化中提升学生的美学素养。

美术课中教学情境创设的尝试

1. 基于学生认知习惯，激发学生学习兴趣的教学情境创设

好奇心是学习知识的萌芽和动力，而激发和保持学生的兴趣是有效学习的重要因素。教师走进学生的内心世界，了解学生的心理感受，站在学生的视角上看待问题，了解学生兴趣点是什么，基于学生原有的认知水平设计教学内容、教学形式和教学方法至关重要。从学生的认知原点出发，精心设置学生感兴趣的教学环节，改变传统的、单一的教学情境，就会增加学习内容的启发性与趣味性。以"明暗与立体"这节课为例。本节课的重点是让学生掌握明暗的五大调子，按照常规的美术教学方法，教师一般都借助挂图、多媒体展示、实物演示等手段讲解明暗的五大调子。但是这种传统的教学方式很难触动学生的感受，激发学生的兴趣，也很容易让课堂变得死气沉沉。学生对明暗调子在日常生活中是有一定的感知的，但是因为学生还没有学习较为专业的相关知识，所以虽然生活中的现象很多，但并没有对此产生过什么深入的思考和分析，也看不出对此有足够的兴趣。基于这种学生实际认知的特点，即有一点简单的生活经验又没有深入的了解，我调整了"明暗与立体"的教学设计，通过设计一个拼图游戏来创设教学情境，在学生生活经验、原有认知的基础上调动学生的学习兴趣。我准备了一个圆形明暗关系的球体的素描作品，用剪刀把这个素描作品剪成不同的几何形体，然后以小组为单位发给学生，然后让学生根据学习过的明暗关系，采用竞赛的方式看哪组能够迅速拼出这个球体素描作品。在拼出作品之后，我引导学生回顾拼图过程中采用的技巧和方法，总结明暗调子的相关知识，潜移默化地突破了这节课的难点。这个教学情境的设计充分调动了学生的积极性，极大地激发了学生求知探索的兴趣，学生们被这个游戏吸引了，积极踊跃动起

手来，互相商量互相交流，在游戏的同时掌握了明暗关系的变化。"在玩中学""寓教于乐"的新教程理念得到了较好的体现，实现了让学生在轻松愉快中掌握知识的愿望。

实践证明，创设基于学生认知习惯、激发学生学习兴趣的教学情境，在愉悦和激情的情境中，学生由被动接受知识变成主动探索知识，由呆板听讲变为敏锐参与，这样精心设计的教学情境，学生乐于接受、乐于参与，教学形式生动起来了，课堂氛围也由死气沉沉变得热火朝天了，极大地提高了课堂的教学实效。

2. 基于学生日常生活，激发学生学习热情的教学情境创设

我们在美术课上经常会遇到这样的现象，教师提出一个绘画要求，让学生来完成绘画作品。教师巡视课堂的时候就会发现：有些学生愁眉苦脸不知道画什么，尤其在创作课中更为明显；还有些学生刚刚布置完作业一会儿就画完了，而且沾沾自喜、扬扬得意，可是把作品拿来一看，实际上只画了寥寥几笔还不成样子。种种现象恰恰说明了一个问题：学生接受知识的能力和创作水平参差不齐，有些学生甚至根本就不知道如何创作，更不知道所有的创作其实都应该来源于生活，来源于自己日常生活的点点滴滴。那么如何将学生的日常生活和美术创作有机地联系起来，如何用恰当的手段、方法去激发每一个学生强烈的创作欲望，就是我需要通过创设有效教学情境解决的问题。通过和学生课前的了解、课下的交流，我发现：不是学生不会画，更不是成心不好好画，原因是因为学生不知道怎么画，不知道画什么，不知道如何选材。因此，因势利导，激发学生的创作欲望，活跃学生的创造才能，就是我创设教学情境的主要目的。在教授初二年级"汉字的装饰设计"这节课时，我进行了如下尝试。首先在范例选材上，我以学生都熟知并经常看到的新中国成立七十周年的各种旗帜、图片、标识作品引入新课，学生顿时感到亲切、熟悉。接着在利用课件、挂图等对学生进行大量视觉刺激的前提下，对各种标识作品进行赏析和分析，让学生了解字体装饰艺术的方法和规则，感受到字体装饰艺术的美与和谐。最后引导学生自己尝试对字体进行装饰设计。学生看了这么多有意思的字体装饰设计，心中创作激情已经被激发出来了。那么关键的一步来了，汉字那么多，让学生设计什么最能激发学生的积极性和设计热情呢？对，就选择学生自己的名字！谁不

想使自己的名字写出来美观大方呢！接下来布置的作业就是完成自己名字的设计。学生马上就进入到了创作状态，而且专注与认真的程度明显提高。很快几十张不同面貌和特点的作业就呈现出来，学生的作品充分展现了学生的创作风格和艺术才智；趁热打铁，我紧跟着动员学生在小组内交流自己名字的设计理念和含义，并选出优秀代表在全班展示介绍，既重温了学习到的设计技巧，又极大地增强了学生的成就感、获得感。尤其对于一些美术基础较差的学生来讲，教师努力营造出轻松愉快又很适宜的教学情境，无疑为他们搭建了合适的脚手架，鼓励他们立足于自身实际充分发挥创造潜能，让学生将自己的内心世界以独特的方式表达出来，在潜移默化的情境中敞开了心扉，开发了创作才能，还在无形当中进行了新中国成立七十周年的爱国主义教育。

3. 基于美术学科特点，发挥教师示范作用的教学情境创设

教学情境具有形象性、学科性的特点，美术课教学不同于文化课的教学，美术教师的示范作用极其重要。要想让学生极快地掌握绘画技巧、技能，提高学生的实际绘画水平，不仅要有深入的讲解，还要有标准的示范，使学生在模仿中体验，才能收到理想的效果。在学生学习"学画山水画"这节国画技法课时，我的教学情境设计就着重放在了山水画示范上。因为这种技法课学生平时上得不多，本身对国画技法的知识储备也比较薄弱，在完成作业时会困难重重，无从下手。因此在讲授山水画的基本构图、笔法、墨法，讲授国画的用笔规律时，我便亲自动手给予示范。我边作画边讲解，作画时每一个步骤、每一个环节既讲理论知识也讲技法，学生和我同步进行，一边观摩作画的过程，一边理解作画的理论知识，这样一来多数学生都能按要求按方法步骤完成这一作画过程，并能画出相对较好的绘画作品。对于个别基础薄弱的学生，我走下讲台近身逐个示范指导，以保证每名学生都有所收获和进步，整节课取得了理想的教学效果。

示范作用的教学情境要根据教学任务、教学步骤以及学生各自不同的理解水平、技能水平、兴趣取向去设计，学生通过对教师示范方法的观察，在头脑中形成清晰的记忆表象，通过自己的实践使之内化，经过思维的深入加工，建立起正确的方法概念，就能快速掌握新知识、新技巧。

4. 基于学生的实际问题，培养学生自信心的教学情境创设

　　教学情境具有情感性、问题性的特点，教学情境就是要激发学生的情感，使其产生对美术学科的持久的兴趣，要保持这种兴趣就需要学生在解决一个又一个的问题中，获得成就感与满足感。而美术作业就可以有效体现这一特点。美术课上的作业不同于其他作业，我们不能用普通人欣赏画作的眼光看待学生的美术作品，更不能用"干净整齐""像不像"作为评价美术作品的标准。因为美术作品当中还存在创作灵感、个人风格、进步幅度等若干背后的信息。简单的评价会让学生失去学习美术的兴趣，失去创作中的自由意识。所以，面对学生的作业，老师要有一双慧眼，结合不同学生的实际情况进行品评，对于那些作业效果不理想，但又非常认真的学生，就要加倍地鼓励，鼓励他们敢于思考、敢于实践、敢于创造的精神。对于学生作业的批改、评价应该有适宜的标准，用发现的眼光捕捉学生作业中的闪光点。实践证明，只要教师放开手脚，大胆地让学生用画笔表现他们的内心世界，并给予恰当的辅导，会让学生产生一种成功感和满足感，从而充满自信心，更加热爱美术这门学科。

　　以上就是我在美术教学中创设教学情境的几点粗浅做法，凭借情境创设，我把知识的传授、能力的培养、智力的开发以及道德情操的陶冶有机地结合在一起，有效地提高了课堂实效性。苏霍姆林斯基说："有意义的情境创设，是学生始终以积极态度参与的无形动力。"创设愉悦情境，寓教于乐，唤起学生兴奋愉悦的心情，引发学生对知识探索的兴趣，使学生乐在其中的教学情境创设，我会一直探索下去。

中国岩彩艺术在中学美育课程实施中的传承与发展

郑 千

（首都师范大学附属密云中学）

中国岩彩艺术引入中学课堂的意义

岩彩艺术作为中国传统绘画艺术的重要组成部分，是中国艺术发展的重要过程。它是将天然矿石研磨成粉，以胶调和后绘制成画的一种艺术形式，也是中国艺术史上闪耀着瑰丽光芒的珍宝。

1. 传承中国古老传统绘画技艺

岩彩艺术起源于中国，其历史源远流长，上可追溯到原始岩画，隋唐绘画达到高峰，岩彩是当时绘画主流，并流传到日本。自宋元之后，水墨文人画兴起，岩彩画日渐衰落式微，甚至被时代的浪潮遗忘在了历史的沙滩上。20 世纪末，岩彩艺术再度回归本土，上百年的停滞使得中国古典岩彩的很多传统绘画技法失传，百年的艺术断层，是国人继承优秀文化艺术的最大障碍，所以中学生学习岩彩画的意义不仅仅是复兴一个画种，更重要的是传承中国传统艺术、古老绘画技艺，延续历史和文明。

2. 填补当前中学学段美育教学空白

历经 20 余年的复兴和与重振，中国岩彩艺术取得了很多成果，但大都集中在专业的研究院所和美育高校，如文化部中国艺术科技研究所、各大美院等，对象基本是成人，中学领域尚未普及开来。通过对部分高中学生进行中国画知识的问卷调查，结果极为不理想。岩彩画这门古老的绘画技艺，其历史及艺术价值未能落实在中国书画模块教学中，只是碎片式地点缀在美术教科书中，导致学生对中国艺术的认识是断层的。将岩彩画纳入中学美育教学体系，能够让学生多维度地认识理解中国画，重新梳理其历史脉络，补充中学生美术教育的空白，构建融汇中华优秀传统文化智慧的美育课堂。

3. 提升中学生传统文化及美育素养

岩彩艺术是可传统可现代的开放型画种，学生可以感受到传统文化与日常生活的联系，并很容易实现把艺术融入生活，在创造艺术美的过程中让学生获得美感体验。岩彩艺术的特性非常符合中学生爱美、爱玩、爱创造的阶段性心理特点，学生可以利用流动的颗粒发现新的表现方法，完成他们充满想象力的作品。学生对岩彩艺术的学习、鉴赏与摹写，是对古人绘画观念、绘制工序及制作过程的再体验、再发现的过程，实质上也是培养学生专注与执着的"工匠精神"，让他们从"慢节奏"中收获对生命的感悟。

4. 契合中华文明及文化发展战略需求

"一带一路"体现了千年文明的交融与艺术复兴的文化思考。而岩彩画贯穿古今，融汇东西，为"一带一路"建设提供了历史记忆和宝贵的遗产。所以岩彩艺术在中学美育课程的实施，恰恰可以让学生感受并理解这份历史文化传承的力量，并由此自觉产生保护和传承中国传统文化艺术的责任感和使命感。

中国岩彩艺术教学基本构想

中国岩彩艺术教学秉持师古创新的理念，以课堂教学为依托，以敦煌壁画与古画摹写为实践，以外出研学社会美育为拓展，传承传统文化，学习岩彩技法，以古鉴今，学以致用，提升学生美育素养，促进中国岩彩艺术的创新与发展。

具体师古步骤如下：1. 学习岩彩技法；2. 敦煌壁画与中国古画摹写；3. 外出采集做颜色，北京法海寺研学；4. 传统文化从中国古画中走出来，学习并继承传统文化。

具体创新步骤如下：1. 岩彩创作及文创；2. 构建岩彩与环境议题相结合的美术课程研究；3. 岩彩与多媒体数字作品；4. 制作学生作品集。

中国岩彩艺术教学实践路径

在中学学段开展中国岩彩艺术教学，主要以高中美术课堂教学为立足点，以选修课、社团、拓展实践为补充，多措并举，宽径全维培塑学生对中华传统文化艺术的文化认同、精神认同、价值认同和行为认同。

1. 开设岩彩课程与敦煌壁画摹写

"敦煌莫高窟是保存的中国原创型绘画，是解读、诠释岩彩绘画材质及艺术语言形态的主要资源。""敦煌壁画摹写是体验中国经典岩彩绘画传统。"可以通过开设经典古代岩彩鉴赏课，学习岩彩材料、岩彩创作表现方法，创作体现学生自己思想及绘画技艺的优秀作品。

2. 组织传统文化艺术传习仪式

理想的美育课堂是"学以致用"，摹写古画对传统文化的学习还不够。如果画中传统内容能走出来，走进学生生活将是学生对传统文化的深层理解，可通过组织净手焚香、开班开礼、诵读经典、古韵传唱等仪式，培养学生对中华传统文化的敬仰景从之心，这也是美育教学的深层研究路径。

3. 加强课堂教学拓展训练

可采取开展艺术讲座沙龙、举办专题艺术展、集体游学研学、参观颜料生产企业、参与颜料制作等方式，强化学生参与教学的积极性与兴趣度，进一步提升课堂教学的质量效益。

4. 深化岩彩艺术教学理论研究

积极构建岩彩与环境议题相结合的美术课程研究，关注岩彩的空间与生态，关注我们的生活、环境、自然，认真思考生命与自然的人生课题。当前科学技术迅猛发展，大数据、人工智能新技术成果日新月异，可着眼 AI 时代，系统思考研究数字与岩彩艺术的融合互促，通过学科融合研究进一步提升岩彩艺术教学的生命力与发展力。

5. 实施多维联合培育

美育方式通常有三种渠道：学校、家庭、社会。多维的美育对学生是最有益的，可组织学生一起到大自然中采集石块，制作颜料，跨学科合作合成颜色，去岩彩艺术的发祥地、标志性地标及重要的研究院所进行调查研学等，都是全方位的美育渠道。

岩彩艺术根植于深厚的中国传统文化中，学生在优秀传统艺术的浸润下，养眼、养心，美化心境，最终升华为精神美感，得到思想启迪，实现美育之育人育心的价值。概言之，"中国岩彩艺术通过悠久历史传承而来，在美育实践中，又要有传承下去的民族情感和精神"。

如何开展疫情之下的美术学科网络教研

高 英

（北京教育学院丰台分院）

2019 年 12 月以来迅速蔓延的新冠肺炎疫情使得寒假后大中小学不能如期开学。2020 年 2 月，北京市丰台区委教工委、区教委制定发布了《关于落实中小学春季延期开学教育教学管理的实施方案》和《丰台区中小学生居家学习与生活安排建议》，教师开启了"停课不停学"的"隔空"教学活动，学生开展了居家远程学习模式。

笔者作为中学美术学科的教研员、区美术教育教学的研究者、区美术教师业务的指导者，在疫情之下陷入了沉思……

在不能开展传统面对面教研的情况下，如何有效开展教师培训，加强教研指导的精准度？如何带领教师积极开展疫情之下的教学研究，提升教师"隔空"教学与辅导的能力？如何在疫情之下，充分发挥艺术学科的育人功能，培养学生艺术感知、创意表达、审美能力和文化理解的学科素养，塑造美好心灵，真正实现教师日有所进，学生日有所长？

进行了深入思考、周密计划后，我们带领老师们开始了一场以"艺"抗"疫"的战斗……

探索有效的网络教研途径 指导疫情下的网络教学

（一）开展多种形式的云培训，提升教师网络教学的实施效果

延期开学期间，教育教学方式的转变、网络教学课程的设计、技术操作方法的空白，是对于老师最大的挑战。原本熟悉的"三尺讲台"和昔日身边的学生跑到了"云"的那一端。如何让老师开发网络课程，课程又如何吸引学生，在线上如何为学生居家学习提供有效指导，怎样保证教学的质量……都成为网络教学条件下老师们最大的困惑。

基于如上思考，笔者周密策划、精心筹备教研活动的内容。以网络环境下美术学科教学策略研究为专题，开展了《网络课程设计与实施》《网络教学课件的设计》《美术学科微课设计与录制》《网络课程的编辑与推送》《网络课程的导学案设计》等系列专项讲座，以教师网络教学过程中遇到的具体困难和亟待解决的问题为设计基础，为教师答疑解惑。

通过以下途径与教师们进行交流与指导："微信云交流"，在"丰台区中学美术教师"微信群及"丰信"云平台发放资源、案例分享与老师们线上交流与研讨。"QQ 群相见"，在"丰台区中学美术教师"QQ 群进行网络直播，开展直观化教学指导。"公众号联通"，在"丰台区中学美术学科"公众号推送网络教研课程等多种形式的网络教研，有效地对教师进行线上教研的指导。

云端的另一边，教师们认真聆听。通过学习，教师们感受到网络教学形式的改变，认识到网络课程的样态，了解网络课程的开发，领悟网络教学的方法，也在积极探讨网络课程的有效实施策略。

（二）骨干团队引领，确保整体教学质量

由于此前几乎没有进行网络教育教学的经验，教与学方式的突然改变对广大教师来说的确是一次挑战。第一，成立骨干团队，研发课程引领教学。笔者带领骨干教师、中心组教师、青年新秀等教师成立备课团队，多次召开视频会议，共研网络教学的授课内容与课程模式，最优化地发挥其引领作用。第二，为老师提供教学资源。团队教师先行开发"一课一包"资源，包括教案、课件、微课、导学案、测评试题等内容，为区内教师实施教学提供指导。第三，为老师提供网络课程。带领团队教师研发教学评一体化的中学美术学科特色网络课程。各校教师依据本校教学实际，结合我区"丰信"云平台中学美术学科"资料库"提供的"一课一包"资源，以及"丰台区中学美术学科"公众号每周推送的"网络课程"建设性地开展教学工作。此做法整合了优秀教学资源，减轻了一线教师的备课压力，真正达到了网络资源全区共享，提高了教师整体教学的实施能力，确保我区中学美术的教学质量。

(三)网络信息技术培训，提升教师网络教学的实施能力

1.通过网络培训，掌握"微课"的录制与编辑

美术教学具有实操性和可视化的特点。疫情之下也能让学生直观地观察到老师的示范过程、感受到作品的艺术美，把美术知识与技能学习可视化隔空教学，制作微课丰富线上教学资源，是其中的关键。然而，对于没有操作经验的老师来说，即使录制短小的视频也会感到无从下手，学习软件使用等相关技术都是亟待解决的问题。

张旭老师带来了"微课录制与编辑"培训课程，从视频的拍摄、导入、编辑、制作、音频等方面全方位为老师们进行直观示范，帮助老师们快速掌握操作技巧，为老师们进行微课录制扫清了技术障碍。在观看视频直播学习的同时，教师们在 QQ 群里积极互动，交流学习感受，分享录制微课的小技巧，短短两周时间上百位教师都上传了自己制作的教学微课。

2.通过网络培训，掌握网络测评"问卷星"的使用

快捷地了解学生的学习效果，进行教学反馈、检测及评价，也是网络教学的重点。运用什么软件实现线上教学评价？怎样解决教师的技术问题？姜璐璇老师带来了"网络问卷的设计与制作"培训课程。详细介绍如何利用"问卷星"软件进行教学评价设计、案例分析与题型呈现，教会老师运用工具收集数据，对学生进行测评，辅助教师教学，为老师们利用网络进行美术教学评价给予了技术支持。

3.通过网络培训，学习网络课程的编辑与推送

公众号推送网络课程是疫情期间向学生发布课程的重要渠道之一。李蕊老师带来了"网络课程编辑与推送"培训课程，详细介绍了公众号图文编辑工具"秀米"软件的使用，分享优秀公众号使教师了解版面设计风格与主题表达的关系。课程内容的培训活动，配合同步操作、及时互动，帮助老师们快速掌握图文编辑要点，让老师们学会运用信息技术让美术课程在网络中呈现。

一系列的信息技术培训，给老师们的网络教学提供了强有力的技术支持和知识储备。教师们纷纷表示通过培训有效地解决了网络教学中遇到的常见技术难题，掌握了通过信息技术手段为学生提供网络学习内容与指导答疑的方法，

提升了网络教学的实施能力。

(四)以课题带教研,指导老师做研究型的教师

基辛格曾说过:"最好的反危机策略就是以危机对付危机。"疫情给教育提出了挑战,但也开启了另一扇窗。笔者在"新型冠状病毒疫情期间网络教育教学专项小课题研究"中申报了"网络环境下中学美术学科教学策略的研究"区级课题,指导老师开发课程、梳理教学评的研究思路,做好过程性记录,注意总结形成案例或论文,引导老师成为行业中的研究者,做研究型的教师,积累非常时期的教学经验,提高教师应对突发事件的能力,成为与时代同步的终身学习者,成为教育教学改革的有力推动者。

利用公众号推送网络课程 有效指导疫情下的网络教学

疫情期间,笔者调研了学校实施美术教育的现状与教师们的困惑,发现大多数学校以弹性学习为主,极少数学校安排直播授课。弹性学习的学校,教师本人或通过班主任发放教学资料,学生居家自主学习,教师定时或不定时辅导,学生自愿完成学习内容。而对于网络教学,教师也困惑颇多:如何进行网络教学?课程内容如何设计?课程如何推送?怎样进行网络辅导与评价?怎样让学生有兴趣进行网络学习?……笔者认为,应针对教师的困惑,有效指导教师更好地实施网络教学。于是,笔者带领团队教师研发网络课程,利用公众号便捷推送课程,助力教师网络教学与学生居家学习。

(一)网络课程的推送,助力教师网络教学

不同于平时的面授教学,网络"隔空"教学受到形式所限,教师无法调控教学的进程,丰富的学习资料也不便于教师发放,学生自制能力也会影响教学的质量。然而,美术是视觉艺术,美术课程内容既包括通过图像识读来学习美术知识,又包括通过美术表现、创意实践学习美术技能,还包括通过审美判断、文化理解来提高审美修养。于是,我们运用"丰台区中学美术学科"公众号推送所研发的包含文本、图像、视频等内容在内的美术网络课程。文本是传递教学内容的基本形式;清晰、逼真、生动的图片展示美术作品及图像,视觉化呈现让知识学习轻松;伴有生动的解说或背景音乐的有感染力的"微课"视频,开启

不同形式的美术语言与造型方法的技能探究学习。集教材、教师PPT课件、微课、视频、导学案、教学评价于一身的网络课程，通过公众号一键式推送，将丰富的教学资源便捷传递给了学生，助力教师网络教学的实施。

（二）网络课程的设计，助力学生居家学习

1. 网络课程的呈现形式

网络课程的设计应以激发学生学习兴趣为前提。通过探究性的问题设计、趣味性的实践活动设计激发学生学习的动机，提高学生参与学习的积极性。因此，我们推出的网络课程以图文并茂的形式呈现知识结构，具有可阅读性；以问题串引领学习方式，具有自主探究性；移动、抽拉等板式设计，具有互动性；"微课"技法演示，具有示范性；提供多种方式的学习建议，具有选择性；扫码评价、交流反馈，具有检测性。最终使网络课程达到教学评一体化的效果。

2. 网络课程的教学内容

网络课程内容的选择，要结合国家课程并充分利用此次疫情的教育意义进行设计。美术课程学习与疫情防控知识学习结合，注重疫情防护知识普及宣传，加强生命教育、公共安全教育和心理健康教育。通过学习防疫阻击战中涌现的先进事迹，弘扬社会美德，树立学生的社会主义核心价值观。通过一些优秀的抗疫题材作品的名作赏析，增强学生爱党、爱国、爱人民、爱社会主义的思想情感，让学生在学习中滋润心灵，培育高尚的情操。既有"众志成城、抗击疫情"的系列课程，如"关爱生命的招贴设计""漫画战'疫'"等，致敬抗"疫"英雄，弘扬正能量，具有教育性；有"美术语言、造型创意"的系列课程，如"线条的表现力""动物立体造型"等，具有趣味性；有"传统美术、相约非遗"的系列课程，如"风筝艺术""北京绢人"等，了解北京的传统非遗美术，具有文化性；还有"名作欣赏、美术表现"的系列课程，如"画里游春""约会春天"等，具有审美性。

除此以外，考虑到疫情之下频繁的网课可能导致学生视力下降，美术学科的网络课程还从维护学生的用眼健康出发进行设计，精选学习内容，做得短小精悍。

3. 网络课程的设计特点

我们设计的系列网络课程，以大概念、大单元的形式整合教学内容，力求符合当下学情的同时，关注培养学生自主、探究的学习能力，落实美术学科核心素养。从网络课程到网络课件的设计都具备如下的特点：(1)问题驱动，创设情境以问题贯穿始终；(2)以小见大，以点带面精练教学内容；(3)直观指导，进行分层次的微课示范；(4)交流反馈，教学评价落实学科核心素养；(5)板块设计，画区块的排版便于学生清晰梳理知识结构。

(1)"众志成城、抗击疫情"系列课程

"疫情"之下，我们推出讴歌生命、关注成长的抗"疫"题材系列课程，旨在培养学生运用艺术的思考、唤醒心灵的感动、引发深层的思考，落实立德树人目标。

(2)"美术语言、造型创意"系列课程

家里没有画材，怎么办？我们推出丰富多彩的"动物立体造型"系列课程，运用家中的随手可得的材料，纸张、面粉、绒线、蔬菜、瓜果、废旧材料……物资有限，创意无限，引导居家的学生发现生活之美，用艺术创作愉悦心情、装点生活，与家人共享艺术之乐。

(3)"名作欣赏、美术表现"系列课程

春天悄然来临，疫情的攻坚战已到重要关头。为了让学生居家也能游春，我们开发了"画里游春""约会春天"等系列课程，既有以春为题的佳作赏析，又有以春花烂漫为题的写意花鸟画课程，还有用手机记录春天的摄影课程，旨在提高学生的审美能力和审美情趣，在审美感知中知春、赏春、绘春的同时，用美术的方式记录这个不平凡的春天里的故事。

(4)"传统美术、相约非遗"系列课程

中华民族文化经过五千多年的沉淀，凝结成经典国学、传统艺术、民俗节日三类文化。我们设计了"传统美术、相约非遗"系列课程，让学生居家领略非遗艺术的魅力，感受其间的创作乐趣和文化内涵。

4. 网络课程的教学评价

"隔空"网络教学的背景下，既关注美术核心素养的培养，亦关注学生的过程性评价。一方面，每个单元课程的教学我们都以问题情境为导引，逐步培养学生的图像识读、美术表现、审美判断、创意实践和文化理解素养。另一方面，每节网络课程我们都设计了学习建议与课程评价反馈表，学生根据现有条件选择适合自己的实践活动与探究性学习，扫描二维码填写学习反馈表，上传作品与老师交流学习感受。反馈表中评价内容贯穿课程始终，既关注过程性评价，亦关注终结性评价，减少横向评价，增加纵向评价，以促进不同学生的自我发展为评价目的。

有效教研促师生教学相长

(一)教师的成长

"水本无华，相荡而生涟漪。"通过精心策划、有效实施的一次次教研培训，老师们的思维和能力在互相碰撞中得到提升。一方面，中心组骨干成员设计的单元主题网络课程，以问题情境为导向，引导学生一步一步探索艺术的真谛，最终达成核心素养的落实。合理的课程、精美的课件、丰富的微课，给了一线教师很大启迪，既开阔了视野，又提高了效率。另一方面，教研员主导的培训很好地提升了教师的信息技术能力，教师们学会了运用多种软件录制与编辑视频，全区98％的老师都尝试运用视频的方法来制作微课，"表情包的设计与制作""写意桃花""美丽校园""经典佳作赏析"等微课深受学生喜爱。有很多老师通过学习，在疫情期间申请了自己的公众号，学着运用"秀米"等软件编辑开展本校网络宣传，结合学情创造性地使用本区网络课程资源，设计具有本校特色的网络课程进行发布。北京市第十二中学老师的"迁想妙得"、丰台区第八中学老师的"8Z美术"等公众号，刚刚推出就圈粉无数。教师们在网络培训交流中学习，在微课录制中提高运用信息技术的能力，在课程设计中提升了教学的能力。

疫情就是命令，防控就是战场。在这场特殊的教学改革考验中，我区美术学科的老师们初心永擎，使命在肩，克服困难，探索出一条美术网络教学的希望之路，用奋斗与担当谱写着新时代的青春！

(二)学生的成长

"石本无火，相击而生灵光。"同学们在学习中进行着意义建构，在居家自主学习和与老师的在线交流中思维相互碰撞，产生着美妙的光芒。

在抗疫主题单元课程领域，学生们通过以"关爱生命"为主题的公益招贴画的学习，不仅学会了招贴画的设计方法，而且能够以公益招贴画为武器宣传抗疫，推广科学防疫，进行爱的传递；通过以"感人故事"为主题的绘画课程的学习，描绘白衣天使和无名英雄，感悟大爱，净化心灵，体会责任与担当；通过以"温情对话"为主题的表情包课程的学习，学会用 App 软件、手机指绘、电脑手绘等形式制作抗疫宣传表情包和师生互动表情包等，学会恰当使用网络用语，营造文明的网络环境，让温情的对话温暖彼此的心！通过以"漫画战疫"为主题的创作课程的学习，尝试运用诙谐幽默的漫画形式，通过宣传、警示、歌颂、祝福，以笔抗疫，在学习中树立正确的价值观、科学的生活观。

在"动物立体造型"主题单元课程领域，学生们通过纸塑、面塑、绒球、综合材料的系列立体造型学习，不仅学会了运用身边不同材料进行动物的塑造，传达对动物的善意和和谐共处的理念，提高美术表现、创意实践和立体造型能力，还能够在疫情下增添乐趣、创意生活、美化环境，感受生活的艺术、艺术的生活。

学生在"画里游春""约会春天"主题单元课程中欣赏与表现。通过欣赏吴冠中笔下的春，感受画中的春天，感受画家的艺术特色和人生态度，感受艺术来源于生活而高于生活的艺术境界，提高了自己的艺术审美境界。学生们通过表现烂漫的春花与春天进行浪漫约会，学习写意花卉的画法，并选择适合自己的方式进行探究学习，在实践中感悟中国绘画的博大精深，感受中华传统文化的深厚底蕴，增强了民族自信心和自豪感！

隔空教学，不隔离爱。我区中学美术教师隔空与学生进行有爱的交流、亲密的互动指导，让每一次课程的教学都落到实处，对学生实现有效指导，让学生在这个特殊的时期收获的不仅是知识，更是人生的成长。

北京市第十二中学高一(6)班的吴丛希同学说："居家美术指导课真的和面授课感觉很不一样！特别新奇，而且也发现了它的好多好处：通过微信向老师请教，不仅资源非常丰富，还锻炼我的自学能力；不需要太多时间就能学到很多构图、创作的技巧。通过这段时间的学习，我可以明显感受到我的艺术素养提升了好多，老师推荐的软件也非常好用。总之，这段时间收获颇丰！"

北京市第八中学怡海分校初二(2)班的邹孟昕同学说："在疫情期间，学校开展了丰富多彩的活动来充实我们'空虚'的生活。这其中的表情包制作真是十分有趣。在制作的时候不但考验着我们的绘画技巧，更考验着我们脑子里掌管新点子和忍耐力的神经。虽然我时常想把笔一扔洗手不干了，但一想到那些陪伴我的'火柴人'和同样辛苦工作的老师，我就又打起了精神。表情包的绘制，教会了我恒心和毅力，以及简单的美好。"

北京市第八中学怡海分校初一（2）班的宋沛瑶同学说："平时上学特别忙，爱画画的我很少有时间做手工，更别提进厨房。这一次跟着网络美术课学了好多塑造动物造型的课程，最开心的就是做动物面塑这节课，妈妈很惊讶我竟然能把豆沙包做成那么多可爱的小动物，爸爸也高兴极了！艺术不仅是绘画，还可以运用于我们的生活，装扮我的家，让家人开心快乐！"

北京市大成学校高二（4）班的王佳怡同学说："在疫情期间，我通过网络学习了多种形式的美术课程。其中，主题绘画是我的最爱。我平时就喜欢用彩铅、水彩画一些花卉和静物，这次在老师的指导下我挑战了更有难度的人物，了解了画人物画的要点，越画越有兴趣，创作了两张抗疫题材的美术作品，非常有收获！"

（三）教研成果

疫情期间中学美术学科组织各类区级教研活动近 60 次，"丰台区中学美术学科"微信公众号推送网络课程、线上美术作品展、网络教研报道等 36 篇，录制微课 94 节，"丰信"平台推送"一课一包"学习资源 44 节。

一分耕耘，一分收获。在这场不平凡的"抗疫"阻击战中，我们用美术的力量参与"战斗"，伴随课程的层层深入，孩子们在作品中寻找生命的意义与存在，理解艺术的价值与责任。老师们的付出，学生们的成长，我们区开展的网络美术教学的研究，也得到了多家网络媒体的关注，北京日报、北京丰台、千龙网、丰台教育等公众号相继推出《居家美术课怎么上？丰台区网络美术课程上线了》等宣传报道对我区中学美术学科的教学实施给予肯定。教师开展网络教学研究的文章及抗疫主题美术作品在《丰台教育》上发表。我主持的课题"网络环境下中学美术学科教学策略的研究"在我区网络教育教学专项小课题研究成果评选中荣获一等奖，多位教师设计的网络课程及宣传稿荣获一等奖。在这个特殊时期，教研引领下，美术教师们携手共进，以"艺"抗"疫"，用丰富多彩的课程诠释人民教师的使命与担当！

传承非遗　烙画走进课堂

——烙画校本课程的开发与实践

郭　奇

（首都师范大学附属中学永定分校）

　　校本课程是由学校针对学生的兴趣及需要，结合学校的实际和当地传统的优势，充分利用学校和社区的课程资源，自主开发和实施的课程。它充实了原有美术课本，并能结合学生生活实际，促进学生综合实践能力和创新意识。为了加强本校学生艺术素养的培养，激发其艺术灵性，学校结合自身优势，经学校课程委员会课程开发小组共同讨论，初步确定我校现阶段校本课程的美术课程目标为：第一，通过艺术教育，培养学生的审美能力，从而提高学生的艺术素养和能力，积累深厚的艺术文化底蕴，激发学生对艺术的热爱之情。第二，让每个学生都学有所长，通过美术教育，努力培养自己的一技之长，为他们提供自我发展的空间。第三，通过艺术教育，塑造学生健全完美的人格，培养他们良好的心理品质，从而丰富学生的人生，使他们健康快乐地成长。

理论依据

　　烙画校本课程传承了非物质文化遗产画种——烙画文化，自开设以来深受学生欢迎，我校制定了烙画特色教育的总目标，那就是——"弘扬传统文化，烙画走进课堂"，这与我校要依靠自身的办学特色达到艺术教育特色学校的目标息息相关。烙画课程，让中学生对美术有了全新的认识：美术并不只有传统教学中的水彩画、油画等，烙画同样也非常精彩。这段时间的校本课程学习激发了很多学生的兴趣和创作灵感，调动了学生的积极性，使学生的兴趣爱好获得满足，个人潜能得到和谐、自由的发展。而且，首师大附中永定分校作为门头沟区唯一一所开设烙画校本课程的学校，烙画课程可以对区内学校开放，对实现校本课程区域资源共享有着积极的意义。

烙画属于我校艺术类校本课程，对于培养学生的思维能力、动手能力、审美能力有很大的作用。通过烙画作品的学习欣赏，接触烙画工具、材料与制作过程，体验烙画学习的乐趣、方法，学生的艺术感知与欣赏能力、艺术表现与创作能力得到提升，形成基本的美术素养，对民间传统工艺的兴趣得到增强。

设计思路

苏联著名教育家苏霍姆林斯基曾经说过："儿童的智慧在他的手指尖上。"烙画正是用手中剪刀进行创作的一门艺术。开展烙画艺术教学，不仅可以使学生心灵手巧，提高学生各方面素质，还可以为传承民族烙画艺术培养后备人才。鉴于以上认识，加上学校领导的大力支持，我尝试在学校成立烙画兴趣小组，很多学生在活动实践中都表现出对烙画这项既动手又动脑的艺术课程的浓厚兴趣和强烈的学习愿望。在教学过程中我感到，烙画艺术对于培养学生自信心和创新能力有很大助益，这与我校"让学生在成长中体会幸福"的育人目标高度契合。于是我着手进行烙画校本课程的开发与实践，让烙画走进课堂。

烙画课程内容设计与实施

（一）内容设置

烙画课程的内容与形式多种多样。在内容上，主要表现北京本地，特别是门头沟区的自然风光、非遗景点、人文建筑风景、地域文化风景，例如圆明园、天安门、鸟巢、水立方等。在形式上，我们不仅在葫芦上烙画，还在原木切片、方木板、纸盘、卡纸上进行表现，争取做到内容突出传统京味，形式丰富多样。

根据学生实际情况制定教学内容，对于不同的学生分层施教、分类指导。烙画课程内容包括：1. 烙画概念基础知识介绍及烙画作品欣赏。2. 烙画机的具体使用方法。3. 烙画烙线技法。4. 烙画着色技法。5. 平面、立体技法。6. 烙画人物练习。7. 烙画动物练习。8. 烙画山水练习。9. 烙画花鸟练习。10. 北京自然风光、人文风景练习。11. 根据每位学生情况，在卡纸、纸盘、木板、葫芦上自选题材进行练习。

（二）实施过程

1. 关注烙画艺术的历史与传统文化内涵

烙画古称"火针刺绣"，近名"火笔画""烫画"等，是一种用特制的铁笔，在扇骨、梳篦、木制家具以及纸绢等上面烙制成的工艺画。为中国古代一种极其珍贵的稀有画种。据史料记载，烙画源于西汉，盛于东汉，后由于连年灾荒战乱曾一度失传，直到清光绪三年（1877），才被河南南阳一位名叫赵星的民间艺人重新发现整理，后经辗转，逐渐形成以河南、河北等地为代表地的几大派系。烙画以前仅限于在木质材料如木板、树皮、葫芦等上烙绘，画面上自然产生不平的肌理变化，具有一定的浮雕效果，色彩呈深、浅褐色乃至黑色，现代大胆采用宣纸、丝绢等材质，丰富了烙画这一门艺术形式。如今，烙画在河南、广东、浙江、江苏和安徽等地都有生产。

无论是烙画还是中国画，从本质上来讲都是绘画。中国画是一种中国传统的绘画形式，湖南长沙从战国时代的楚墓中出土的两幅帛画《人物龙凤帛画》和《人物御龙帛画》为最早的中国画。随后经过两千多年的历史，中国画逐渐发展、成熟。从人物画发展到风景画、花鸟画、鞍马画等，而每种体裁的绘画都各有其自身的演变、发展过程和特点。烙画是一种民间艺术，它的传承基本上是通过烙画师傅口授的方式传给徒弟，是一种家族作坊式的艺术，所以它的起源、体裁、风格传承变化特点等方面都没有明确的史料记载。但是，从当代烙画艺术的体裁风格特点上看，可以说它是中国画的另一种表现形式。

从施艺的工具、材料看，烙画艺术是中国画艺术的创新和发展。中国画的工具、材料是毛笔、墨、宣纸或丝绢，以及国画颜料。国画家要掌握各种工具、材料的特性，用笔蘸墨在宣纸或丝绢上勾、画、点、染、皴、擦，同时控制墨的浓淡、轻重、缓急的变化，作品或者施色或者不施色。烙画的工具、材料则是烙笔（或铁扦、火笔）、竹木、宣纸或丝绢等，有的还用到国画颜料。烙画艺术家也要掌握各种工具、材料的特性，利用控温技巧，在竹木、宣纸、丝绢等材料上勾画烘烫而成。将二者进行比较，我们发现，烙画用烙笔替换了中国画的毛笔，将施艺的材料由宣纸、丝绢扩大到竹、木、葫芦、贝壳等等。因为有烙笔这一特殊的工具，施艺的材料也更为广泛。

2. 根据学生实际情况制定教学内容，对不同的学生分层施教、分类指导

烙画课程的学生有初中一、二年级的学生，也有高一年级的学生，初中生年龄小，双手的灵活性还欠佳，理解能力相对高中生还有一定的差距，不可能在太短时间内把握准烙画的精髓所在。因此在练习时，学生们表现各异，如有的学生一不注意就让电烙笔在卡纸上停留的时间过长，造成烙穿卡纸的现象，还有的学生手的力度不够，所烙的线条达不到一笔到位、一笔成形，有时线条会形成像被牙齿咬过一样的古怪线形。这时我没有操之过急，要求学生一定要按我的想法去完成，而是耐心等待，不厌其烦地手把手教他们，并告知烙线条时不要着急，要顺着画的线条有序地烙下去，手腕力度要合适，线条要保持平滑，直至学生学会为止，这也体现了我教学的原则：在活动中掌握技能，体验成功的喜悦。

3. 搭建平台，让学生在烙画学习中体验成功的乐趣

注意烙画教与学的积累，要及时利用多种方式展示学生的学习成果，鼓励、激发学生的学习兴趣。除了校内的展示，有机会还要选送学生的作品参加比赛，使学生获得认可和鼓励。教师可以让学生用专用的资料册收集烙画作品，教师自己也要及时收集优秀作品，阶段性地进行展览，使学生互相观摩提高，激发学生互相学习的积极性，提高被展示作业的同学的自信心及学习兴趣。

后期设想

(一)拓展烙画教学课程资源

民族烙画艺术是很好的课程资源，有着很多的教育功能，我校实践烙画教学已经收获了很多的经验与成果，今后要更加深化对烙画教学的研究，随时丰富整理完善本校烙画教学的讲义(我校现已经编写出符合本校学生实际的《烙画技法》校本教材、学生作品集等)。烙画是中国民间艺术瑰宝，民间有许多优秀烙画艺术家，作为美术教师，本人在烙画艺术方面的水平有限，今后我们还要

请一些烙画艺术家来学校为学生授课，让他们接触原汁原味的烙画艺术，还可以带学生到一些美术馆、博物馆去欣赏烙画作品，开阔学生的视野。这样必定可以大大提高师生的烙画水平。

（二）根植本土文化，彰显地域特色

我校学生烙画的题材主要有山水花鸟、卡通动漫等中学生感兴趣的形象，以后的课程教学中可以进一步引导学生烙制科幻、京剧脸谱、门头沟老房子变迁等门头沟本地风光及特色景点等内容，反映中国心、家乡情、少年梦，除了传承非遗，还要在此基础上进行创新。

实施成果

通过烙画课程的学习，学生观察细节、动手体验、分析总结，最终增长了知识，锻炼了观察能力、动手能力、思维能力，提高了修养与审美情趣。学生在课堂上欣赏了国内外的一些电烙画的名家名作，又有了新的前进的动力与奋斗目标。

自 2013 年烙画课程开设以来，我校先后接待北京和外地多所中小学校长领导的视察访问，各学校领导对烙画教室的布置及我校学生的烙画作品给予了高度好评，我校学生将自己的烙画作品如书签、葫芦等作为礼物送给各学校代表，将作为中国的传统文化艺术的烙画在祖国大地上进行传播，使各族同胞感受到中国传统文化的博大精深。我们的烙画作品在北京市学生金帆书画院教育教学成果展示活动中荣获作品类教师辅导一等奖，报送的烙画荣获北京市学生艺术实践工作坊一等奖。

烙画是我国民间传统工艺的瑰宝，是不可再生的宝贵的非物质文化遗产，教会学生烙画，对传承民族艺术有着重要意义。在初中开展烙画教学，可以弘扬优秀的民族文化，更是对学生进行美育，促进学生成长的有效途径。

撬动美育杠杆　激发动力机制

——艺术教学需求设计到学习目标引导的实践和探索

闫　惠

（北京市十一学校）

深化美育教育改革，逐步完善"艺术基础知识基本技能＋艺术审美体验＋艺术专项特长"的教学模式。在学生掌握必要基础知识和基本技能的基础上，着力提升文化理解、审美感知、艺术表现、创意实践等核心素养，帮助学生形成艺术专项特长。这既是新时代学校美育工作的重点，同时也为学生的成长成才提供新的动能与途径。

高中教育是学生人生观、世界观逐步成型的重要时期，而高中时期的美育教育像一个杠杆，它可以激发学生的动力机制。教育是引导，而非限制，学习目标作为学习过程中的第一粒扣子，如果清晰、适切、可操作、可评估，那么学生学习目标的达成就会更容易。而对于一个学生而言，想跨出人生的第一步，想脚踏实地地走好人生的每一步，扣好人生的第一粒扣子尤为重要。

艺术教育的任务与目标在于普及艺术基本知识、健全人的审美心理结构，遵循美育特点，旨在立德树人，而艺术培养在特点学生教育上既能树立学生的自信心，还能用艺术作为教育的手段，让其正心笃志、崇德弘毅。

1. 将学校美育作为立德树人的载体，用艺术教育挖掘比较优势，树立发展自信，科学定位课程目标，增强课程的可选择性，在进行的学习任务中对学生进行有策略的教学会更有效。

大部分所谓的特点学生存在的普遍问题之一是缺乏自信，在学习成绩较低的情况下，没有发现自身与其他同学相比存在的独特优势或是比较优势，而考试成绩作为衡量学生学业成绩的唯一指标直接造成了评价指标的单一性和绝对性。由此，一方面造成了学生个性化优势难以被发现和挖掘，因材施教沦为纸上谈兵，无计可施。另一方面，在学业成绩较差、自身优势又被忽略的情况下，学生无法确立自信，容易陷入恶性循环而不能自省、自持。所以，拓宽学生成长道路，改变单一评价指标，帮学生找到比较优势，树立自信，明确目标，是解决所谓的特点生问题的首要任务。理论和实践证明，艺术特长生培养对此有着独特的示范作用和重要的现实意义。

场景一：学生小欢有很强的自卑心理，表面争强好胜，显得另类，实际上和同学、老师交往很不自信，班级活动常常充当一名看客，没有热情，参与意识淡薄，学习上一直以来怕用功、怕动脑、怕发言、怕失败，只想随心所欲地去做事，最终产生了厌学心理。八月底的北京还是很热的，虽然早有耳闻，但初见小欢，她还是让我有些意外，白色带扣的小衫，最上面的两个扣子未系，我从她松散的衣衫中发现有文身的痕迹，化着浓妆散着头发，坐在我对面的她很是自然地跷着二郎腿。我知道小欢是想通过表面的叛逆，实际是以特立独行的表达方式，故意要引起我的关注以此获得自己内心的满足。第一次和她接触，我刻意准备了两个问题作为铺垫，第一个问题是，"你的理想是什么？"。她满不在乎地对我说："我这种人也考不上什么大学，我的理想就是开个咖啡店，自己能养活自己就行。""这真是个很不错的想法，但是老师觉得，如果你能接受完正规的大学教育，咖啡店一定会开得更好！"可能从没有人对她的"理想"能持如此肯定的态度，她惊住了，睁着大眼睛看着我，我紧接着又开始问第二个问题："你想如何度过一生，为理想奋斗，还是碌碌无为？""我没有什么理想！"她不假思索地脱口而出。"每个人都是特别而有益的，问问自己是否真的一无是处？"我的问题抛出，小欢好像明白了些什么，其实这个时候我们的交谈才刚刚开始。我告诉她，这个世界上并没有绝对的好与坏，适合你的，就是最好的。这次谈话结束之后，通过层层考核，小欢进入校艺术素养班学习表演，决定以此专业实现上大学的梦想。

场景二：经过一段时间的专业学习，小欢从中逐渐找到了些自信，能保证每次的专业课学习时间，但对于文化课她依然提不起丝毫的兴趣，照旧天天旷课、泡吧、抽烟，我行我素，无奈之下，班主任找到我寻求对策。为进一步保护和激发她刚刚建立起来的自信，我正式任命小欢为艺术素养班的纪律委员，负责考勤，让她摆脱被管理者的被动监督，改为管理者的主动自我监督，这样的安排极大地激发了她的自律意识，同时增强了她学习的积极主动性。此外，在一次次的交流谈话中，我坚持以柔克刚，循循善诱，因势利导，耐心细致一次次地走进她的内心，帮助她明辨是非，确立目标，和她一起守护可贵的刚刚建立起来的自信心，不断使其放大并迁移到文化科目的学习上。

2. 健全面向人人的学校美育育人机制，将艺术课程作为媒介，从中发掘学生潜能，拓宽培养渠道，有效的策略应该通过各种任务进行持续的练习，而老师要在学生试图使用策略的初期为其搭建支架。

高中阶段是学生个性形成、品格完善、自主发展的关键时期，也是实现学生全面发展、和谐发展、主动发展，开发学生潜能的关键时期。学校美育课程以艺术课程为主体，高中阶段开设多样化艺术课程，不仅是素质教育的内容，同时还是不可或缺的美育手段。曾经对父母苦口婆心的漠视、对老师严厉教诲的仇视、对命运前途的无视随着艺术学习的逐渐深入、专业技能水平的逐渐提高而改变，特点学生的人生轨迹也随之改变。

场景一：高考专业备考中的自备人物特写，我给小欢选择的是一个毒瘾少女的角色，为了能演好这个角色，我采取《仲夏夜之梦》人物换位和默声的教法，既让她揣摩毒瘾少女不慎染上毒品的懊悔与无助，又启发她人物换位，思考演绎母亲得知女儿染毒后的痛苦和悲伤，在这个过程中她渐渐走进了角色，当她最终以饱满而又真挚的情绪呈现出人物的最后形象时，她不仅明白了正值芳华的自己应该怎样规避类似的问题，同时也读懂了十多年时间里父母的满满期待和老师的谆谆教诲。

场景二：通过我对小欢六个多月的悉心辅导和精准的专业定位，凭借过硬的专业优势，她在艺考中一路过关斩将，取得了优异成绩。可谁知一模过后，我从其他同学口中得知小欢辍学并已提招大专的消息。虽然专业课考得很好，但她遗憾地表示文化课实在无法坚持学下去了。而此时不打算考学的她，已经完全自我放纵了，开始夜不归宿，整日网吧、酒吧连轴转。我听了这些特别着急。可就在这时，峰回路转。在我们之前期盼的一所名校的考试中，她获得了全国第一的专业课成绩。这个成绩成了转机，在我几天的劝导、鼓励下，她又一次走进课堂开始了文化课集训。高考前的一段时间里，我们天天两条短信——她汇报每天的学习情况，我鼓励她，告诉她坚持的意义。2017年7月22日，小欢以文化课成绩397分、专业课总分第一的成绩接到了传媒大学的录取通知书。她在电话里喜极而泣，说了八个字："老师，谢谢您救了我。"听了她发自内心的话，我也流下了激动欣慰的泪水。

3. 全面深化学校美育综合改革，用美育带动、加快艺术课程创新发展，增强育人成效，坚持全方位育人，教师可对学生采取"延迟评价"的方式，允许学生可以延迟一段时间达到学习目标，等待学习成果的最终显现。

美育是审美教育、情操教育、心灵教育，也是丰富想象力和培养创新意识的教育，它不仅可以提升学生的审美素养、陶冶情操、温润心灵，同时也可以激发学生的创新创造活力。强化学校美育育人功能，构建德智体美劳全面培养的教育体系，是形成充满活力、多方协作、开放高效的学校美育新格局的关键。安·兰德说："一个人回首他的童年和青年时代时，能够触动心灵的记忆不是他有过怎样的生活，而是那时的生活中有过怎样的希望。"艺术植根于人对生命终极意义的追问，或者说人追问生命终极意义的诉求使人选择了艺术。从多年的艺术生培养和教科研实践看，艺术作为基础学科门类和人们的精神食粮，能陶冶人的情操，丰富人的精神生活；而艺术课程的多元设置则能有效激发学生的想象力、创造力，促进身心健康和人格完善，从而唤起和激发学生实现其社会价值的深入思考和大胆实践，并为最终培养新时代合格的社会主义人才提供强大的人生观和价值观基础构架。

场景：小欢奋力叩开了通往艺术殿堂的大门，同时也点亮了她人生前行的道路。进入大学后她没有丝毫的懈怠，专业上精益求精。她明白，艺术的道路永无止境，她立志以此为新的起点，不断追寻更高的人生目标，大学一年级就确立了考研的志向。与此同时，她积极参与社会、回报社会，阳光的心态和完整的人格让她努力找寻和实现着自己的人生价值，她积极要求入党，热心社会公益活动，参与学生工作，现在的她和两年前的那个"问题少女"判若两人。

首先，每个学生作为一个成长个体，必然存在个性、素质、学习能力、生活能力等方方面面的差异，但应试教育又是拿一把尺子在丈量所有考生，这对矛盾客观存在但又不可避免。对此，必须要逐步建立起一整套以美育为核心、基于差异的指导性教育系统，美育课程全面开齐开足，优化资源配置，健全评价体系，完善管理机制。改进美育评价，把中小学生学习音乐、美术、书法等艺术类课程以及参与学校组织的艺术实践活动情况纳入学业要求，促进学生形成艺术爱好、增强艺术素养，全面提升学生感受美、表现美、鉴赏美、创造美的能力。

其次，加强大、中、小学美育教材一体化建设，注重教材纵向衔接与横向联系，在高中阶段就开始将公共艺术课程与艺术实践纳入人才培养方案，实行学分制管理，学生修满规定学分方能毕业。这样的改革，事实上在十一学校已经实施多年，效果显而易见。多样化艺术课程的实施作为美育教育中必不可少的组成部分，不仅为学生全面发展提供了可能，同时也为学生升学提供了一条新的渠道。正是在"寻找适合每一个孩子发展的途径"这一教育理念的引导下，艺术培养在特点学生转化中才具有其独特作用，为每一位学生成长成才提供个性化的路径，为国家培养各方面的人才丰富基础教育的内涵。

最后，特别值得说明的是，教师在与学习者互动的过程中要承担三种不同的角色——设计师、学生作品的评估者、个人效能的研究者，这是逆向设计的关键所在。特点生转化的途径、方式、手段有多个方面，而经过具体实践，十一学校发现高中艺术课程的多元化在帮助学生认知自我、完善自我、实现自我，形成积极人生态度，树立正确价值观的过程中能够起到基础性作用，具有育人性价值，也由此在转化特点生问题上形成了工作思路。其核心要义是利用美育策略，寻求积极因素，克服消极因素，善于发现和利用学生的积极因素，坚持用爱心、耐心和细心去帮助和引导他们找到自身的闪光点和比较优势，并不失时机地固化认识，放大和迁移优势，通过树立切实的自信，明晰前进的方向，达成可行的目标。在这个过程中，我们始终注重帮助学生不断增强成长所需要的内生动力，而不是进行简单粗暴的干预。最终的衡量标准也是学生人格自我完善能力的有效提升，而非完成高考任务的表面化单一指标。

2003—2013 年初中京剧课程
实施过程中的摸索与思考

王　静　刘雅男

（门头沟区教师进修学校　首都师范大学附属中学永定分校）

京剧是我国民族文化遗产中的宝贵财富，是我们的国粹，屹立于世界民族艺术之林。十年前(2003 年)京剧观众的景象如何呢？一是少，二是老。让人忧虑到了二十年以后，谁来填补老一代观众留下的空缺呢？时间过去了十年，那些年轻观众是痴心不改，还是在不知不觉中消失了？有没有新人补充到年轻观众当中呢？

2003—2013 年初中京剧观众现状调查对比

针对 2003—2013 年间青少年京剧观众欣赏水平变化差异，对前后两届初一年级的 60 名新生做书面调查，了解他们对京剧的了解与认识，并得出调查结果分析。

（一）调查内容

1. 你看过京剧吗？（2003 年、2013 年的问题）

A. 看过　　　B. 没看过　　　C. 不记得了

（2003 年调查结果）其中看过京剧的占总人数的 58.33%；没看过京剧的占总人数的 31.67%；不记得了的占总人数的 10.00%。

（2013 年调查结果）其中看过京剧的占总人数的 90.00%；没看过的占总人数的 10.00%；不记得了的人数为 0。

2. 你喜欢京剧吗？如果不喜欢请选择理由。（2003 年的问题）

    A. 没看过　　　　　　　B. 离我们太远了

    C. 节奏太慢　　　　　　D. 听不懂

其中喜欢京剧的约占总人数的 5.00％；不喜欢京剧的约占总人数的 95.00％。

不喜欢京剧的理由中没看过的占总人数的 3.33％；认为离我们太远的占总人数的 3.33％；认为节奏太慢的占总人数的 28.33％；认为听不懂的占总人数的 60.00％。

3. 你喜欢京剧吗？如果喜欢请选择理由。（2013 年的问题）

    A. 优美婉转的唱腔　　　B. 丰富多彩的行当

    C. 抑扬顿挫的念白　　　D. 博大精深的文化

其中喜欢京剧的占总人数的 46.67％；不喜欢京剧的占总人数的 53.33％。

喜欢京剧的理由中喜欢京剧唱腔的占总人数的 15.00％；喜欢京剧行当的占总人数的 5.00％；喜欢京剧念白的占总人数的 25.00％；喜欢京剧文化的占总人数的 1.67％。

4. 你会唱京剧吗？（2003 年、2013 年的问题）

    A. 会唱　　　　　　　　B. 不会唱

（2003 年调查结果）其中会唱京剧的占总人数的 1.67％；不会唱京剧的占总人数的 98.33％。

（2013 年调查结果）其中会唱京剧的占总人数的 46.67％；不会唱京剧的占总人数的 53.33％。

5. 你认为戏曲还有流传的必要吗？（2003 年的问题）

    A. 有必要　　　　　　　B. 没必要

其中认为有必要流传下去的占总人数的 88.33％；认为没有必要流传下去的占总人数的 11.67％。

6. 你愿意成为传承京剧艺术的接班人或成为京剧艺术的传播者吗？（2013 年的问题）

    A. 愿意成为传承京剧艺术的接班人

    B. 愿意成为京剧艺术的传播者

C. 不愿意

其中愿意成为传承京剧艺术的接班人的占总人数的 5.00%；愿意成为京剧艺术的传播者的占总人数的 51.67%；不愿意接班或传播的占总人数的 43.33%。

（二）调查结果分析

通过分析调查结果不难看出，十年前大部分学生只是看过京剧，而且不喜欢京剧，不会唱京剧，但是认为京剧还有流传下去的必要。十年后大部分学生不但看过京剧，而且有一部分学生喜欢京剧，会唱京剧，有为京剧艺术作出一些贡献的愿望。在调查中，有部分学生会唱一段或者几段京剧唱段，还能有模有样地模仿不同行当的唱腔、表演。有些学生经过专业京剧表演训练，还参加过国家级、市级、区级京剧比赛，取得了优异的成绩。

当初，由于学生中大多数对京剧缺乏兴趣，如何帮助学生"了解戏曲知识，热爱民族艺术，弘扬民族文化，培养民族自豪感和自信心"是十年前调查研究发现的主要问题。而今出现了新的变化：针对学生对京剧艺术的认识和欣赏水平的提高，如何帮助有演唱基础的学生进一步提高京剧唱腔、念白等艺术的表现力，让这部分学生影响、带动那些不太会唱、不太喜欢京剧的学生，让学生在自身体验、掌握的基础上培养喜爱民族艺术的热情，增强弘扬民族文化的意愿，树立民族自豪感和自信心，成了当务之急。而这些都需要教师在实践中不断尝试和探索，并承担起不断深化教育改革的重担。

开发实施过程中的摸索与思考

（一）让学生在课堂上进一步体验京剧的唱腔魅力

现在大部分学生看过京剧、学过京剧，还会唱几句或几段京剧，京剧普及已经小有成效，新的问题又摆在眼前：怎么能进一步提高欣赏水平、演唱技巧等多方面能力。笔者认为，应在教学过程中恰当地采用直观教学方法，以发挥学生多种感官的通觉作用，使学生通过多种感官的感受与体验，对理解和评价京剧艺术有比较深刻的认识。

其一，让学生在学习念白和唱腔中体会"字正"。"念白"，即京剧音乐中又说又唱的部分，在京剧中占有重要地位，分为"说白""韵白"两种。特别是"韵白"，它有声音高低，但无绝对音高；有节奏快慢，但无一定节拍，像吟咏，又像是在歌唱，有时还有少许的"说"夹在其中。另外，西皮唱腔中的流水板、快板，二黄唱腔中的较快速度的原板，亦有又说又唱的性质，如《二进宫》中徐延昭、李艳妃、杨波的对唱，二黄原板，独独较快：

1=♭E　2/4

徐延昭　6̣　　1｜2　　1｜5　3｜(3 5) 2.1｜1(6 7̣6 1)｜
　　　　锦　家　邦　来　锦（呐）　家　邦，

杨　波　6̣.2 1｜6̣ 2 1｜3 1　2 3｜(3 5) 6̣1｜1 6̣1 2(3)｜
　　　　臣　有　一　本　启　奏　皇　娘。（后略）

这一段中多为一字一音或二音，因基本在八度之内，旋律性不强，速度又较快，字词的四声与音调有吻合，所以虽有音高、节奏标志，但既像是在唱又像是在说。

不论是"唱"还是"念"，都离不开"字"，所以语言是学生学唱的基础，一切歌唱技法都要围绕语言这个中心来训练和运用。要求字正腔圆，声情并茂。所以，正确掌握咬字的基本功，是训练学生演唱的重要素养之一。

通常在训练过程中会出现的问题有三："出声"字头不清，"引腹"发响韵母不纯，字尾不"归韵"或"归韵"不准确。有时会出现一个问题，有时以上三者兼而有之。

现在分别简述于后。

问题一："出声"字头不清。"出声"部分，亦称字头。良好的咬字以正确的字头为先导，字头唱不准，影响准确咬字。如把"跳"唱成"吊"，把"天"唱成"颠"，这是 t、d 不分。把"彩"唱成"拆"，把"糟"唱成"招"，或者反之，这是尖、团不分。还有如家（jiā）中的 ji、"官"（guān）中的 gu 等具有依附性、时值很短，更不能称为音节的亦应看做"出声"的范畴。这都是在训练时要注意并避免的。

问题二："引腹"发响韵母不纯。韵母共有十个音：即 a、o、e、i、u、ü、ê、er 和两种不同的[-i]音（分别是与 zh、ch、sh、r 相拼是 i 的"翘舌"韵母，也是舌尖后元音；与 z、c、s 相拼则是 i 的"舌齿"韵母，也是舌尖前元音）。这是使字音定型的音素，任何一个汉字其中必有一个发响的主要元音，歌声靠它唱响传远。所以主要训练的就是气息的坚持，把声音唱得圆润、唱得饱满。

问题三：字尾不"归韵"或"归韵"不准确。字尾的处理有以下两种情况：

1. 在"十三辙"中的"发花"辙（元音为 a），"梭坡"辙（元音为 o、e），还有"乜斜""姑苏""一七"等，这五辙都属于直呼型，或者叫直出无收型。韵母定型发响后，无论延长、音量增强与收弱或行腔中，口型始终不变。如"大"字，假如变动口形，则将加入别的因素而变成别的音和字。"a"如果半含嘴将成"ao"，"大"则成为"刀"了。所以这五类直出无收型的字音更不能闭嘴或入鼻收尾，否则，将会是面目全非的后果。

2. 凡带有韵尾的字，收音的部位要准确，归韵的瞬间掌握要得当。收尾音时多音素中的尾音，有依附性，要恰如其分，不能另成音节。"十三辙"中除上述五个辙是直出无收外，其余八个辙都要收音归韵。如"怀来"辙（含 ai）和"灰堆"辙（含 ei）的元音不同而韵味都要归入 i、ai，较 ei 口形变动大些，所以"怀来"辙归韵不当，听来会感到特别别扭。如"开"（kāi）、"快"（kuài）、"待"（dài）不归韵或归韵不到位，将听成"卡"（kā）、"跨"（kuà）、"大"（dà）。当然还有"姚条"辙和"由求"辙、"言前"辙和"人辰"辙、"江洋"辙和"中东"辙，在此就不一一列举了。

只有这样训练学生的咬字吐词，才能够加深对这个类别语言发音规律性的认识，增强辨别能力，达到"字正"的目的。

其二，让学生在学会字正后体会"腔圆"。京剧音乐是有自己的独特风格的，我们常称其为"京剧韵味"，而京剧韵味表现最突出的方面就是它的音调。京剧唱腔的音调最基本的依据，最常用的走向、落音就是构成"京剧味儿"的主要因素。怎么能让学生体会到那看不见摸不到的京剧旋律呢？最直观的解决方法就是用手画旋律线，利用手势这种视觉辅助手段，让抽象的音高关系具有直观形象的意义，便于学生理解和记忆。以《贵妃醉酒》经典唱段"海岛冰轮初转腾"中的"海岛"二字为例：

其三，让学生在学习动作中体验"锣鼓点"。京剧打击乐中的板鼓加上铙钹、小锣、大锣为打击乐中的四件主要乐器，锣鼓点五花八门、多种多样，但究其根源，也就是由几种基本点子发展、组合而成。

比如，让学生在体验"报名一击"的乐器演奏的基础上，掌握锣鼓点的念法，并运用学过的念白方法，咬字清晰地报出自己的名字，既有趣又能够巩固所学知识点。

"报名一击"打法及念法如下。（注：此例非 3/4 拍而是在节奏上自由演奏）

小锣	0	台	台
铙钹	0	才	朴
大锣	0	仓	0
板鼓	多罗 0	大	大

念法：

XX X　 X　 X

多罗 0　 仓 朴

再如，学生已经掌握了简单的锣鼓点，可以尝试更长一些、复杂一些的锣鼓点。

（二）让学生在生活中进一步感受京剧的魅力

光靠一两节京剧课、一两段经典唱腔，是不能弘扬京剧艺术的，应该让学生在生活中感受京剧，更加喜爱京剧。例如有条件的学校可以组织学生进剧场观看京剧剧目演出；还可以用午自习的时间，以班为单位为学生播放优秀剧目；也可以组织校本课程，请专家来校指导或教师自己辅导。因此，教师对于京剧的传承就有重要的作用，并承担着重大的历史使命。这需要教师有一定的京剧知识，至少要喜爱京剧，会唱京剧，掌握不同流派的特点，能够为学生推荐优秀的、有趣的、好听的唱腔或剧目，这样才能感动学生。否则，教师自己都不了解京剧艺术，又如何能感染学生，让他们去喜爱京剧、体验京剧呢？

教师应有选择地挑选教学剧目。在学生欣赏京剧音乐的时候，有必要让学生看到录像、听到录音、学唱一两段唱腔。但是让学生看到什么样的录像、听到什么样的录音、学唱什么样的唱腔同样非常关键，这就需要教师在讲解作品之前认真严格地对每一个作品进行筛选，所选择的作品必须有深刻的主题、立意和较高的欣赏价值，能够让学生的审美认识有一个大的提高。

比如，在京剧录像的选择方面，由于年代久远和当时的技术水平所限，大部分保存的音像资料不是很完美。所以，选择京剧大师们的音像时，更要注意选择图像、音响都很清晰的片段，这样有助于学生集中精力欣赏片段内容。除了京剧大师们的影像外，还可以选择当代一些名家名段。他们有的是嫡传弟子，有的是世家子弟，也有名校名师指点的流派传人，比如像老生演员：谭孝增（谭派）、朱强（马派）、王佩瑜（余派）、于魁智（杨派）等。旦角演员：李胜素（梅派）、迟小秋（程派）、王艳（张派）、袁慧琴（老旦行当）等。净行演员：康万生、尚长荣、杨赤、孟广禄等［净行有"十净九裘（派）"之说］。他们的演唱造诣确实达到了相当的高度，再加上科技的不断更新，伴奏的不断丰富，使得当代名家演唱的音像资料较之前者更加清晰、悦耳。

再如，在京剧剧目的选择方面，可以选择有一定趣味性的经典剧目，如：传统戏《法门寺》《四郎探母》《红鬃烈马》等；新编历史剧《野猪林》《赤壁》《大唐贵妃》《宰相刘罗锅》等；现代戏《沙家浜》《红灯记》等。还可以多欣赏武戏，来吸引学生的视觉，激发他们的兴趣，如武戏《闹天宫》《挑滑车》等剧目。

（三）让学生喜爱京剧仍旧需要社会的大力支持

十年前社会上就提出了"娃娃戏迷少"这一现象。可见抓娃娃观众与抓娃娃演员同等重要，是断不可等闲视之的。不过，现在让大部分学生进剧场看戏已经不再是一个梦想。我们也要继续呼吁好演员多下乡，或是让学生多进剧场感受京剧艺术的魅力。

对京剧课程实施的进一步展望

我们常讲对于自己民族的优秀文化遗产要"继承"。对于京剧，我们的国宝，要继承什么呢？这是一个多方面的复杂问题，也是一个需要一定时间来寻找答案的问题，绝不能只是等待答案自己浮现。京剧还是一个承载了人们喜怒哀乐、苦辣酸甜的场，几百年来，民众生活中的情绪可以在这个场中得到寄托和宣泄，演员和观众同时沉醉在这个场内，从而找到了精神的家园——演出带给人生存的意义，因此，豫剧表演大师常香玉曾说"戏比天大"。我们也是这场中的一员。我们想通过教学，普及一些戏曲知识、技巧，为戏曲的传承与发展尽一点微薄的力量。我们不奢望在学生中培养出名家，只期盼着在这些学生中出现一批戏曲爱好者，同我们一起为戏曲摇旗呐喊、助威！

"融合美育"背景下的校园社团建设初探

——以次渠中学"蕖韵"文学社为例

王祎晴　邓芳芳

（通州区次渠中学）

在我国大力发展美育的理念的驱动下，我校文学社从无到有发展起来，融合美育背景，坚持以美培元，在欣赏文学作品、提升写作能力的同时，促使同学们陶冶自身的审美情趣，塑造健康优美的心灵。

"蕖韵"简介

蕖韵文学社于 2019 年 9 月正式成立。"蕖"者，取次渠地区"渠"的古字，希冀次中学子在次渠这块沃土之上萌发新芽，盛开如芙蕖一般美丽的花。"韵"者，韵味无穷之意也。期盼学子们爱读书，体会书中深长的意味；爱写作，笔下生花，余韵悠长。蕖韵文学社为所有爱好文学、欣赏文学，有共同兴趣爱好的同学提供一个完善的平台，以期丰富社员的文化生活及审美品位，提高社员的文学写作水平和文字表达、欣赏的能力，并惠及次渠中学全体师生。

《蕖韵》校刊设计为春夏秋冬四季刊，每刊由八个板块构成：校园采风、芙蕖初绽、丝路花语、师者心语、含英咀华、他山之石、国粹百科及书海拾贝。自 2019 年 9 月创刊至今，已刊印发行四期。由于疫情特殊原因，2020 年春季"战疫"专刊以电子刊的形式发行，内容图文并茂，配乐高雅朴素，受到师生、家长的一致好评。

"芙蕖初绽"板块示例

"芙蕖初绽"为次中学子的优秀作文展示板块。在确定每一期的板块主题时，我们渗透着审美的理念。在 2020 年的四期校刊中，令人印象深刻的是春季刊。当时正值疫情居家学习期间，原以为这一期校刊可能无法完成，可当手机响起此起彼伏的"丁零零"声，邮箱里收到一封封学生的投稿时，我们重新点燃了希望。

"乌云不可遮月，疫情不可挡春""致敬白衣天使""愿做一束光，驱散魑魅魍魉"……看到这一封封学生来信时，我们热泪盈眶。孩子们长大了，他们已然树立了正确的人生观，成为一个个有担当、有社会责任感的青年了！我们深切地感受到同学们内心深处坚定着一种信念——这场疫情攻坚战必胜的信念，他们每一个人的身体里都积蓄着一种力量，大声地向我们、向全世界宣告：中国新一代的青年又起来了！这样的他们，让我们在疫情最严重的时刻看到了胜利的曙光，看到了祖国花团锦簇、美不胜收的未来，也深深感受到"立德树人"四个字的重量。

"含英咀华"板块示例

在"含英咀华"板块中，我们选取优秀作家作品供学生进行品析，而材料选择本身即渗透着审美教育的理念。在第一期校刊中，我们选择了童庆炳的《父亲的字据》一文。透过文字，孩子们体味着童先生的往事：初中即将毕业，普通高中上不起，而万幸的是，邻县的师范学校恢复招生，他偷偷去报考，而且顺利考取了。他将录取通知书藏在口袋里，不敢让父亲知道。有一天，父亲喝酒喝得高兴的时候，他怯生生地对父亲说："要是有那么一个学校，吃饭不要钱，也不用交学费，不知道你让不让我去念书？"父亲当着朋友的面说："你真是一个读书迷，哪有这样的好事啊，要真有这样的学校我就让你去读。"他忙问："你说话算不算数？"父亲说："当然算数！"他让父亲当着朋友的面写下一张字据后，才把录取通知书掏给父亲看，这样，父亲只好让儿子去上学。

志足而言文，情信而辞巧。他山之石可以攻玉，通过阅读这样一篇篇文质兼美的文学作品，品读他人的精彩经历，同学们内心深处受到了榜样人物潜移默化的影响，沉淀了人生修养，树立了正确的人生观、价值观和世界观。

授课理念

本着"一切为了每一个学生的发展"的教育理念，教学时我们会着重关注每一个学生，关注每一个学生的课堂情感体验。在社团课程的备课过程中，我们以美学理论为基础，通过课堂实践，培养学生鉴赏美、接受美、创造美的能力。在活动中我们发现文学社团和语文学科存在知识互补性，校园文学是语文教学的延伸，是课堂教学无法代替的。

"熟读唐诗三百篇，不会作诗也会吟。"如果学生能够进行课外阅读并熟记美文三百篇，自然笔下也会生"花"了，并且能够陶冶情操、完善人性。"读书破万卷，下笔如有神。"教会学生积累语言材料，何愁文不从，字不顺。

"提高审美素养，形成审美态度，学会审美生存，最终达到培养完整人格，提升人生境界。"[1] 师生交流后，当学生坐下来，如果他能感觉到教师不仅肯定了他的发现，而且在对话中提升了他的发现，他在和教师谈话的过程中就会有实实在在的收获。这便是教学最好的境界。

美工设计

《蕲韵》校刊重视图片的运用，内文插图所占比重较大，致力于让孩子用生花妙笔描绘多姿多彩的生活，为同学们提供展示才情的平台。我们遵循"孩子的刊物孩子办"的新思路，力求每篇美文配以美图，呈现图文并茂的精美校刊，给学生以美的阅读体验和感受。

此外，校刊中间插有作品彩页专栏，将师生的艺术成果设计成专栏，做精彩展示。包括书画小天地、摄影作品、师生剪纸作品、建筑模型设计等多个专

---

① 金昕：《美育与大学生人格养成》，东北师范大学博士毕业论文，2009 年。

栏。在日常学习中，学生们在名著阅读的同时，绘制手抄报及思维导图，我们择优进行展示，这样不仅激发了学生们阅读名著的兴趣，而且有效提升了其文学素养和审美品位。

疫情期间，我们为同学们科普了新冠疫情防控知识，将爱国主义教育融入社团教学的各个环节，同学们在课后拿起画笔，表达了对英雄的敬意，凝集起战疫正能量。

社团发展阶段性成果

蓁韵文学社坚持以社会主义核心价值体系为根本，以民族精神和时代精神作为校园文化建设的深刻内涵，"繁荣校园文化，增进知识交流，提高文学修养，塑造优秀品质"为我社办刊宗旨。秉承这一宗旨，结合我校"书香校园"建设的契机，依据《学生社团管理办法》，建立了《蓁韵文学社活动章程》，目的是推动校园文化建设健康、长效发展。

与此同时，蓁韵文学社成员结合时代热点，积极写作，踊跃参加国家级、市级、区级各项写作大赛。在作品征集过程中，组成由教师和高年级学生为主的评审小组，评审结果出来后，评审小组和社员们进行交流，针对文章的优点和不足进行"生生讨论"，教师适时补充，促进了同学们写作水平的提高。在首都师范大学《语文导报》组织的"万众一心，抗击疫情"征文比赛、通州区"同心抗疫，砥砺成长"征文演讲比赛等活动中斩获一、二、三等奖等各项荣誉。在此过程中，蓁韵文学社逐步形成了自己的特色，既沿袭社团优秀传统，又不断创新，取得了丰硕的成果。

反思及困惑

蓁韵文学社创立一年以来，组织和开展突出时代主题，尊重学生主体地位，提高学生审美情趣、审美品格的活动，活跃了校园文化生活，促进了校园文化建设。《蓁韵》季刊也广受好评。但由于我们的社团刚刚成立，是一个年轻的社团，社员也仅仅是部分热爱文学、喜欢写作的"精英"学生，因而，社团活动并没有达到预期的理想状态。通过查阅相关文献，我们发现在中学校园文学社建设方面的材料和文章也相对匮乏，具有推广价值的、可操作性强的、成套的经验更是少之又少，因此我们的学校社团建设还存在很大的发展空间。

学校社团活动的意义与价值不言而喻，我们将不畏艰难，努力在探索中不断前行，寻找最适宜学生发展的道路，进一步培养和提升学生的审美能力和审美素养。发挥美育的功用，使审美教育的育人价值最大化。

下　编

小学语文学科中的美育内容与方法

王 灿

（通州区第四中学）

美育教学内容

美育贯穿人的一生，不同的年龄段对美育内容的需求是不一样的，因此我们学校的美育应该结合学生发展阶段的需求来进行。在小学阶段，笔者主要结合小学一年级语文课文内容，从各个方面对一年级学生进行美育，使学生通过具体形象感知美，通过实践体验美，通过表达传递美。

（一）通过形象感知美

向美的第一步，先去认识美、感受美。在小学语文教学中，我们可以依托教材对学生进行美育。笔者选取部编版小学语文教材一年级上、下册的部分课文内容，按照课文类型将美育目标分成不同的主题，以便在教学过程中有所侧重（见表 1）。

表 1　课文及对应美育目标

课文	美育目标
《我是中国人》 《升国旗》	感受家国之美 激发学生尊敬国旗、热爱祖国、友爱同胞的思想感情
《天地人》 《金木水火土》 《口耳目》	感受文字形体之美

课文	美育目标
《对韵歌》 《江南》	感受语言韵律之美
《秋天》 《四季》 《雪地里的小画家》	感受自然生命之美 培养学生善于观察的习惯和兴趣，从而激发学生热爱大自然、走进大自然和亲近大自然的情感
《剪窗花》 《春节童谣》 《端午粽》	感受传统文化之美 初步了解春节、端午节等我国传统节日的来历及风俗习惯，感受传统文化之美

1. 通过标志事物感知家国之美

例如部编版小学语文一年级上册开学第一课就是《我是中国人》。我给学生们讲到这一节课时，让学生们仔细观察国旗，并通过画国旗、向国旗敬礼等一系列的活动，让学生通过具体的事物感知国旗，尊重国旗，让祖国的概念在学生的心中慢慢生根发芽。

2. 通过象形字感知文字形体美

在一年级第一单元识字部分，我通过课文《天地人》《金木水火土》《口耳目》《日月水火》与动画的结合演示象形字的演变，细细分析汉字的魅力，让学生初步感受汉字的形体美。

3. 通过具体景物感知自然生命美

在教学过程中可以随时随地引导学生留心观察生活，体验自然生命之美。在讲《秋天》这篇课文的时候刚好是秋天，我在带领学生去操场上做课间操的途中，道路两旁都是金黄的银杏树，一阵大风吹过后银杏叶纷纷随风飘落，为了引起学生的兴趣，我就赶紧指给学生看："你们看，好多金黄的蝴蝶从树上飘落下来啊！"学生们赶紧朝着我的指向去看，纷纷发出了"哇""啊""好美呀"的赞叹，看着他们手舞足蹈并露出一脸惊叹的表情，我知道虽然一年级的孩子们语言表达能力没有那么强，但是通过那一声声的赞叹，我知道他们通过那随风飞舞的金黄的落叶是感受到了秋天的美的。之后，在讲到《秋天》这篇课文的时候，我问学生"秋天到了，你们发现我们身边的景物都有什么变化吗"，竟然就有学生说："秋天到了，我看到路边的树叶变黄了，风一吹，都飘落下来，像蝴蝶一样，好美呀。"虽然说出的语言都是一个个短句，但是通过这些质朴的语言可以看出孩子们对四季的变化之美的印象绝对是更深了。

在讲到《雪地里的小画家》那一天，北京刚好下起了鹅毛大雪，课堂上学生的兴致都被外面的雪吸引了，我索性就领着学生们到外面去感受，学生们兴奋地跑向雪地，边跑边欢呼："下雪啦，下雪啦，雪地里来了一群小画家……"我就顺势带着学生们一起背诵这篇课文，学生兴奋地在雪地里画着枫叶、竹叶、梅花、月牙……我就问他们："这是哪位小鸭子画的？这是哪位小鸡画的？这又是哪位小马画的？……青蛙为什么没参加？你还知道哪些小动物要冬眠？请你把它画出来。"就这样，在欢声笑语中，学生亲身感受到了自然生命之美。

（二）通过实践体验美

1. 主题教学，体验传统文化之美

以中国传统节日为主题，可以开展美育实践活动，让学生在潜移默化中体验中国传统文化之美。中国传统文化教育不仅是"文而化之"的过程，也是"实践化之"的过程。为此我在教学的过程中通过"主题＋体验"的美育实践活动刻意引导学生们体验中国传统文化之美。

例如，在一年级上册有两篇关于春节的文章——《剪窗花》《春节童谣》，为了让学生感受春节的文化习俗，我带着学生们唱童谣，让他们自己剪窗花布置我们的教室，让学生体验中华传统技艺之美，在节日气氛中体验中国传统文化之美。

疫情期间，学生们在家上网课。在一年级语文下册有一篇文章《端午粽》，在学习这篇文章的时候，我就趁着这个机会，开展了"主题＋体验"的美育实践活动。让学生们在端午也包一包端午粽，让学生们通过动手操作，体验中国传统文化之美。

2. 心灵手巧，感受劳动之美

美的起源都离不开人类社会的实践活动，人在社会实践活动中改造自然，也在改造自己。在"爱护自然，保护环境"的主题班会的活动过程中，我引导学生自己动手进行废物改造，变废为宝，学生对自己亲手做的手工艺品爱不释手。可见美育需要在实践中体验，实践又使美育更加深刻，二者不可分离，这一点我们教师格外需要注意。

（三）通过表达传递美

1. 通过诗歌吟唱表现语言韵律美

优秀的朗读能带给人美的享受，小学语文初阶段的选文，就符合这一学段孩子的心理发展水平。

例如语文一年级上册《对韵歌》句式整齐，合辙押韵，朗朗上口。韵文内容通俗易通，便于儿童理解。在教学的过程中我通过指名读、齐读、男女赛读、拍手读、唱读、对对子等形式让学生朗读、吟唱，激发了学生的阅读兴趣，在一次次的朗读、吟唱中学生对文本的理解和语言韵律的感知得到落实。在学习诗歌《汉乐府江南》时，为了让学生理解乐府诗歌可以吟唱的特点，我特意下载了比较适合学生唱的歌曲版本。那堂课学生的兴趣非常高，通过反复的唱读，学生必然会受到语言文字诗歌韵律美的感染，为以后学习朗读、吟诵等输出型的技能打下了基础。

2. 通过读书交流传递美

向美的过程，第一步是认识美、感受美，然后体验美，最后能做到输出美、传递美。语文教材不仅可以引导孩子们欣赏美，还让孩子们用学到的字词、丰富的语言表达出自己感受到的美。

在疫情期间，为了鼓励学生们阅读，我组织学生把自己的阅读成果进行转化，制作了一份份精美的、充满童趣的阅读海报和阅读单，使他们不知不觉地从小培养起对于美的喜爱，滋润心灵，陶冶情操，并且能够表达、展示自己感受到的美的世界。

美育教学方法

教师的一言一行对孩子都是很有影响的，老师必须要严格要求自己，言行要贴合社会主义的道德规范，用美的形象、美的语言、美的课堂、美的心灵来影响和教育孩子。

（一）用美的形象影响孩子

在教育工作中有一句有名的格言，即"在学生面前，教师的所作所为没有一桩是细小的、无关紧要的"。我认为，教师的仪表风度，包括我们的一言一行、一举一动，无不对学生有潜移默化的作用。因此，对我们教师来说，即使是生活细节也绝不能忽视，应时时处处在一切方面都检点自己，做学生的表率。

（二）用美的语言感染孩子

低年级的学生，他们的心灵会更加敏锐，善于捕捉老师的一举一动，常用儿童"狡黠"的眼睛回应老师的举动。语文教师要永远有一颗关爱孩子的心，时常关注学生所观所想，与学生交流沟通，与学生一起朗读，用恰当的表情、丰富的内容、准确生动的解释、温馨的氛围感染学生，让学生在这种美的环境里接受身心的熏陶。

（三）用美的课堂培育孩子

作为载体，学科教学是学校工作的中心环节，也是承载美育思想内涵的最基本平台。从美学的角度讲，语文有着独特的魅力，在教师的引导下让学生学会仔细体味，学生必定在语文的世界里享受到美的滋养。在语文教学中教师要把语文与美育有机地结合起来，让学生受到美的熏陶、美的滋润、美的升华。

（四）用美的心灵滋润孩子

语文教师更应该是一位艺术家，塑造具有美的心灵的孩子。语文教师要从自己的外部表现深入自己的内心世界，而且有一颗孩子般的心，用孩子的眼睛，站在他们的立场观察各种现象，用美的心灵滋润孩子，在思想境界、道德情操、文化修养诸多方面成为学生的表率。只有这样的教师才能帮助学生树立正确的审美观念，培养学生感受美、认识美、鉴赏美的能力，使学生能够正确地分析、看待周围的事物，增强分辨美丑善恶的能力。

小学初级阶段的学生，刚从幼儿园过渡到小学，心理上必然需要一个适应的过程，语文教学中学生的审美水平也参差不齐，所以，语文教师必须了解这一时期学生的心理特点、审美水平，因材施教。在教学内容上，通过具体形象让学生感知美，通过实践体验美，通过表达传递美；在教学方法上，用美的形象影响学生，用美的语言感染学生，用美的心灵滋润学生，帮助学生逐步建立正确的审美观念。

探寻汉字之美

——语文教学中书法元素的审美教育

宋瑛涛

（北京小学）

审美情趣是人类高级别的精神素养，也是当代教育中核心素养的有机组成部分。提高学生的审美情趣、培养学生的审美能力，对于培养学生的健全人格和创造力越来越重要。语文学科是包容性很强的学科，在语文教学中积极地挖掘审美教育因素，对学生进行美育渗透，可以让学生形成正确的审美意识和健康向上的审美情趣，从而学习在生活中表现美、创造美。

如今，以书法为代表的传统文化在语文教学中越来越占有一定的位置，它作为中华民族独特的传统艺术形式，赋予语文学习独特的美学色彩，对提升学生审美素养起着重要的作用。然而，在平时的语文教学中，遇到与书法相关的教学内容教师总是点到为止，一带而过，书法元素所起到的美育作用也仅仅是雨过地皮湿。其实，语文学习中很多内容与书法艺术有着密不可分的关系，书法作为传统文化承载着中华民族悠久的历史，蕴含着丰富的文化和人文信息，绵延几千年经久不衰。在语文教学中关注书法元素，使之更充分地渗透到语文学习中，既能帮助学生更好地学习语文，又能使学生在学习语文知识的同时感受汉字之美，在书法艺术的熏陶下提升审美情趣。于是，我积极挖掘语文教学中的书法教育元素，在语文教学中积极引导学生一起练习、评价、鉴赏书法，深入语文课本中的书法内容，让学生在品味中感悟书法艺术之美、传统文化之美；使学生在书写训练中得到艺术的熏陶，获得审美能力的提升；在感受美、鉴赏美的同时，激发学生对美的创造激情。

在识字、写字中感受翰墨之美

汉字是世界上极具艺术价值的字体，是中华民族智慧的创造，是中华文化的根基。然而随着学生年级的升高、课业负担的加重，学生在书写时容易忽视汉字书写的规范和美观，书写态度也容易变得越来越缺乏严肃和认真。识字写字课是学生练习书法的大好时机，坚持在课堂上讲一讲汉字的字形、结构，进行硬笔或软笔的书法练习，对于提高汉字书写的水平大有帮助。

1. 发现汉字字形美

汉字能够给人以美感，写字离不开艺术的培养。书法有很高的艺术审美价值与文化内涵，它依据汉字的结构对汉字形态进行艺术加工，使汉字的美得以淋漓尽致地发挥。在给学生讲到汉字基本笔画的书写时，我亲自示范展示书法中笔画的特点：点画如高峰坠石，横画如千里阵云，竖画如万岁枯藤，撇画如象牙长角，捺画如波浪起伏。让学生在观察中感受到书法中每一个笔画的线条美，并能将其落实到写好汉字的每一个基本笔画之中。

书法中不同笔体也传达着汉字字形美的无穷魅力。同为楷书，欧体字的凝聚修长、颜体字的端庄开阔、赵体字的圆润遒劲均表现了汉字不同的骨架布局所具有的艺术性和审美性。我将同一汉字的几种书法笔体集中展示，让学生在对比中发现其中的不同之处，感受汉字的不同布局所带来的不同视觉美。在部编版教材中，每一册都会在语文园地中向学生介绍一位书法家和他的书法作品。五年级是欧阳询的《九成宫醴泉碑》和颜真卿的《颜勤礼碑》，六年级是柳公权的《玄秘塔碑》和赵孟頫的《三门记》。通过教材中的示例，我引导学生认识楷书的不同笔体特点，了解著名书法家的生平，学会辨析书法字体，感受不同的艺术美。

2. 感悟汉字意境美

汉字多为象形字，古人用线条笔画把要表达的事物的外形特征具体地勾画出来，比较直观地表达了汉字的意思。每一个汉字的笔画或部件就是一个意象，整个汉字所表现的就是由这些意象组合起来的一种意境。篆书书法中象形字居多，展示出了汉字独特的意境之美。例如："茶"字表现了人在草木之间，将人与自然融为一体；"春"字则表示在太阳的照耀下草木萌发；"法"字的三点水象征着法律必须公正、公道，犹如一碗水端平。它们如同一幅幅画，生动地表现了汉字的内涵。篆书书法帮助学生理解了汉字的意境之美，调动了学生进一步探索汉字内涵的积极性，激发了学生对祖国汉字文化的热爱之情。

3. 感受汉字文明美

中国文字经历了甲、金、篆、隶、楷、行、草七种字体的变迁，各个历史时期所形成的不同字体有着各自鲜明的艺术特征和历史意义。如小篆的匀圆方正，奠定了方块字的基础；隶书的古朴更加适应书写便捷的需要；草书的张扬使书法家的个性得以自由展现；楷书的庄重适用于碑文；行书流畅，易识好写，实用性强。这些艺术特点都通过书法艺术的美展示了出来。学生可以通过欣赏书法艺术认识各种笔体自身的韵味，在了解它们所承载的文化的同时感受艺术之美。

在诗词吟诵中浸润翰墨之美

古诗语言优美、节奏鲜明、朗朗上口，贯穿小学低中高年级的语文教学。优美的诗词佳句蕴含着中华民族几千年来绵绵不绝的民族文化。我们在学习古诗词的同时，一方面激发和培养学生热爱祖国语言的思想感情，另一方面也让学生在理解经典诗词名句的同时感受书法赋予它们的外在感染力。

古人的诗词佳句很大一部分是通过刻在石头上留下来的。各地的风景名胜、墙壁、山石，都留有古人的笔迹。当人们浏览名山大川之时，总会在刻有名句的石壁前驻足，一边体会诗句独特的意境，一边欣赏书法传达的豪情，正所谓"诗、书共美"。书法艺术是对诗文艺术的再创造，古诗的学习更是意境的领会。学习古诗词时，配上这首诗的书法作品，让书法艺术与诗词携手，书法的线条增加了诗词的神韵，诗词的意境丰厚了书法的内涵，诗书结合，表现出和谐、统一、对应的美感。例如讲到李白的诗，我们用潇洒的行书作品来展示它的豪迈奔放、飘逸若仙；讲到李清照的词，我们用隶书作品来表现它的婉转含蓄、圆润清丽。学生在品诗、赏字享受双重美感的同时品味书法艺术带给诗文的美，更加深刻地体会诗词传达的意境。

在实践中运用艺术之美

《全日制义务教育语文课程标准(实验稿)》在论及语文教育的特点时说:"语文是实践性很强的课程,应着重培养学生的语文实践能力,而培养这种能力的主要途径也应是语文实践。"赶上传统节日,我带领学生写一写具有节日文化意义的名句、对联等,利用书法艺术的渲染力增添传统节日的文化内涵和节日气氛。春节是传统佳节,对联更是必不可少,我们一起写各种富有吉祥春意的春联和福字,为春节增添喜庆的气氛;端午节我们会写"粽叶飘香,品味端午"来纪念爱国诗人屈原;清明节我们会写"清风明月本无价,近水遥山皆有情""慎终追远"来思考人生。

在每一个特殊的日子里我们用一幅幅书法作品传达心声:疫情肆虐之时,我们为抗击疫情的医护工作者写下"致敬英雄",表达对他们的无比崇敬;三八妇女节我们用"最美女性"表达了对所有坚守在一线的女性工作者的祝福;五一国际劳动节我们用"天道酬勤"歌颂所有劳动者的辛勤劳动;复课前期,我们又欣喜地写下"疫散花开,相聚校园",表达我们重返校园的喜悦之情。

通过在语文课上长期潜移默化地渗透书法元素,通过学生课下坚持不懈的书法练习,学生对笔墨纸砚越来越亲切,对于书法所蕴含的汉字之美感受越来越深刻。中华文化博大精深,语文学科内容亦广阔而深远,通过在语文学习中挖掘书法元素,学生在感受书法艺术美的同时了解了书法所蕴含的文化历史,感受到中华文化内在的深远。这种创新型的学习方式让学生获得新的审美体验,在体验中激发审美热情,培养创新精神,从而使审美素养得到提高。

异位散布式美术教学组织管理策略初探

王 丹

（丰台第一小学）

　　为更好地开展美术教学，我通过调查分析法及时分析了现任教班级、社团学生的美术学情和家长的情况：学生爱上美术课；年龄小，美术技能偏少，但想象力普遍很丰富；喜欢表现或羞于表现，需要老师的充分肯定和分层引导；美术学习习惯正在养成；学有余力的社团学生有继续学习的愿望。家长乐于接受美术学科的熏陶，愿意从学习工具、学习材料等方面提供支持；希望和老师保持顺畅沟通。根据学情，我及时制定了可行对策。教学实施过程中教育故事每天都真实地发生着，让我深深感受到美术教学组织管理需要用心。

异位散布式教学需要心理关爱贯穿教学活动始末

　　近代瑞士著名教育家裴斯泰洛齐说过，生活的灵魂是爱。"爱的教育"是裴斯泰洛齐一生为之奋斗的理想与目标，他将对儿童的爱贯穿于自己一生的教育实践之中，堪称教育史上第一个实践"爱的教育"的教育家及楷模。他的教育思想至今仍可给人们以莫大的教益。疫情期间，热情、主动关爱每一位学生，缓解家长和学生因疫情产生的焦虑情绪，确保教学有序开展。工作时间不限定在每周的美术课时段，答疑辅导分为固定时段和个性时段，做到学生和家长有问必答、耐心辅导，学生就特别乐于参与教学活动。

异位散布式教学需要因材施教、分层教学

首都师范大学尹少淳教授认为，美术学科核心素养不是简单的学科知识与技能，而是将美术学科或跨学科知识与技能、过程与方法、情感态度和价值观进行整合，是美术学科育人价值的集中体现，是学生通过美术学习期望获得的主要成就。

在市、区美术教研专家团队的指导建议下，依托空中课堂、学科公众号、市区资源包等资源，结合五个维度的核心价值观要求，结合学生实际学情展开研究，研究内容围绕四个任务单以及社团部分学生实际的个性化需求，培养学生图像识读、美术表现、文化理解、审美判断和创意实践能力。以一、二年级孩子的教学为例(见表1、表2)，培养图像识读能力是美术学科的核心素养，也是线上教学的主要抓手。图像识读时对作品、图形、影像及其他视觉符号进行观看、识别和解读，并从中形成视觉思维、提高视觉能力、获得审美感受，这属于升华式的识读阶段。而对于五、六年级国画社团的孩子，因为疫情期间没有指定任务，他们中有的孩子想利用这段时间继续学画，我就按照高年段的教学目标，鼓励孩子体验国画的表现方法和笔墨趣味。在异位散布式教学指导过程中遵循因材施教原则，根据不同年级学生的年龄、认知特点和学业能力等实际情况设置学习任务，孩子有选择地参与分层教学，组织管理可操作性强。

表1 丰台一小一年级春季学期美术学科线上学习成果评价要求(部分)

学习时间	学习内容	评价要求	作业呈现方式
4月15日 14:00—14:40	创作表现单元：了解汽车相关知识，运用基本型归纳的方法有创意地进行联想创作。 重点课：《汽车的联想》	1. 能够学习运用概括物象外形特征的方法，有创意地表现物象。 2. 画面主体物大小适中，画面层次丰富，并添加合理背景。 3. 画面颜色丰富，具有美感。	1.《汽车的联想》《漂亮的童话城堡》《画蘑菇》同为创作表现单元的内容，学生们可以对自己的作品进行自评，上传最满意的一幅作品。(纸张规定为A4大小，表现形式不限，若创作的作品都愿意上交也可)

学习时间	学习内容	评价要求	作业呈现方式
4月21日 14:00—14:40	创作表现单元:了解高低、前后、大小、宽窄、不同形状、线条、颜色等多样变化能使画面产生美感。通过基本型归纳创作城堡。 重点课:《漂亮的童话城堡》		2.作品上交时间:4月30日前。
4月28日 14:00—14:40	创作表现单元:了解高低、前后、大小、宽窄、不同形状、线条、颜色等多样变化能使画面产生美感,通过联想对蘑菇进行创意表现。 重点课:《画蘑菇》		
5月7日 14:00—14:40	动物造型单元:观察分析动物外形,大胆表现自己的所感所想,培养学生热爱自然保护动物的情感。 重点课:《动物与我们同行》	1.了解动物、爱护动物。 2.欣赏相关作品。	本课为欣赏课,学生阐述对动物的爱护之情,自愿以音频形式上传。 截止时间:5月8日。

表2 丰台一小二年级春季学期美术学科线上学习成果评价要求(部分)

学习时间	学习内容	评价要求	作业呈现方式
4月16日 14:00—14:40	创意设计主题:用彩泥、彩纸、彩绳、废旧材料,通过剪、贴、画的设计方法,把瓶子打扮得新奇,并装点自己的生活。 重点课:《给瓶子穿彩衣》	1.能根据不同材料,采用揉、盘、卷、折、剪、画等基本技法表现作品。 2.设计新颖、美观。 3.制作精美、有耐心。	1.在《给瓶子穿彩衣》《美丽的植物》《参观海洋馆》《我们戴上红领巾》这四幅作品中,选你最满意的1—2幅上交。 2.上交时间:5月8日前。
4月23日 14:00—14:40	色彩知识主题:学习概括、表现物象的形态、颜色特征,了解色彩对比及表现方法,表现植物。 重点课:《美丽的植物》	1.能够概括表现植物形态、颜色特征。 2.画出了深浅对比色、渐变色。	

学习时间	学习内容	评价要求	作业呈现方式
4月30日 14:00—14:40	人物造型主题：学习表现人物背面动态的画法，及人物与背景的表现方法。重点课：《参观海洋馆》	1. 能够画出背面人物姿态。2. 在画面中生动表现出海洋馆的环境。3. 大胆表现富有童趣的参观海洋馆的情景。	
5月7日 14:00—14:40	创作表现主题：学习人物活动为主题的创作与表现。重点课：《我们戴上红领巾》	1. 画中有以人物活动为主题的故事。2. 关注画面构图，画出主体与环境的关系。	

异位散布式教学需要及时调整工作节奏与方式方法

（一）自主学习阶段

学生因疫情不能如期重返校园，各方面工作都需要稳步推进，师生都在适应当中。学生偶尔会拿自己感到满意的手抄报、诗配画、防疫宣传牌等绘画、手工作品给我看，也有很多热爱美术的孩子会拿出其他类型的作品来，各种美术群逐渐恢复了往日有序的热闹。果儿用稚嫩的声音在群里留言："老师好！我是果儿，这几天没什么事，在家里照着动画片画了十幅小画，您帮我看看，好吗？谢谢！"孩子特别认真地一字一句说出这段话，家长应该帮忙练习了很久。"果儿，你画得很不错呀，这十幅小画可以装订成一本连环画册了。""老师，我是小义妈妈，孩子画了几幅马，您帮忙看看。""小义观察得真仔细，马的姿态画得很准哪。""老师，我是平儿妈妈，孩子画的人一般都很怪，难得发挥出一张好的，您看这张奥特曼是不是有进步？""一年级的小朋友能画出这样的奥特曼，下了很多功夫啊！不错！""是啊，疫情期间，幸好孩子有画画的爱好，坐在那儿画的时候特别专注呢。""王老师，这是萱画的恐龙。""萱的疏密线条组织得真好！"这时，小炎把画举起来，拍了一张自己和画的合影发到了群里，随后是他的语音解说。小佳画了一只蜗牛，还做了一个"福"字挂件……就这样，家长和孩子们每天都会给我留言。我逢问必答式的云课堂就这样开课了。群人数也从进入自主学习阶段后悄悄变多，一年级四个班达到130人，二年级四个班达到116人，他们都是被家长邀请进群，并自发修改好群备注的。家长听了我的留言，常常会说"谢谢老师这么用心的点评，您辛苦了！"。国画班的学生家长会给我留言说"孩子想您了"。我每天文字、语音一对一鼓励达到20人次以上，过程比较辛苦，但从家长的语气中我读出了信任、依赖与感激。

北京空中课堂正式上线，美术云课堂学习也进入了新阶段。学生的学习热情不减，许多家长复工了，云课堂也与时俱进跟着变化。为了让云教学有序、有趣、有效，培养孩子的规则意识和良好习惯，考虑到学生不方便外出买美术材料的情况，我引导学生联系生活实际，因地制宜地使用家里的废旧材料制作美术作品，培养了学生的环保意识。针对作品评价，我对孩子们也提出了具体的新要求：孩子们可以从造型、色彩、创意、创作四次主题学习单元中选取自己最满意的作品进行上传，如果对自己的多个作品都感到满意，也可以传多个作品给我看。美术学习的成果也分为很多种形式，不论是语音、图画、小制作都可以。有了任务单，我对孩子作品的点评也有了新的标尺，工作更方便开展了。区小学美术公众号和空中美术课堂优秀的教学课例不少，成为云美术课的重要支柱，让指导工作底气十足。疫情期间的云课堂教学让我感到信息技术是现代教师必不可少的教学基本功，从区教研活动中学习的计算机技能对我已有的计算机技能形成了有益补充，让我受益匪浅，我自己也学习了几个很有用的软件，并在家里支起了录制用的小架子，录制视频给孩子做示范。

（二）课程效果反馈阶段

利用美篇、公众号将学生的优秀作品制作成电子画展模式，不仅可以供学生欣赏，还可以将辅导过程保留下来，作为疫情期间研究教学的重要资料。

引用一位家长说的话——"把线上美术课比做'逸'，孩子们劳逸结合，很快乐！"这是异位散布式教学管理后我最希望听到的家长和孩子的心声。

趣折巧组　纸上生花

——"组合多面体"折纸课程开发研究

王京燕

（翠微小学温泉分校）

折纸起源与发展

"追溯折纸艺术的历史发展，其源头可以一直推进到中国隋唐之际。伴随着当时佛教文化在中国扎根，并日益向周边地区快速传播这一情况，折纸作为礼品和礼仪交往的一部分，在文化互通过程中发挥了不可替代的重要作用"。[①] 在经历了无数代折纸艺术家的共同努力之后，今天的折纸艺术发展早已超出人们的思维局限，达到了一个非常高的境界。它不仅遍布世界各地，而且被应用于各个领域，其中涉及美学、建筑、设计、历史等人文社会学科，还与几何、物理、拓扑等自然科学紧密相关。它是以形态变化为基础的造型艺术，注重纸的完整性和造型的形象性，讲究形神兼备，具有强大的延展性和可塑性，同时具有极强的艺术性、观赏性、写实性及人文价值。

"组合多面体"折纸课程研究背景

（一）源于提高学生综合素质的需要

苏霍姆林斯基有句名言："儿童的智慧在他们的手指尖上。"在折纸活动中儿

---

① 徐倩：《小学美术折纸课程系列开发研究》，华中师范大学硕士毕业论文，2017 年。

童动手操作、动眼观察、动脑思考等多种感官协调运用，他们的智慧和能力得到极大发展。不仅如此，折纸活动对小学生的大脑开发、情感认知、色彩辨识、造型设计、数理意识、科学精神、人文情怀等各方面的培养都具有积极的作用。手工折纸也为小学生的紧张学习生活带来些许放松和乐趣，深受孩子们喜爱。因此，开设折纸社团活动课程，是提高学生综合素质的有效途径。

（二）源于小学不同学段学生的需求

"儿童折纸的造型设计多样而丰富，如：平面形态设计、立体形态设计、单体折纸设计、组合折纸设计、仿生形态设计、抽象形态设计等。"[①]笔者在教学实践中发现，小学低年级学生对三维空间的理解还处于初级阶段，其对二维平面形态折纸及单体折纸设计更加偏爱。中年级学生通过学习简单的立体形态和仿生形态折纸，可以间接地促进他们的空间思维能力和形象思维能力发展。高年级学生已具备一定的动手能力和空间思维能力、抽象思维能力，他们对造型精美、具有一定难度和耐用性、实用性更高的组合式折纸及简单的抽象形态折纸更感兴趣。

（三）"组合多面体"折纸课程研究现状

目前在小学阶段，社团课程的内容和形式丰富多样，其中开设折纸类课程的学校不在少数。大多数折纸社团活动内容都是以"单体造型设计"为主，对于组合式折纸，尤其是"组合多面体"折纸，只是选择一两个简单造型作为课程内容的补充，还未见将"组合多面体"折纸作为社团活动的主题并开发出系列课程。笔者通过中国知网检索文献发现，关于"组合多面体"折纸的研究内容只见于零散章节的描述，还未见详细、系统的文章阐述。

综上，依据对折纸的热爱及折纸活动的育人价值，笔者根据小学高年级学生的动手能力、兴趣需求和提高学生综合素质的需要，尝试开发了"组合多面体"折纸（俗称纸花球）社团课程。

---

① 龚伊林：《儿童视知觉规律在折纸设计中的应用研究》，苏州大学硕士毕业论文，2015年。

"组合多面体"折纸课程的实践与探索

（一）"组合多面体"折纸

"'组合多面体'折纸是组合式折纸的一种形式，它是由若干个重复单元按'插件'和'套袋'关系相互连接组合而成的立体纸艺。"①此类折纸的单元插件可以根据多面体的块面结构进行组装，如采用凹凸式或者延伸式从而达到不同的效果。因其具有单元简易、结构多变、配色随意、表现丰富、牢固耐用等特点，近年来备受折纸爱好者的青睐和推崇。从艺术展览到家具摆设，从场景装饰到馈赠礼物，"组合多面体折纸"凸显了独特魅力和广阔前景。

（二）"组合多面体"折纸社团课程的开发与研究

如何将社团课程落到实处，让"组合多面体"折纸这一经典与时尚相容的艺术真正成为培养学生观察能力、想象力以及审美和创造能力的载体，使其充分发挥应有的教育功能？经过教学中的摸索和实践，折纸社团的活动日益走向成熟。

1. 确立社团课程目标：提升核心素养

在全面推进学生发展核心素养的教育背景下，"组合多面体"折纸课程的育人功能与美术学科的核心素养有着紧密的联系。学生在课程实践的过程中，通过分析、思考、交流、探究，创作出精彩的折纸作品，他们的美术表现、创意实践学科素养得到提高。通过鉴赏优秀折纸作品，可以内化学生图像识读及审美判断的美术素养。同时，课程的开发与实施能够实现学校教育与社会生活、文化艺术的融合，提升学生文化理解的核心素养。

2. 编写社团活动教材：打造精品课程

作为一门艺术实践活动课，"组合多面体"折纸课程的教材编写显得尤为重要。笔者在网上搜集了大量的相关资料，并购买了有关折纸及组合式折纸教程的书籍，在此基础上进行科学选择、改编、整合、补充和拓展。加上教学中经验的积累，对后续教材编写有了一定的思路。为使此项课程能够长期循环进行，

---

① 张宁、王琴花：《折纸大本营》，上海科学技术出版社 2015 年版，第 1 页。

在编写教材时将"组合多面体"折纸按照难易程度进行分类和设计。其中，基础篇介绍了"组合多面体"的折纸要领、常用材料、技法和多面体结构等基础知识。学生重点了解 9 种多面体的立体构成和成型原理，为后面学习折纸作品的组合打下至关重要的基础。演练篇把"组合多面体"折纸分为粽形多面体、斗形多面体和异形多面体三大类，每种类别再按多面体结构和组合技法的难易程度进行设计。学生在学习的过程中由易到难、循序渐进，有助于建立自信心并促进学习兴趣的持久性。

在教材的编写中适当安排了折纸作品欣赏，通过欣赏小伙伴及古今中外优秀折纸作品，不但可以开阔学生眼界，同时让学生感受折纸工艺的细腻、精湛，它是传递情感、承载文化的艺术品，具有极强的观赏性及人文价值。

3. 探究有效教学策略：转变学习方式

"传统的学习方式把学习建立在人的客体性、受动性和依赖性的基础之上，忽略了人的主动性、能动性和独立性。转变学生的学习方式就是要……提倡自主、探索与合作的学习方式，让学生成为学习的主人，使学生的主体意识、能动性和创造性不断得到发展，发展学生的创新意识和实践能力。"[1]传统折纸社团的教学模式以教师示范、学生被动模仿为主，忽视了学生的主观能动性。因此，教学中要采取有效的教学策略促使学生转变学习方式，让学生在自主、合作、探究的实践过程中，积极主动地参与学习。

以"粽形多面体"中的一课为例。

表 1　"纸花球—三边八面体 1"主要教学环节

环节 1：欣赏导入，激发兴趣。
设计意图：通过欣赏粽形多面体纸花球，感受它具有形态多变、配色随意、适宜挂饰的特点，从而激发学生的学习兴趣，提升审美判断学科素养。

---

① 孔企平：《全球教育展望》，华东师范大学出版社 2001 年版，第 19 页。

环节 2：观察讨论，发现规律。

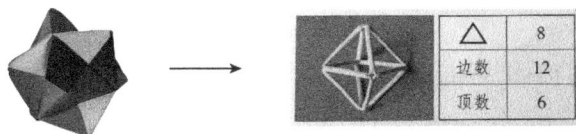

△	8
边数	12
顶数	6

设计意图：通过小组观察讨论，自主探究三边八面体纸花球的成形结构。提高学生立体空间思维能力及图像识读的学科素养，为后面单元组合的实践环节打下基础。

环节 3：合作探究，单元结构。

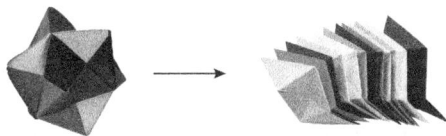

设计意图：学生尝试拆解各组的纸花球，发现三边八面体纸花球都是由 12 个基本单元组合而成的。运用逆向思维探究组合方法及规律，理解棕形多面体多变的形态与基本单元的变化有着密不可分的关系。

环节 4：课堂实践，组合成形。

折叠基本单元 　　单元成形 　　重复折叠基本单元 　　四棕面围顶组合 　　组合成形

设计意图：学生在了解了三边八面体的结构规律以及单元组合方法的基础上，进行艺术实践时更加得心应手。在折叠基本单元到组合成形的实践过程中，学生的美术表现和创意实践学科素养得到提升。

环节 5：成果展示，拓展创新。

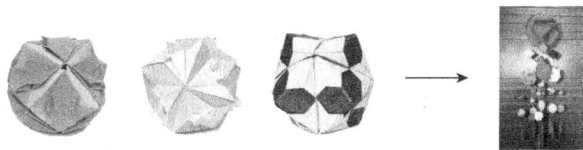

设计意图：学生通过展示、分享自己的劳动成果，体验成功的快乐。拓展欣赏三边八面体纸花球多变的造型以及在生活中的应用，拓宽学生思路，提高艺术想象力及创造力，激发学生热爱生活的情感，提升文化理解学科素养。

课程实施效果

通过"组合多面体"折纸社团的实践活动,学生从制作简单的"三边八面体"到制作复杂的"三边二十面体＋五边十二面体"纸花球,由易到难感受到折纸艺术的神奇,体会到动手操作的无穷乐趣。学生的综合协调能力、创新能力、审美能力以及三维造型能力得到了提升,同时促进了学生身心健康的发展。

(一)"组合多面体"折纸活动促进了学生各项能力的发展

1. 综合协调能力

"组合多面体"折纸能够提高学生的综合协调能力,其中包括观察能力、动手能力和思考力。在观察纸花球的时候,学生需要用眼睛看它的单元折叠方法、插接技巧、组合结构,同时仔细思考并记忆。在折叠组合的时候从生疏到熟练,每只手上的关节和小肌肉都充分地动了起来。遇到困难时要开动脑筋,仔细思考哪里出了问题,整个过程做到了眼、手、脑三位一体综合协调运用。

2. 创新能力

"组合多面体"折纸是培养学生创新能力的一种有效途径。它通过改变单元形态和组合方法,就可以让作品焕然一新,可以说是千变万化。当学生掌握了基本单元的制作方法和组合成形的原理后,就能创造出形态各异的纸花球。再把这些纸花球稍加装饰就可以变成精美的艺术品点缀我们的生活,学生的创造力在实践中不断得到提高。

3. 审美能力

纸艺有一种神奇的美,正是因为这种美,才让那么多纸艺爱好者沉醉其中。小学高年级学生对"组合多面体"这种造型精美、立体多变、色彩丰富的纸艺作品兴趣盎然。他们喜欢社团课程就是被这种神奇的美吸引,陶醉在美的创造中乐此不疲。一个纸花球,想要做到造型优美生动,色彩的搭配组合也起到关键作用。学生在制作中根据作品的需要和个人喜好对材料、颜色进行选择,不知不觉中提高了对色彩的感受能力和审美能力。

4. 三维造型能力

小学生每天都生活在一个立体的三维空间里,但他们的三维造型能力普遍较弱，因为他们从小习惯了用平面化的思维和方式来认知外部事物，限制了他们对三维造型的认知和设计能力。"组合多面体"折纸是占有三维空间的实体，学生在动手操作的过程中，把一张平面的纸按照三维多面体的形态规律，变成一个个立体造型的纸花球。从平面到立体，极大地提高了学生的空间想象力和三维造型能力。

（二）"组合多面体"折纸课程促进了学生身心健康的发展

1. 锻炼学生的意志品质

组合多面体单元插件虽然折法简单，但往往需要重复制作若干个单元插件，复杂的多面体甚至需要多达 60 个。不仅如此，每一个单元插件如果折叠不够精准，还会为后面的插接组合造成困难。因此需要学生静下心来，按步骤耐心细致地完成，每一步都马虎不得。如果遇到困难还要反复尝试修改，否则就会前功尽弃。在不断实践的过程中，学生养成了做事踏实认真、耐心细致的良好习惯，同时锻炼了他们持之以恒、永不放弃的意志品质。

2. 激发学生热爱生活及他人的情感

《义务教育美术课程标准（2011 年版）》中指出："注重美术课程与学生生活经验紧密关联，使学生在积极情感体验中……增强对自然和人类社会的热爱及责任感，形成创造美好生活的愿望与能力。"学生在社团活动中，遇到问题常常需要和小伙伴、老师一起交流，彼此合作讨论、互相帮助。折纸活动为学生搭建了与他人传递情感的桥梁，增进了朋友间的友谊。他们还学会了用自己的作品来美化生活，并定期在学校的艺术博物馆进行展示，这种成功的体验不仅极大地激发了学生的学习兴趣和动力，而且激发了他们热爱生活、创造美好生活的情感和愿望。

本文主要从折纸活动的价值及"组合多面体"折纸的课程目标、教材编写、教学实践案例及课程实施效果几个方面，阐述了在小学高年级社团活动中开发"组合多面体"折纸课程的可行性。希望通过本研究补充和完善折纸课程，同时为广大教师在折纸教学中提供一些新的思路。本文对折纸教学的相关探究、提出的方法和实践案例是建立在笔者个人知识基础和实践经验上的，难免会有不足和片面之处。但衷心希望热爱折纸艺术的教师们，能够带领学生在纸的艺术世界中不断实践和探索，享受其带来的无穷魅力和乐趣。

线上教学阶段小学美术课程设计初探

王婷婷　孟　奇

（密云区第四小学）

在接到开展居家学习的通知后，本着"停课不停学"的原则，我校美术组根据学校的要求进行了系列课程的研发与设计。在此过程中，每一次的教研活动始终围绕着"如何让线上教学活动得以顺利、有效开展"来进行研讨。

依据美术课标　找准课程定位

《义务教育美术课程标准（2011年版）》（以下简称《课标（2011年版）》）是美术教师进行课程设计的重要依据。在《课标（2011年版）》的课程总目标中提出：学生以个人或集体合作的方式参与美术活动、激发创意，了解美术语言及其表达方式和方法；运用各种工具、媒材进行创作，表达情感与思想，改善环境与生活；学习美术欣赏和评述的方法，提高审美能力，了解美术对文化生活和社会发展的独特作用。在学生居家学习期间，美术教师结合我校学生各年级学生的年龄特点、实际能力、现有材料等方面的实际情况，进行了单元式的线上课程开发，制定居家学习方案。第一单元"与大师相遇"部分侧重让学生在知道美术家和美术作品、开阔眼界的同时，学会从多角度欣赏与认识美术作品，逐步提高视觉感受、理解与评述能力，并且能够运用学到的美术元素进行简单的艺术创作；第二单元"宅在家里玩创意"部分则侧重运用身边各种材料培养学生创意思维，每个年级都设计了适合各学段的多样化的主题。鼓励学生不受美术形式、材料等限制，运用身边现有工具、媒材进行大胆创作，表达情感与思想。

具体设计方案见表1。

表1　居家学习方案

年级	第一单元： 与大师相遇	第二单元： 宅在家里玩创意
一年级	第一周：与米罗相遇 第二周：跟着米罗玩线条 第三周：与克利相遇 第四周：跟着克利玩色彩	第五周：装饰大象 第六周：会站立的纸偶 第七周：送你一个书签 第八周：植物与时尚
二年级	第一周：与克里姆特相遇（一） 第二周：跟着克里姆特玩装饰 第三周：与草间弥生相遇（一） 第四周：跟着草间弥生玩波点	第五周：漂亮的水杯 第六周：冲浪 第七周：漂亮的青绿山水 第八周：林中鸟
三年级	第一周：与阿尔钦博托相遇（一） 第二周：跟着阿尔钦博托玩肖像 第三周：与蒙德里安相遇（一） 第四周：跟着蒙德里安玩格子	第五周：身体里有什么 第六周：百变换装秀 第七周：贴画猫头鹰 第八周：纸脸大变样
四年级	第一周：与马蒂斯相遇（一） 第二周：跟着马蒂斯玩色彩 第三周：与沃霍尔相遇（三） 第四周：跟着沃霍尔玩重复	第五周：漂亮的青绿山水 第六周：旋转的星空 第七周：丛林大王 第八周：花儿飘香
五年级	第一周：与莫奈相遇（一） 第二周：跟着莫奈玩色彩 第三周：与莫兰迪相遇（一） 第四周：跟着莫兰迪玩高级灰	第五周：不同动态的小黄人 第六周：创意小纸杯 第七周：制作小青蛙 第八周：创意纸盘
六年级	第一周：与塞尚相遇（一） 第二周：跟着塞尚玩静物 第三周：与霍克尼相遇（一） 第四周：跟着霍克尼玩风景	第五周：插画变变变 第六周：创意盒子（一） 第七周：创意盒子（二） 第八周：创意盒子（三）

　　第一单元"与大师相遇"部分，一年级结合米罗和克利两位抽象艺术大师，尝试运用线条和色彩进行绘画表现活动；二年级结合克里姆特和草间弥生两位艺术家，尝试运用形状以及点、线、面进行画面装饰的绘画表现活动；三年级结合阿尔钦博托和蒙德里安两位艺术家，尝试运用联想、剪贴、组合等方法进

行肖像画的表现，以及在格子的造型中学习三原色的知识；四年级结合马蒂斯和沃霍尔两位艺术家，认识原色、间色、冷暖色、重复等知识，并且学会运用这些美术元素来表达自己的感受；五年级结合莫奈和莫兰迪两位艺术家，学习光影、色彩的明度等更深层次的专业知识；六年级结合塞尚和霍克尼两位艺术家，学习对比色、邻近色等知识表现静物、风景的主题。第二单元"宅在家里玩创意"部分考虑到疫情期间外出受限，除了手中现有的绘画材料外，鼓励学生充分利用家中现有的材料，如绳子、植物、纸杯、纸盘、废旧纸盒等家中常见物品，学会运用剪贴、折叠、切挖、组合等制作方法，将创意转化为具体成果，旨在让学生发散思维，创造性地运用各种工具、媒材，表达情感与思想，体验绘制的乐趣。

划分课程主题　进行内容开发

《普通高中美术课程标准（2017年版2020年修订）》（以下简称《课标（2017年版）》）中，前言部分首次明确强调以学科大概念为核心，使课程内容结构化，以主题为引领，使课程内容情境化，促进学科核心素养的落实。

面对一至六年级全体学生的教学活动，美术学科在参考《课标（2017年版）》的基础上，对设计的课程进行了横向和纵向的梳理，横向来看，每四周为一个单元，以"与大师相遇""宅在家里玩创意"为大的主题进行美育系列主题课程的教学设计，在"宅在家里玩创意"主题系列课程中，依然延续"与大师相遇"系列课程的要求，不对形式和材料进行限制，让学生通过欣赏创意作品，分析创意形式，用常见的材料进行大胆的创意实践，体会美术创作的快乐，感受美术对生活的美化功能。纵向来看，各年级美术教师根据学生的实际能力、现有材料等具体学情进行每个单元大主题下的课程开发，第一学段主要引导学生发现作品中奇幻的点、线、面的组合，体会将天马行空的想象力变成画面的魔力。第二学段主要引导学生发现艺术创作的多种形式，鼓励学生进一步认识线条、形状、色彩、肌理等造型元素，体会不同媒材的效果，开展趣味性造型、设计活动。第三学段学生主要感受画面中充满情感的线条和色彩，学习对光影的捕捉、对形体的塑造，引导学生对造型、用色、材料、构图等思考，努力通过画面向观者传达自己的情感和内心世界。同时，凸显培养学生创意思维的理念，形成思路，为以后的系列课程开发奠定基础。

建立评价体系　保证实施效果

线上课程设计得再有趣，缺少了教师的监督，也是不利于学生自主学习能力培养的。因此，我们建立了线上评价体系，鼓励学生自主完成学习任务，保证课程实施的效果。

1. 采取展示作品和收集过程性资料的方式对学生的学习成果进行考核与评价。

2. 前期美术教师加入所任教的班级微信群、小组群，利用班级群组定期为学生答疑解惑，提供指导；后期美术教师加入班级所在的钉钉群，为学生进行作品点评，有针对性地辅导，更加提高了教师的工作效率。

3. 学生在班级群组中以图片、视频等方式展示自己的绘制过程及作品完成情况。教师对于共性问题进行总评价，个别问题单独辅导。

4. 重点关注班级中基础薄弱、需要辅导的学生。

5. 每周评选出作业明星，给予奖状鼓励，带动其他学生积极学习。

学生在线上美术学习中，通过收集资料、聆听教师讲解示范，认识了多位艺术家，学习了美术欣赏和评述的方法，提高了审美能力；学生以个人或者与家人合作的方式参与美术活动，了解了美术语言及其表达的方式和方法；学生运用身边现有工具、媒材进行大胆创作，表达了情感与思想。学生始终葆有对美术学习的热情以及持久的兴趣。这不仅体现在学生的实践作品中，也体现在和美术教师的日常答疑、群组互动中。有些学生甚至还会在提交作品时将自己的想法以音频的形式记录下来，主动与美术教师交流自己的创作心得。

线上教学对于每个学科而言都是新生事物，它打破了原有教学方式和教学空间的局限，让我们看到了信息技术支持下的多样化的教学模式。实践证明，学生在线上学习阶段提交的美术作品向我们传达了自己对美的理解，给了美术教师很大的惊喜，也为后续课程的开发奠定了基础。

古为今用　笔墨传承

——巧用"课徒稿"优化小学高年段水墨教学

田　楠

（和平里第一小学）

　　水墨画又称国画，是中国传统文化的精华，文化内涵深厚。水墨画教学是传播中华民族传统文化的一个很好的途径，教师作为文化的传播者和教育的引导者，要引导学生了解和表现水墨画艺术的笔墨意趣之美，增强文化自信，培养对中华民族传统文化的热爱情感。

　　现如今中国的教育已经进入核心素养时代，据此教学思维也应随之改变，水墨画的教学方法也应随之改变——关注学生实际获得和探究成果，形成所谓"学科核心素养本位的美术教学"。应针对高年级学生的身心发展特点，通过生本课堂理念下的"课徒稿"教学模式，以学生为本巧妙地让学生学习传统的笔墨精华，自主思考与实践，提升学习水墨画的兴趣和主动性，创设自由和谐、探究和生成的美术学科教学氛围，提高教学效率，有效发展学生的学科核心素养。

"课徒稿"教学融入高年级水墨教学的可行性与优越性

　　"课徒稿"也称"课徒画稿"，是水墨画学习的图录或画法图解，图文并茂地记录下水墨画绘画的笔墨技法和步骤。通过"课徒稿"可以呈现出绘画者的笔墨技法运用，很清楚地展示出绘画者的学习过程与痕迹，是绘画者的水墨画学习笔记。在古代和近现代的中国绘画史上，"课徒稿"的形式就被广泛运用，如《芥子园画传》，该画谱系统地介绍了水墨画的基本技法及例图，图文并茂，技法讲解浅显易懂。在近现代也有很多画家用笔墨记录下自己的课徒稿，如《徐悲鸿花鸟课徒稿》《陆俨少课徒画稿》等。

小学高年级的学生已经在水墨画学习上有了初步的积累，学习过基本的笔墨知识和技法，这些良好的基础为学生绘制"课徒稿"、记录学习轨迹、运用"课徒稿"解析学习水墨画提供了前提。学生有能力自行绘制出课徒稿，如在《中国画——建筑画法》一课中将用笔用墨的技法和绘画过程用文字记录下来，对树木、山石等配景图文并茂地进行了绘制。

因此，根据小学高年级学生的心理特点和知识技能储备情况，运用"课徒稿"的教学方式可以让学生充分学习笔墨技法，将原有的笔墨知识进行迁移，图文并茂地展示出体验探究水墨画的轨迹过程，有助于水墨儿童画的创作，激发自主学习和思考的能力，提升学生解决关键问题的能力，从而提升学生的学科核心素养。

运用"课徒稿"教学优化水墨画创作

巧妙运用"课徒稿"促进水墨画创作，要从以下三个方面进行思考。

(一)"课徒稿"教学——教学模式的变化

与传统国画课堂相比，生本课堂以发挥学生在学习中的主体作用为根本目的，教师起引导作用。将"课徒稿"作为探究学习的主要媒介，能够重新调整课堂内外的时间，将学习的决定权从教师转移给学生。

表1比较了传统国画课堂教学模式和利用"课徒稿"构建的生本课堂教学模式。

表1　两种教学模式比较

项目	传统国画课堂教学	"课徒稿"教学构建生本课堂
备课模式	教师以讲授式为主，学生跟随教师	学生自学后绘制"课徒稿"记录学习成果，教师课上提供指导
课堂角色	侧重教师主导和示范	侧重学生主体，主动地学，讨论交流
交流模式	教师主导，问答式为主	学生分享，生生、师生互动交流

项目	传统国画课堂教学	"课徒稿"教学构建生本课堂
学习流程	教师讲授—学生学习—学生绘画	学生学习—"课徒稿"分享—解决问题—再次创作
时间分配	课上学习—课上创作	课前学习（课徒稿）—课上分享再创作
学习性质	着眼于如何"教"，侧重于使学生"学会"	着眼于"学"，侧重于使学生"会学"
课堂呈现	讲述式为主，多用书面语，学习轨迹呈现单一	主动分享，小组合作探究，多口语，学习轨迹呈现完整

由此可见，在这种教学模式下，学生在上课前完成对课程内容的自主学习，在课堂上教师针对学生的问题进行答疑，小组的协作探究以及师生之间的深入交流有针对性地化解了教学难点。课堂内的宝贵时间，学生能够更专注于主动地解决问题与难点，从而获得更深层次的学习。

（二）"课徒稿"教学有利于水墨画创作的多样性

"课徒稿"教学的优势在于最大限度地调动学生水墨画创作的主动性与创造力，以文化与美育育人，不仅仅针对教材内的水墨课程，还可以结合美育活动、课外的参观实践等进行创作，体现出高年级水墨画的多样性与笔墨综合造型能力。

在美育实践活动中运用"课徒稿"，聆听讲座并使用图文结合的"课徒稿"，可以在讲座结束后针对文图进行创作。比如，六年级学生在画院进校园活动中聆听"行游山水间"主题讲座时所记录的课徒稿，就体现出自主研究学习的痕迹。依据这张讲座课徒稿，学生结合"山水"的主题自由运用笔墨进行创作。通过这样的方式，高年级学生可以运用不同的墨色和墨线的变化与组合灵活创作，有的学生还结合古诗进行了绘画，在绘画的题材上也更具有水墨画的人文性与趣味性。

"课徒稿"还可以运用于参观展览后的主题性创作。如学生参观完韩美林艺术馆后，结合参观"课徒稿"所进行的动物主题的水墨儿童画创作，内容种类多样，体现出了学生对于笔墨和色彩运用的灵动性，也展现出水墨画的生动性与趣味性，学生创作水墨画的创造力得到提升。

（三）"课徒稿"教学对于水墨画教学的拓展

"课徒稿"教学还可以体现知识迁移的轨迹，活学活用，举一反三，提升笔墨知识技能的运用能力，促进学科核心素养的发展。例如，"中国画建筑画法"一课的拓展，就是引导学生借助"课徒稿"，将本课的知识技能进行迁移，综合运用所学，用笔墨表现苏式建筑。在这种教学模式下，学生迁移了知识技能并进行拓展运用，从而获得更深层次的学习。

实践与思考

水墨画是中国传统文化的精华，文化内涵深厚，让学生从小接触、学习中国画有利于培养学生对中华民族传统文化的热爱情感，增强学生的文化自信与文化传承能力。因此，作为文化的传播者和教育的引导者，教师要重视水墨画的教学。

在小学高年级水墨画教学课程中巧用"课徒稿"创建多维互动的、有利于学生自主学习的教学组织形式，让学生在宽松的氛围中感受国画的艺术美，更要注重创新精神和实践能力，鼓励学生进行探索性研究，以表达他们独特的视角，让学生了解和体会水墨画艺术的笔墨意趣之美。

作为教师也要在立德树人、以美育人的目标下，注重学科核心素养，不断探索水墨儿童画教学的新形式、新方法、新规律，在教学中不断传承和发展、创新与实践，使水墨画这一传统文化绽放出更加绚丽的色彩。

以"任务驱动法"提升小学生美术创意实践能力的研究

——"符号"在儿童水墨山水创作中的重构

朱慧琳

（太师屯镇中心小学）

传统的水墨画教学方式以临摹、写生、再创作为主，当代水墨画教学打破传统教学方式，以任务的形式贯穿、引领整个课堂，将学生学习活动与任务相结合，调动学生已有经验探索事物，搭建知识结构，组合画面并创作。让水墨画教学与学生的生活相联系，通过艺术创作，表现生活。例如探索生活中的符号，向自然学习，运用符号再创作。

点线游戏

儿童水墨画教学不同于传统中国画教学，它一改中国画的传统学习方式，跳出传统蔬果、山水、花鸟的临摹练习，突破枯燥的点、线、面艺术语言讲授，用游戏的形式代之，注重让儿童熟悉笔墨纸砚的过程性学习。如学习《学大师系列——罗贯中》这一课时，为了让学生体会画家罗贯中善用线条与色点布局画面的特点，教师在教授水墨画技法之前，请学生对使用水墨进行初次尝试，并让学生寻找生活中的点与线，在点线游戏中探索水墨画的乐趣。从学生提交的作品发现，画面通常具有点、线、面与黑、白、灰关系，学生表现事物尤为喜欢圈圈点点，惯以勾线填色为主，会利用大色块进行背景染色，虽说点、线、面尽揽画中，却总是违背了中国画的一些笔墨韵味。如何让学生认识到这一点？

在不破坏学生天性的基础上更好地进行现代水墨画教学显得尤为重要。

福建特级教师戴仲达老师认为，水墨画的入门方法就是画线。他的水墨游戏就是让学生在画线的过程中初步积累对水墨画的基本感受，逐步对水墨画有更深刻的认识。笔者将此游戏体验过程总结为"形＋水＋力＝?"的笔墨表现形式：形，即线条形状，有卷线、直线、粗线、细线等。水，即墨色随水分的多少而形成焦、浓、重、淡、清不同墨色。力，即用力方向与大小形成的墨色线条变化，按压与提拉时线条的不同表现。将形、水与力相结合就能形成丰富的浓、淡、干、湿笔墨表现。在课上，教师只给儿童一滴墨与少量清水，其目的是让儿童在宣纸上"舞"出具有丰富墨色的线条，颜料只作为最后的奖励完善画面。很多时候教师害怕学生墨不够用，在墨盒里倒入一格，学生就会浪费墨而忽略水的作用。当只有一滴墨时，学生将墨与水充分调和，用到极致，画面自然会呈现不同的水墨效果。

儿童在艺术表现时更喜欢用水性材料，因为水性材料更能够让儿童释放天性、大胆表现，体验到绘画的乐趣。在教学的过程中应穿插点、线练习，让学生在探索中进行最原始的经验积累，通过游戏的形式加深对笔墨纸砚的了解，探索一些新的绘画形式，呈现出不同的笔墨语言。

生活符号

在游戏中感受水墨画的乐趣，激发兴趣，接下来的课程要进行艺术形象描绘。以山水画创作这一课题为例，枯燥地临摹山水大师之作不足以激起学生的绘画热情，学生临摹出的作品也没有灵魂与童趣，只会照搬照抄更违背素质教育的宗旨。可以将山水画创作与符号联系起来。什么是符号？点与线是符号，"＋""－""○""•""△""□""↑"这些都是符号。能够充当艺术角色的符号大到宇宙小到尘埃，有的结构复杂，有的简洁机械，有的质感丰富，有的平滑细致。有发了芽的土豆，有剥开的橘子，有斑驳的核桃，有发霉的面包，生活中无处不存在符号的影子。

将山水画与符号联系的创作，可以从画一棵树开始。首先要进行树木的观察练习，说一说树叶像什么形状？答案有"○""•""△""↑"等。整棵树木像什么形状？像"○""♥""△"等。在观察真实树木后将其总结为符号，再欣赏古代山水优秀作品中的树木，寻找符号，最后带领学生进行写生。学生结合自己观察到的真实树木与作品中的树木符号，临摹局部，形成自己独特的艺术符号。一片叶子就是整幅作品中的一个"点"。学生的作品中通常都会出现"点"的布局，而"点"在山水画创作中尤为重要，将点与点组合形成横面式的树丛，形成的符号就有了生命意义。每位学生都具有创作天赋，他们创编的树叶符号中很多都与传统山水画技法有着契合之处，例如中国画中的树叶画法：点叶法、夹叶法、个子叶等。在观察—欣赏—体验的任务驱动下，学生找到了属于自己的山水符号。

图1是二年级学生创作的水墨风景作品，前景中的几棵树分别采用了"○""·""↑"符号，中景的高树运用了"/"符号，远景树叶是"↑"符号。整幅画面通过学生的观察，共创编出了四种符号的树，为画面带来了丰富的视觉符号效果。

图1 刘尚（二年级）的水墨风景作品

图2是一年级学生创作的树木风景画，一年级学生处于水墨画尝试阶段，摆脱不了勾填方法，首先将树形勾勒出来，再进行点状符号的填充，这种表现方式也不失为一种独特的山水创作风格。学生整幅作品均采用了"·"符号，但由于水分的多少与用力的大小不同，最后画面呈现出的树与背景装饰也具有了

不同的墨色变化。

图2　王馨怡(一年级)的树木风景画

水墨画创作需要在观察生活的基础上进行大量的写生练习，将树木的教学方法运用到其他水墨画创作中也万变不离其宗。应教会学生认真观察生活，将各种符号以画面中的"点"的形式进行重复组合，鼓励学生保持自己对物体的观察与表现特点，并加以表扬与赞赏肯定。

表达情愫

学生掌握了总结符号的能力，但却容易"符号化"。空洞的符号表现没有意义，无限制的符号叠加没有灵魂，物象的符号再现没有情感。利用符号进行山水画创作需要赋予其内涵意义。前人在总结自然界事物符号的时候，更多地加入了个人情感，给予符号个性化体现。创作是从个体的认知与经验中提炼出自己的符号。在实际教学中，教师应乐于鼓励学生创造属于自己的语言形式，创造自己的符号，将自己的情感贯穿于画面。符号是被艺术化了的生活形象，并不是再现自然的真实性，而是通过想象加工，变化为画者内心的东西。

图3、图4均是四年级学生的课堂作业。学生通过欣赏画家罗贯中的作品，提炼生活中的符号进行自我认知符号的组合创编。图3提炼宇宙的行动轨迹与星球形状，结合滴墨、泼彩、行笔、用墨等水墨知识，将宇宙玄幻景象表现得淋漓尽致。图4粗粗的墨线代表着家乡的山，彩墨色块代表村落，其中细小的淡墨线条代表小路和绿树，将充满绿意的山村、活泼的景象用符号再现到创作之中，赋予村落以生命。

图3　高博(四年级)《宇宙》

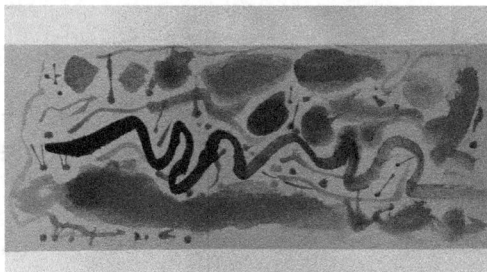

图4　高雨萱(四年级)《山村》

　　仿古临摹已不再受当代美术教育者所推崇,适当借鉴当代中国画表现形式,更具有代入感,也更易被学生接受。美术课程的宗旨是创作出具有向真、向善、向美、向上风貌,符合学生生活实际与天性的作品。而教师的作用则是以任务形式来引导学生观察写生、鼓励创作与章法解读,帮助学生创作属于自己的符号与艺术语言,通过符号传递情感,形成独特的绘画风格。

利用任务驱动法　提升学生创意实践能力

——以"有趣的仿生设计"为例

刘　名

（密云区果园小学）

小学六年级美术教材上册《有趣的仿生设计》与下册《让黏土动起来》要求学生通过任务驱动法进行实践，使学生的艺术实践积极性、参与性和互动性都得到良好的发挥。学生在艺术实践过程中目标明确，小组合作效率高，实践环节学生通过互动学习体验到自身价值，并能积极地表现自己的能力，也能多角度、多元化地理解本课知识，使本课重难点得到了有效解决。

美术"设计·应用"领域包括的学习内容非常广泛，主要以培养学生"物以致用"的设计意识和提高学生动手能力为目的，所以应在任务驱动资源的选择上因势利导，加强课程内容与学生生活、现代社会及实践应用的联系。

根据对学情的具体分析，为了更好地发挥学生的小组分工与合作能力，提升学习效率，我制定了小组任务内容。学生可根据实际情况选择并完成任务，提升适应团队协作的分配能力和自我认知能力。依据任务单内容，学生需要担当导演、编剧、后勤等工作，这些设计看似成人化，实则放手学生，以做好分内工作提升学生自信心。带着这种积极的心态，学生对知识的掌握能力随着任务驱动法的实施，进一步得到提升。

确定小组任务的目标

小组任务的确定一定要教师根据学情而定，围绕教学目标确定学习任务内容，整个过程中应站在学生的角度考虑，如学生对知识的理解、收集的情况、重点问题的整理等。而学生探究问题的整理归纳，对本组每一位同学的推进都有督促作用。在此过程中，组长的组织能力、小组同学的学习能力都能积极地发挥出来，每个人都对任务有着认真负责的态度。慢慢地，学生就能形成自我学习或预习的习惯，节省知识入门的时间，在课堂上解决重点问题，充分地发挥学生探讨研究的作用，真正地让学生放开自我，回归最初对知识的渴望状态。

任务驱动法的多元化

六年级上册《有趣的仿生设计》一课运用了视图形式布置学生任务。如根据教学目标设计学生资料单（见图1），可以一图两用：课前预习资料，课上参考资料。学生通过视图的直观性，能更好地理解本课的知识，发挥想象空间，利用仿生设计的多角度分析，从动物身上直观迅速地找到特点，再通过小组活动进行分析并转变特点，进行仿生优势的设计。

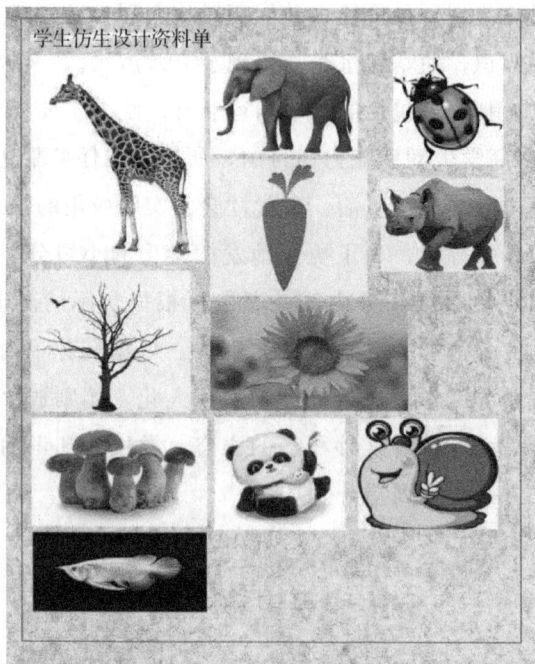

图1 学生仿生设计资料单

通过资料准备，学生对审美追求有自我认知的能力，对作品有一定的判断能力，能从尝试角度出发并参照资料单内容进行自我初步评价，肯定自我艺术实践中所遇到的实际问题。学生通过视图的对比，直观地对作品进行评价，对理解仿生设计的概念起到承上启下的作用，使本节课一直围绕重难点展开。多元化的任务驱动内容不仅仅有图片的形式，也可以有视频、语音、音乐、触摸、气味等更多的形式，其目的就是激发学生对本课的学习兴趣，从而使学生自觉学习、主动学习。

任务驱动法在不同学段的设计

1. 一、二年级任务驱动法的设计

在一、二年级实行任务驱动法时应注意，低龄儿童通常对教师所留的任务认识不清，大多对家长的依赖性较大，而有些家长对教师所留的任务有反感心理。在这样的情况下，可以使用任务驱动变向方法，站在家长的角度考虑问题。如《画蘑菇》一课需要学生先认识什么是蘑菇，都有哪些蘑菇。这时完全可以让学生和家长一起去菜市场买蘑菇。在实践过程中，家长既能耐心地帮助孩子观察蘑菇，还能介绍蘑菇的种类，无形当中学生就对蘑菇有了第一印象，解决了部分学生对蘑菇认知浅显的问题。有了对实物的观察，更有助于学生对蘑菇造型的刻画。

2. 三、四年级任务驱动法的设计

三、四年级学生的自控能力较一、二年级学生有了提高，所以在设计任务时可以多考虑学生的兴趣，如设计与游戏、玩具、旅游等相关的任务，最大化地把任务转变成学生主动参与，目的是加深学生印象，更好地理解每一课的重难点。

3. 五、六年级任务驱动法的设计

随着学龄的增长，高年级学生对教师所布置的任务有较强的认知能力，也能很快地完成教师所留任务，所以在设计任务时，应更多地考虑实践，也就是我们一直提倡的先尝试再进一步完善，只有让学生先动起来，才能更深入课题的探究。也要正确引导学生进行思维导图的整理，六年级学生的综合能力较强，在任务设定时可以融合多学科内容辅助教学。

任务驱动法在仿生设计课中的具体实施

应用设计领域课题中，《有趣的仿生设计》一课对创意、美观、实用与创新的要求较高，学生很容易把仿生的目的与实用功能混淆。为让学生清楚什么是仿生、仿生的理念是什么，我在任务里设计了看图连线，让学生在潜移默化中对仿生设计有一定的认知，再把课本中学生探讨的问题放到任务中，就能让学生很快明白仿生的原理，激发学生的想象力，并对仿生有自己的想法，也能说明设计元素，快速解决了本课的重难点问题。

1. 以脑动转变为手动，增强学生认知能力

从《有趣的仿生设计》一课来看，学生完成课前布置的任务时需要大量的时间和精力收集整理资料，在整个过程中学生不仅要动脑进行思考，还要动手实践，画一画、说一说的过程对知识的理解有辅助的作用，能使学生更清晰地明确自己的艺术实践作品的不足与需要完善的地方。所以说对于驱动设计要避免简单化，要让学生感受到任务是具有挑战性的、有深度的；否则久而久之学生会对任务失去兴趣，不利于课堂教学。

2. 角色互换，互相驱动

在常态化教学中通常都是教师布置任务，学生完成任务。如果把角色互换，让学生提出他们想要教师准备的知识，应怎样去完成学生所布置的任务呢？以《有趣的仿生设计》一课为例，我设计了这样的环节：学生通过预习已初识仿生设计的概念，但对仿生与借鉴的区别等问题混淆不清，这时我让学生提出问题，我来解决。在把任务放手时，许多学生都很兴奋，都很想"为难"我，于是就对要提出的问题进行思考与整理，其实这也是对仿生设计一课重难点知识的整理，这一过程既能提升学生的学习兴趣，也能提高学生主动学习的主动性。

综合来看，任务驱动法不仅仅是对知识的整理收集，也是对学生习惯的培养与提升，为学生未来成长为英才打下坚实的基础。坚信通过不断的实践和完善，我们对任务驱动法的运用会更加得心应手，让更多的学生与教师受益，让我们的教育真的是为了学生，为了明天。

以美术为载体　促进学生活力成长

——"美术＋"育人的探索和实践

刘卫红　　焦海月

（北京小学通州分校）

北京小学通州分校于 2010 年 9 月建校，目前共有 40 个教学班，一至六年级共 1959 名学生，132 名教职工。几年来，学校坚持党的路线方针政策，依法办学，特色办学。十九大报告指出"要全面贯彻落实党的教育方针，落实立德树人根本任务，发展素质教育，培养德智体美全面发展的社会主义建设者和接班人"。办一所国际化、人民满意、充满活力的优质学校的办学目标，及培养具有中国气质、活力特质的活力少年育人目标的紧迫任务，让我们不断思考立德树人的内涵与实践，探寻培养学生拥有适应未来的活力素质的途径与方法。

我校秉承"五育"并举的理念，依据学生成长规律、中国学生发展核心素养及素质教育，从"活力教育"出发，将育人目标细化为"力德、力智、力体、力美、力勤"五个维度，助力学生全方位成长。2019 年，中共中央、国务院印发的《关于深化教育教学改革全面提高义务教育质量的意见》明确提出坚持"五育"并举，增强美育熏陶，实施美育提升行动。由此可见，加强和改进学校美育工作是素质教育的重中之重。

美育即审美教育，是培养学生发现美、感受美、鉴赏美、创造美的能力的教育。新时期，教育改革强调美育不仅陶冶情操，提高学生素养，而且有助于发展潜能，对于促进学生全面发展具有不可替代的作用。在实施美育的过程中，我校以"美术"为突破，学科教师提升理论素养，精深专业技能，丰富教学经验，以中华优秀传统文化传承发展和艺术经典教育为主要内容，通过课程开发、课

MEIYU DE SHIMING

堂实践、课题研究、跨学科整合、跨教育领域、融通等多元方式，形成并运用"美术＋"结构与形式，扩大队伍（书法劳技，老师参与其中），组建艺术团队，合理布局，高点定位，达到以"美术＋"塑造品德、开发智力、强身健体、培养劳动习惯的目的。

多维研训　提升教师专业素养

为全面提升艺术教师专业素养，我们以市级课题"以小课题引领艺术教师专业核心素养提升的研究"为引领，整合多方资源，开展多维研训，帮助教师从感知上提高艺术学科专业素养，从认知上提升美育素养，塑造一批专业水平高、美育素养强的审美型艺术教师。

（一）博物馆探寻，拓宽思路

走进博物馆是教师们深入了解传统文化的必经之路。他们前往故宫博物院、花市社区博物馆、韩美林艺术馆、中国美术馆等参观学习，不仅近距离接触优秀的艺术作品，更了解其背后的历史、底蕴等，开阔视野，链接艺术与美育元素，强化课改意识。

（二）校内外研训，博采众长

参加丰富的美育教研培训是教师们吸收营养的方式之一。教师们先后多次到海淀教师研修学校参加培训，用最前沿的理论武装头脑，他们深入北京十二中学习"绢人动画"案例，将国学、影视制作、现代信息技术与传统艺术教育融合，使学生的创新思维和写作能力均得到提升，大家受益匪浅。培训后，教师们进行了及时的研讨，引发了大家在传统艺术课程设计、教学实施中渗透美育的深入思考。

（三）拜师学艺，提高技能

艺术教师们参加了非遗设计学院组织的"校园非遗传承人"培养工程，零距离向非遗传承人学习，分别获得了由老一辈宫廷团扇传承人梁季兰老师、烙画葫芦传承人王兆庚老师、京绣传承人于美英老师颁发的"校园非遗传承人"证书，提升教师的非遗技艺，加深传统文化的理解与认识。

（四）名师工作室，示范引领

我校在 2018 年初，成立郭振宇书法工作室，工作室内展示师生优秀的书画、篆刻等作品；还设计"砚"文化展示空间，所有藏品都来自郭老师的个人收藏，小小的砚台代表着大自然的馈赠，也是非遗工匠的巧思妙造。这些都成为北分独特的传统艺术教育阵地，师生无不被这一方方精美的砚台所吸引，对传统文化的喜爱之情与日俱增。

（五）课题引领，高端发展

依托市级课题"以小课题引领艺术教师专业核心素养提升的研究"、教育部重点课题"青少年实践与劳动教育——'北京中轴线非遗教育基地'"，老师们提炼出各自的"美术＋"美育研究专题，生成课题，申请校级立项5个，王晨萌的课题"辅助线分析法对提升小学生书法临摹、读帖能力的实践研究"被通州区教育规划办成功立项，科研引领"美术＋"育人纵深发展。

以美养德　塑造学生优秀品行

构建德智体美劳全面发展的育人体系必须全面贯通"五育"，在"一育"中发现"五育"、渗透"五育"、落实"五育"，在"五育"中认识"一育"、把握"一育"、实现"一育"。这种对五育之间整体关系的认识应当成为新时代构建德智体美劳全面发展育人体系的一个重要思想基础。我校坚持以艺术教育为纽带，寓德于美，通过开展德育活动、艺术课程等，帮助学生以美育德，塑造学生健全人格。

（一）主题活动，潜移默化

围绕学校德育建设工作，结合重大节日和纪念日，学校先后开展了"活力读书节""国防科技节""好习惯伴我成长""雷锋精神永放光芒""滴水之恩涌泉报"等系列活动，艺术老师引导学生创作书法、烙画、剪纸、彩绘、手抄报等形式的作品，对学生进行养成教育、理想教育、感恩教育、传统美德教育、爱国主义教育等，让学生在创造美的同时，表达自己对美的理解和追求，寓德育于美育之中，将德育活动内化于心，外化于行，从而加快德育潜移默化的进程。

（二）学科渗透，全员育德

教师们践行全员育德的理念，在日常教学中挖掘德育因素，渗透情感教育，实现学科育德。美术、音乐、书法作为艺术学科，是学生品德熏陶的主阵地。艺术学科教师基于学科特性，创设引导学生感知美、理解美、欣赏美的教学情境，培养学生的审美情趣，弘扬中华民族优秀传统文化，增强学生的民族自豪感，激发学生的爱国情感。

以美启智　打造美育精品课程

教学是整个学校的核心和灵魂，课程是美育实施的直接途径，学校以"一标二质四态五维十六基"活力教育育人目标为核心，将课程能力培养与学生素养发展对接，将国家、地方、校本课程整合，构成"三型五类"活力课程结构体系，实现课程育人价值与核心素养培育的融通与统一。

"美术＋"是活力课程的有机组成部分，美术、书法、劳技学科教师在夯实国家课程的基础上，研发"美术＋"课程，优化地方课程的校本化实施、年级主题跨学科艺术课程、学生非遗艺术社团课程建设，激发教师艺术课程的研发与实施能力；激励学生积极参加艺术课程实践，引入韩美林艺术馆大师课程——"天书艺术进课堂""岩画艺术进社团"，学生从艺术的角度加深对文字结构的认识，实现了书法、绘画与非遗艺术的统一，提高了学生们的艺术技艺，提升了学生们的人文素养。

北京小学通州分校艺术精品社团课程是活力拓展型课程的重要组成部分，涵盖书法、篆刻、烙画葫芦、宫廷团扇、剪纸、泥塑、盘扣、版画等门类，学校以艺术课程为载体，鼓励教师开发与实施适合师生成长的艺术校本课程，营造传承与保护传统文化的环境，提升学校的整体育人功能，涵育活力师生健康成长。以烙画葫芦为例，学生研习葫芦的历史、文化、种类及烙画技法、雕刻技法等，了解技艺背后所蕴含的深刻底蕴，学会了根据不同形状的葫芦运用不一样的技法，创作不同的题材，启迪学生智慧，对学生逻辑思维能力的开发、审美能力的提高，以及动手能力有很大的促进。

家长的支持是活力艺术社团进行的保障，教师们建立艺术社团微信群，与家长共同分享孩子们的艺术作品、交流艺术课程研学感悟，家校协作，互促共进。

以美健体　彰显学生生命活力

美育不仅可以熏陶学生品德、发展学生智力，更能提高学生运动的质量，帮助学生感悟运动的健与美，让学生感悟体育运动中挺拔的身姿、敏捷的动作、优美的造型以及整齐的队列中透露的矫健、优美与高雅。一年一度的活力体艺节是孩子们所钟爱的节日，它不仅丰富体育运动的内涵，增强学生的体质，彰显生命的活力，更是实施美育的平台。

在我校"活力体育＋"课程展示活动中，艺术社团师生们群策群力，通过书法、烙画葫芦、宫廷团扇、logo（徽标）浮雕、创意剪纸等作品，将美育与体育相结合，实现力与美的融合。其中体育节 logo 是学生设计并通过投票选出来的，社团师生把 logo 用泥塑的形式拼摆出来，学生兴趣浓厚，效果突出。烙画葫芦社团教师焦海月执教的《动态之美》一课，以葫芦为载体，结合运动人物动态，通过烙画展示了体育运动中人物的动态之美。体育精神通过艺术的形式表达出来，提升了孩子们鉴别美、欣赏美、发现美、创造美的能力。

以美力勤　培养劳动价值观

（一）劳技教师学有所创，融合育人

我校劳技教师自 2018 年参加非遗设计学院组织的教育部重点课题"青少年实践与劳动教育——'北京中轴线非遗教育基地'"的子课题研究，崔宏伟老师打通劳技与美术学科壁垒，共同把非遗项目传承与制作融通于"美术＋"育人实践中，崇尚劳动、尊重劳动，将劳动最光荣、劳动最美丽的道理在一件件创意作品中内化于心。

（二）开发劳动基地，搭建劳育平台

我们充分利用"半亩园"教育实践基地，体验劳动美、艺术美的和谐统一。烙画葫芦社团老师请科学老师指导学生种葫芦，播种、浇水、育苗、施肥、管理以及后期葫芦的刮皮处理、晾晒等一系列工序，均由学生自己完成。孩子们除了社团活动时间，还自主利用午间、放学等课余时间邀约老师一起进行葫芦创作，学生拿着自己亲手种的葫芦去创作，一个个富有灵气的葫芦被烙画、被雕刻、被彩绘，成为一件件精美的非遗艺术品，劳动创造美，孩子们体验到成功的喜悦。半亩园更是学生室外艺术写生的乐园，学生们拿着画板、画笔来赏景、创作，无限的创作热情被激发，美育浸润其中，以美力勤，教学相长。

在"美术＋"的育人实践中，经过北分人的不懈努力，学校先后获得"北京市第二批学校文化建设示范校""北京市课程建设先进学校""北京市课程整体育人项目校""北京市艺术教育示范校"等殊荣。北分学子在市、区级比赛中屡获佳绩，"北京市第二届中小学生技术创意设计大赛"（TID）的 STEAM 项目中，我校学生荣获一等奖的好成绩；在"歌华有线杯"2019北京文化创意大赛中，学生参赛作品内容、形式多样，烙画作品经过层层角逐获得了国家版权局颁发的版权登记证书。在通州区"东方墨韵杯"书法展示活动、"潞城古韵杯"活动、"漕运杯"书法比赛中，北分学子积极参与，屡屡获奖，比赛成为展示北分非遗文化的一扇窗口。

2019年是大运河入选世界文化遗产名录的第五年，北分师生用自己的行动和"美术＋"成果感恩运河，此次展示活动分为"运河史航""大美堤畔""民和年丰""苏杭印象""锦帆故里"五个章节，邀观众同赴这场艺术之约，带观众领略了运河文化的壮美篇章。

美育领域范围广、层次多、任务重，我们将在"美术＋"育人模式的基础上继续深入挖掘美育的作用，领会五育整体性和单一性的关系，以美育激扬师生活力，以五育促进学生全面个性成长！

评出趣味性　激发创造力

——小学美术作业趣味性评价策略探究

刘爱力

（北京教育科学研究院丰台实验小学）

就小学美术课程教学的现状而言，教学评价并未得到有效的利用，无论是评价内容还是评价手段，都存在一定程度的枯燥性、僵化性，这不仅会削弱教学评价应有的效能，对美术课程的整体教学效果也有着相当大的负面影响。基于此，本文以美术作业为研究对象，探讨了美术作业中趣味性评价的使用策略。

趣味性评价概述

（一）趣味性评价的内涵

评价，主要指在分析、判断的基础上，对人或物所形成的结论。教学评价是评价的常见形式之一，特指教学活动中的评价，一般为教学主体根据实际的教学现状以及教学对象的学习表现、学习效果等给予评价，在教学活动中有着非常重要的地位与作用。随着教学实践的不断深入以及评价活动的日益深化，教学评价的种类与形式也逐渐增多，形成了完善的评价体系，趣味性评价就是其中具有代表性的评价形式之一。趣味性评价，顾名思义，以趣味为主要特征，趣味是评价的属性，贯穿于评价活动的各个流程、环节，评价氛围、评价内容、评价形式等都蕴含着十足的趣味性。进行趣味性评价既是贴近学生心理、深化评价效果的客观需要，也是优化评价效能，促进学生学习、成长的必然要求。

（二）趣味性评价的特征

趣味性评价作为评价的一种形式，既有普通评价的共性，也有趣味性评价的个性。在突出评价的针对性、效用性的基础上，趣味性评价还有如下几点特征：首先，有趣性。有趣是趣味性评价的本质特征，它在实施中非常注重各个层面的趣味，这也是其能够被广大学生所接受的主要原因。其次，多样性。以往的评价在实施中存在着单一、僵化的情形，趣味性评价则不然，它善于以多样化的评价形式、多元化的评价内容来使评价活动更具吸引力，从而更好地发挥评价的作用。最后，情感性。评价具有纠正补偏与心理激励的双重作用，以往的评价以教师的说教为形式，趣味性评价则注重以评价来活跃、激发学生的情感，让学生自己从内心接受评价。

小学美术作业趣味性评价的原则分析

（一）主体性原则

现代教育理论彻底调整了学习活动中的师生关系，学生取代了教师成为教学活动中的主体，在教学评价中，相应地也就需要将学生纳入评价主体中，这不仅是发挥教学评价效能的客观需要，也是现代教学理论视角下的必然选择。因而，在小学美术趣味性评价中，教师首先要秉持的便是主体性原则，一方面教师要牢固树立"以生为本，以学定教"的教育教学观念，让学生决定课堂教学的进程，彻底发挥学生的主体地位；另一方面在评价中要鼓励学生多进行自我评价，比如让学生对自己的美术作业乃至同学的美术作业展开自评与互评。

（二）过程性原则

教学评价根据侧重点不同，可以分为总结性评价和过程性评价两大类型。总结性评价，以美术作业的评价而言，它针对的是学生美术作业的完成情形与作业结果，这虽然能够将学生完成作业时的态度、能力等元素反馈出来，但在激励性上有所不足。过程性评价则不然，相比于结果，它更加关注学生在作业完成中的表现，既能发挥评价的反馈作用，也能使评价与学生的学习活动互动起来，以及时的评价来引导学生调整、改善学习，优化效果。因此，在小学美术趣味性评价中，教师还要坚持过程性原则，从学生完成作业的实际过程出发，根据动态化的过程来给予其有针对性的评价，更好地发挥评价应有的效用。

小学美术作业趣味性评价的具体策略探讨

（一）导入生活情境，营造评价氛围的趣味性

教学评价作为教学环节的一个部分，并不能够孤立于教学环境之外，因此，环境对教学评价的实施有着非常重要的影响，环境本身是否有趣与教学评价的趣味性有着很大的关联。教师的基础工作就是重塑师生关系，彻底改变传统师生关系中师生地位不平等、教师掌控课堂的局面，在突出学生主体性的基础上，重构一种以平等、包容为核心的新型师生关系，这对教学氛围的改变以及学生心理的调整有着非常重要的作用，是开展趣味性教学评价的前提条件。除此以外，生活情境的建构也极为必要。生活化教学是美术课程教学的有效手段，对教学评价的实施也有很好的作用。就以小学美术教材六年级上册第 7 课《民间泥塑》的教学为例，本节课主要展示的是不同民间泥塑的特征，笔者布置的作业是一些知识点记忆层面的作业，包括泥塑的款式、特征及背后的文化内涵，在评价时，笔者以多媒体展示不同地区的饰品与生活风貌，如此既能实现评价的目标，也可以深化学生的记忆。

（二）拓展评价成员，调动评价主体的趣味性

完整的评价活动由评价主体、评价客体以及评价媒介三个元素组成，具体的评价流程则是评价主体依据一定的评价内容，采用相关的评价媒介对评价对象实施评价活动。在以往的美术课堂中，作业评价的主体为教师，随着教学改革的不断深入以及学生主体地位的日益凸显，此一评价模式的弊端也越来越显现，并且，学生作为美术作业的完成者，将之排除在评价主体之外，无疑也不符合以学生为主体的一般要求。以小学五年级美术上册第 7 课《各式各样的椅子》的教学为例，美术作业是要求学生设计一件实用、美观、有创意的椅子，学生们有的设计了适合人体仿生学的椅子，有的制作了动物造型的椅子等。笔者在评价环节中并没有采用传统的评价方式，而是让学生自己将设计图放到多媒体展台上展示，先让学生对设计图做一个自评，然后再让其他学生对设计图展开评价，轮流开展，最后，笔者再总其成，针对学生评价中的内容总结观点、给出结论，如此，既能充分调动学生在课堂学习中的积极性，又对学生更好地

认知作业中的成绩与不足有很大帮助，是提升作业评价实际效果的有效手段。

（三）创新评价方式，注重评价手段的趣味性

在评价环节中，为了避免其枯燥性，同时也为了更好地凸显评价的趣味，教师需要从不同角度出发，对评价手段予以创新，给学生带来新鲜感，这对评价效力的发挥大有裨益。就以物化评价法为例，它指教师以奖励物作为评价手段，根据学生的实际表现，给予层次有别的奖品，从而实现分层激励的目标。就以二年级美术教材上册第 4 课《丰收了》的教学为例，本节课的作业是让学生以瓜果蔬菜为原材料，借助绘画、剪纸、撕纸、超轻黏土等表现手法，利用画、剪、撕、切、拼、接、插、挖、贴等具体手段，制作相应的工艺品，在课堂中予以展现，并根据学生的制作结果给予不同的奖励，比如一等奖奖励一本带水果的本，二等奖奖励水果铅笔，三等奖奖励水果橡皮等，让学生在"回报"中感受到学习的乐趣。当然，教师也可以采用成长记录袋的评价方式，将每次对学生的评价都纳入个性化的成长记录袋中，这对学生的个性发展也大有裨益。

教学评价作为教学环节中不可或缺的流程之一，与教学活动的各个层面都有着天然的联系，作业也不例外。因此，在美术作业中强化教学评价，不仅是实现作业教学价值的根本要求，也是提升学生美术学习能力的客观需要。当然，趣味性评价作为契合学生心理的评价手段，在提升美术作业评价有效性、优化评价效果上有着更为突出的作用，教师需要从氛围的趣味性、主体的趣味性、手段的趣味性等角度出发，完善教学评价。

提升美术学习兴趣、实施美育的策略分析

刘媛媛

（北京小学广内分校）

真善美、假恶丑，不单单是一个人对于事物的道德判断，更是人类个体美学修养的基本体现。将美术学习纳入中小学课程体系之中，很大程度上正是基于美育对个体成长的重要意义。然而由于现实中过度关注"应试"的氛围，美术学习并不为许多学校所重视，这反过来形成了学生对美术学习兴趣不高的直接动因。而兴趣的培养大都从低龄少年开始，在不断深入推进素质教育、努力培养新时代学生的大背景下，提升学生美术学习兴趣就有其必行之道。

美术学习兴趣提升的必要性

"传道、授业、解惑"，自古以来一直是中华民族教书育人的基本信条，然而这一信条更多的是从教师层面寻求教育的意义，在素质教育日益强调学生个体自主学习的教育方针指导下，应注重培养学生学习兴趣，激发学生的学习动机，变教为学，形成教学优化。

（一）寻求书本以外的世界

美术课如何上？大多数美术老师只是对书中的作品作出相应的解释和专业层面的解析，然后给出题目让学生绘出相应作品。这样常规的课堂教学很难让学生真正把握作品的艺术内涵，更难以保证学生对美术的学习兴趣。提升美术学习兴趣，需要教师有丰富的知识底蕴，唯有如此，教师在教课的过程中，才能从书本中的一幅幅图片、作品引申至大千世界和创作者当时所处的环境，通

过历史和现代的融合，让学生的思维形成纵向和横向的立体式拓展。

(二)学习不只是知识传授，也是熏陶

美术课学习什么？仅仅是书本中的历史作品的知识性学习，抑或是加之一些学生思维发散的作品创作是不够的。美是每一个生命个体对万事万物心理反应的一种良性映射。当个体与美术作品能够形成心灵上的沟通，那么美术的学习将不再只是知识的传授，而是一种基于作品的人与人之间的交流。唯有提升学生的美术学习兴趣，才能使开放的作品文本成为交流的介质，在一旁讲授的教师，将在生活阅历不充分的学生中充当沟通的辅助者，良好的交流最终会成为学生情感和价值熏陶的有效方式，并成为下一次学习的动力。

(三)从美育到德育的提升

美术课的旨归在何处？之所以在中小学中开设美术课，是因为美术学习能够提升学生美学修养和基本美的判断能力。中国自古至今，"美学"从来都不单纯地指向某事物的美与丑的判断，而是将"美"置于道德教化中，即你看到的、认为的美，同样也是合乎社会规范和伦理道德的。在现代西方美术作品中，对人性张扬的表现往往并不符合中国古代传统伦理道德，但教育者对这些作品的讲述，将在帮助学生提升美学修养的同时，也在道德层面作出相应的思想开化与引导。

学生美术学习兴趣的现状

当前美术教学在各个学校开展的效果较好，学生对美术课程的喜爱度较高，但与此同时，仍然存在一些问题，如教师教学模式单一导致学生学习动力较弱，现代化多媒体设备接入率较低，奖励机制缺失不易培养学生良好的学习兴趣，教材内容的丰富性与教师所教内容的片面选择之间存在矛盾等。基于此，我提出了学生美术学习兴趣提升策略。

学生美术学习兴趣提升策略

提升学生美术学习兴趣，我认为一方面需要在思想层面作出以学生为主体的教育理念的转变，另一方面则在具体的教学实务中作出相应的变革，教育方式上寻求游戏教学、生活化场景导入、多媒体教学和奖励机制构建，探寻多元化评价机制。

（一）思维转变：以教师教为主转为以学生学为主

在当前教育环境下，有不少学校的课堂教学仍然是以教师讲课、学生听讲、完成作业这一模式进行，这种模式虽然能够保证教学计划得到稳步开展，但对于学生全面发展，尤其是美术教学中学生美学修养的提升是大大不利的。因此，提升学生学习兴趣首先要进行教学思维的转变，从教师教为主转向学生学为主。

在平常教学中，教师应当努力融入学生中间，一方面以学生的视角和他们进行对话沟通，让其避免对老师、对课堂产生畏惧情绪，另一方面努力激发他们对日常生活的观察，让生活中的事物成为其创作的素材，这样才能提高其主动参与度。

（二）教学方式出新

除了思维转变，教学方式上同样需要出新，避免被单一的讲授所束缚。兴趣是在不断变化和意想不到中培养的。

1. 寓教于玩

对于小学生而言，他们的心智还处于学龄早期，仍未脱离对玩的喜爱，在学习中融入游戏环节，能让学生在玩中将想象以具象形态表现出来，激发个人潜能，并将情感转移到美术学习中。

比如在一年级课程中有讲授《人脸像勾勒》这一课，对于让学生尽情发挥想象力，创造出丰富多样的人脸形态，游戏能起到很好的辅助效果。给出一个主题，小组学生分别表现自己对这一要求的脸部反应，再让学生自己出题作出相应的脸部表情。如此这般，学生能够亲身体验变化万千的人脸形态，在进行绘画创作时就可以画出自己脑中的形象，并在绘出心中所想时获得成就感。

2. 生活化场景导入

美术从来都不是书本的产物，作为一门艺术，它源于生活，又高于生活。因此，美术教学也应当从生活化场景导入，让学生细致观察周围风景和生活百态，在感受景色和体悟生活中绘出心中所想。

3. 多媒体教学

随着科学技术的进步，教育的科学化和现代化内含了科学技术引入教学的基本需求。将多媒体设备用于美术教学，让学生在电子屏幕上感受美术作品，能够给学生以直观和深刻的印象。例如，在教授《画山水》一课时，多媒体辅助将起到很好的作用。教师一方面可以将几大名山以图片或视频的形式进行呈现，让学生即便没有去过也能身临其境，为后期绘画奠定想象基础；另一方面可以让学生在对比中感受山水的独特之美。如此一来，学生既有了创作之源，又倾注了对祖国山河美景的赞美之情。

4. 奖励激励机制创建

在学生心理中，奖励是激发学习兴趣的有效方法。但奖励的频率、奖励的归因、奖励的来源都应当有一个明确的思路，即创建奖励激励机制。

对于大多数学生而言，奖励过多会让其产生骄傲的心理，而得不到奖励又往往会在群体中处于自卑状态，进而失去学习的兴趣。对此，教师要告知学生获得奖励的原因是作品优秀，这应当是在学生中树立的基本理念。让学生明晰自己获奖的原因所在，才能鼓励其不断取得进步，保持长久兴趣。还可以在学校等范围内举办美术大赛，让学生在不同平台上展现自己，既让学生获得奖励，又让其知道人外有人。对于后进生要循序渐进，只要进步就给予奖励。

(三)教学评价机制多元化变革

教学评价机制往往作为一种目标导向形成对学生兴趣的影响效果。在美术教学中，通过最后一次作业给出分数，或是直接选择不考查的方式，都是对教学评价机制的松散化执行。在改革中，多元化应当成为方向。

首先应当明确课堂常规评价。这种常规评价并不是说对每个学生的课后作业给出分数，而是对学生课上的参与度、表情、神态等作出综合性判断，同时这种常规评价应当看到学生的进步和长处，以鼓励形式为主。其次评价主体应当多元化，形成学生自评、同学互评、家长参评、教师主评的多主体评价，让学生作品能够在众多关注人群中得到认可，不仅是成绩的量化呈现，更是心理满足。当然，在这其中应当明确主体评价的标准。众所周知，美术创作是主体对客体的主观反映，若是简单地以"像与不像"这一标准化模式作为判断美术作品优劣的标准，无疑将葬送孩子无穷的想象力。因此，评价无小事，必须谨慎对待之。

在美术学习中，兴趣培养是持久学习的基本保证。一方面要做到思维转变，强调学生主体地位，另一方面在教学上推陈出新，讲求寓教于玩、生活化场景导入、多媒体教学和奖励激励机制创建。另外在教学评价机制上追求多元化，策略有很多，关键还在于教师能够在教学中真切地想到学生美术学习的目的在于美学修养提升和道德情感熏陶，唯有想学生之所想，才能让兴趣提升策略变为兴趣的有力保证。

在美术教学中激发学生兴趣

张天乐

（魏善庄镇第一中心小学西芦垡完小）

在当前的小学美术教学中，很多学生对美术课都缺乏兴趣，抱着一种可学可不学的态度。造成这种现象的原因有很多：置备绘画工具太麻烦，家长告诉学生应把精力放在主课科目上等等。为改变这一现状，教师应该怎么做呢？下面，笔者根据自己的实践经验谈一谈在美术教学活动中该如何激发学生的兴趣。

了解学生心理　培养学生兴趣

爱因斯坦曾说过，"兴趣是最好的老师"。目前，美术教学程式化严重、自身缺乏新意的现象比较普遍。试想，平淡无味、按部就班的课堂怎么能激起学生的兴趣呢？所以，我们美术教师要作出改变，但改变不意味着完全颠覆现在的教学方法，而是在原有的基础上增加或者改变一些方式方法。以下是两点经验。

1. 作为一名老师，首先要多了解学生的心理，进而了解学生的兴趣，并且尊重学生的思维想象力。学生处在身心发展的阶段，周围的事物和氛围都与他们有着密切的联系，所以我们要给学生创造一个富有自主性的课堂，让他们在此氛围下根据自己的想象力自由创作。这样做的原因是让学生先从培养兴趣开始，日积月累，进而产生"滚雪球"的效果。例如《走进动漫》一课，我事先侧面了解了学生喜爱的动漫人物，之后搜集这些动漫人物的图片并且打印出来。在课上，我没有直接给学生看这些图片，因为单独给他们看肯定是枯燥无味的，所以我选择以抢答的方式让学生来猜是什么动漫人物，这一方式很快调动起他们的兴奋点，更激发出他们的兴趣，每个学生都积极踊跃地发言，课堂氛围一下就被调动了起来。但让学生猜这些动漫人物只是一个开始，更重要的是要让学生观察各种动漫人物的神态、动作和特征的不同，让学生们在对各种神态、动作和特征有一个认知的基础上画出自己喜欢的卡通人物，并根据自己的想法给人物涂上自己觉得好看的颜色，最大限度地激发学生的兴趣。

2. 要做学生心目中理想的老师，关注学生的身心发展，了解学生，关爱学生，把学生视为自己的朋友。教师平时要观察、了解学生，让学生的思想通过合理的途径表达出来，尊重学生的意愿，具有强烈的责任感，使学生心中产生一种崇拜感，从而激发起学生对学习的兴趣。在美术课中，不应该只注重结果，更要注重过程，师生之间要相互交流，教学相长。教师要用循循善诱的语言去引导学生，学生在回答问题时，教师要做到用心倾听，即使学生回答错了，教师也不能批评，因为这样会伤害学生的自尊心。教师要善于发现学生作品的闪光点，要多鼓励和表扬学生，激发学生的自信心。教师要善于发现学生的内心世界，去理解他们内心的想法和想象力，走进学生的内心世界。这不仅可以激发起学生对学习的兴趣，更能加强学生对自己的肯定。只有真正了解学生，才能作出正确的引导，才能培养学生的兴趣。

趣味导课　激发学生兴趣

课程的导入是上好一节课的关键，要做到一开始就把学生的注意力凝聚起来，并且对课程产生兴趣。课程的导入要根据教材的特点和学生的兴趣精心设计，要做到勾起学生的好奇心，激发学生的兴趣。如《动漫人物》一课，在上课一开始，我没有直接说出今天的课题，而是向学生们提出了一个问题："大家最喜欢的动漫人物是谁？"话音刚落，学生们兴高采烈地说了好多个，可见他们对动漫人物的喜爱，我又问大家："画过自己喜爱的动漫人物吗？"大多数学生都说没有，我拿出课下画好的几张动漫人物贴在黑板上，学生们的注意力瞬间被画吸引了，"这是怎么画的啊？有什么方法吗？"学生们争先恐后地举手发言，一下子激发出对绘画的兴趣，接下来我又向他们讲授了画动漫人物的方法，学生们都认真倾听，最后交作品时，大家都完成得特别棒，甚至有的学生都舍不得交。由此可见，课堂导课在教学环节中是尤为重要的，趣味的导课可以瞬间抓住学生的注意力，激发学生的兴趣。

创造机会　激发学生兴趣

所谓创造机会，就是给学生创造回答问题的机会，给学生充分的空间，让学生充分发挥自己的想象力，从而调动学生的积极性，让学生畅所欲言。创造机会可以增加教师与学生的亲密感，增加师生之间的交流，从而更好地完成教学。在美术教学过程中，教师要巧妙地给学生设置疑问，设置疑问可以充分调动学生对学习的兴趣，更能激发学生认识上的突破，点燃兴趣的火花，激发学生的兴趣，从而促进教学目的和教学任务的实现。例如，在教学《在盘子上画画》一课时，我先在黑板上画出一个圆形，之后让学生们来猜我画的是什么。话音刚落，学生们纷纷举手猜测，跃跃欲试，课堂氛围一下子就被调动起来，学生的积极性都非常高，有的学生说像球，有的学生说像转盘，有的学生说像面饼，有的学生说像盘子，每个学生都有自己独特的答案，可见他们思维的活跃性。此时课堂氛围既轻松又愉快，学生们的兴趣被点燃，我也很开心。可见教师在教学时应该运用丰富的教学手法来引导学生，激发学生内心的学习兴趣，通过学生和老师的不断交流架立起教师和学生情感的桥梁，使课堂气氛更加活跃，学生兴趣更加浓厚。

激励表扬　激发学生兴趣

人们对各种事物产生的兴趣都是以自己的需要为基础的，当人的某种需要得到满足时，心里就会产生一种愉悦的感觉，就是这种感觉会使人对该事物产生浓厚的兴趣。学生的身心处在发展阶段，每个学生都争强好胜，都想得到教师的肯定和赞美，同时也希望得到其他同学的认可。有的学生基础好，对美术充满了兴趣，再加上教师的肯定，兴趣就更加浓厚了；而有的同学绘画基础比较差，再加上他们在绘画上多次受挫，因此对绘画毫无兴趣，甚至有些害怕绘画。这时，教师就应该在课堂上有意地创造条件，给学生展示自己、证明自己的平台，并给予评价。评价时，要让基础好的学生得到肯定，基础差的也得到鼓励，只有这样，才会激发出学生对美术的兴趣。例如我上《动漫人物》一课时，有的学生喜欢动漫人物并且乐于画出来，而有的学生对动漫人物不感兴趣，因此画出的作品也不是很用心，好在学生们都画了。临下课 10 分钟前，我叫了两名学生拿着自己的画来到讲台，让他俩拿起自己的画给同学看，其中一个学生画得非常棒，我夸奖了他一番并让他继续努力，学生听后非常开心，可以看出他对美术的兴趣更浓了。而另一个学生画得不是很用心，但我没有批评他，我对他说，你能画出一个人物，已经很棒了，并且有些地方画得很巧妙，如果下次再用点心就会更棒了，学生听后感觉很诧异，因为他以为我要批评他，但是我并没有。听了我的一番话之后，这位学生表示下次一定用心画。其实，教师的一句鼓励或肯定，就可以让学生重新唤起兴趣，学生是需要鼓励的，因为他们会因得到鼓励而体验到成功的快乐，从而渐渐提高对美术的兴趣。所以，教师在教育教学中，要注意对学生的激励和表扬，激发学生的兴趣。

道具演示　激发学生兴趣

在美术课堂的教学中，教学道具虽然在教学过程中起的是辅助作用，但如果设计巧妙，用得恰到好处，就可以起到事半功倍的效果。使用课堂教具可以引起学生的注意力，因为学生对道具感到好奇，所以注意力是非常集中的。注意力的集中可以一步一步地引发学生的兴趣，调动起学生的积极性和好奇心，进而激发学生对学习美术的兴趣。在《在盘子上画画》一课中，当我拿出准备好的有画的盘子的时候，学生的目光全部集中在我手里的盘子上，都感到非常好奇并且感兴趣。之后我又拿出没有画的盘子，让学生对比，学生们都说有画的盘子好看，并且每个人都想试一试，学生的兴趣一下子被激发出来，都想画出属于自己的盘子画。之后的课堂进程也非常顺利，每个学生都画出自己的盘子画，并为自己感到骄傲、树立了自信，对绘画的兴趣也更浓了。道具演示的教学方法可以调动学生兴趣，激发学生动手的欲望，其效果不容小觑。

营造课堂气氛　激发学生兴趣

重视学习气氛的营造、建立良好的学习环境对激发学生兴趣起着至关重要的作用。良好的课堂氛围是根据教学的内容和要求，并且结合学生的实际水平而创造的，要让学生的情绪受到感染，情感上产生共鸣。要营造以学生为主体的课堂氛围，培养学生的兴趣，给予学生一定的空间，对学生充满信心，也增强学生对自己能力的肯定。要营造一种师生融洽的课堂气氛，教师和学生民主平等、教学相长，使学生感受到老师既是师长，也是朋友。学生只有在轻松愉快的环境里才会心情舒畅，才更容易产生奇思妙想，有利于个体的发展。

在美术课堂的教育教学中，培养学生兴趣是至关重要的，只有兴趣提升上来，能力才能提升上来。首先教师要了解学生，其次应针对学生的兴趣爱好、身心发展等特点，制定富有想法的教学设计，采取多变的教学手段，创造轻松愉快的课堂氛围。教师还要注意给予学生激励和肯定，树立学生的自信心，这样就可以更好地吸引学生注意力，进而开启学生的学习兴趣。

童真美育

——提升小学美术教育的文化传承力

郑嘉怡

（宣武师范学校附属第一小学）

中华优秀传统文化是中华民族的精神命脉，是中华民族的文化根脉。小学美育正是通过情感情操、心灵浸润，在潜移默化中培育小学生对传统文化的审美素养，提升小学生对优秀传统文化的归属感，涵养小学生对文化传承的责任感，树立小学生的文化自信。习近平总书记高度重视文化自信、文化传承和学校美育工作，在总书记关于教育的系列重要论述尤其是学校美育工作重要指示的指导下，2015 年中共中央办公厅、国务院办公厅专门印发《关于全面加强和改进新时代学校美育工作的意见》，2017—2019 年连续召开 3 届全国学校美育工作会议，美育教育的顶层设计和配套政策措施不断完善和优化，美育教育工作的稳步推进和育人效果的持续增强，为构建我国高质量义务教育体系打下了坚实的基础，但是与中央的要求相比，与人民群众的期待相比，学校美育工作仍有很大拓展空间。

面对升学压力，当前家长、老师对学校教育的更多期望是培养学生的学习能力和进行知识积累，很大程度上忽视了其对文化传承的价值和作用。小学美术教育所涉及的绘画、剪纸、陶艺等门类均属中国传统文化的范畴[1]，因此美术教育是中华优秀文化传承的主要前沿阵地。目前小学美术课程尤为重视培养小学生的绘画动手能力、创新创造能力，而相对忽视了美术教育教学中的文化

---

[1] 宋嫒嫒、高焕伟：《小学美术教育中传统文化传承实现路径》，《黑龙江科学》2018 年第 8 期。

传承，抑或未能有效地从儿童身心特征和文化理解方面表达文化内涵和审美，导致小学美术课程中重技法和实操，进而相对轻视美术课堂文化传承的价值功能。有效地将优秀民族文化嵌入小学美术课堂教学中是传承优秀民族文化的关键所在。

义务教育阶段，美育教育具有重要的价值，也呈现出独特特点，最突出的特点是教育对象（小学生）思维锻炼不够，对文化抽象理解能力有限，对事物的认识和判断具有明显的感性认知烙印效应。小学美术教育应当承认并迎合儿童对自己民族文化的纯洁认同和感性信任，进而才能通过漫长的教育浸润引导小学生树立理性的文化归属感和文化自信心，亦即小学美术教育中必须坚守"童真"，理解"童心"，善用"童言"，才能引导教育事业迸发出更强的文化传承力，才能培养出有文化自信气质和文化归属认同的合格的社会主义接班人。

总之，小学美术教师无论是对优秀民族文化的漠然无视，还是一味地不顾事实夸大民族文化，都不能基于宝贵的"童真"资源引导小学生建立起持久的文化自信，否则当学生形成理性判断思维后反而更容易丧失对民族文化的信任和信心。本文正是基于这样的事实，尝试探讨如何有效开展小学美术课堂教学，更好地发挥小学美术教育的文化传承力。

小学美术教育在文化传承方面的问题及影响

（一）小学美术教育对文化元素渲染不够

在传统的教学理念中过分重视智育，思想上忽视美育，小学美术教学目标无法达成，传统文化得不到传承和弘扬。[1] 在传统小学美术教学中，教学方式相对单一、授课过程偏理论化、侧重教授美术技巧[2]，迫于教学任务和教学课时的压力[3]，忽视了课堂中应当渲染的人文精神和文化元素，小学生更多只能

---

① 柯立峰：《小学美术教学中弘扬和传承中华传统文化的策略探析——以建新镇儒林文化为例》，《创新创业理论研究与实践》2019年第8期。

② 王群芳：《在小学美术教学中传承地方美术资源文化》，《教育观察》2020年第15期。

③ 马姣：《浅谈传统文化在小学美术课堂上的传承与发扬——以端午节为例》，《美术教育研究》2017年第16期。

在有限的课堂时间内被动接受技法或一般美术知识。虽然大多数美术教师可以从文化历史角度就美术作品的创作或形成背景做铺垫，但是渲染力度平淡、渲染方式抽象。小学生理解认知能力有限，多数情况下并不能对与美术课程相关的文化元素产生深刻的主观体验，无法理解文化元素所承载的一种潜在民族信赖、认可或归属，很难对优秀传统文化产生烙印效应。

（二）小学美术教育的文化导入方式平淡

文化体现的是深层次的精神追求和坚守。就传承优秀民族文化而言，需要巧妙设计丰富多彩的活动环节[①]，润物无声地将学生置于文化传承的场景中，以增强学生的参与感和体验感，进而对传统文化形成精神层面的坚守。在当前小学美术教学活动中，教师多数只是按照知识和概念生硬地将传统文化搬进课堂，或是平淡无奇地将传统文化套入浅层的知识记忆层面，生硬或平淡的文化导入方式无法打开小学生天马行空的想象空间，无法激发学生对传统文化的真实深切感受和认可，从而导致学生脱离了来自传统文化的审美熏陶，丢失了基于童思记忆和童真信赖的文化归属根基，丧失了基于童趣童乐的文化阅读能力。

（三）小学美术教育对文化的解读不够全面

小学美术教育传承和发扬传统文化方面不能脱离客观现实和基本美术常识。在小学美术教学中，教师有时迫于课堂教学时限和教学目的，认为不需要旁征博引地基于事实和现实解读美术工艺或作品所蕴含的精神内涵，只是在课堂上对优秀传统文化做较为表象的介绍，对其文化内涵的发展历程、深刻寓意和时代弊端解读较少，这样就无法引导学生动态地、辩证地思考民族文化的糟粕和瑰宝。

弘扬和传承优秀文化不是故意避开文化糟粕话题，有时强调和突出民族文化的生命力更需要讨论和解读文化糟粕，美术课堂传递的以美化人应当是辩证的"美"，培养小学生对民族文化的正反两方面的全面思维模式。如果只是不加区分地倡导文化传承，片面地讲求文化自信，小学生童真的记忆就会与成年后所面对的思辨的文化传承产生矛盾，要么走向缺乏文化自信，要么走向夜郎自大式的盲目自信，唯我独尊、拒斥一切的封闭自信。

---

① 马姣：《浅谈传统文化在小学美术课堂上的传承与发扬——以端午节为例》，《美术教育研究》2017 年第 16 期。

小学美术教育实践中文化传承力提升策略

小学美术教学不仅是知识、技能、技巧的传授，还应重视对学生感情、文化、情怀等人文素养的培养与涵养①，如何有效发挥小学美术教育在传统文化弘扬与传承方面的优势，成为小学美术教师必须认真思考的话题。

（一）教学导入环节以"童言"欣赏优秀文化

小学生的生长发育处在特殊阶段，心理认知和抽象思维能力都处在较低水平，通常情况下，他们是凭借懵懂天真的感性认识去感知世界。在抽象思维逐渐形成时期，小学生多数是通过图像图形识读素养和视觉思维能力来逐渐培养个人感知能力。美术学科具有天然的视觉特征属性②，与此同时，在小学美术课堂上多媒体技术的普及，为开阔学生的视野、激发学生的兴趣提供了软、硬件两方面的支持。③

小学美术教师虽然可以有效利用多媒体技术，采用生动灵活的方式导入文化元素，培养小学生的图形识读能力，但是小学生很难单凭童真的天性就正确感知寓意丰富多样的文化元素符号，这就同时需要小学美术教师善于运用生动语言加以恰当阐释。小学美术教师在阐述和欣赏优秀文化及内涵寓意的过程中，不仅需要发挥图形视觉印象作用，更需要以学生为中心，结合学生身心特征，把深奥难懂的文化元素运用小学生喜闻乐见的风趣语言妥帖地表达出来，同时也要为小学生发挥童真的丰富想象力留足空间。

（二）教学讲授环节以"童心"引导文化审美

小学美术课程设计不应只是单纯地教授美术知识和技能，更应重视培养小学生对美的理解和认识能力，注重培养学生健康向上的审美格调和趣味，以更好地培养小学生处在童真时期的人文情怀、爱国精神和文化归属。

童心是纯洁和真诚的，教学讲授内容必须以文化认同和情怀眷恋加强小学

---

① 林小真：《小学美术教学中人文精神的渗透策略》，《西部素质教育》2019 年第 17 期。
② 徐文英：《小学美术欣赏课的有效教学策略探究》，《美术教育研究》2019 年第 24 期。
③ 马姣：《浅谈传统文化在小学美术课堂上的传承与发扬——以端午节为例》，《美术教育研究》2017 年第 16 期。

生对民族文化的情感共鸣，培养小学生以纯净恬然的心态理解和认识民族优秀文化，以儿童思考问题和认知问题的视角，循序渐进地唤醒他们对传统优秀文化的赞同和仰慕。因此，美术教师需要客观地分析和把握童真美育理念，巧妙设计授课细节，充分挖掘小学美术课程中蕴含的文化元素和人文精神，在讲授过程中把中华民族优秀文化气质淋漓尽致地表现出来，让学生能够深刻领悟到中华民族优秀文化的精华内涵，以供小学生对传统文化审美形成永久的烙印效应。

（三）教学讨论环节以"童思"培养文化归属

在文化多元化和国际化的冲击下，小学美术教育在保持中华优秀传统文化的生命力和推动中华文明创造性转化、创新性发展方面具有重要基础性作用。童真美育正是通过恰当的教学讨论环节引导小学生对民族优秀文化底蕴产生感情共鸣，能够在成长过程中熟练运用思辨的方式理解传统文化，并产生根深蒂固的文化归属感，为个人成长成才提供正确的精神指引，从而实现优秀文化的创新性发展。

小学美术教师需要发挥文化传承和承载的学科特长，打破传统美术课堂的局限性，避免形式主义，避免在公开课、展示课上作秀，避免蜻蜓点水、走马观花。在课堂教学中传承与发扬传统文化，必须围绕某一主题制定时间跨度较长的序列规划，在每周课时量较少的美术课上传承与发扬传统文化，更应规划长期的序列主题[1]，引导并强化小学生对古代中国传统文化的"参与式"学习，灵活设计与传统文化相关的"体验式"学习活动场景，基于国内美术作品和技艺等开展深入对比分析和阐释，保证小学生能对不同文化、不同文明和道德价值产生差异化的真实感受，培养学生形成正确的文化思辨能力和价值观念，对美术元素和文化内涵进行判断和讨论，从审美素养与文化归属角度挖掘个人和民族情感关系，进而形成对中华传统文化的深刻印象和烙印，将个人人生价值理念和民族优秀文化观念有机融合，最终找到个人成长过程中的人生价值归属和文化归属。

在文化多元化冲击下，小学美术教师在美术教育教学中，应当遵循美育和

---

① 马姣：《浅谈传统文化在小学美术课堂上的传承与发扬——以端午节为例》，《美术教育研究》2017年第16期。

小学生成长规律，将能够传承中华优秀文化软实力的生活场景嵌入教学环节，善用小学生喜闻乐见、容易接受的童言表达文化审美，巧用小学生感悟理解文化的情感表达方式，找准中华优秀文化传承的落脚点和着力点，潜移默化地影响小学生对民族文化的情感认同，以优秀民族文化激励小学生的精神，温润小学生的心灵，进而强化小学生对发展中的中华民族优秀文化的认同和归属，对民族文化发展创新的家国情怀。

十年专注在飞天　千年演绎入课堂

——浅谈小学美术课堂中"文化"的作用

高　蕊

（北京小学广内分校）

辉煌灿烂的中国文化是中华文明在几千年的历史长河中发展、演变、积淀下来的，它凝聚了无数先人们的智慧和心血，它是留给我们后人的宝贵财富，它对我们的今天，以至未来都具有重要的激励和指引的意义。每一位中华儿女都是文化的继承者，文化的传承是我们不可推诿的责任和义务。作为一名教育工作者，这一历史使命更是义不容辞。作为美术教师，我深知美术与文化的关系密不可分，但在小学美术课堂上如何充分发挥"文化"的作用呢？

一次失败的教学造就了我十年虔心的探究，让我真正领略了"文化"在美术中的重要意义。下面谨用我的"飞天"教学实践经历来浅谈小学美术课堂中的"文化"作用。

1. 第一阶段，用"美术"教美术。

飞天艺术作为莫高窟艺术的标志，是千年敦煌文化中不可缺少的重要部分。因此，"飞天"是小学美术课程中十分重要的一部分内容。十年前，第一次邂逅"飞天"，是在开始从事美术教学不久。区里美术教育专家张红教研员来听课，我初生牛犊不怕虎，选择了这一课。可想而知效果很糟糕，生涩的美术语言让孩子们一头雾水，连活动都没来得及开展就下课了，专家点评的话意味深长，至今我深深记得："飞天文化是博大精深的……"

是呀，如何让人生经历不过 10 年的小学生，把 2000 多年前形成，发展了1000 多年的飞天，仅凭美术课堂的学习就能由陌生到感悟其艺术精髓呢？我带着一届一届的孩子们开始了对飞天的研读。

2. 第二阶段，用"美术"讲文化。

飞天，位于甘肃省敦煌市东南 25 公里处的莫高窟，莫高窟开凿在鸣沙山东麓断崖上，是我国著名的四大石窟之一，也是世界上现存规模最宏大、保存最完好的佛教艺术宝库。在这样一个偏远的城市怎么会诞生这样辉煌的艺术？

带领学生从美术课堂追寻文化的进程对美术教师提出了更新的要求。"锦上添花"也好，"亡羊补牢"也罢，作为教师，我们都需要走过文化田园，去观望文化的阡陌。于是，这些年我开始往来于各大图书馆，关注各种有关飞天的资料。但是我发现有关飞天的研究在琳琅满目的书籍中并不是很多，儿童书籍专柜中就更是没有看到，但仅有的书籍上的文字已足以让我深深震撼。千年的"飞天"目睹了丝绸之路的繁荣盛世、玄奘西行的虔诚无畏、王道士与藏经洞的荣辱、英国人斯坦因盗掠文物的轻而易举……更让我陷入沉思的是，这样的璀璨文化为何在童心世界中了无踪迹，这样的历史之鉴不正是激发孩子们思想的雨露？"飞天"这节美术课的学习，其文化的意义更加深远。

在这期间，教材中的"飞天"也在发生着变化，突出了文化的重要性：它原是五年级美术教材第 9 册中的一节造型表现课，后来下移到四年级第 7 册并变成两课，加进了一节欣赏评述课《飞天（一）》。可见，"飞天"学习中文化内容不可缺少，感知文化才是了解飞天的基础。

这样，我在课堂上带着孩子们从美术的"飞天"，穿越到千年历史长河中的"飞天"。那被外国人不远千里来寻觅的珍宝到底是什么？在那个科技落后的社会中，我们的先人们是如何历经风雨匠心描绘？这辉煌的艺术宝库曾经如何代代传承？又是如何瞬间毁于一旦？文化的魅力让孩子们从开始的不能投入，甚至肆意玩笑，变得萌生崇敬与骄傲，到后来陷入沉思，那一刻我从他们的目光中着实感受到了文化对人的影响。讨论中，孩子们不仅对莫高窟艺术有了初步的感知，为祖国有着这样的璀璨文化感到自豪，同时从对斯坦因的愤恨和对王道士的鄙视逐渐深入地想到莫高窟的劫难源于个人的无知和愚昧，这竟然差点毁掉几千年世代相传的文化。"我要了解飞天！""我要学习更多的本领！""不能再让悲剧重现！"带着这样的使命感，孩子们满怀激情认真地开始了这节课的学习。

在瞬息万变的信息时代，文化的传承面临着严峻的考验，而美术是人类文化最早和最重要的载体之一，运用美术形式传递情感和思想是整个人类历史中的一种重要的文化行为。这也是文化在讲究快捷高效、缺少人文关怀的信息时代的独特魅力。通过美术学习让学生受到民族文化的滋养，产生民族自信心，认同文化传承具有重要意义。"飞天"的课堂不再是为了教美术而教美术。

但是在《飞天（二）》的造型表现课中，我发现学生创作作品的热情虽然高涨，画面造型却依然欠缺动感，学生并没有在关注飞天的真正的线条美，反而在作品中创造了卡通、动漫风格的造型，与古老的飞天相距甚远。经过调查，学生认为古老的飞天造型并不是很好看，甚至有的很丑陋，他想努力让飞天变得更好看些。孩子们纯真的想法说明，虽然能够在文化中接受飞天，但是在他们心目中还是不能识读和认可飞天的美。

综观美术教材，关于线条的系统学习共安排四次，一年级第 2 册认识什么是线条，二年级第 3 册认识线条的变化，三年级第 6 册开始欣赏画中的线条，并初步尝试用线条的变化创作静态画面上的动感视觉效果。特别是《会动的线条》一课就已经出现过一幅经典的飞天壁画作品的局部。看来学生对于线条表现动感在理论上并不难于理解，也因而会产生飞天造型中的动感表现得一般的认知，从而在创作中忽略线条的动感之美。

可见，文化即使已经走进课堂，帮助孩子们在情感上拉近了与飞天艺术的距离，但并未走进孩子们脑海中美的世界，文化在美术课堂上的作用怎样更好地发挥呢？

3. 第三阶段，用"美术"引入"文化"，用"文化"审视"美术"，用"美术"理解"文化"。

"纸上得来终觉浅，绝知此事要躬行。"后来，我曾经为一睹飞天神秘面纱背后的真实容颜，奔赴大漠中的莫高窟。可是当我伫立在那简陋的蜂窝状的洞窟前，面对着窟中风化褪色的彩塑和壁画，竟然真开始质疑那些资料上复原的飞天美丽的样貌。

一次课前调查中的数字，更是让我不寒而栗。四年级共有 227 名学生，68.3％的学生没听说过飞天的名字，74.9％的学生没见过飞天作品，98.2％的学生不了解飞天背后有悠久的历史。更让我不解的是，在这种情况下，"飞天"为什么还要从五年级下移到四年级，并由原来的一课改为两课，这样学生学起来岂不是难上加难？对此，《义务教育美术课程标准（2011年版）》指出："在广泛的文化情境中认识美术的特征、美术表现的多样性以及美术对社会生活的独特贡献，并逐步形成热爱祖国优秀文化传统和尊重世界文化多样性的价值观。"如果单纯让孩子接受飞天的造型美、线条美，势必会让一部分学生因专业特点知难而退，美术教育会失去它在小学阶段面向全体学生的意义。可见，飞天在教材中由一课变两课，加进一节欣赏评述课，不仅增加了文化的教育意义，更强调了文化在美术学习中的重要作用。欣赏评述课"飞天（一）"，是让学生在"会动的线条"基础上进一步认识飞天，用文化来帮助学生解读千年的飞天，感受飞天造型的线条变化。这也就是学习"飞天（二）"在感知基础上尝试运用线条表现飞天美的关键。这个关键就是一种文化的学习，充分发挥文化在学习飞天中的双重作用。从造型挖掘文化，借助文化研究造型美、线条美，从造型美、线条美感受千年文化美。也就是用"美术"引入"文化"，用"文化"审视"美术"，用"美术"理解"文化"。美术与文化相互促进，不断提升。

"飞天"的学习看似是对美术造型、动感线条的再次学习，其实是让孩子们用已学过的看似简单的造型、线条，去感受几千年来中华民族在实践当中创造出的艺术的光芒，去感受一个国家的文化是每一代人手中的接力棒，去感受每一个人的力量都关系国之命运。因此，我更加明确"飞天（一）"欣赏评述课的理念是：创设文化情境，提升欣赏水平。其核心目标就是引导学生通过对飞天文化的学习，提升对线条表现手法的进一步认识，更要提高学生的艺术鉴赏意识和能力，为后面的"飞天（二）"的造型表现学习奠定基础。

围绕教学目标，我设计的教学过程主要让学生通过三次不同程度的欣赏突破教学重难点。

一赏：从飞天造型引入飞天文化，学生萌生文化情结。

飞天背后的文化远离小学生的生活，这就需要充分调动学生所有的认知，用学生熟悉的模式、熟悉的知识开启飞天背后1000多年的文化之门。

策略一：问题导入，引发思考。

"如果让你发挥想象，你打算怎样表现在天上飞的人？"学生回答"画翅膀""画喷气设备"……为后面学生感受古人对飞天畅想的独特视角做准备。

策略二：范画演示，引入飞天。

古人是如何想象飞天形象的呢？课堂上，我用线描展示飞天形象。首先出示人物造型的头胸部、上肢，我问："他在飞吗？"学生否定，然后范画躯干，我再问："他在飞吗？"学生依旧没有肯定，但学生已经关注到线条的变化。接着范画下肢，学生对这种明显的非站立动态开始有所感知。当我最后范画衣褶、飘带时，几乎所有学生不禁惊叹："真的飞起来了！""哪里让你感觉他飞起来了？"学生能够答出"是飞天姿态和衣裙、飘带的线条！"。在这个过程中，学生无形中逐步调动已学的线条知识，初步感受到飞天飞舞的动态之美，而这种美来源于动感线条造型之美。同时，也为"飞天（二）"的造型表现奠定学习基础。

策略三：课件复原，引出文化。

我又出示上色后的作品，并且利用课件呈现从局部到完整，逐步复原到石窟中的画面，从而为学生的认知引入一种新的绘画形式——壁画，使石窟艺术、莫高窟艺术引发孩子们的好奇。再利用课件演示飞天壁画的形成过程，指出它的繁荣兴盛和其地理位置、历史事件密切相关：张骞出使西域、玄奘西游、丝绸之路，乃至习近平主席提出的丝绸之路经济带，在时光交错中引发学生的文化情结，使飞天艺术从 2000 年前向学生走来，飞天的身世迎刃而解，飞天的造型美、线条美在学生心目中再次描画，学生不禁连连惊呼。这就是飞天作品背后深厚的千年文化底蕴所起的作用，此时学生的民族自豪感油然而生。

二赏：用飞天文化审视飞天造型，学生品味文化特点。

这是突破教学重难点的关键"一赏"，在文化的演绎中感受美术的审美价值。

策略一：甄选图片，利于探索。

为了让学生观察到不同时期飞天造型变化的特点，我从兴起、创新、鼎盛三个代表时期，选择在外形、服饰、动态的线条造型方面具有明显特征的六幅图片。

策略二：分层欣赏，感知特点。

（1）单纯的美术欣赏。

我提出问题："你喜欢哪幅飞天作品？为什么？"学生表示喜欢创新和鼎盛时期的作品。此时的学生还处于初始认知阶段，全凭已有的美术知识进行赏评，是单纯的美术欣赏。我继续追问："其他作品难道就不是艺术佳品吗？"问题引发了学生思考，为走入下一重要的环节奠定基础。

（2）有文化背景的美术欣赏。

学生分小组建立"考古队"再次欣赏这六幅飞天作品。首先，在前面认知的铺垫下，学生将这六幅图片按时间进行排序，在图片中捕捉飞天形象中岁月的痕迹，甚至有些学生直呼：那个最丑的一定是最早画的，可能还画不好！

然后，观察三个时期飞天造型的变化，并填写"考古报告"。因为课堂时间有限，每组只选择一方面进行探讨。学生们饶有兴趣地观察对比、讨论研究，认真得像个考古学家。汇报中，几乎每组都在关注飞天飘带线条的变化，甚至有的组发现兴起时期飞天飞的姿态像坐着，还形象地比喻成对钩形，有的组关注到头饰、服装样式的不同……我进一步展示其中三幅不同时期的飞天头饰，启发学生："飞天兴起时期、创新时期、鼎盛时期戴的头饰为什么不同？这个变化和什么有关呢？"这个问题直指飞天为什么会"变"，因为它道出了：飞天先是从印度传入，受西域文化的影响，后来传入中原，中西合璧，最后形成了具有中国特色的飞天。学生开始深入感知 1000 多年的演变，有的学生就想到了前面所提到的飞天壁画的背景。此时，学生已经能深入感受到飞天的艺术造型美源于文化的演变，人们的审美水平在不断提高，每一根线条都是不断完善创造出来的。

三赏：用飞天造型理解飞天文化，学生感悟文化价值。

"那大家说，飞天到底是哪国的呢？"此问题一石激起千层浪，孩子们的眼睛闪动着仿佛学者的智慧，群情激昂地阐述着自己的想法："飞天一定是中国的，因为飞天是在中国才变得如此美丽""我认为飞天是中国的也是印度的，因为没有印度的飞天，就没有中国的飞天，没有中国飞天的美也不会把飞天的文化保存到现在""飞天是中国的，这是中国善于学习的杰作""飞天是中国的也是大家的，因为在丝绸之路上那么多国家的人来来往往，大家共同建造了辉煌的莫高窟，共同保存着美丽的飞天"……难以想象，四年级的孩子们就具有鲁迅先生所说的"只有民族的，才是世界的"的思维。飞天的艺术美源于文化的演变，在千年岁月演变过程中，不断完善，不断创造出更高的审美。"飞天与丝绸之路的鼎盛时期同时出现在隋唐，正是因为丝绸之路文化的辉煌促进了飞天艺术巅峰的诞生，如今习主席依然在倡导'一带一路'，你一定知道为什么了吧。"这也就把孩子们对飞天背后的文化的理解推向制高点。

学生此时对于千年文化背景的理解已经逐步内化为美术素养，不再只简单地用美术的线条、造型等知识欣赏美术作品，而是认识到要在相应的文化背景下进行美术欣赏，学生无论是识图能力还是审美情趣都发生了质的飞跃。这一环节我提供两张新的飞天图片让学生欣赏，尝试猜一猜它们的历史时期，学生不仅可以说出，而且能够根据飞天不同时期的造型特点阐述理由。在这个过程中学生极大地享受到鉴赏能力的提高带给自己的全新的视觉体验。

　　整节课通过"三赏"，创设文化情境，把飞天背景融入美术欣赏，学生从飞天造型看到其背后的飞天文化，又从飞天文化的发展看到线条造型的演变，让学生体验了一次由美术认识文化，再由文化认识美术的过程，感受到中国传统造型艺术中线条表现的艺术魅力，使专业的美术欣赏贴近学生认知，同时，充分认可了飞天文化的博大精深、中华文化的悠久灿烂、千年文化的艺术价值，培养热爱民族传统文化的情感，增强民族自豪感。从而突破教学重难点，这就不仅能为学生下一节"飞天（二）"的线条的造型表现奠定学习基础，也为学生后面的美术欣赏乃至其他的艺术欣赏提供方法和思路——在文化中欣赏美术。因此，美术与文化的相互促进可以建立起一个可执行、不断增长的美术教学模式，一旦形成，则如源头活水，将奔流不息地滋润青青田园。

　　学习"飞天（二）"时，学生运用线条表现的能力明显提高，画面比以往更加有审美创造性，飞天的形象真正走入孩子们的心灵世界。在生活中孩子们开始关注飞天形象。参加美术实践考察活动，参观陶瓷博物馆时，很多学生对馆内的飞天的装饰情有独钟。学生对敦煌文化也产生浓厚兴趣，有几位家长反映孩子学完这课后强烈要求去敦煌，想身临其境感受文化的魅力。

　　后来，我有机会在著名粉画专家杨岩老师那里学习。在一次区级传统文化学生美术作品展览活动中，我带领孩子们将飞天形象与粉画形式巧妙结合，描绘敦煌 320 窟中那幅经典的壁画，也就是曾经出现在三年级"会动的线条"中的飞天壁画。8 位学生仅用 8 天就轻而易举地创作出 8 幅对开组合作品。创作中孩子们不仅关注飞天线条的动感造型，更是研究出各种以粉画表现的方法，如层叠法、涂抹法等表现飞天的方法，展现出飞天在大漠戈壁的风沙中、在我们世代先人的智慧中、在千年文化的洗礼中绽放出的艺术之美。望着他们创作时一个个小小的认真的背影，我仿佛看到了几千年前我们的祖先对未知的美的艺术世界的执着追求。

通过近十年的"飞天"执教探究,我清晰地认识到:美术学习绝不仅仅是一种单纯的技能技巧的训练,而应拓宽学习空间,视美术学习为一种文化学习,让学生通过了解不同的文化认识美术,并通过美术的学习来感受和接受文化的影响。让学生能够借助美术打开认识世界的窗口,让具有人文底蕴的审美情趣成为美术课程的核心素养,这才是美术教育在小学阶段面向全体学生需求的育人价值。

千年演绎,从古至今,从课堂到心田,是文化的底蕴帮助孩子们逐渐地解读了飞天的每一根凝聚着民族智慧的线条,相信飞天已经用它行云流水的线条将中华文化的种子深埋孩子心底,在不久的将来就将成长为强大的文化自信。

美育与中国画课堂的交融

高小萌

（蒲黄榆第一小学）

美育对提升小学生全面素质具有重要的作用，尤其对小学生审美判断能力和美德塑造具有积极的影响。不仅可以提高学生的美术核心素养能力，培养高尚的情操，又训练了眼、耳、心、脑、手、嘴间的相互协调配合，还可以对学生文化理解、创新思维、人格修养等方面的发展起到积极的作用，促进学生综合素质的全面提高。美术课程开发，要与中国传统文化的精髓进行融合，并结合自身教学实践形成适应新时代的教学内容，不断提炼总结，形成"百花齐放，推旧出新"的中国基础教育的美育文化新生态。

在中国画欣赏中落实美育，培养核心素养

在倡导提升学科核心素养的新时代背景下，教育的改革也进行得如火如荼，要求以单元主题教学课程为背景，进行教学内容系统化，这就要求我们新时代的美术教师要从宏观和微观两个方面形成思维导图，进行思维树式教育。这势必会给学生带来更清晰、更系统的学科知识体系，增强课堂实际获得感。

（一）传承国画技艺，增强学生传统美育文化感知力

《义务教育美术课程标准（2022年版）》中指出，尝试不同表现方法，加深学生对传统文化艺术的理解与热爱。笔者深挖单元式教学模式，在组内展开教学研讨，对中国画单元展开了实践研究。中国画是当下美术教育活动中最受重视的中华传统文化，具有悠久的历史和深厚的文化底蕴，与我国特定的历史、文

化、民族、审美心理相关联，从一个侧面反映了中华民族几千年的文明史，是东方及世界艺术之林中的瑰宝，自古以来就深受社会各阶层人士的广泛喜爱，成为人们陶冶情操、美化生活的重要载体。秉承发扬与传承的精神，让孩子们感悟中国画散点透视的美和托物言志的意境，感受传统文化的氛围，加强对笔法、墨色的掌握能力，提升对中国画历史、名家名作的认知，也是美育教学的重要手段。

（二）营造课堂氛围，创造美育环境

国韵传统的中国山水画更能体现中国特色，山水画中泰山的巍峨高峻，黄河的九曲婉转，长江的波澜壮阔，美妙多姿、优美奇特的画面从容地唤起学生对祖国的热爱，激发学生的爱国主义精神。

山水画的体系中蕴含了中华民族本土文化的精华，也融进了优秀的艺术心理、艺术情理和艺术精神。在中国画的教学中对学生实施美育，认识美学原则与中国画的艺术精神在求美的思想上是一致的，同时重视民族传统和民族文化的教育。我校有不少学生接受过水墨画技法的学习，我也为这些学生在校园中举办了个人小画展，营造校园的国画美育文化氛围，增强对学生的影响，这些小画展得到了学校领导和家长们的认可和支持。

在小学阶段的美术教学中，中国画单元是非常有传统文化韵味的，也有很强的美术表现力。其中人美版教材五年级下册第 14 课《中国画——树的画法》，就与六年级上册第 14 课《中国画——建筑画法》、第 15 课《中国画——山水画法》构成了一个山水画的学习单元，是一个山水画主题很明显的系列知识体系。

在本课导入环节，我就用本校学生的山水画作品布置教室、制作课件、创设学习情境，提高了学生的审美判断能力。学生们在课前调查了学习资料，分析出中国画是由山水画、人物画和花鸟画组成的，山水画的学习单元又分山石、树木、建筑与河流的画法，这样的课，一定要抓住弘扬中国画传统特色的契机，以欣赏山水画为切入点，为学生们展开祖国大好河山的蓝图，让学生通过欣赏，由衷地赞叹美丽的祖国，热爱我国的山和水，发自肺腑地树立保护意识，坚持绿水青山就是金山银山，把爱美丽祖国的精神扎根在孩子们的心里。

在中国画实践中落实美育，将民族精神扎根学生心中

我让学生在课堂艺术实践环节中以"美丽北京、美丽家乡"为主题创作作品，并在作品展示环节以"墨趣"为主题营造墨色生香的环境氛围，让学生在展示墙上以作品组成祖国壮美河山的画卷，让学生切身感悟文化自信，并从中滋长对祖国传统文化的自豪感。

青少年的艺术修养与审美能力的培养影响着国民素质的提高，也影响着社会主义精神文明建设。学生每一笔笔法、墨色的体验，都是他在做一名中国人的体验，拿起毛笔的那一刻，就是在用心灵与古人对话，丰富的墨色变化表达着含蓄的中国精神。在课堂拓展升华环节，我带领学生们欣赏倪瓒的《六君子图》，倪瓒把挺拔的树比喻成谦谦君子，这是中国画的另一个境界——借物抒情。又带领学生们欣赏了徐悲鸿先生于1937年初春创作的《风雨鸡鸣》，图中风雨交加的背景之下，一只雄鸡伫立于陡峭的岩石之上，仰天长鸣，画家题诗"风雨如晦，鸡鸣不已，既见君子，云胡不喜"于其上。学生们感受到晦暗的天空、铺陈的竹石，占据画面中心的雄鸡在竭尽全力地鸣叫，似是在惊破昏暗的社会，似是黎明的提前预知，这表达的是画家对国家历经磨难后重见曙光的期盼，再为学生介绍徐悲鸿的艺术生涯和他为祖国美术事业作出的贡献。学生们欣赏徐老先生虚实变幻的墨色变化、游刃有余的造型用笔，无不佩服画家将雄鸡的高鸣之举、寓意之情表现得淋漓尽致、撼人心魄。我相信，在这样的艺术熏陶、深入人心的美育教育之后，学生被老一辈人的精神感染，将更加为自己民族文化的博大精深而感到自豪。

美术课堂中有很重要的一部分内容就是通过体验水墨、笔法培养学生对中国画的兴趣，加深学生对民族传统文化的传承与热爱。德国知名学者黑格尔认为："中国书画最鲜明地体现了中国文化的精神。"中国现代画家们也说过："中国的民神，寄托在这毛笔里头。"变幻莫测的笔法，丰富的墨色，充满意境的留白，借物抒情的境界，国画教育让学生悟到中国画历史的源远流长。

创设良好校园美育氛围，将美育落在实处

我校非常重视美育教育，每年都举办校级美术作品大赛，2020 年的主题是以中秋节、国庆节为主题，绘制校园最美斗方、最美圆光，就是以传统文化为主题。在举办期间，我带领学生们欣赏了盛文锦的青绿山水画宫扇艺术作品，艺术家用类似李可染的画风，绘制了很精致的团扇、书签、邮票、纸伞等作品，丰富了学生对传统国画的理解，开阔了眼界，从眼到手体验了创造美的过程，达到赏心悦目的境界，学生们绘画制作的纸伞装饰在校园中美化了校园，也提升了孩子们的艺术素养。

其实，美育工作无处不在，可以渗透在方方面面。教师应将美育过程渗透在课堂的点滴中，行稳而致远，时刻注意创设情境来激发学生的情感，情投才能意合，入情始能入理，情理相融就能以情激志，就能打动学生的心灵，从而得到文化理解上的共鸣和升华。当其做到艺术化生存的时候，美育素养才是真正地达成了。

文化赋能创意加码

——项目式学习与"综合探索"的有效结合

唐　莹

（纪家庙小学）

儿童对民族视觉艺术符号的运用及其所体现的视觉认知发展水平，直接反映出少年儿童对本土文化的认同程度，所以应尽早在他们中间进行了解并传承民族传统文化的教育。美术学科"综合探索"学习领域是在文化的整体发展统摄下的一种综合性极强的美术课程。但是教师进行"综合探索"领域的教学过程却遇到了诸多问题，使本身具有特殊教育意义的综合课程在实际教学过程中并没有产生积极的影响。项目式学习融入美术学科，"综合探索"以一种新的形式在项目中展开。学生的项目成果通过艺术的形式可视化地展现出来，主观能动性成为创造活动的主宰。

在义务教育阶段，美术课程中的"综合探索"倡导教师将美术学科中的"造型表现""欣赏评述""设计应用"三大学习领域进行联结，并将美术与其他学科相融合，选择学生感兴趣的议题为中心设计学习活动，增强学生综合解决问题的能力。但实际情况中，美术课堂的"容量"只能满足教授教材上规定的"知识与技能"内容，尽管课程中有对传统文化艺术的渗透，也有以培养学生综合能力为主的活动板块，但这样的教学模式下学生所获得的知识是片面的、分离的。

项目式学习的过程是发现问题、研究问题、解决问题的一个探究性的过程，与"综合探索"学习领域的目标不谋而合。将"综合探索"与"项目式学习"相结合，学生不再局限于接受式的学习方式，而是更多地采用自主学习、探究学习和合作学习。给学生更大的自由，让学生在情景体验中自己发现问题、研究问题、解决问题，保护学生的独特个性，关注学生的情感体验和积累，激发探索未知领域的兴趣。

为了验证这样的教学模式构想，我校某五年级班级在三年时间内，每学期参与一次以传统文化为主题，将"综合探索"与"项目式学习"相结合的项目课程。通过教学实践与学生反馈，获得了如下课程开展的积极影响。

激发创造潜能

美术课程要了解美术与人类生存环境、传统文化、多元文化之间的关系，并用美术手段进行记录、规划、创作与展示作品。传统的小学美术教学中，教师与学生过于关注美术专业知识与技能，学生的创造性较弱。对于新学的知识，学生缺乏对其全面主动的了解，而仅仅是听从老师的讲解和观赏老师的示范，在这样的教学过程中，学生的想象力、创造力被无形地限制。

《学生对学校里所学知识与技能在实际生活中的应用程度的观点的调查表》的调查结果显示，四成以上的学生认为在美术课中学到的知识与技能在实际生活中可以用到1%—30%。因此，值得关注和反思的是，我们在课程中极力讲授的知识和传播的文化内涵，我们的学生究竟接受了多少。

"丝绸之路桌游产品设计"项目式学习，依托于学校"一带一路"课程的内容。课程中的驱动问题是：学生以产品研发团队为角色，设计一款适于本校学生，且能够普及"一带一路"文化的桌游。学生以"设计应用"课程中学习过的产品设计制作方法，通过思维导图的形式深度挖掘丝绸之路的文化元素，确定游戏主题。依据游戏主题，自主上网搜集、筛选、寻找与主题相关的材料。利用课余时间走进首都博物馆"锦绣中华——古代丝织品文化展"，记录拍摄相关资料。调研、拆解成品桌游，归纳桌游产品所需要的设计元素。学生在设计制作过程中，根据设计需要整合知识，主动发掘身边的资源，把绘画技能、纸工技能运用到产品制作中，最终呈现出生发于传统文化之中，能表达文化内涵、传播文化价值，又符合学生的认知水平的产品。

提高综合解决问题的能力

传统课堂教学中的"综合探索"课程往往在规定的课程主题中设计围绕主题的能力培养目标，而非针对学生个性的能力培养目标。在解决学习过程中出现的问题时，对学生个体差异的关注不够。

项目式学习中学生关注真实世界，在真实世界中发现和提出问题，从而解决问题，与真实世界的人沟通，有真实的展示和评估，甚至能够产生真实的影响。项目中的任务需要团队合作完成，学生需要讨论如何分工，可以发挥每个成员的长项，当团队中出现矛盾或问题时，学生们必须自己尝试解决。想让别人有效理解自己的想法，学生们就要学会清楚地表达自己的想法，也要学会耐心听取别人意见。每名学生都在进程中面对不同的挑战，每个人的综合解决问题的能力都会得到锻炼。

"叹为观'纸'——纸文化流动展"项目式学习中，学生担任"策展人""艺术家""小记者"，以小组为单位进行采访调研、写生创作、策划布展、演讲表达等。在策划展览的过程中，学生了解策展、布展的流程和技术；学习辨识、分析和解读艺术作品；学会用艺术作品表达想法；学习采访沟通、演讲与表达；等等。学生们全程参与项目进程，直面所有具体、真实的问题，例如讨论策划方案和构思展览主题，设计邀请函，确定作品摆放位置、观展路线，设计调研问卷等。在项目进程中，学生真正做到了了解、发现、思考，并且能够真正感受到传统文化的魅力，成为传统文化的继承者和传播者。他们的创造能力、沟通表达能力、批判性思维能力、文字表达能力、展示发表能力都会得到提升。

唤醒探索未知领域的兴趣

在传统小学美术课堂中，教师是知识的权威，学生被动地接受知识的灌输，这使得课堂上的互动局限于教师单方面传递给学生的信息或者抛出的问题。在这个过程中学生学习的是被教师反复"咀嚼"过的知识，而不是由学生主动发现问题，更谈不上自己解决问题。这样的课堂忽视了学生的兴趣。

在四年级下册的美术教材中，《故宫的艺术珍品》一课是围绕故宫展开的。本学期，结合故宫 600 年大展，我们设计了"故宫的'黑科技'"项目式学习。这一主题提出后，引发了学生极大的学习兴趣。学生在进行项目式学习时，既要搜集故宫建造中的古代美学与智慧，又要实地考察、调研，将古今结合。其中涉及大量的环境艺术设计知识，学校的学科教师已无法给予学生专业支持，项目负责教师需要自学，学生更要发掘自己身边的资源。但这些困难在兴趣面前都不再是困难了。学生利用课间时间，以团队的形式走访校园，拍摄照片，寻找学校建筑中的问题，最终确定从屋顶、回廊、墙体、空中花园、抗震五方面对学校环境进行改造报告。以墙体改造组为例，为了能对"墙"有全面的认识，他们组建了微信群，在组长的带领下，每晚汇总搜集到的材料，将搜集到的故宫影壁墙的建造装饰技艺，故宫墙体防脱落、保温方法，故宫墙体石料的选择和堆砌方法等非常专业的资料——详细阅读批注并进行讨论。

美术教材中的课程与项目式学习结合，不仅能有机融合课本教材中的内容，还能突破校内课程资源的束缚，将学生引入社会，改变以往学习知识与生活实践相脱离的局面，让学生时刻葆有探索未知的兴趣。

艺术是一门人文学科，在创造文化和建构文明上扮演着重要的角色。人们在创作艺术作品时学会了如何表达自己和如何同他人沟通。

《义务教育美术课程标准（2022 年版）》中"综合探索"学习领域的目标中提出："加强美术各个学习领域、美术与其他学科之间，以及美术与自然、生活、文化和科技之间的联系，围绕社会议题提出问题，进行探究性的活动，运用各个学科的概念和知识解决问题，并用各种形式发表学习成果，增强学生的综合能力。"

项目式学习强调学生在学习过程中的"发现"、"运用"和"自主建构"的过程和能力。和美术学科相结合，项目式学习的有效开展能够激发学生学习美术的动力，提升团队协作能力等综合能力，它与美术教学有很多地方不谋而合，能够更好地培养学生的核心素养，提高学生的综合素质。

做学生心中的"皮格马利翁"

——让赞美之花跃然纸上

蔡英华

（北京舞蹈学院附中丰台实验小学）

"皮格马利翁效应"的启示

1. "皮格马利翁效应"的概念

"皮格马利翁效应"源自希腊神话。塞浦路斯国王皮格马利翁的雕刻技艺出众，一次他雕刻了一座美丽的象牙少女像，他把这座雕像当做自己的妻子，在雕刻的过程中投入了自己全部的感情、精力，将毕生所学都用在了创作上，甚至给雕像起了名字叫拉泰亚，每日深情地望着雕像。爱神阿芙罗狄忒被他的真诚所打动，赐予了雕像生命，皮格马利翁便与拉泰亚结为了夫妻，过上了幸福美满的生活。

诚然，雕像作品是不能大变活人的，人们更多的是从故事中总结出"皮格马利翁效应"：期望和赞美能产生奇迹。潜藏在我们心目中的"作品"，会在一些人的期待下以某种方式变得生动鲜活。

2. "皮格马利翁效应"对于小学美术教育的意义

美国心理学家罗森塔尔和雅克布森在智力测验中发现，教师对学生优秀作品的期待和充满深情的欣赏可以让学生心理产生潜移默化的变化，产生学生为了获得老师期望而进步的现象，这种教育理念被验证后在全世界广为流传。

在我国，"皮格马利翁效应"被运用于教育领域已久，这种教育方式在国内又被称为"欣赏教育"，教师们纷纷学习并采用这种教育理念，并发挥了积极的教育效果。只是当欣赏教育的"神话"开始遍地开花的时候，逐渐产生了盲目欣赏的问题，对缺陷的赞美导致出现了虚伪的"夸奖教育"，摧毁了真正的"欣赏教育"。当一幅学生的美术作品存在明显的瑕疵，老师还硬要夸奖它为精品，颠倒是非黑白，不仅不是发自肺腑的欣赏，更加没有了深刻真挚的感情，试问如何能够激发学生创作出贴近心灵、纯真质朴的作品呢？这时候的艺术作品不仅不能"活"，甚至令人绝望，因此只有真正认识到这些问题，才能让艺术之花跃然纸上。

传统美术教学的弊端

1. 教学内容枯燥，远离学生生活经验

小学生学习美术的过程中，教师通常会让学生照着美术课本中好看的图片进行描绘，但美术课本是基于成人所认为的孩子的审美进行编排的，虽然展现了一定的儿童生活世界，却脱离了学生的生活体验，漠视了学生实际生活的需求，忽略了美术传递感情和交流思想的功能，因此，学生们无法表达他们真正想要去描绘的东西，这会抑制学生创造力的可持续发展。

2. 教学方式单一，学生体验活动不足

传统小学美术的教学方法有讲授法、谈话法、演示法、观察法等，新课改指导教师在师生互动中体验美术学习的情趣，但是由于教师的水平不一，以及擅长的教学方式有所差异，导致教学方式单一，甚至会出现"纯写生教学法"与"纯想象教学法"两类极端的教学方式。"纯写生教学法"培养学生通过观察现实世界进行真实的描绘，这种方式侧重于技巧的训练，需要反复练习，对于小学生来说难度大且枯燥，难以形成对于美术的兴趣。"纯想象教学法"提倡学生将想象渗透到画笔上，通过想象感受美术，只是脱离了现实生活和缺少艺术鉴赏能力的培养，这样的想象活动的根基是不扎实的，而且随着儿童年龄的增长会越来越阻碍他们的美术学习。单一的教学方式从根本上来说割裂了美术文化本有的多元形态，学生要么精神没有投入美术，要么感官脱离了美术，体验感都很差，无法和美术达成一种心身灵的共鸣。

3. 审美视野狭窄，学生创造性受局限

新课改指出："美术学习绝不仅仅是一种单纯的技能技巧的训练，而应视为一种文化学习。"而今天的小学美术教育仍旧受到传统图画课的影响，许多教师本身就对"美术"这个概念缺乏思考与理解，也就导致了学生乱涂乱画或者依葫芦画瓢。找到真正符合学生美术趣味学习的行之有效的操作途径，才是当前小学美术教育着重需要完成的任务。

学会赞美让美术课堂绽放异彩

1. 专业素质和道德修养让赞美之花有章可循

通过以往的经验，我们知道了能够让孩子主动提升自己的方式就是鼓励、赞美他们，但是夸奖不能是毫无标准，甚至毫无立场的，这就要求教师提升个人的专业素质和道德修养，做学生的榜样、学习和效仿的对象。

小学美术教师需掌握专业的素质，让赞美有据可依，包括：第一，应当研究《教育学》《心理学》，提高教育理论水平，掌握先进的教学经验，能够将"皮格马利翁效应"应用于日常教学内容和流程中；第二，应当具有较强的美术创造力和绘画动手能力，熟练掌握素描、水粉、国画、版画、手工等多样化的基础课程，对于学生不同类型的作品作出有个性的评价；第三，具备专业的美术鉴赏能力，对于一些艺术家及其作品能够提供较为准确的解释，为学生创作提供更多灵感来源，让赞美的形式多样化；第四，应当掌握现代化教育技术，将色彩绚丽、生机蓬勃的大千世界呈现在课堂上，让学生通过直接知觉感知产生兴趣，激发他们的联想力，这样的艺术熏陶比起语言上的赞美更能激发学生的主动性。

小学美术教师需拥有良好的道德品质。小学阶段是一个人成长的重要阶段，特别是对于美术这样感性的课程，寓美于情，以情育美，更加需要教师用真诚、深情的态度，激发学生本身的自主意识和自我发展的学习方式。赞美让他们对艺术更加有兴趣、有热情，而且只有具备优秀品质的教师所采用的欣赏教育才能更加让人感到真诚。

2. 客观积极的评价方式让赞美之花在学生心灵绽放

"皮格马利翁效应"在教育工作中的作用是显而易见的，特别是对于人生观、价值观形成的重要时期——小学阶段，教师的影响更大。欣赏的暗示作用可以影响小学生的自我意识，对学生的自我评价起着重要作用，老师的一句夸奖就会让低年级的小学生信服地接受老师这种评价，从而更加积极主动地学习。相反，如果老师暗示小学生缺乏天赋、能力，或者胡乱批评、指责学生，就会向他们传达一种"我不行"的自我意识，使他们更加惧怕困难。

3. 个性化、多样化的课堂模式让赞美之花跃然纸上

课堂教学模式的转变在小学美术教学工作中占据重要的位置，《义务教育美术课程标准(2022年版)》要求美术课堂应当以学生为主体，教师要更多地给予学生参与的机会，利用"皮格马利翁效应"的最终目的也是使教师成为学生自主学习的辅助，提高他们学习的趣味性和主动性。

以创新为抓手推动小学美术教学改革，引导学生走出教室，走进大自然，去发掘生活中各种美丽的点滴，去看、去听、去触摸，感悟生活的情感。如同电影《银河补习班》里爸爸带领孩子拥抱大自然，在蓝天白云下、青青草原上写出真情实感又打动人心的作文，美术课堂也可以从教室搬到户外。比如在寻找《校园一角》这节课的灵感时，教师可以带学生去观察操场上紧张的球赛、房檐上午睡的小猫、榕树上的鸟蝉和鸣，让学生感受美来自于生活亦回归于生活，在富有个性的创作活动中培养创作能力，通过强化体验将美术与生活紧紧相连，这既符合小学阶段学生好奇心强的特点，同时还可以培养他们的美术技能，让他们学以致用。

"皮格马利翁效应"在小学美术课堂教学中的有效应用，可以极大地促进学生的短期进步和长期发展。它植根于老师心中对于每一个孩子的认可，本质是老师和学生之间的能量传递，正如社会中的"正能量"一样，老师输出什么样的能量，孩子就接受什么样的能量。这意味着为孩子提供丰富的美术知识，以积极向上、公平公正的道德品质为学生树立榜样，以学生的思维去探索他们需要的美术课教学方式，给予每一个孩子中肯、温暖的评价，以及最重要的是要营造一个富有创造性的艺术氛围，才能让赞美之花跃然纸上。

线上美术教学中的美育策略

穆运筹

（怀柔区第一小学）

因新冠疫情的影响，我们开始了停课不停学的线上教学活动。线上美术教学也应发挥美术课的优势，丰富学生的学习生活，通过参与丰富多彩的美术实践活动，体验美术课的乐趣，使学生获得对美术的持久兴趣，联系生活实际，表达情感，激发他们的创造精神和创新能力，陶冶高尚的审美情操，完善人格。

让学生乐学　以美激趣

爱因斯坦说过，兴趣是最好的老师。美术课程强调通过发挥美术教学特有的魅力，使课程内容与不同年龄阶段的学生的情意和认知特征相适应，以灵活多变的教学方法激发学生的学习兴趣，并使这种兴趣转化为持久的情感态度。

因此，我在准备线上美术学科校本拓展课时，选择了以"漫画笑像"作为中年级的教学内容。本课是在学生已有的绘画基础知识和技能的基础上，结合居家抗疫期间学生需要待在家里不能和亲人朋友相聚、情绪紧张等实际情况而确定的。本课要求学生为自己和家人朋友画一幅漫画笑像，旨在增进学生与家人和朋友之间的情感，培养学生笑对生活、勇于克服困难的精神。当一幅幅或是开怀大笑，或是调皮逗笑，或是微微含笑的笑像展示在班级群的时候，我被震撼和感动着，自画像中我看到了一张张熟悉的轮廓，还有慈爱的妈妈、爽朗的爸爸、可爱的小妹妹、淘气的小弟弟的画像……一张张生动的笑脸也一样感染着孩子们和家长，一时间群里好评如潮，"今天的作业真有意思""孩子们画得真不错!"……有位家长没看到自己孩子的作业，竟然急得在群里发语音："儿子，看你班同学的作业多有意思呀，你还不赶紧发你的作业。"然后又赶紧撤回，回话"不好意思，发错地方了"。不少家长把作业发到了自己的朋友圈，获得点赞无数。贴近孩子生活，激发学生学习兴趣，孩子们在线上的学习收获满满。

个性展示　以美育慧心

尊重每一个学生学习美术的权利，关注每一个学生在美术学习中的表现和发展，做到因材施教，有针对性地采用教学方法和手段，力争让每个学生学有所获。学生居家学习，学习态度、学习能力、学习环境等情况都各不相同，在线上教学期间，师生沟通反馈需要时间，不能及时关注到每一位学生的学习过程，线上教学评价更集中于作业的评价，绝大多数学生不能在创作过程中得到老师面对面的辅导。

因此在备课时，应分层次、分步骤地确定教学目标和任务，让孩子们都能体验成功，乐于参与线上美术教学。特殊时期，每次课上孩子们参与美术实践活动、完成创作的方式方法都多种多样：绘画、剪纸和贴画自选，线描、色彩和中国画也都可以，只要能根据家里现有的用具参与美术实践活动就会得到老师鼓励和赞扬。根据不同的完成阶段对作业进行评价，主题突出、内容新颖、构图饱满、线条流畅……及时肯定孩子们参与美术实践活动中的点滴成功。在学习"画古树""北京的古塔""色彩斑斓的窗户""画民间玩具"等课时，线条流畅、疏密得当、松皮如鳞、柏皮缠身的线描古树作业得到我的肯定，对于那些敢于大胆尝试用水墨表现古树的作品我也进行了鼓励性评价；用油水分离表现的白塔清新，剪贴表现的琉璃塔华丽，线条刻画的木塔扎实稳健，座座都体现了孩子们的用心。画窗子，剪窗框，拼贴、组合，有创新，每一次美术课后，活动成果精彩纷呈，各不相同。面向全体学生个性展示，以美育慧心，让孩子都能体验成功。

交流促成长　以美增信心

线上教学时，面对面的交流使我们倍感亲切和备受关注，对学生增强自信心、养成健康人格影响深远。为了让更多的孩子在美术课上亮相，我制作学生作业的 PPT，在课前进入直播时展示交流。在课上点名表扬、鼓励学生，让学生感受到老师对他的关注，让他们更乐于参与课堂、表现自我。每次家校本里的作业，我都及时判阅，及时为他们指出不足、提出建议，更多的是给予鼓励性评价。发现孩子的点滴进步，及时肯定他们，让他们更乐于在美术课上展现自己，"亮"出自己。

　　线上教学也是让教师成长的一次契机，在熟练使用教学软硬件的基础上，我认真研读《义务教育美术课程标准（2022 年版）》和北京市小学美术学科指导意见，备好每节课，收集素材资料，去整理这些资料，去编辑……在线上教学过程中，我认为录制自己的教学示范尤其有必要。"亲其师，信其道"，因为我更了解自己的学生，精心录制更适合自己学生的教学示范，让学生学习的过程更亲切，有益于提升线上教学的成效。"向日葵"的示范解决了同类色和邻近色的选择应用，更清楚地展现用水粉调色，用笔触表现向日葵的姿态变化和结构，勾线填色也要有方法和技巧等等，孩子们课后评价："知道怎样完成作业了""每次课都想看老师的示范"。线上教学中不断发现问题，不断改进教学方法，更适应学生去学习，培养学生的美术核心素养，让学生听得懂、看得清，进行高效的线上美术教学。

以艺战疫　以美凝童心

　　整个抗疫期间，以歌颂抗疫英雄、普及抗疫知识、传统文化和节日的宣传等为主题的各个学科的实践作业几乎都涉及美术创作。在美术课的创作实践环节进行学科整合，将其他学科的实践作业融合到美术课堂中，无论是班级展示，还是参加比赛，美术创作都绽放异彩。《刻纸》一课的教学中，作业内容以表现抗疫英雄或宣传抗疫知识为主，孩子们完成的《戴口罩》《英雄像》等作品，把自己的所见所学所感用剪纸的方式表现出来，不仅在班级展示，还丰富了校园的专题美篇，并参加了各级的创作绘画比赛，能够亮出自己的精彩。《环保小屋》一课结合怀柔创建全国文明城区、创建国家森林城市和进行垃圾分类的活动要求，孩子们的作品形式多样，有纸工、泥工的立体建筑，也有绘画、剪纸，还有宣传画……美术活动丰富了学生们的学习生活，关注自然环境和社会生活，逐渐形成了环境意识、社会意识和生命意识。

　　线上教学期间设计既有趣又高效的学习内容，引导学生们学得有乐趣、学得有意义、学得有成果。给予学生最正向的激励，让学生在抗疫期间用笑去面对困难，拿起手中的画笔抗击疫情，以艺战疫，激发孩子们的学习兴趣，积极参与课堂，立足美术课堂，发现美，感受美，创造美，让美在孩子们的学习和生活中无处不在。

利用书法微视频提高书法课程
线上教学实效性的策略

尚永斌

（昌盛园小学）

居家学习新形势改变了书法学习模式

在居家防疫的这段时间里，为了让孩子们停课不停学，成长不延期，我们必须适应新的学习模式，改变原有的教学思路，开发艺术学科课程资源，制作书法微视频。安排丰富的书法实践活动，利用网络指导学生进行书法练习，用书法作品助力疫情防控。把精心准备、认真制作的学习资源每周推送到微信家长群，时刻在微信群中解答家长和孩子们的疑问。孩子们在老师精心的安排下自主学习，自主体验，健康快乐地成长。

书法学习资源使用现状及其不足

书法教学中现有的图片类、文本类的课程资源，在学校的班级课堂教学中，在老师的引导下、师生面对面的交流中能够达到预期的学习效果。在居家学习的新环境下，学习效率就没有保证了。这种任务单式的学习资源学生使用起来形式上相对单调，对于学生的学习兴趣激发效果差。这种技法的练习完成的效果和参与的人数都会打折扣。这就需要教师根据形势的变化，开发新的课程资源，补充文本类学习资源的短板，提高书法居家学习的实效性。

摸索线上教学新途径

二十四节气被誉为中国的第五大发明，它是世上最有诗意的历法，是古人对中国千年农耕文化的精到总结，是中华民族一朵灿烂的智慧之花。这样的民族文化瑰宝，需要我们的孩子认真学习和传承。我们从这些节气中选取典型的文字——春、夏、暑等，挖掘它们的文化内涵，开发出主题单元书法课程。通过制作书法微视频让学生了解书法和汉字的渊源。书法教育不仅仅要关注技法的学习，更应该在活动中感受到古人的智慧——天人合一、道法自然，从心底默默生成一种对中国文字的深厚感情，从中感受到书法的民族情怀和对劳动的热爱。

(一)深入挖掘文字的文化内涵，字形的古今差异，引导学生感受书法的浓厚人文情怀

1. 春字解读：图 1 中，小草刚刚钻出地皮，露出柔弱的嫩芽，这就是屯字在古代表示的意思。图 2 是春字的篆书写法，在寒冷的冬天之后，每年农历二三月份，气温回升，阳光明媚，大地复苏，小草从地皮露出柔弱的嫩芽，这就预示着春天来了，这就是春字的本义。春字在隶书、楷书中还能看到屯字的字形，表示春字在古代和屯字有关。

 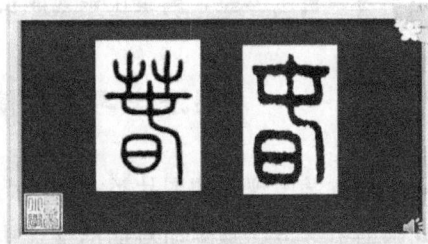

图 1 "屯"字　　　　　　　　　　图 2 "春"字

2. 夏字解读：图 3 左侧农民伯伯站在田地里劳动着的样子，就是古代夏字表示的意思。图 3 右侧是篆书夏字的写法，它的字形就像一个伸着双手、站在田地里劳动着的人。我们的祖先在古代大多数以农业耕种为生，庄稼种在地里，生长最快的时间一般在每年农历 4—6 月份，这段时间是古人种庄稼最忙的时

候，所以用夏字来表示这一段时间。隶书、楷书的写法中还能看出一个劳动着的人的样子，规范的写法省略了双手和身体的笔画，这就是夏字的源流演变。

图3 "夏"字

3. 暑字解读：篆书的暑字由日字头和者字组成，表示炎热的意思。煮字表示用火烧烤食物、通过高温加热把食物煮熟的意思。在古代，煮字的本义用"者"来表示，因此者字也有用火烧烤、温度高的意思。者字上面加上日字头就是暑字，所以暑字就表示气温高，烈日当头，炙烤大地的天气现象。

图4 "暑"字和"煮"字

图5 "煮"字

在二十四节气中大暑是夏天最后一个节气，这段时间天气炎热，气温高，就像蒸桑拿一样，使人心烦气躁，浑身不舒服。白居易《消暑》诗中有"何以消烦暑，端居一院中。眼前无长物，窗下有清风"的诗句，它告诉我们心静自然凉、静由心生的道理。古人避暑讲究心情的调理，要使得心胸宽阔，自然神清气和；要有自强不息、乐观向上的态度，才能享受一分宁静、悠闲的时光。

（二）汉字字形结构分析，体会书法端庄秀美、舒展大方的美

以春字的字形结构解读为例：

首先我们来关注字帖的版本选择。在这组春字的图片中，图6左边的春字

笔画模糊、残破不全，这种情况是拓片效果不佳导致的，这样的字不适合初学者作为字帖使用；右边的春字笔画清晰完整，是墨迹本，这种经过修复的字更适合初学者，更容易找出它的书写要领。

从图7春字笔画之间的虚线我们可以看出，横画之间空白均匀，呈左低右高之势，讲究平行关系，这样处理可以使整个字重心平稳。从春字的竖线可以看出，撇的起笔和日字上下对正，这样可以使整个字形平正。

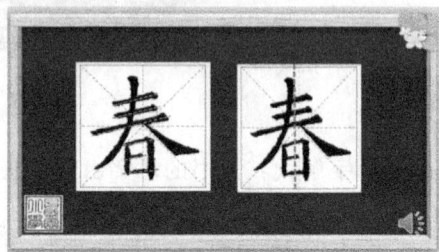

图6 "春"字字帖　　　　　　　图7 "春"字字形结构

实践效果反馈

从设计制作思路到明确制作具体文字目标，从搜集素材图片、撰写文字脚本、制作讲义到录制视频、合成书法微视频文件，一个书法微视频的制作过程大概要一周时间。这种形式的文件不大，占用空间少，适合在手机微信媒体平台推送；传播速度快，方便学生欣赏、学习，参与主动，点击量高，区级平台推送的美篇每个点击量都在2600次以上，微视频课程资源的优势得到充分发挥。书法微视频的开发与使用，体现了文化与书写技法的结合，趣味性、知识性、艺术性的结合。把书法学习和生活实际联系起来，学以致用，把书法学习融入生活之中，渗透尊重生命教育。从实践中检验出书法微视频的使用大大提高了书法在线学习的效率，是书法线上教学的新模式。

"书法教学廿四法"在书法课堂中的运用

周聪聪　　周金龙

（密云区第七小学）

　　根据《中小学书法指导纲要》要求，每周安排一课时用于练习书法在多数地区学校得到了落实，但在近现代以西方构架为主的学科设置中没有书法的位置，导致书法教学缺乏系统性。笔者作为中小学书法教师，结合自身教学经验及外出观摩学习，发现书法课堂普遍存在一个突出问题，即教师对学生的书法技能训练缺乏科学的指导方法。当这个问题正在困扰我的教学时，在一次培训中李祥魁老师讲授了他提出的"书法教学廿四法"（以下简称"教学廿四法"），让我的书法教学方法、思路明朗许多。

"教学廿四法"的提出

　　伴随着近几年教育、文化部门大力倡导继承、发展和弘扬中华优秀传统文化的号召，书法作为传统文化的重要组成部分，越来越受到社会各界的关注，教育部等相关部门对小学书法课程体系、学习任务、基本目标等都做了系统的要求和概括。与此相呼应，"翰墨薪传"工程一直在如火如荼地开展，并取得了阶段性积极成效，有力地推动了素质教育的发展。汉字是中华文化的主要载体，每个汉字都积淀了中华民族数千年的文化精髓。使书法教育更加合理、科学，使孩子们对书法文化产生兴趣，在当前形势下已然成为实现中华民族伟大复兴的中国梦的重要组成部分。

　　但由于书法在教育体系中"缺席"时间偏长，书法教学出现很多问题，如师资水平、内容体系、教学方法等方面的问题。就师资问题而言，以密云区为例，密云区城乡小学共有 60 所，其中书法教师 46 名，这些书法教师中不乏教学能力强的高级教师，但也有语文或体育等其他学科的老师兼任书法教师，这类教师虽然有丰富的教学经验，但对书法艺术的理解与学识相对薄弱，不能给学生带来完整的书法艺术教育。在教材方面，全国中小学书法教材共有 11 个版本，每个版本所学碑帖不同，涵盖了欧、颜、柳、赵等不同楷书字体，为制定标准化教学内容与考核提出了难题，长远来看，也不利于书法教育的整体推进。

"教学廿四法"正是在这样的背景下提出的。它是北京市教研员李祥魁老师结合几十年教学经验研究总结凝练出来的，包括：五指执笔法、坐姿悬臂法、双钩点画法、单钩结构法、汉字趣解法、典故思启法、教材活用法、同类归纳法、摹临复合法、点线辅助法、笔画标尺法、黄金比例法、单字通关法、异体区别法、繁简同识法、口诀要领法、通临提高法、集字强记法、名作再创法、同字大小法、循环演示法、优生先达法、差异资源法、班级特色法。

"教学廿四法"围绕书法教学中存在的问题，针对教学难点，从习惯养成、兴趣培养、观察范字等方面总结出系列切实有效的教学方法，旨在帮助学生形成良好的书写习惯、有效的观察方法，提高书写能力，使学生在书法的浸润中提升文化素养及审美能力。

"教学廿四法"的提出，不仅是《中小学书法指导纲要》进一步落实的有效途径，还是对书法教学短板的填充，是提高教学效率的有效方法，对书法教学系统构建有着巨大的价值与意义。

"教学廿四法"的运用

《中小学书法指导纲要》中指出，中小学书法教育以提高汉字书写能力为基本目标，以书写实践为基本途径，适度融入书法审美和书法文化教育。由此可知，书法课堂需以书写实践为主，提高学生书写能力，因此，教学中对范字的讲解与分析成为教学的核心部分。而在建构主义的学习理论中，"强调学习者的主动参与，认为学习者基于原有的知识经验生成意义、建构理解的过程。"由此可知，授课者需要设计有序、有效的方法、问题引导学生在原有知识经验的基础上生成自己的知识。笔者以"善"字的写法为例，结合建构主义理论，运用"教学廿四法"设计有趣、有序、有深度的书法课堂。

1. 趣解汉字内涵

在学知识时，不仅要知其然，更要知其所以然。在讲解"善"字字源及演变时，教师将"汉字趣解法"与"异体区别法"相结合，引导学生了解"善"字内涵。课上教师先出示 、，提问学生看到了什么，让学生说说自己对甲骨文"善"字的理解，教师再从德育层面总结"善"字字义，人们看到"羊"身上有温驯、孝顺的品质，"善"表示眼神安详、温和、善良等意思，同时介绍《礼记·大学》中"至善"一词的含义，引导学生多方面去了解汉字字义。同时再出示"善"的不同字体 、、、，并分别介绍它们的用笔、形态等特点，拓展学生对同一字不同字体的认识，帮助学生加深对范字的理解与记忆。同时教师在这一环节渗入"繁简同识法"：当课件出示楷书"善"字时，教师板书课题"善"字，随即提问，黑板上的"善"与软笔"善"写法一样吗？它们有什么区别？这一环节的目的是让学生繁简同时学习，软硬笔书法同时进步，让学生对汉字和书法丰富的内涵及文化有所了解，从而提高学生自身的文化素养。

2. 多"法"分析特点

在书法教学中，对范字的点画、用笔、结构等特点的掌握直接影响学生的书写效果，教师需要在此方面下足功夫，引导学生全面地去观察、分析范字特点。"教学廿四法"中"双钩点画法、单钩结构法、摹临复合法、点线辅助法、笔画标尺法"等对范字临写提供了明确的方法指导。笔者在课前准备了一个与练习纸同大小的范字样本，课上引导学生从点画、用笔、结构三方面，运用点线辅助法观察范字特点，在范字上用线条、几何图形标注自己所观察的特点，并结合单钩结构法感受"善"字整体结构走势，学生在范字样本上圈画批注的过程中，切身体会了"善"字的用笔、结构特点，从而对"善"字有了深刻的认知。

3. 总结要诀要点

学生主体、教师主导是新课程理念下形成的新型师生关系，学生主体地位凸显的背后，教师的"导"成为教学的点睛之笔，笔者课堂上的体现如下。在分析"善"字时，学生能够说出"善"字有这些特点——"善"字中六个横向笔画基本匀等；三横短，第四横长；长横有粗细变化，提按用笔；"羊字头"竖占格不在竖中线上且往左偏。当学生全面细致地说出"善"字结构、用笔特点后，教师抓住教育契机，运用口诀要领法总结"善"字书写要诀："横画间距匀，长短有别寻。主笔突出写，中轴偏左临。"此方法的运用不仅让学生对"善"字有了深刻的认识，还给课堂增添了几分诗意。

掌握了"善"字的书写规律，而字中笔画间的关系并不好拿捏，教师借助新媒体技术，及时运用笔画标尺法，将善字拆分成 ⺶、一、口 3 个部分，分别用几何图形演示它们之间的宽窄比例变化。通过演示，学生对"善"字部件之间的比例关系更加清晰明了，相应地在书写中也能更好地体现范字结构特点。

4. 提升书写实效

教学中运用诸多方法让学生对范字有了扎实的理解，但认知与书写实践之间存在一定的差异，如何让学生有效地将自己的认知体现在书写实践中？笔者运用了"摹临复合法"来提高学生书写的实效性。课前教师给学生准备和米字格同大小的范字样本，课上每当学生书写完一个字，教师就让学生将范字样本放在练习的字下边，看看自己的书写和范字重合了多少，不重合的部分有哪些，问题是什么，让学生在对照中寻找差异产生的原因，并一步步去调整。运用这一方法，笔者惊讶地发现学生们进步明显。

此外，为了让学生能准确把握书写时的用笔，教师课前录制书写视频，将课堂示范与循环示范相结合，帮助学生解决练习中的用笔困惑。

本文通过列举"善"字的写法，呈现了教学中对"教学廿四法"中部分方法的运用，通过看学生对范字的批注、米字格练习及集字创作，无不体现在"教学廿四法"的有效运用中，学生收获了丰硕的果实，教师收获了成就感。

当然，"教学廿四法"不仅仅是教学生如何写字，它的精髓所在是通过各种方法培养学生集中注意力、做事认真的习惯；通过方法学习运用，可以使学生增强观察、分析、表达、审美、思维创新等综合能力，培养他们独立、专注、持久、耐心、沉着静思的优秀品质。

写好中国字，就是守民族之根、立民族之魂。作为一线教师，上好书法课，传授书法文化，是一份光荣的责任，让我们勇往直前，做历史的传承者。

中国"和"文化对当下书法教学的价值启发

张远征

（北京市第十二中学附属实验小学）

身心之和

我们经常说练习书法是修身养性的过程，很大一部分是因为书写过程对姿势有严格的要求，促成了对人的心性修炼。马斯洛认为，有机体的行为是可以预测和控制的，人的自我感是需要长期训练和强化才能建立的。[1] 从书写要求看来，书法练习就是有意识、有目的的，手、脑、身体并用的高级思维活动和行为活动的结合，所以说"书法是一种动静结合的低度运动，不但使书者不辞疲倦，而且还可以达到养身健体的目的"[2]。比如"头正距桌面一尺，身直距桌沿一拳；臂开；足要两脚自然并列与肩同宽，平放地面"的书写姿势要求，提醒学生书写时平心静气，执笔方法标准。随着长期的练习，学生自然会做到注意力集中、思绪平稳，进而促进学生的身心健康。

另外，书法考验的是练习者的形象记忆能力，即对字帖中汉字的符号化特点和图像感，这一点在临摹中最能体现。学生将字帖中的汉字形象整合成人脑记忆，在纸张上呈现，反复对比、反复练习，最终达到字形稳定、用笔灵动、线条丰富的艺术效果，这一过程要调动学生深入思考，因此锻炼了学生的意志力，使学生养成了认真观察的行为习惯，帮助学生自我品格提升，健全人格。由此可见，书法练习对学生的身心之和有重要意义。

---

[1] 马洛斯：《马斯洛人本哲学》，成明编译，九州出版社 2006 年版，第 285 页。

[2] 李作铭：《味在翰墨飘香中》，《中国石油报》2016 年 1 月 24 日。

天人之和

天人之和指的是正确处理人与自然的关系，建立与自然同构的融真善美于一体的社会理想及其品德理想。教师要引导学生正确认识人与自然的关系，做有益于生态平衡的事情，树立人类命运共同体观念。为了增强学生们保护自然的意识，书法学科开展了以保护自然为主题的书法比赛活动。同学们都踊跃报名参加，有的写"敬畏自然"，有的写"敬畏生命 保护动物"，有的写"保护水源"，有的写"垃圾分类你我他"，还有的写"绿化地球"……学生们泼墨挥毫，用自己的才艺表达对大自然中的花草树木、万物生灵的关爱。当学生能充分利用所学并能给他人、给社会带来正能量的时候，也正是他们获得成就感和满足感的时候。本次书法比赛活动大大鼓舞了学生在今后的生活中用实际行动创造更有价值的人生。

人伦之和

人伦之和是指正确处理与他人的关系，这一点在书法创作中体现得淋漓尽致。中国书法是线条的艺术，是一个处理多种线条的矛盾关系，使之和谐统一的过程。无论是单独的汉字，还是作品整体，都存在着矛盾的关系，如线条的长短、粗细、曲直，笔画的方圆、收放、相背、呼应，作品整体的快慢、疏密、浓淡等方面都是矛盾关系，正确处理这些矛盾，才能产生具有节奏和美感的成功书法作品。我们以书法教材《九成宫醴泉铭》中的字形结体为例，其中就有很多避让的矛盾处理，如横画很多的字——"重"，横与横分布均匀，但粗细、长短，甚至起、收笔姿态各异；再如"所"，两个撇分别用竖撇和撇两种不同的方式处理，这就形成了空间上的避让关系。

书法中这种"和谐美"理念势必也会影响孩子人格的发展、自我的形成，启发学生感受周围的环境，用和谐的态度处理生活中的事情，用和美心态对待同伴关系，懂得人与人之间要相互理解、真诚、宽容，这些做人做事的原则会让学生在群体中更受欢迎。

社会秩序之和

社会秩序之和指的是将活动的设计权、评价权、规则制定的权利还给学生，引导学生在过程中感悟规则、遵守规则、维护规则。《青少年法治教育大纲》中明确提出，从小学低年级（1—2年级）就要重视培养规则意识，并安排了教学内容："初步建立规则意识，初步理解遵守规则、公平竞争、规则公平的意义和要求。初步建立法律面前人人平等的观念。"①此外，《义务教育品德与生活课程标准（2011年版）》也明确提出，课程要学生健康、安全地生活，愉快、积极地生活，负责任、有爱心地生活，动脑筋、有创意地生活。② 综上所述，在教学中加入规则意识教育是必然的趋势。

按照规则意识的培养要求，在书法教学中应该由教师和学生一起协作完成书法活动，发挥各自的积极作用。在每一节书法课中，让学生有参与决策权，给予学生情感体验。在评价环节，杜绝教师"一言堂""一锤定音"，我们要多关注学生的学习过程，比如知识点感悟、合作中的表现、回答问题的积极性等均可作为评价参考的标准。另外，作业的评价形式更为多样，有自评、互评、小组评、全班评等等。总之，教师要尝试通过书法教学给学生潜移默化的影响，增强其秩序和公正意识，促进其身心健康的全面发展。

协和万邦之和

协和万邦，指的是引导学生了解个人与国家、国家与世界的关联，树立全人类共同利益观念，激发学生的大爱和责任担当。北京十二中附属实验小学地处卢沟桥地区，具有特殊的历史文化，也承载着"立德树人"这一光荣而艰巨的任务。学校根据教师优势和地域特点，开设了"卢沟笔记"课程，并辐射到多个社团，旨在通过社团课程培养学生的家国情怀、民族自豪感、责任担当、问题

---

① 教育部等：《青少年法治教育大纲》，教政法〔2016〕13号。
② 中华人民共和国教育部：《义务教育品德与生活课程标准（2011年版）》，北京师范大学出版社2012年版。

解决等方面的意识和能力。其中，书法社团以"和平赞歌"为方向，书写和平成语，如惠风和畅、千里同风、和衷共济、国泰民安、繁荣富强等。和平成语的书写能引导学生们增强责任感，珍惜现在的美好生活，以史为鉴，一起维护世界和平。

　　书法作为中国传统优秀艺术，其价值不只体现在艺术表面，更给人以精神启发和价值观引领，是美育的重要一环，直接影响着学生的身心发展。希望我们每一位书法教师在大好环境下，充分挖掘中国优秀传统文化中的育人价值，发挥好书法学科的育人功能，为祖国的未来培养更多的和美少年。

增值性评价在小学书法教学中的应用

李洪远

（北京小学丰台万年花城分校）

近几年，随着新课程标准改革实验的不断深入，全社会对书法教学的关注日益提升，同时对书法教学的要求也越来越高，教育部在 2013 年颁布的《中小学书法教育指导纲要》也明确指出义务教育课程阶段书法教育的目标以及具体的内容，这就对学校和书法教师提出了更高的要求，在教学上要有新的尝试，不断提高教学的质量。任何学科在教学研究中，考试与评价都是必不可少的，书法教学也是如此，在义务教育阶段，特别是小学书法教学中确定科学合理的评价方法是十分必要的，既是提高书法教学质量的途径，也为教师研究书法教学提供了依据。

增值性评价简介

在我国教育评价领域中，多数学科通常是以学生考试测验的平均成绩作为标准和依据来评价学生，这种评价方式反映出来的信息并不完全准确，也并不适合书法学科。

近 30 年，国际教育评价领域逐渐兴起一种新的评价技术——增值性评价，这种评价方式有其自身的科学性和准确性，增值性评价简单来说就是在评价的时候看学生自身的进步程度，自己和自己比，现在和过去比，动态衡量学生的进步程度，不搞简单的横向比较，这种评价方式更适合书法、美术等艺术学科的特点，关注了不同时间点上学生的成绩变化，实现了教育的公平化。

MEIYU DE SHIMING

书法学科特点分析

在现行中小学书法教学中，对学生书法作业的评价一般采用等级制，即"优秀""良好""合格""不合格"。这样的评价虽然具有统筹性，却忽略了书法本身的学科特点，也打击了学生的积极性。

从学科性质看，书法学习的重点在于"能"，即书写的技能，除了"知道"和"了解"之外，还要掌握书写的技能，在学习的过程中主要学习用笔的技法和造型的技法训练，这些技能都是通过练习获得的。

从学科内容看，学书法的过程是通过感官与书法接触，动手感觉，动脑思考、领悟的过程，体验与认知是同步的，并且是一个反复实践体验的过程。对书法形态的感知、理解，对技法的把握都要通过书写者自身的体验来实现，由于学生的不同，各自的体验也是不同的，有多有少，有深有浅，这些都会影响到他们的学习效果。书法的学习内容有些是隐含的、模糊的，其中书法的静态、动态、力度、审美很难用语言讲清楚，一般依靠学生的主观体验。所谓"书为心声"，因此不会有一个人的笔迹与另一个人完全相同，这种不同是自然的，并不是设计出来的。即使学生的书法知识、书写技能、智力发展都处于同一个水平，因个人性格和兴趣爱好不同，学习的效果也表现出多种差异。有的学生适合学欧体，有的学生适合学颜体，几个学生同临一本碑帖，写出的字的特点也有区别。他们的着眼点、选择的侧面也不一样，有的注意点画，有的注意结构。例如，同样临摹欧体《九成宫醴泉铭》，因为捕捉的侧重点不同，有的较瘦硬，有的较厚重，有的较圆润，有的见棱见角。这种差异是个性风格上的差异，而不是学习优劣的差异。因此，采用增值性评价，可以看到不同层次学生的进步，更为科学合理。

从思维体验上看，学生在学习的过程中对书法认识的深化，也要靠各自内心的体验，通过自己观察和教师的讲解，对书写的内容具有了初步的认识，但这些只是表面的，并不能深入内心，需要进一步的思考和体验每一个笔画怎样写，具体写在什么位置最恰当，一个字具有哪些毛病，需要在临摹中边写边体验，边写边捕捉字的形态和意义，才能逐步达到书写动作和笔画形质的统一。

从智力因素来看，学生对于书法知识与技能的掌握，既靠先天的资质，也靠后天学习。对于那些右脑比较发达、对字形的感知能力比较强、观察能力强的学生，更适合书法的学习，更容易入帖。明代书家项穆在《书法雅言》中有一段话说得好："资贵聪颖，学尚浩渊，资过乎学，每失癫狂，学过乎资，犹存规矩，资不可少，学乃居先。"这段话的意思是说，好的天赋是学习书法的优越条件，在学习书法中起着重要作用，但是如果不好好学习，也会一无所成。先天条件比较差的学生，经过后天的培养教育、个人的努力，也能掌握书写技能，书写出正确、端正、美观的字来。有的学生在六七岁就可以动笔写得很好，有的学生学习了四五年书法，依然也看不出有什么明显的进步，长期在某一个阶段不停地徘徊，这是很正常的现象。显然传统式的综合横向等级评价方式并不能满足书法教学的要求。

调查统计表明，对书法有兴趣的学生，有相当一部分受父母等长辈的影响，这种影响是无形的、潜移默化的。有的家长喜欢书法，平时有练字的习惯，孩子在家长的熏陶和影响下也会喜欢书法。有的家长关注孩子书法的学习，积极为孩子创设良好的学习书法的环境，在课外给孩子报书法培训班进行学习，在年龄比较小的时候就开始接触书法的学习，相对其他学生来讲也会更有优势。相对于农村来讲，生活在城市里面的学生接触书法的学习的人数会更多一些，相对于学历低的家长来说，学历高、文化水平比较高的家长更愿意让孩子接触书法的学习，同时有过艺术学习和体验的家长更愿意让孩子接触书法的学习。这些来自家庭方面的因素也对学生书法学习的效果具有影响。

书法学习是一种个体性质的活动。学生因为受天资、环境、个性、主观努力等各种因素的制约，表现出的书写水平和书写特征也具有差异，因此在评价过程中就要承认并且尊重学生的差异，并以此为原则，关注学生的进步幅度。

具体应用增值性评价

增值性评价应用到书法教学中的主要流程，首先是收集学生在某一个学期开始学习之前的学业成绩数据，将它作为前期增值性评价的"输入"，也就是前测。其次，经过一段时间的书法教学之后对学生进行学业测试，将测试成绩作为增值性评价的"输出"，也就是后测。然后，分析收集的数据，得出每名学生的学业进步成绩，两者的差则是学生所取得的学业进步，这个进步值就是所谓的"增值"。最后根据学生的进步幅度作出比较客观的判断和评价。

我们还可以通过记录学生不同时间书写的作品，感受到学生的进步幅度，纵向比较，体现增值性。

图1中的四幅作品是同一个学生不同时期的欧体楷书作品，记录了学生三年来的学习过程，体现了增值性以及学生的进步幅度：

图1(a)是2018年初学阶段书写的古诗《凉州词》，从笔画来看，基本上掌握了欧体楷书笔画的书写方法和特点，在结构的安排上也接近原帖，平正的特点基本表现出来了，只是个别字在结构安排上有所欠缺，书写整幅作品的时候个别字还需要纠正，整幅作品的字大小不太一致，整体感不强。

图1(b)是2018年书写的一副对联，和前一副相比，线条的力度增强了，笔画也加粗了，书写较前一副更规范，更像原帖，更熟练了。例如捺、横钩这些笔画在书写时都更加熟练。但是个别字的字心不稳，例如"清""镜"这两个字。整幅作品的整体感较上一个作品也有所增强，字的大小也更趋于一致。

图1(c)是2019年上半年书写的作品，整幅作品无论是笔画还是字形结构，都有了非常大的进步，笔画更纯熟，整幅作品的整体感更强了，无论横行字还是竖行字的大小也一致，进步明显，个别字还需要修改。

图1(d)是2020年上半年以抗击新冠疫情为题材所创作的作品，从作品的整体来看，基本将欧体楷书的特点表现得比较完备，整体比较统一。无论是从汉字的笔画还是结构来看，进步都是非常明显的。

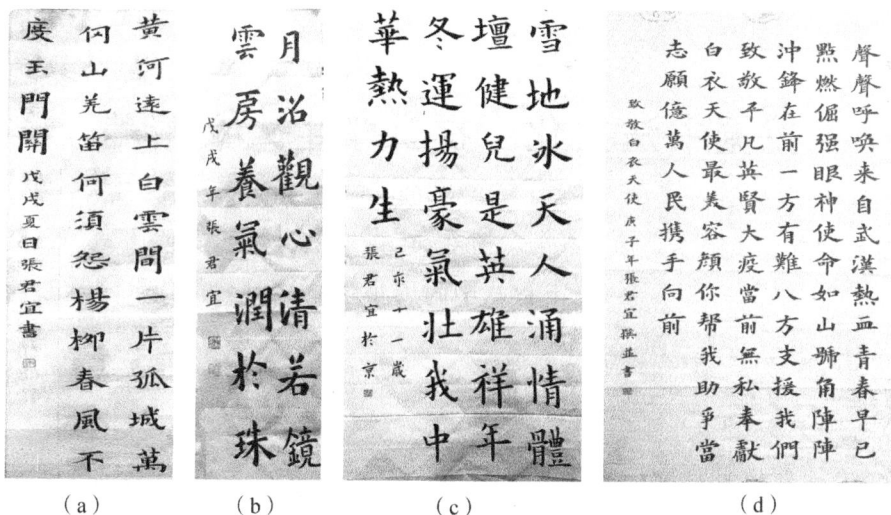

（a）　　　　　（b）　　　　　（c）　　　　　（d）

图1　同一学生不同时期的欧体楷书作品

将四幅作品进行比较，实际上就体现了增值性评价的理念，即一段时间内不同时间点上的变化：纵向比较，自己和自己比，过去和现在比。体现了书法学习长期积累的过程，关注了学生学习的过程，看到了学生的进步，体现了评价的意义。

在书法教学中，学校和教师关注更多的往往是学生的书写技能水平和最终成绩，缺少对学生学习态度和习惯的评价，但对学生学习习惯和态度上的评价不可忽视。小学阶段，学习习惯主要指的是书写姿势和执笔姿势等问题，因此老师要认真对待学生在书写过程中的每一个细关。学习态度主要体现在课堂上学生书写是否专心认真、作业是否及时上交等等。

以上对增值性评价在书法教学中的应用作出了详细的论述，可以说，增值性评价作为一个新兴的评价方式，在很多学科都引起了教育者的关注，将这种评价方式应用在中小学书法教学中，结合书法本身具有的特点，对于丰富书法的学习方法和提高书法教学质量有着非常重要的意义。虽然这种评价方法具有很多优势，但同时也存在一些不足，具有很多局限性，需要教师投入大量的时间和精力不断地去研究。

挖掘书法文化　提升学生人文素养

杨春江

（丰台八中附属小学）

　　《中国学生发展核心素养》关于人文积淀的培养中提到，学生要具有艺术知识、技能与方法的积累；能理解和尊重文化艺术的多样性，具有发现、感知、欣赏、评价美的意识和基本能力；具有健康的审美价值取向；具有艺术表达和创意表现的兴趣和意识，能在生活中拓展和升华美。

　　因此书法课程不能只立足于提高学生的软笔书写能力，更应激发和培育学生热爱祖国传统文化的思想感情，提高学生的思想道德修养和审美情趣，使他们逐步形成良好的个性和健全的人格，促进德、智、体、美诸方面的和谐发展。

　　在书法教学中，我结合教学内容，适当融入汉字知识、书法故事等，传播中华优秀传统文化，提升学生的人文素养，培养学生获得民族自信。

源流入手引导学生欣赏汉字的表意美

　　1. 介绍古老的汉字，了解汉字悠久的历史

　　中国汉字是人类历史上最古老的文字之一，也是至今仍在应用的最古老的文字，世界上没有任何一种文字像汉字这样经久不衰。三千多年前，甲骨文应用就已经很成熟，今天可考的出土甲骨约 16 万片。从甲骨文成熟的应用我们可以推断出，我国文字历史不止三千年。在教学中，每节课学习一个新字必从甲骨文讲起，认识它的造字起源、含义并让学生书写甲骨文。让学生了解先人的思想，认识到祖先的智慧，体会我国悠久的历史。

2. 认识汉字造字"六书"，体会汉字造型的美妙

汉字在商代已经发展得很成熟，在象形字的基础上创造出很多新字方便日常的使用。后人归纳出"象形、指事、会意、形声、假借、转注"造字"六书"。在教学中，我带领学生将造字的形象进行分析，让学生认识造字的含义及字的所属类别。如"司的写法"一课，我引导学生观看一幅帝王前伸手臂、发号施令的照片，进而出示"司"字造字含义的图片：一个帝王侧面站着，手向上前方高高举起，他的大嘴正在发布命令。这个字就是"司"字，本义是"主持""掌管"。学生就很容易理解甲骨文的"司"字的写法，并通过形象分析出"司"是一个象形字。

再比如在讲"土字底 王字底"这一课时，我带领学生分析"皇"字的造字及演变过程。"皇"字最早见于金文，金文中的"皇"字是一个头戴金冠的王，金冠上面的三个点代表金冠发出来的光，表示至高无上的权力。"皇"也是象形字的一个代表。

在学习"月字旁"一课中"明"字的写法时，我出示造字的演示，天空中最明亮的星体就是太阳和月亮，把它们合在一起就是明亮的意思。"明"是一个会意字。还有"日、月、山、水"这些常见的象形字，"一、二、三"这种简单的指事字，在学习时都让学生对造字方法有了清晰的认识。这样的知识学习提高了学生的学习兴趣，让学生体会了汉字奥秘，更感受到了祖国汉字的优美以及作为中国人的自豪感！

3. 了解文字的发展史，潜移默化地培养民族自信

课堂教学中，每一次的源流讲解都会讲到秦这个时间段，秦朝之前由于春秋战国时期诸侯争霸，各个诸侯国之间文字使用规范不一，造成一个字有多种写法，如"皇""司""明"。到了秦始皇统一六国后，由于全国各地文字差异较大，他的诏书发布到全国，很多地区的人却不清楚中央政府诏令的准确意思，执行中出现了很多的误差。于是他下令"车同轨、书同文"（《礼记·中庸》："今天下车同轨，书同文"），这个命令就是全国车子使用相同的轮间距，统一使用一种规范的字体。他命令丞相李斯对文字进行了规范，在前人书体的基础上创立了小篆书体，并推行全国，篆书就成了官方的字体。文字的统一让我们的国家有着强大的凝聚力，使得悠久的文明和文化能够延续并流传下来。学生在学习文

字的同时，又对我国的历史有了认识，潜移默化地培养了学生的民族自信。

4. 感受各种书体的美，培养学生的审美能力

在软笔书法中，每个字都有"篆、隶、草、行、楷"五种写法，五种字体各有各的风采神韵。在教学中，虽然不要求每种字体都学习，但在写字前，我总会将这个字的五体都展示给学生，并展示所含字的原帖让学生欣赏，既认识每个字不同字体的写法，又能感受书法作品的魅力。

讲书法家故事　引导学生学写字先学做人

1. 书品到人品，学写字先学做人

宋朝大书法家苏轼曾经说过这样一句话："苟非其人，虽工不贵"。意思是说，如果这个人人品不好，无论他的字写得多好，也不贵重。这句话说得很对，如果人品不好，写的字再好也不会被人尊重，这就是学写字先学做人。

书法教学中我们要引导学生先学如何做人，树立正确的人生观、价值观。教学中，我将所学字的风格特点和书法家的品格介绍给学生，对他们进行人格教育。

如"司的写法"这一课，教材中的"司"选自《颜勤礼碑》，范文澜在《中国通史简编》中说："初唐的欧、虞、褚、薛，只是二王书体的继承人，盛唐的颜真卿，才是唐朝新书体的创造者。"《颜勤礼碑》是颜真卿晚年作品，准确地体现颜书宽绰、厚重、挺拔、坚韧的风格特点。教学中，介绍"司"字的出处时，我出示《颜勤礼碑》图片让学生欣赏，体会碑上文字整体风格特点。碑文结字端庄，宽博疏朗，气势雄强，骨架开阔，方圆转折清晰，横细竖粗非常鲜明，正如他的人品一样。

拓展提高环节，我播放了一段颜真卿的人物介绍，概括地介绍了他刚正忠义的事迹，让学生了解其人，引导学生认识到颜真卿在书法史上的地位高，一方面是因为他的字确实极好，是一代大师，另一方面也跟他的人品有很大的关系，颜真卿是个忠臣，是个烈士，是为国捐躯的英雄，因此人们怀念他，也珍惜他的书法作品。从他书写的字里行间也能见到他大气凛然的风貌，所以后人对颜真卿非常推崇。历朝历代学习颜真卿书法的人不计其数，但同样书法出众

的宋代书法家蔡京、秦桧由于人品卑劣，虽然写得一手好字，但还是招人唾骂，没有人学习他们的字。所以我们要像颜真卿一样，做个勇敢正直的人。

2.“墨池笔冢”，引导学生不懈努力

书法的学习既有意义又很辛苦。很多学生耐不住枯燥的练习。每次上课时，我不仅带领学生学习书法作品的内容、书写风格，还给学生介绍相关的创作背景、书法家的故事，既让学生对书法作品有一个全面的了解，又可以用书法家的精神激励他们。

如欣赏行书作品《兰亭序》时，我先给学生讲解了作品创作的背景、书写风格，然后重点介绍了王羲之“洗砚池”的故事，让学生了解到大书法家的勤奋好学。之后，我又安排学生诵读元代诗人、画家王冕作的《墨梅》：“吾家洗砚池边树，朵朵花开淡墨痕。不要人夸好颜色，只留清气满乾坤。”王冕诗中提到的“洗砚池”就来自王羲之的故事，让学生在欣赏、感受书法美的同时也体会到，即使是书圣也离不开勤奋和努力。

在介绍、欣赏怀素《自叙帖》时，我为学生讲解怀素生平，尤其是怀素幼年家贫，买不起纸张，只好在寺院的墙壁上、衣服上、器皿上、芭蕉叶上练习书法。为了练字，他还制作了一块漆盘，长期精研苦练，秃笔成堆，埋于山下，人称“笔冢”。通过这个故事让学生思考：怀素为什么会成为书法家？引导学生体会到每个人都要通过自己坚持不懈的努力才能获得成功。

临写经典碑帖　培养学生学习古人精华

临帖的作用在于学习规则和技巧，在于继承。中国书法都是一代一代传承下来的，通过临摹古人的经典碑帖能够从中学习古人书法的精髓，而不是为了临摹而临摹——临摹是途径，不是目的，书法的最终目的是从无我到有我，形成自己的风格，但这不是一年两年的事情，需要经过长时间的锤炼才可以完成，只有踏实临摹古典碑帖，才能学到真经。

教学过程中，我选取多种经典碑帖带领学生学习。我带领学生体会《九成宫醴泉铭》端庄秀美、法式严谨、沉稳内敛的结构特点，方圆融合、粗细均匀但又蕴含着丰富变化的运笔方法；《颜勤礼碑》的宽博大气、宏伟雄强的风骨；《曹全碑》的秀美多姿；《张猛龙碑》的刚劲险绝、大气雍容；《峄山碑》的端庄严谨、挺俊刚健；《石鼓文》的整肃厚重、笔力雄浑。每种书体都融入了不同创作者的独特的思想与精神，学生能够从不同书体的不同风格中体会到书法家强烈的个性特征。

书法是中国汉字展现美的形式，书法课堂教学是培养学生欣赏汉字之美的重要阵地，同时也是培养学生审美能力、弘扬中华民族优秀传统文化的重要途径，我们要继续开展课题研究，推进书法教育的深度开展，同时提升学生的审美素养。

音画联觉丰富审美感受促进创造思维

田春娣

（中关村第一小学）

有人听到某些旋律会落泪，有人看到某些绘画作品内心会掀起波澜。音乐、美术都离不开情感体验，都是情感的表达与表现，两个学科之间有很多相通的内容，但具体哪里相通？哪些相通可以帮助学生获得更多的情感体验和审美感受？哪些相通的内容能够帮助教师从一个新的角度激发和丰富学生的想象力和创造力呢？"音画联觉丰富审美感受促进创造思维"课题尝试从联觉的角度联结听觉与视觉，引导学生去听、去看，在多种感觉协同合作的体验活动中把对音乐的感受通过视觉语言充分地表现出来。

研究背景

1. 时代大背景

社会在发展，时代在进步，对人才的需求不断发生着变化，开放型的跨界人才是未来的主导者，开放型人才较传统的专业单一的人才更善于突破专业与专业之间的壁垒，解决问题的视角更多元。

2. 教育的新趋势

融合的艺术课程是新课程倡导设置的综合性课程的重要标志，也代表着学科综合化发展的一种趋势。2015年，教育部部长袁贵仁在改进学校艺术教育工作时建议"深入挖掘各类课程中的艺术教育资源""创新艺术活动的内容与形式"。

3. 现状

中小学阶段的融合教育是研究领域的一个薄弱环节，很多课程在实施过程中仍以各负其责为主要的授课形式，学生获得的仍然是割裂的碎片化知识。艺术融合课程对于激发学生的想象力、审美力、感知力有很多优势，艺术融合有很多未知空间值得我们去发现和探索。

研究案例与分析

从联觉的角度、从提升学生审美感知的高度，以宏观、发展的眼光来设计学习内容和教学活动，寻找切实可行的教学方法和策略，将音乐美术学科知识有机地融合起来，构建新型的艺术融合教学模式。

1. 音画联觉具象表现中音乐对绘画色彩和内容的影响

在音画联觉具象表现阶段，我尝试以单元形式整合音美学习内容。例如，"四季"单元中有维瓦尔第《四季》——春夏秋冬；"水"单元中有德彪西《大海》和斯美塔那《沃尔塔瓦河》。

对比学生创作的作品可以发现，音乐对于学生的绘画创作内容有很大影响：无音乐元素的画面内容，多为生活回忆和联想，虽然学生造型各有不同，但大多数学生受思维定式的影响，在表现内容上基本相同；与之不同的是，有音乐元素的画面内容因受乐曲影响，其表现内容差异很大，呈现出更加丰富的面貌。

此外，音乐对于学生作品的画面色彩也产生了影响。同样是表现"大海"，根据德彪西《大海》所创作的作品，其画面与没有音乐元素加入的画面在色彩上有很大的差异：受德彪西《大海》乐曲气氛的影响，学生使用了不经常使用的复色表现大海——音乐丰富了学生对大海的感受，海浪的各种造型也因乐曲的直接影响而产生起起伏伏的节奏变化；而没有音乐元素的作品，其画面中的大海色彩单纯，海浪也以平静的装饰曲线为主。

从实例对比中不难发现，音乐从色彩到内容再到造型都会使得学生的创作发生变化，激发了学生的创造想象。尽管在具象表现音乐阶段，音乐的确对儿童绘画创作起到了刺激想象力的作用，但也有弊端。如：随着作画时间的加长，音乐会逐渐沦为背景音乐，有的学生会沉浸在造型里，由一个造型又衍生出另一个造型，造型能力较弱的学生又受困于造型不知如何表现，美术教师指导时偏重于造型和构图，画面与音乐的联系渐行渐远。

2. 音画联觉抽象表现期

抽象表现阶段主要针对中高学段学生，此时学生已具备一定的抽象思维能力和分析能力。

(1)点的节奏。点是美术的基本绘画语言。在音乐中，打击乐、弹拨乐等各种乐器演奏技法不同，也会产生具有点的特征的音乐。从学生根据山西绛州鼓乐《牛斗虎》创作的画面中不难看出，点有形的大小，色彩深浅、对比以及排列疏密的变化。这些变化都与音乐节奏快慢、力度强弱有关。敲击的快慢可以用点的疏和密来表现，敲击的力度强弱可以用形状大小来表现。其间充满冲突，又结合了对比色引导学生进行表现。另外，声音的强弱不仅可以用形状大小来表现，也可以用色彩的深浅来表现。

(2)线的舞蹈。线是美术的另一个基本造型语言。在音乐中，弦乐容易产生线的感觉：小提琴细线，大提琴粗线。此外，旋律也容易让人联想到线。小学美术教材中，低年级的线偏装饰性；中年级教材中有动感的线，还有水墨的线，以及用线来表现生活中的植物、人物等内容。或许，我们也可以大胆地进行创新，为教材加入"画出音乐里的线"，让线条呈现出另一番不同的样子：伴着音乐画出来的线是有温度的线，充满真情实感；自由又不随性，带动着情感，跟随人的呼吸起伏或紧张或舒展。

①空间的线。音乐有空间：高音飘在上面，低音游走在下面。从学生为乐曲《牧歌》和《世家》创作的画面中可以清晰看出，有的线画在上面，有的线隐在后面。这种抽象的线与线之间的空间与层次关系，是平时美术课堂教学中极易忽略的。正是因为有音乐的提示，学生得以在反复聆听中感受并表现出这样的视觉特征。

②有重复的线。音乐中，好听的旋律会反复、有变化地重复。绘画中重复出现的线条，同样会产生一种秩序的美感。在造型艺术中，线条可以通过深浅、粗细的变化在重复中产生出既有序又生动的美感。

③有情境的线。没有音乐加入时，孩子们笔下的线多是装饰的。而有了对音乐的情感体验，他们作品中的线便显示出一种明显的情绪性，画面中上下起伏的线既是音乐的旋律变化，也是情感体验的视觉呈现。优美的音乐能安抚急躁的心，如小提琴曲《牧歌》曲风深情、悠扬，凡是听到的人都会被其优美动人

的旋律深深吸引。这样的曲风会让学生的情绪平静下来,用心带动手中的笔,用平静的线条和柔和的色彩表现那份宁静的美好。同样,急速的乐曲也能激励那些胆小的孩子,用动起来的线表达速度。

(3)面的气势。面是美术中的大色块,在画面中占据较大的面积。音乐中也有面,低音乐器低沉浑厚,如大号、巴松管、圆号。此外,面的产生也不单纯依赖某一乐器,交响乐营造出的宏大气氛也有面的感觉。例如,学生根据谭盾作曲、马友友演奏的电影音乐《卧虎藏龙》所完成的彩墨作品,其画面大气磅礴,让人难以相信这是小学生的作品。

通常情况下,学生在画彩墨作品时,会出现笔法单一或平涂大色块,画面色彩没有深浅、层次等问题。应该说,笔法丰富是在一定的训练实践基础上形成的经验,对于笔墨接触不多的小学生较难。但是,我们可以借助音乐旋律和节奏这些外力,刺激学生的肌肉动作:音乐的情感会刺激创作者在运笔时放松、大胆地下笔,而节奏又会对动作产生影响。伴着音乐去创作,由于没有造型的约束,反而能有效地帮助学生解决笔法单一问题,音乐节奏、力度等的变化也会对学生涂抹颜色的动作产生影响,或轻或重,或急或缓——"缓"已不是简单的慢,而是在创作过程中停下来观察、思考和聆听。在聆听和思考的过程中,音乐会引导创作者去丰富画面,高音时补亮色,低音时加重暗色,颜色被一层层叠加,画面的细节也随之增加,作品创作逐渐走向深入。

在本课题实验的高级阶段——音乐的抽象表现创作期,学生也在尝试当"作曲家",用画面表达音乐。例如,学生通过赏析蒙德里安的《百老汇爵士乐》,又聆听了几首爵士乐,了解了爵士乐的风格及特点之后创作完成的爵士乐画面,其中就明显呈现出他们对爵士乐的自我理解和自我创造。可以发现,正是在用绘画表现音乐的教学实践中,学生们慢慢发现了抽象之趣,体验到了形式之美。在没有进行这项实验之前,学生们画画都喜欢表现具象事物,缺少对抽象的点线面和形式感的概念,既不知道怎么欣赏抽象画,也不知道怎么表现抽象。而当音美融合之后,他们对抽象的理解就不那么抽象了,很多孩子甚至得意地说:现在就爱画抽象画。很多学生学会了整体观察和思考画面中不同抽象元素的布局,在创作时有了更多对美的规律的理性探寻。

音画联觉是一种创新性的艺术学习形式,可以使学生和教师都获得前所未有的体验,也为小学生理解艺术的形式美提供了很多方法。

实现音乐教学美育功能的思考与实践

王光月

（八里庄小学）

　　学校美育主要包括艺术美育、自然美育、社会美育和教育美育，音乐教育是艺术美育的主要形式，是美育教育的主要手段之一，在新课改和新时代教育体系下发挥重要的作用。此前，音乐课的地位远远低于文化课，以致很多时候被文化课所挤占，真正注重发展的家长往往在校外花费高昂的费用来进行专业培养，学校的音乐教育处于非常尴尬的地位。2015 年中共中央办公厅、国务院办公厅发布的《关于全面加强和改进学校美育工作的意见》（以下简称《意见》）明确指出："学校美育课程建设要以艺术课程为主体，各学科相互渗透融合，重视美育基础知识学习，增强课程综合性，加强实践活动环节。要以审美和人文素养培养为核心，以创新能力培育为重点，科学定位各级各类学校美育课程目标。"[1]在《意见》发布后，学校提高了对音乐教育的重视程度，增加了音乐教育在整个教育过程中的比重。2018 年，习近平总书记给中央美术学院 8 位老教授回信，对学校美育作出重要指示，并在全国教育大会上再次强调要全面加强和改进学校美育。[2] 这些重要指示，是做好新时代学校美育工作的根本指南，指明了前进方向，提供了根本遵循。国家对美育的重视，会使音乐教育进一步向美育的教育功能迈进，将会大大拓展音乐教师的教育职能，音乐的目标也将不是学会唱歌，而是培养学生感受美的能力、鉴赏美的能力、创造美的能力，提高学生追求人生趣味和理解的境界。

---

　　① 《关于全面加强和改进学校美育工作的意见》，国办发〔2015〕71 号。
　　② 陈宝生：《做好新时代学校美育工作》，《光明日报》2019 年 5 月 7 日。

音乐教育的美育目标

音乐教育是实施学校美育的主要内容和途径之一，而音乐的审美教育是音乐教育的基础。音乐的审美功能对培养学生良好的个性和品格产生潜在的影响，使积极的性格特征得以肯定与发展，消极的性格特征得以转化与改变，促进学生身心健康发展。[①] 音乐是一种以现实美为基础，但是又经过艺术加工，因而高于现实美的美的形态。学校美育的根本任务是通过音乐感受陶冶人的性情，通过音乐的鉴赏启迪人的智慧，通过对音乐的创造塑造积极向上的人格，进一步使学生具有发现和创造美好生活的基本能力，从而努力追求高品位的生活、高境界的人生。这一点不仅是学生个体生活幸福的需要，也是现代社会发展向教育提出的时代要求。

理解音乐的内涵

每一首作品的产生都不是单纯乐符的拼凑，而是生活的回味、情感的表达、梦想的追逐，音乐的内涵使音乐充满了情感，情感融入则是课程导入时非常重要的环节。

1. 音乐是故事，记录着历史兴衰

音乐如同绘画一样，每一首音乐都描绘着一个故事，这个故事或优美，或悲伤，或令人回味，或令人向往。《北京四合院》是一首描写北京传统建筑四合院的歌曲，歌曲的旋律具有北京独特的地域风格特点（如图 1），歌词以质朴的语言描绘了老北京四合院里人与人和谐相处、情同一家的生活情景。在教学中引导学生用具有京腔京味儿的声音表现歌曲情绪以及音乐形象，通过歌曲让学生更进一步了解北京的传统文化，增强民族自信心和自豪感。

---

① 姜大治：《音乐审美教育的新内涵及社会功能》，《教育教学论坛》2018 年第 38 期。

邻 里 街 坊 是 朋 友， 男 女 老 少 喜 盈 盈 咿 儿 哟。
祖 祖 辈 辈 故 事 多， 酸 甜 苦 辣 都 是 情 咿 儿 哟。

图 1 《北京四合院》片段

2. 音乐是情感，代表着喜怒哀乐

一首好的音乐可以将人引入一种情绪，带入一个情境。音乐是有情感的，在人高兴的时候，它可以给人带来愉悦的表达；在人情绪暴躁的时候，它可以让人冷静；在人失落的时候，它可以治愈人受伤的心。如《鲁冰花》，讲述了小男孩自幼丧母并坚强地生活，尤其是副歌部分（如图 2）把歌曲推向高潮，进一步表达了主人公对母亲深切的思念。通过学习这首歌，学生感受到母爱的深厚、亲情的伟大，产生情感的共鸣。

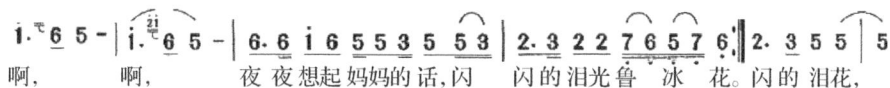

啊， 啊， 夜 夜 想起 妈妈的话，闪 闪的泪光鲁 冰 花。闪的泪花，

图 2 《鲁冰花》片段

3. 音乐是梦想，承载了万千希望

每个人心中都有一个关于音乐的梦想，因为音乐是一种胜过语言的语言，可以跨过界限，没有障碍地和一个人，甚至和一种生物交流。"想做的梦从不怕别人看见，在这里我都能实现"表达了少年怀揣梦想、勇往直前和对美好生活的向往。

音乐的外延价值

音乐教育就是在学生欣赏和学习音乐的过程中进行审美教育，培养学生对艺术的审美能力，一步步由情入理，由理化行。一年级的孩子们刚刚进入校园，对世界充满着好奇，也充满了对世界美好的憧憬，小组曲《上学了》让刚刚接触小学生活的他们感受到校园生活的美好，激发学生的求知欲和对美好生活的憧憬；三年级的小学生处于形成自信心的关键期，情绪不稳定，自控能力较差，一首《只怕不抵抗》描绘了儿童团员们不畏牺牲、报效祖国的情怀，可以在三年级的孩子心里种下感恩的种子，感恩共产党给人们带来的美好生活，渐渐地从心里建立一种信仰；五年级是培养良好的智力品质、发展自我意识的重要时期，一首《雨花石》描绘了一颗颗小小的石头铺出五彩的路，引导学生树立学习苦乐观，在祖国的建设中甘愿做一颗石头，建立正确的人生态度。学生是文化的传承者和创造者，提高音乐综合素养和审美能力，能够帮助学生形成自信、乐观、积极向上的生活态度，塑造坚定、勇敢的品格。

实现音乐美育目标方法和实践的探索

1. 应挖掘音乐的时代意义

在小学阶段开展音乐教育，应当充分挖掘音乐本身的内涵，结合学生的年龄特点，采用学生易于接受的形式来激发学生的兴趣。兴趣必须符合时代特点，这才容易被学生所接受。以三年级音乐课学习的《马兰谣》为例，这首歌描绘了我国广东一个叫马兰的美丽地方，主要通过优美的旋律表现家乡的自然风景（如图3），表达对家乡的无限热爱。其实我国还有另一个叫马兰的地方，那里却是一个戈壁滩。这时可以进一步发散，介绍一下研制我国第一颗原子弹的马兰基地，让学生们知道美好的"马兰"生活源于在戈壁里的"马兰"的付出，让学生懂得珍惜和热爱美好的生活，达到情感共鸣，增强民族情感，激发爱国热情，培养主动学习和乐观向上的生活态度。

图3 《马兰谣》片段

2. 应与其他学科渗透融合

融合教学可以增强学生的思维拓展能力和创新能力，开阔学生的视野，帮助学生更好地学习，也能让学生更好地欣赏音乐。如音乐与语文的融合，小学生接受中国古诗词是相对困难的，现有已经有很多的古诗词被编成了歌曲，使学生更愿意去接受，如果再能编成音乐剧，效果将进一步提升；音乐与美术结合，如《维也纳的钟声》这首欣赏音乐，教师可以以设疑的形式让学生听旋律的"色彩"，留意每段旋律的"色彩"有什么不一样的地方，不同的"色彩"对应的是什么样的钟，然后以绘画的方式画出旋律中钟的模样，这样的方式不仅能帮助学生形成音乐思维，还能提升学生的绘画水平及绘画兴趣[①]；音乐与体育、音乐与数学等融合的例子也比比皆是。融合就是创新，教师应当善于运用多种音乐表现形式及创新融合的教学模式。

3. 应强化融入生活

学校美育应该向社会美育、家庭美育延伸，以学校美育为中心，逐步形成学校、社会、家庭美育工作的横向一体化。音乐源于生活而又高于生活。在小学音乐教育教学过程中，教师往往注重学生乐理知识的培养，忽视音乐与生活的联系，让音乐教学走进误区，导致学生无法理解音乐背后所带来的启发，核心素养无法体现。音乐教学除了常规的音乐知识的讲授之外，将音乐融入生活，才能更好地理解音乐之美，才能更好地提升审美能力和鉴赏能力。将音乐融入生活，在生活中融入音乐，学校可以组织教师、学生和家长，共同完成音乐剧、歌剧、话剧等的创作和演出，音乐的纽带作用可以将社会、学校和家庭的距离进一步拉近。音乐教育，应该贯彻在学校教育的全过程，它还应该在家庭和社会空间里获得浸润和熏陶。

人人都是美育的教师，与此同时，人人也都是美育的学生。音乐教育需要实现的美育功能不只是针对学生，同时也对每一位教育者提出了更高的要求。音乐教育者应遵循音乐的特点，在教学中创新教学方式，勇于探索多学科融合，并与社会、家庭一体化发展，以音乐养性，以音乐怡情，以音乐之美导行，提升审美和人文素养，实现音乐教育的美育价值与功能。

---

① 曹霄洁：《小学音乐与多学科有机结合渗透式创新教学》，《北方音乐》2019 年第 39 期。

采用音乐课前小练习
促进学生对音乐能力的掌握

庄　园　肖付增

（不老屯镇中心小学）

　　新时代予以教育以新的面貌和新的任务。2014 年教育部研制印发《关于全面深化课程改革落实立德树人根本任务的意见》，提出"教育部将组织研究提出各学段学生发展核心素养体系，明确学生应具备的适应终身发展和社会发展需要的必备品格和关键能力"。教育观念的转变，让我们的教学侧重点改变：以学生为本，追求孩子健康快乐发展。

　　音乐是流动的艺术，音乐学科一直深受孩子们的喜欢。《北京市中小学音乐学科教学常规及学生部分音乐能力要求及说明》的提出，进一步明确了中小学生应具备的音乐能力。它从音准、首调识谱、节拍把握、节奏把握、音乐结构分析与表现五项具体内容出发，罗列出每个年级段应掌握的相应能力，为广大教师的音乐教学扩宽了思路，指明了方向。

　　那如何在音乐课堂中将教学内容与能力培养结合起来？采取怎样的方法促进学生对音乐能力的掌握？带着这些问题与思考，我尝试采用"音乐课前小练习"并初步探索其过程和方法。

课前小练习的选用

　　小学生大多活泼好动、喜爱模仿，如教师能将讲授知识与游戏结合，可谓事半功倍。《义务教育小学音乐课程标准（2011 年版）》中也鼓励教师"设计丰富的音乐实践活动，引导学生主动参与"。近年来，北京市教委下发《北京市中小学音乐学科教学常规及学生部分音乐能力要求及说明》，对中小学生应具备的各项音乐能力作出明确要求。值得思考的是：如何根据小学生的年龄、身心及音乐知识掌握能力等特点，在有限的课时里培养其必备音乐能力呢？结合具体的教学工作，我尝试在课堂上的前几分钟进行音乐能力的训练。在不影响正常的音乐教学的情况下，确保其所用时间短，效果好，持续长。在初步设想后，我慢慢梳理所教授年级的能力要求，有计划、有步骤地设计练习的内容，并在音乐课前实施起来。

课前小练习的方法

（一）整理训练内容

训练内容依据《北京市中小学音乐学科教学常规及学生部分音乐能力要求及说明》相关规定，共分为音准、首调识谱、节拍把握、节奏把握、音乐结构分析与表现五项。

具体的内容及要求：

1. 音准：通过聆听模仿教师演唱，提高自己演唱时的准确性。

2. 首调识谱：教师在五线谱任何位置上呈现一个音，学生能够找到相对应的其他音的正确位置。

3. 节拍把握：准确拍击稳定拍；根据教师指挥手势，准确进行歌唱的起止；判断典型性节拍曲调；按图示跟随音乐挥拍。

4. 节奏把握：看谱表现节奏，聆听模仿节奏，节奏记写，节拍稳定。

5. 音乐结构分析与表现：播放旋律，判断乐句之间的关系，划分乐句，判断乐段的起始处。

但是在具体实施的过程中，几项能力练习可以适当地、适时地彼此融合成几种类型的课前小练习（如图1）。这样有机的整合，有利于孩子们在有限的时间里训练多项技能、丰富练习内容和层次，更有利于保持小练习的趣味性，以便在今后的课堂中长期开展和保持。

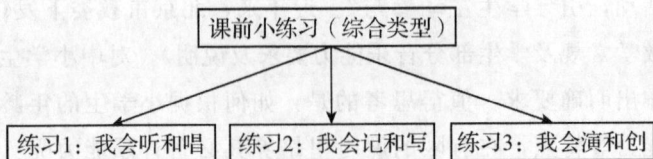

图1 "课前小练习"类型

（二）全班学生分组

　　课堂要面对全体学生，注重个性差异。我在音乐课堂中，力求每一名学生都能感受音乐美、表现音乐美、创造音乐美。我依据每个班级的学生情况，将其进行分组（如图2）。因为课前小练习时间较短，不能占用太多课堂教学时间，所以我将每一次小练习的人数定为2人。将每名学生的序号下发，他们提前做好相关准备。每次小练习中，如有不准确的地方，另一名测验的学生或者其他学生都可以帮助他，在检测该名学生的同时，也为其他人提供了交流、展示的平台，可以担任"小老师"的角色。当然，相应地也设计了"奖励机制"，检测效果好的学生将会获得"知识卡片"（本年级音乐教材应掌握的音乐知识及应具备的音乐能力知识），卡片累计获得3次的学生将会获得1张"表演卡"或"点播卡"（学生自主选择奖励的种类），这样层层递进、环环相扣，将小小的课前练习变得丰富多彩、有滋有味！

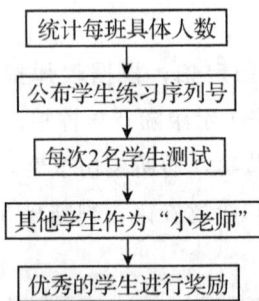

图2 "学生分组"简易流程图

（三）公布活动规则

　　俗话说"不以规矩，不能成方圆"，我们的活动虽小，前期经过生生、师生共同探讨，也为其制定了规则。在活动进行的过程中，难免会遇到各种突发的、意料之外的情况，这要求我们在制定规则时对某些情况进行预设，提前就某些问题与规则和学生达成共识，师生之间要彼此信赖、相互包容，亦师亦友。值得注意的是：规则要体现出音乐学科特色，注重培养良好的音乐习惯，积累丰富的音乐知识，提高专业的音乐能力。

（四）练习片段分享

片段1："我会听和唱"——音准、首调识谱能力小练习（以三年级为例）

（1）练习内容：

掌握 la-sol-mi-do 四音列的音程关系及感觉，通过模仿音列，建立其音准概念；聆听时教师打乱顺序，提高学生的听辨能力，演唱时将听到的音通过外向的声音表现出来，将听、辨、唱结合起来。最后，再把答案在五线谱中摆放出来（要注意观察教师给的"标准音"的位置），练习音准的同时，又将首调识谱与之融合，培养实践能力。

（2）具体步骤：

①教师哼唱出音列或音阶（la-sol-mi-do 四音列），学生模仿。

②教师用哼鸣演唱打乱顺序的音列（或音阶）各音，学生带唱名唱出音高。

③教师在五线谱任何位置上呈现 mi-sol-la 三个音中某一个音的位置，学生将刚才模唱出的音在五线谱上摆放出来。

④教师公布正确答案，检测的学生自己校对或改正（其他学生可以帮助改正），为优秀的测试生下发奖励卡片。

⑤全班学生可以再一次模唱和模拟摆放。

（3）注意事项：

①练习的过程中要保持教室内安静，为其提供良好的听觉环境。

②模唱不准的时候，教师要及时予以指导，这样有利于建立良好的音准概念。

片段2："我会记和写"——节奏把握能力小练习（以三年级为例）

（1）练习的内容：

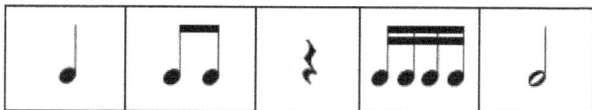

这几种节奏材料的组合，考查"看谱表现节奏、聆听模仿节奏、节奏记写、节拍稳定"四项能力。特别是"节奏记写"这一项内容，需要平时在课堂中进行定期或不定期的书写练习。有的学生模仿和表现节奏都很不错，但是一遇到记写节奏，就会出现不准确的情况。这也为日常的教学提供了侧重点，应分析原因并且找到办法去解决困难。

（2）具体流程：

①教师弹奏节奏组合1，学生进行聆听。（最多聆听3遍）

②学生将聆听的节奏在黑板上记写出来。

③教师公布正确答案，学生进行校对或改正（其他学生可以帮助），学生拍击正确的节奏组合1。

④教师出示节奏组合2，给学生几秒准备时间，然后进行手拍节拍、口读节奏。

⑤教师给测试优秀的学生下发奖励卡，全班可以共读节奏组合1和节奏组合2，巩固知识。

（3）注意事项：

①练习的过程中要保持教室内安静，为其提供良好的听觉环境。

②聆听的次数最多不能超过3遍，培养学生有计划地、有目标地聆听。

课前小练习的作用

音乐课前小练习可以看做小检测、小游戏。它篇幅简短，有具体的分项练习内容，有师生的互动与评价，对培养学生良好的音乐能力发挥了积极的作用。在深化知识的同时，将"无形的知识"转化为"有形的实践活动"。教师设计梯度渐进的练习内容，更有助于学生建立完善的知识体系。

随着社会的发展、教育的日新月异，对学生能力及素养的要求也会相应提高。我们的教学措施及方法也必须遵循学情、教学等规律而调整变化。在设计音乐课前小练习时，教师要紧跟时代和教育发展的步伐，从而更好地辅助课堂、服务教学、促进教研。

课前小练习的探索

课前小练习环节还存在着许多欠缺与不妥之处。比如在"音乐结构分析与表现"内容的设计和融合中，就只是简单地分析，而没有形成与教学内容相一致的，或者说是整体的练习模式，并且其中趣味性也不强。

诸如此类的问题，在今后的教学中，我还需不断地探索和钻研，努力设计出更符合不同年级段的练习小活动，将它变得丰富起来、有趣起来、实用起来！

音乐美育对提升学生能力的实践

刘素文

（中关村第一小学）

音乐教育具有独特的、不可替代的作用，古往今来的许多思想家、教育家，都有精辟的见解。然而，随着教育改革的深入和发展，许多传统的教学方式和教育观念的弊病暴露无遗，因而受到猛烈的冲击，促使新的教育思想和教育观念应运而生。我国传统的音乐教学模式是：老师教，学生学；老师范唱，学生模仿；老师提问，学生按照老师的思路去回答问题。在这种模式下学习，学生虽然也能学会音乐知识、进行歌曲演唱及表演，但很难产生对音乐的兴趣爱好，他们往往并不积极情愿地去学习知识、演唱歌曲，而只是敷衍老师的要求，久而久之便失去了学习的自觉性。

创设愉快的教学氛围　引发自主学习

兴趣是最好的老师，想象力是创造的灵魂。学生不是填满知识的容器，而是一支支需被点燃的火把，作为教师要为学生营造一个利于创新思维发展的良好环境。愉悦的情绪可使学生的身心处于积极向上的状态，对学习充满自信心，产生学习的兴趣。在音乐教学工作中，根据不同年级学生的特点，还要采取不同的教育教学方法。通过创设和谐、愉快、生动的课堂气氛，引发学生的学习兴趣和欲望。

比如，一年级学生天真、活泼、好玩、好动，喜爱游戏活动，在给他们上课时，就要尽量发挥学生的律动性和情趣性，把游戏和音乐有机、紧密地结合在一起。通过游戏、律动、歌曲表演等，运用起伏的旋律、鲜明的节奏、强弱有序的力度、疾缓交错的速度，以及各种不同的情感变换，激起学生形体动作及对音乐的反应。让教学在动态中进行，使学生自然地动起来。如运用打击乐器——三角铁、木鱼、双响筒、响板等，进行声音长短的比较；还有随着音乐的强弱变换踏步的轻重，体会音乐的强与弱等。在整个教学中通过游戏渗透学习内容，使学生在游戏中学习，这样，学生感到既轻松又愉快，从而产生自觉学习的内在动力。

中高年级学生爱思考，有自己的见解。运用小组赛、个人单项赛等各种有趣的比赛，充分调动学生学习的主动性。学生只有在不断地遇到问题、解决问题的过程中，才能产生研究探讨问题的兴趣，从而使知识不断深化，能力不断提高。在这种形式的创造与实践活动中，学生们不仅提高了音乐创作的兴趣，还大大提高了积极探索、勇于创新的意识。学生们在课堂上表现得兴致高涨，气氛活跃，也反映出这样的教学是学生们所欢迎的。

设疑和质疑　激发学习兴趣

"学起于思，思源于疑。"人的思维活动是从疑问和惊奇开始的，疑问和解疑也是最容易诱发积极思维的手段。因此，在教学中要充分利用学生好奇、好动、好胜的学习心理特点，围绕知识关键点巧妙地创设情境，设置疑问，让学生"疑中生奇""疑中生趣"。从而激发学生对疑难问题进行研究、探讨的兴趣。

如在授新课时先把本节课要完成并解决的重点、难点问题留给学生思考。学生围绕教学目标、课前提出的问题进行小组讨论，为了强化小组合作学习的效果并培养学生独立思考的能力，在组内交流之前，每个学生都要独立思考、自学，写出思考要点，发言时采用中心发言式、指定发言式、自由议论式，进行小组发言比赛。每个学生都不甘心自己落后，积极准备发言。这样一来，学生就会主动地认真地思考，他们运用各自的思维模式去同化、筛选眼前的知识，把自己掌握得不太好的或是没学过的知识找出来，然后教师和学生进行抢答比赛，让学生对教师的"博学多才"感到佩服又好奇，产生"老师为什么知道这么多"的疑问。

激发学生探索新知识的欲望。在课堂上我精心创设问题的情境，促使学生思维处于积极活动的状态。同时，根据学生们争强好胜、不肯落后的心理特点，以激发和鼓励的形式，采用多种活动方法，如小组赛、个人单项赛等各种有趣的比赛，充分调动学生学习的主动性，激发他们学习的兴趣。

培养学生操作能力　激发学习兴趣

小学生思维发展的特点是从具体形象思维逐步向抽象思维过渡，但这种抽象的逻辑思维是需要感性材料做基础的。根据这一心理特征，结合教材的难易、抽象程度，在音乐教学中，我注意充分发挥各种乐器的作用，激发、培养学生学习的兴趣。

比如：在给二年级学生听音乐《快乐的早晨》时，我就先请学生认真听音乐，然后让学生自己选择合适的打击乐为乐曲伴奏。这样学生就都自觉、全身心地投入到音乐中来，从而获得参与音乐、感受音乐、表现音乐的快乐与满足。在整个教学中学生们始终处于主体地位，自觉积极地运用眼、耳、手、口等各种感觉器官。从感性到理性，从实践到认识，参与学习的全过程，学生感到既新鲜又有趣。在愉悦中学到了知识，激发了学习的兴趣。

另外，音乐教学还要突出学生的主动性，要发挥学生勇于进取、不肯落后的心理优势，充分调动学生的主动性。竞赛是激励学生学习的一种很好的方式，如：在律动教学中看谁创编的动作又多又好。教学中，要不断鼓励学生，尊重学生的想法。这是影响学生学习积极性的重要因素。要鼓励学生主动学习，既要让学生做力所能及的练习，又要体现教育的"最佳限度"，以唤起学生对音乐学习的欲望和期待。

整个教学过程中教师只是策划人和欣赏者，教师通过创设良好的艺术环境与教育氛围，充分激发学生积极主动、全身心地参与音乐实践活动，从而使他们获得音乐审美体验。在这一过程中，教师由"居高临下的权威"转向"平等中的首席"，教师的任务只是点拨、启发和引导学生，让他们亲身经历发现问题，与同伴合作解决问题；帮助学生在自主探索和合作交流的过程中完成知识和技能的双赢，获得成功与快乐的情感体验。同时使教学过程成为师生交往、共同发展的互动过程。

因材施教　提高学习兴趣

由于先天遗传因素与后天生活环境、教育的差异，每个学生的兴趣、才能、特长和爱好都有所不同。教师要因材施教，根据学生的不同个性，因势利导激发学生自觉愉快学习的动机。比如：在音乐课上，我有意识的一个眼神、一个微笑、一个手势，将自己的期望"告诉"每个学生，在课堂上努力创设一个积极向上的学习气氛，使那些缺乏自觉性的学生受到积极学习气氛的影响和鼓励；还有就是根据学生的不同个性，设计一些不同层次的问题，让每个学生都有自我表现、获得成功的机会，让每个学生都能感受音乐的美，并能够发自内心地去表现音乐，让每一位学生都能感受到学习音乐后成功的喜悦，从而自觉主动地获取新知，产生学习的欲望，既培养了学习的兴趣，同时更能提高学生对音乐的欣赏和鉴赏的能力。

比如，有个学生因为智商偏低，情绪十分不稳定。上课时从不听讲，还经常又哭又闹，脾气大得不得了，以至于影响其他同学的正常听讲，班主任也拿他没办法。可是上音乐课时，我发现他很喜欢唱歌，而且还唱得有模有样，所以我就经常表扬他、鼓励他，还请其他同学向他学习。课上，我常常把一些简单的问题留给他，让他感受成功。慢慢地，我发现他变了，变得听话了，也懂事了。有时他会主动帮我拿东西；冬天天气冷，他就把小手放在我的手上，帮我暖手；课下他还喜欢和我聊天。他说："老师，您真好，您真像我妈妈一样。"听到他的这句话，我的眼睛模糊了。

四年级有个学生是一名问题生。平时他不喜欢和同学玩，上课不爱回答问题，有时还表现出抑郁情绪。于是在《大鹿》这节音乐课中，我就设计了一个音乐剧，请她扮演剧中的主要角色"大鹿"。然后再请两位同学演"小兔"和"大树"，四五位同学扮演"房子"，一位同学扮演"大门"，其余同学扮演森林中的各种动物。大家随着音乐表演剧情，进行伴唱。在这节课上，通过游戏活动调动全班同学共同参与表演。从这之后她变得开朗、活泼了，和同学的关系改善了，上课爱回答问题了，对音乐的兴趣也越来越高了。

其实，一个小小的鼓励、一句赞美的话语都会让学生高兴得不得了。而在整个教学过程中，教师只是一个引导者、参与者，学生才是真正创造、表现音乐的主角。通过这种课堂形式，学生对音乐课的兴趣也越来越大了。学生一点一滴的进步和变化对于教师来说都是一种欣慰，都会从心底感到满足！有人说："没有不可教育的学生，只有不善教育的教师。"我非常赞同这句话。实践证明，正确判断每个学生智力、才能的不同特征和潜质，是教育智慧中极为重要的部分。

艺术教育教学的技巧和成功就在于使每个学生的潜能充分发挥出来，使他们能充分享受到学习成功的乐趣，提高每一位学生的审美能力。相信每个学生都有才，并通过良好的教育和训练使每个学生都能成才、成功，这是教育的本义和真谛，也是教师的快乐所在。相信人人都有才，才会正确对待每一个学生的发展潜能；相信人人能成才，就会创造出适合学生发展的教学模式。只要敏锐地发现和正确地引导，学生的潜能就会像空气一样，放在多大的空间里，它就会有多大。

综上所述，在音乐教学工作中本人也始终遵守这几点教育原则，努力在教学中为学生创设良好的学习环境，采取灵活多样的现代化教学方法进一步实施"愉快教育""成功教育""尝试教育""和谐教育"，把音乐教学活动真正变为活跃学生思想、启发学生思考、引导学生创造的过程。努力培养学生的探索精神、实践精神和自主精神，采取艺术性与思想性融为一体的方式，进行"随风潜入夜，润物细无声"式的教育，使学生受教育于不知不觉中，逐步提高了学生的鉴赏能力和审美能力。

实践证明这是一条通往成功教育的路，我将沿着这条路继续不断努力，坚持不懈地走下去，使每一位学生在真善美的音乐艺术世界里都能享受到人生的快乐！

音乐学科"主题式综合化"教学的思考与探索

韩晓亚

（丰台第五小学）

主题式综合课程的价值

(一)综合课程是教育走向生活的必经之路

教育和生活两者有着密切的联系，教育直接产生于人类社会生活的需要，其最终目标是培养一个完整的能够很好地适应社会生活的人。教育通过文化传承，提高社会成员创造和享用文化的素质，从而使他们确立起自我的人生价值观念，具备在复杂的社会背景下选择、创造和更新他们的生活方式的能力。当今社会是一个综合化的社会，对人才的需求是拥有完整知识体系的综合型人才。

(二)综合课程是以人为本的教育的途径

主题综合课程致力于以人的发展为本，课堂的每一环节都以学生的内在需求为本，让学生沉浸在人文主题中。"以人文精神统领艺术教育，是世界艺术教育发展的趋势，是提高艺术教育的价值，使艺术教育真正成为对学生情感、态度、价值观的培养，精神的提升和整体素质的提高的体现。"所以综合课程充分挖掘学生的情感和知识储备，体现了以人为本的艺术教育理念。综合课程帮助学生认识音乐与音乐之外的事物的联系，建立起音乐与人生活的联系。

主题式综合课程的开展原则

(一)关注学科之间的联系

主题式综合课程最重要的目标是不局限于学科的界限，帮助学生在不同学

427

科知识之间建立联系，构建立体的知识网络。关注学科之间联系的原则是根据赫尔巴特统觉理论和伯恩斯坦数字编码理论提出来的，统觉理论认为人的各个感官之间是有联系的，课程之间应该有整合的观念，关注知识之间的联系。哲学观点中的联系论也指出，世界上没有孤立存在的事物，各个学科也不可能孤立存在。在主题式课程中应该始终坚持关注不同学科之间的联系，从不同学科的知识之间发现联系点，从不同角度对同一主题进行剖析，让学生全面构建知识网络。

（二）加强姊妹艺术间的合作

音乐是艺术学科之一，与其他姊妹艺术学科密不可分。《义务教育音乐课程标准（2011年版）》中也明确提出应该关注音乐与姊妹艺术之间的联系与合作。音乐与美术的联系主要体现在欣赏音乐的同时会联想到一幅画面，美术作品中也常常会讲究节奏韵律；音乐与舞蹈的联系最为密切，舞蹈要通过音乐的节奏与律动来帮助其揭示内涵，音乐有了舞蹈动作的外显表达形式也更容易让人理解；总之，音乐与相关姊妹学科的联系在综合课程的设置中不可忽略，能在不同艺术门类之间帮助学生获得更丰富的情感体验。

（三）关注音乐与社会生活的联系

音乐源于生活却又高于生活，音乐的许多材料都选自生活。在进行综合课的过程中，也应该更加关注音乐与社会生活的关系，引导学生发现音乐与生活之间的联系，能够将音乐与生活的所见所闻相结合。在综合课中也应该多关注音乐与社会生活之间的联系。

（四）音乐性与人文性相结合

音乐性与人文性相结合的原则是根据音乐学科的性质和音乐课程标准提出来的。音乐是一门艺术学科，也属于人文学科。艺术学科有人文性、综合性、创造性、愉悦性和经典性。其中人文性也是比较突出的特征之一。主题式综合课程中音乐课对学生人文素养的培养发挥着重要的作用，在课堂中体验音乐的同时要强调音乐所具有的人文性。音乐知识的学习应当为提升学生人文素养奠定基础，将音乐的价值体现在其人文内涵中。

主题式综合课程案例

"黄河"主题：以音乐《黄河钢琴协奏曲》切入。

第一环节，老师在多媒体上展示黄河的图片，创设出情境，将学生带入课堂情境内，带领学生聆听《黄河钢琴协奏曲》，请学生谈初次听的感受。

第二环节，分段聆听作品并分析旋律中的强弱变化，思考旋律的强弱变化带来的感受，分组讨论为什么会有这样的变化。

第三环节，讨论这节课带给自己的感受是什么，引导学生思考《黄河》所表达的抗日时期的历史特征是什么，在什么样的历史背景下创作出这样深入人心的作品。

美术课承接"黄河"主题：带领学生领略黄河风光作品，欣赏黄河中上游的彩陶艺术。

舞蹈课继续"黄河"主题：首先请学生欣赏几个表现黄河的舞蹈视频，进行舞蹈基本功练习并学习一段表现黄河的舞蹈，引导学生从情感上理解舞蹈内涵；带领学生听《黄河钢琴协奏曲》，根据音乐自由编创舞蹈。经音乐课与舞蹈课的联系，从不同角度领略黄河。

以上案例是在同一主题下进行音乐、美术、舞蹈3门课的学习，使学生能够更全面、更立体地对"黄河"这一主题有所认识和理解。

主题式综合课程的开展要求

（一）对教师的要求

主题式综合课程对教师的综合素养有着很高的要求，教师首先要具有很宽广的知识面，有着综合的课程理念，能够在综合的课程理念下找准切入点设计课程，将学习目标分类分层，帮助学生提高人文素养，教学目标的设定要以能提高学生的综合能力、人文素养为主。

1. 教师要有综合的意识

教师的意识在某种程度上决定着教学。教师应当以综合的认识来指导教学，才能最大化地发挥教学优势。教师在教学的具体操作中的综合意识，也决定着教师能否以综合方式进行教学，能否选择恰当的教学方式和教学内容使学生学到的知识具有人文内涵，培养学生具有综合的学习观念、综合的思维方式，最终成为综合型的人才。

2. 教师采取集体备课的方法

在备课过程中要与其他学科老师进行集体备课，在保持学科原有特点基础之上加强教师之间的合作，不仅仅将知识局限于自己所教学科。比如，某一教学主题涉及的学科的教师可以集体备课，使学科之间的相互融合、优势互补，开启多种教学思路。在主题的带动下各学科教师相互合作交流，避免学生学习重复知识点，达到高效率、高综合的学习效果。

（二）对学校的要求

主题式综合课程的开展，需要学校的大力支持。

1. 学校管理者的支持

校长作为一所学校的领导，是学校的核心人物，校长的理念也直接影响着一所学校的课程模式。一个课程在一所学校的生存和发展需要校长在课程开发和实施阶段投入一定的支持，从学生全面发展的角度考虑音乐课和综合课的开展。

2. 学校课程安排

学校在课程安排上要给予一定的重视，可以将主题式综合课程安排在某一学段，例如，某一学期集中将人文学科按主题单元来上。学校在时间的安排上也要有一些特别的编排，可以将主题式综合课程设置为课后一小时的系列课程，课后根据主题涉及知识面的宽窄来确定一个主题进行的时间的长短，可以是一个月、两周等长度不等的时间，最后逐渐让这样的课程进入正课。

（三）对教材及学段选择的要求

教材体现着一个课程的授课内容和授课思路，主题式综合课程也离不开教材的开发，学校可以根据授课需要自行编写开发，教材主题的设定可以从人与人、人与自然、人与社会等角度出发，尽量拓宽知识面，用同一理念来贯穿不同学科的内容和技巧，通过教材的合理引导帮助学生建立起联系的思维模式、纵向的知识结构，使学生全面均衡发展。

音乐作为人文学科之一，在教学中与相关的学科相互综合是很有必要的。将音乐学科融入主题课中，使得教学不仅能发挥音乐学科对学生音乐能力的提升作用，还能够对学生音乐之外的素养有所提升，如开阔学生的视野，扩宽学生知识面，培养学生用综合的思维方式思考问题，建立音乐与其他学科之间的联系。学生在综合课程模式的长期锻炼下会发展为具有综合能力的社会接班人。

以优秀传统音乐文化为主题内容
进行课内外衔接

——搭建学生音乐实践平台

高晓倩　丁艳茹

（北京小学丰台万年花城分校）

党的十八大以来，以习近平同志为核心的党中央高度重视中华优秀传统文化的历史传承和创新发展。在学习了相关的国家教育政策方针后，参与了关于传承优秀传统音乐文化的相关课题，意在传承北京、中华的优秀传统音乐文化，提升学生文化自信。

在开发实践研究这套关于北京优秀传统音乐文化的校本课程中，笔者认为以"主题"为导向的课内传统音乐文化特征的学习，结合学校为学生搭建的课外传统社团的学习，促使学生自主根据课上对传统音乐种类的了解及兴趣，自主选择传统音乐社团进行实践学习，这种课内外有效衔接学习，更能提高学生的学习效率，并能在头脑中形成对"传统音乐"的知识脉络，形成理论结合实践的一体化教学方式，提升学生的艺术综合审美能力，使中国传统优秀音乐继续创新传承下去。下面笔者就将从课内外学习内容、搭建学生实践平台等角度进行论述。

课内外传统音乐内容的整合与选择

（一）课内传统音乐教学内容的重新整合

由于新课标中明确提出了各学科"课程内容结构化，以主题为引领"①。基

---

① 参见袁静芳：《中国传统音乐概论》，上海音乐出版社2001年版。

于此，近两年北京音乐学科一直以学科本质特点为依据，从体裁、题材、音乐技能知识等角度，教师在授课过程中可以重新合理地整合教材教学内容，使学生在主题引领下的单元学习过程中能更系统、结构化地掌握音乐的某个知识点。因此，为了从内容上与课外北京传统音乐社团相互衔接，在教授传统音乐过程中将书中涉及的相关传统音乐体裁进行梳理整合，是必要的过程。

目前，北京小学音乐教材为人民音乐出版社出版，教材内容中与传统音乐内容相关的歌曲及体裁比较丰富，涉及的体裁主要有民歌、京剧、舞蹈、器乐，因此在教学过程中为了让学生更容易地掌握不同音乐体裁类别，掌握传统音乐学科的音乐本质，并落实新课程标准中提出的"使课程结构化，以主题为引领，使课程内容情景化，促进学科核心素养的落实"①，以近两年北京音乐学科重视单元主题设计的理念为出发点，在传统音乐课内教学方面，将涉及传统音乐的作品重新按照体裁进行梳理，形成具有"体裁主题"导向的学习内容。

(二)课外课程内容是对课内教学内容的补充

1. 课外优秀传统音乐文化以北京音乐文化为主

课外优秀传统音乐文化内容主题与课内相同，都是按照传统音乐体裁进行主题设定，学生更容易掌握传统音乐体裁的结构分类，学习起来更为系统。但课外优秀传统音乐文化的内容多为北京地区的传统民族民间音乐。北京的小学生从小生活在北京，对具有北京地域特色的音乐，如通州的号子音乐、北京城里的叫卖调等耳濡目染。这些音乐中有些甚至是非物质文化遗产，其内容不仅是音乐更是音乐中的文化，需要北京的学生去继承和发展。

2. 课外课程内容的编写与课内主题相一致

学生在课内以传统音乐体裁为主题导向的学习中，对每个主题知识点系统掌握后，可以在课外的校本课程中进行实践。校本课程编写原则与课内体裁主题一致，针对北京优秀传统民间音乐体裁，如民歌中的"童谣""叫卖调""劳动号子"以及戏曲、曲艺等进行深度挖掘和挑选，选出优秀的北京地域民间音乐，整理出以北京优秀传统音乐为体裁、主题的教学内容，如"北京童谣""北京叫卖调"等，以此类推。这样学生在课内学习了有关北京童谣《打花巴掌》等"北京的

---

① 中华人民共和国教育部：《普通高中音乐课程标准》，人民教育出版社 2018 年版，第 4 页。

音乐"的主题内容，在课外社团学习中又进一步得到巩固，同时课外课程也可以作为辅助内容来补充课内教材。

为学生搭建实践平台

（一）课内传统教学方式为主，目标掌握体裁特征

对音乐教材内容进行梳理之后，可以按照不同传统音乐体裁内容进行主题分类。如将课本内以北京音乐为主的歌曲整理为一个主题单元，并命名为"北京的音乐"，其中包括《打花巴掌》《北京的胡同》《北京的桥》。在这样的单元学习中，学生通过第一课时学习简单的儿歌，了解北京的儿化音，了解北京音乐的地域特点。在对北京有了初步认识之后，第二课时再深入学习关于北京的地域文化，如北京的胡同文化、北京歌曲中的京剧韵味。最后一课时学生可以通过《北京的桥》感受不同时代的桥代表着不同时代的发展、北京的美好变化等。这样三课时后，学生对北京京剧味道的歌曲特点，歌词儿化音、歌词内容丰富的文化内涵就有一个系统整体的认识，这样的学习方式便于学生掌握音乐学科学习的本质特点，掌握音乐学科的学习方法等，使学生头脑中形成一个关于北京音乐的"体裁特征"，使分散的知识系统化。

（二）课外社团以多种方式为学生搭建实践平台

1. 学生自主选择兴趣社团

课外社团不仅是对课内课本内容的补充，还能让学生掌握更多民间音乐体裁以及北京地域音乐的相关知识。通过课内不同传统音乐体裁的学习，学生可以根据自己的学习兴趣在课外传统音乐社团活动时自主选择学习内容，可以选择民歌，可以去学曲艺，也可以去学戏曲。学习的内容丰富多样，每年选择的社团也可以不同，但是每个社团的教学实践方式相似。

2. 聘请专家进校园

善于合理利用有效资源，应该把专业的艺术家请进校园来给学生们上课。对于曲艺、戏剧等较为专业的艺术行当，更需要专业的艺术专家来教授。这些专家从小经过严格的"口传心授"训练，有精湛的技艺，我们应该请他们进校园给学生讲解传统艺术背后的文化，让学生接触大师，或是民间艺术地道的表演，

让他们真正体会优秀传统艺术的精髓。

3. 开拓更多实践渠道

教学实践是国家教育越来越提倡的政策，我们不仅要请专家进来，还要让学生勇敢地"走出去"，将所学不仅在学校艺术活动中展示，还要回馈社会，在社区、部队、医院等地方进行表演实践展示，使学生所学能有所用，既愉悦自己又能帮助他人，乐于展示自己，增加自身自信、增加文化自信，使传统音乐文化让更多人喜爱、传承。

以传统音乐文化为主题导向的课内外衔接，为学生搭建实践平台的意义在于：首先，课内外以传统音乐教学内容为主题导向，使学生学习目标更明确，同时也尊重了学生个体差异，调动学生学习的自主探究性。其次，注重教学与本地区民族音乐资源的结合。最后，注重学科综合，提升学生综合艺术素质。

总之，课内外以优秀传统音乐文化为主题进行学习，并为学生搭建实践平台，这种学习方式使学生学习的兴趣更浓厚，也提升了学习效率。这种理解结合实践的方式可以借鉴并应用在其他音乐体裁的学习中，最终目的是培养有中国文化底蕴、全面发展的人。

把耳朵叫醒

——打造"会听、会想、会做"的音乐课堂

张赫臣

（丰台第五小学）

"没有耳朵的音乐，再好的音乐对于人也是无意义的。"音乐是听觉的艺术，而良好的听觉主要是通过正确的视唱练耳课程培养的。语文的学习离不开语文的拼音，数学的学习离不开数学的公式，音乐的学习同样离不开音乐的符号。要想顺利开展音乐教学，就要从音乐的符号开始学起。丰台五小音乐学科有幸参与了"音乐启蒙教育计划"这项课题的研究，通过真实的音乐教育——视唱练耳教学，为学生打开独立及与他人共同探索音乐的技能、听赏、分析和评价音乐能力之门，走入真实有效的课堂。在探索阶段，结合我校共同体教学，老师们在同一个目标下，找出核心概念，上出了自己的风格和特色的课堂。

初期：养成"听"的习惯

2020年，"儿童音乐启蒙音乐教育"项目在我校一至五年级实行。实施项目课程的第一周，我们的任务是温故知新，突破"mi、sol、la"三个音的主被动音高。通过上学期的基础教学，音高和唱名都对的学生达到一半以上。在这个过程当中，我们发现，学生的"听"尤为重要。在课堂上，要求全班40个孩子每人唱一遍，那其他孩子干什么呢？要他们一直保持安静地坐着是非常难的一件事情。结合共同体教学学习，我们在研讨学习中也借鉴了很多教育学家的理论。如著名教育学家铃木镇一曾提出：孩童的注意力有效时间是很短暂的，大概只

有十五分钟左右。所以，我们特别注重学生注意力最好的这宝贵的十五分钟，在短暂的时间里建立孩子的内心听觉，教会他们如何判断别人演唱的音组唱名与音高正确与否，保证这十五分钟训练的有效性。在十五分钟之后，我会充分利用学生的共同体，例如，在学生当中选出比较优秀的孩子做小老师，让其指出其他学生在演唱时音高是否准确，在辨别其他人音高是否准确的同时对自己的能力也是一种高考验。记得在一次一年级的音乐课中检查 mi、sol、la 三个音的演唱，我请了班上的博博来做小老师，他是音高唱名较准确的孩子。在小旭站起来演唱时，博博一下就听出了 sol 不准。"sol 低了"，博博迅速地说了出来，别说还真有小老师的样子，其他同学瞬间投来了崇拜的目光，这使博博信心大增，同时博博也很谦虚，温和地说道："再试一次。"在博博的指正下，小旭试了两次就唱准了，然后高兴地坐了下来。自此后，学生们都很认真地演唱，都希望成为那个有能力的小老师。除此之外我还请学生做小评论员和小钢琴手等等，用这些手段来激励其他学生，鼓励他们大胆自信地参与到课堂中来，孩子们的兴趣提高了，学习质量自然也就提高了，同时也使他们成为课堂真正的主人。

一周之后，学生们不仅能够正确评价同学的唱名与音色，还出现了一批音色较好较统一的学生。由于老师对这样的学生进行了鼓励，大部分学生都纷纷向这种音色靠拢，并努力保持常准。为了能成为小老师，能准确听辨出别人唱得是否正确，每个学生在音乐课上都不随便说话、随便乱动了，大家都非常认真地听别人的演唱，即使有说话的学生，也是在说与课堂内容相关的事情。从这一时刻起，我们的音乐课真正培养了学生养成共同学习的好习惯。

中期：创设空间，培养"会听""会评""会弹"的小音乐家

在进行自主学习的同时，需要老师从旁协助和引导，给予支持，创设空间，从而达到学生自主学习。创设空间的四个策略如下。

1. 愉快教育，营造轻松、欢乐的学习氛围

愉快教育是一种现代的、科学的教育思想，就是充分调动师生的积极性，创设乐学的心理氛围，唤起孩子的求知兴趣。兴趣是学习最好的老师，一个人

一旦对某事物有了浓厚的兴趣，就会主动去求知、去探索、去实践，并在求知、探索、实践中产生愉快的情绪和体验。在共同体课堂上，愉快轻松的环境氛围是至关重要的，我采用了"U"形座位，同学之间环顾而坐，没有了桌椅的束缚，没有了前后的遮挡，同学们坐在一起互相观看，互相学习，更直接地听到对方所唱，并且直观评价。

2. 充足的时间

既然让学生自主学习，那就不要担心浪费时间。在课堂上给予学生充足的时间去思考，去琢磨。在课堂上遇到问题，老师不要急着给答案，要让学生自己发现问题，一旦发现了问题，就有了问题意识，学生就可以根据问题寻找解决问题的方法，也就有了寻求解决问题的思路，学生自然就会付诸行动。

例如在课堂上，对于新的曲谱，我给予学生们充足的时间，让学生去识谱、唱谱，不催、不急，在反复的识谱过程中，遇到问题及时解决。如今学生们识谱的速度和准确度都有了很大的提升。

3. 画一画，享受共同体的美景

有时，当学生听到一段音乐，却无法用言语表达感受时，我尝试让他们用画来表达内心的情感，激发他们自主操作的欲望，加深他们对音乐的记忆与理解。记得在欣赏约翰·施特劳斯的作品《雷鸣电闪波尔卡》时，我事先没有揭示曲目名称，而是给每个学生准备了一张纸、一支笔，让学生们把欣赏时的感受画下来，充分发挥他们的想象力。我清楚地记得，当乐曲播放结束后，学生们的笔也停了下来，他们笔下的作品让我大吃一惊：有的画的是波涛汹涌的大海，有的画的是一个接一个的圆圈，还有的画出了宫殿和简笔的交谊舞。我拿起了交谊舞的这张作品问道："你怎么会想到画交谊舞的画面?"学生答道："我看过维也纳新春音乐会，那里面也有类似的音乐，配有相似的舞蹈，我就画了。"学生的潜力和智慧是需要老师去发掘和激发的，相信在共同体的引领下，学生们会得到更多的提高。

4. 延伸，让学生在共同体中生活、学习

生活中音乐无处不在，要让学生从课堂走向课外，从校园走向校外，引导学生深入生活，让学生多观察，多思考，充分发挥学生的主观能动性，他们的共同学习能力就会日益增强，自主学习的空间也会越来越宽广，共同体的学习不仅仅实行于课堂，更要应用于生活中的各处，相信只要教师引导得好，将共同体发挥到极致，那么共同体学习将无处不在。

后期：通过"击拍"，进入节奏与读谱的学习

"击拍"对于学音乐也是重要的习惯，应让学生在每节课都养成击着拍在节奏中演唱的习惯。由于之前学生在音乐课上已经懂得了"听"，那么在学节奏的时候我们还是从"听"入手。通过"击拍"听辨钢琴发出的音的实值，四分音符、二分音符还有全音符，让学生开始认识这几种节奏，让学生知道音乐是立体的，有高有低的是音高，有长有短的是节奏，让学生建立这种内心听觉，学生以后听音以及听旋律就会更加得心应手了。

通过共同体课堂的实施，每一个学生都能发挥自主性，主动学习，通过与他人的合作彼此帮助，彼此影响，勇于探索，勇于发现，最终找到解决的方法，共同提高。在创造美和鉴赏美的道路上，使学生的音乐经验不断得到提高和升华，相信我们的音乐课会使学生对音乐的兴趣更加持久、更加有涵养、更加有美感，在幸福的共同体教学中，让孩子拥有会听的耳朵，走进真正的幸福音乐课堂！

"智慧 STEAM＋"小学音乐课堂的探索

——以音乐实践欣赏课"国音雅乐——高山流水"为例

孙　鑫

（西罗园第五小学）

中国特色社会主义新时代呼唤着教育工作的与时俱进，在素质教育的探索实践中，需要实现学生德智体美劳的全面发展。伴随着教育理念的不断更新以及人工智能、大数据等信息技术更深更广地运用于教学之中，对美育教学也有了不同的要求与认识，我们的教育目标从过往仅以"教人"为主的知识教育转向以"育人"为本的智慧教育，新一代"智慧课堂"呼之欲出[①]，这一新的教育理念与当前新兴的"STEAM"教育理念不谋而合。"STEAM"理念以跨学科、体验性、情境性、艺术性、趣味性、设计性、协作性、实证性、技术增强性为核心内涵[②]，我们有必要将其与新一代的音乐课堂结合，在理论与实践领域进行深入探讨。

音乐课堂与 STEAM 教育的新融合

STEAM 教育是一种旨在培养学生创新能力、实践能力的教育模式，其由科学（Science）、技术（Technology）、工程（Engineering）、艺术（Art）以及数学（Mathematics）多学科相融合，强调跨学科、体验性、情境性、艺术性、趣味

---

① 杜晓利：《新课程推进育人模式新变革》，《中国教师报》2020 年 1 月 1 日。

② 崔鸿、朱家华、张秀红：《基于项目的 STEAM 学习探析：核心素养的视角》，《华东师范大学学报（教育科学版）》2017 年第 4 期。

性、设计性、协作性、实证性、技术增强性九个核心理念，以培养全面发展的复合型人才为目标。"真正的美育是将美学原则渗透于各科教学后形成的教育。"美育的目的是多维度提升人的审美水平，培养人的情感、创新等各方面能力，从而帮助学生形成高尚的情操、崇高的理想、健全的品格和卓越的素养等。

本研究所提出的核心概念"美育下的'智慧 STEAM＋'音乐教育"，试图将新一代音乐课堂与 STEAM 教育理念相融合，同时结合作者多年一线教学经验，尝试将"智慧 STEAM＋"教育理念应用于小学音乐课堂的教学实践，以期为新时代教育现代化建设与新课程改革提供理论与实践的支撑。

小学音乐教学与"智慧 STEAM＋"的天然联系

"智慧 STEAM＋"所提倡的教学理念与小学音乐教学有着天然的亲和度。[①]

首先，智慧教育理念强调个体的主动性。音乐教育不仅仅是一种单向的信息灌输，更强调学生的主体性体验，借此来提升学生自我学习、自我教育的能力，提升学生分析具体问题、解决实际问题的能力。

其次，心理学研究重视个体之间的差异性。音乐教育重视学生艺术灵感与创新能力的培养，强调根据学生个体间的差异因材施教，提供给学生多元化的认识世界与改造世界的路径，最大限度地激发学生内在潜能，进而让学生拥有更为积极的人生态度和更好的审美心态。

最后，音乐是文化认同与共同体构成的重要元素。作为人类宝贵精神文化的一部分，音乐是一个国家、一个民族、一个共同体构成的重要元素，是人类共通的语言。音乐教育，尤其是传统音乐教育不仅可以弘扬中华民族传统文化，同时可以铸牢中华民族共同体意识，实现音乐教育的课程思政建设。

小学音乐课堂"智慧 STEAM＋"教学实践

结合音乐课堂中的人文性、审美性、实践性，笔者在小学音乐的日常教学

---

① 王皓：《基于智慧课堂环境下小学音乐欣赏课教学策略实践与探索》，《十三五规划科研成果汇编》(第五卷)，2018 年。

工作中进行了"智慧 STEAM＋"教学实践。下面以小学六年级"国音雅乐——高山流水"音乐实践欣赏课为教学案例，对当前在小学音乐课堂中运用"智慧STEAM＋"教育模式进行分析。"国音雅乐——高山流水"一课的核心内容为民族乐曲《高山流水》的整曲赏析。

（一）拓展信息技术在音乐美育教学中的应用

1. 课前—课中—课后更多采用信息技术

课前，采取"翻转课堂"的思路，增强学生的学习主动性，提升学生对音乐的认知能力。① 笔者引导学生使用互联网或其他书籍资料，搜集与音乐有关的成语并理解其含义，同时搜寻有关古筝的相关资料；此外，鼓励学生在未来的课堂上分享自己的课前学习成果。例如，通过课前搜集古筝的相关信息，激发学生的自学能力及学习兴趣点，拓宽有关民族音乐的知识面；有些同学搜寻到跟古筝很相似的乐器——古琴的相关音乐知识，并在课堂上为同学们精彩地讲解了古筝与古琴的区别。

课中，充分发挥教学多媒体的视听功能，实现音乐课堂的"情境教学"，加强学生的审美感官体验。情境教育有助于提高学生的创造力，提升教学效果②；同时采取多点小测的方式，如设计"课堂学习单"用以测试学生对音乐的理解，其中的问题包括"你认为这个乐曲可以分为几部分？请你用词汇来形容每一部分音乐的主题"。笔者通过使用多媒体，音画结合，让学生身临其境地感受本课音乐意境。现场让学生感受古筝演奏的真实音色，通过音乐的元素变化对学生进行引导，让学生结合本节课的学习经验自己检验答案的对错，对回答进行对比，以此检验学习成果，这样既能让学生在课堂中找到学习的乐趣，又能获得成功的喜悦感。

课后，结合互联网资源进行举一反三的"拓展课堂"，挖掘学生对审美的创新能力。笔者启发学生可以在课后运用互联网资源欣赏更多的民族音乐，认识更多的民族乐器，感知它们的音色特点及演奏曲目，并借鉴课堂教学中的音乐欣赏模式，鼓励学生自主、自发地进行音乐赏析训练，激发学生自身的学习积极性与主动性。

---

① 张南：《小学音乐翻转课堂应用探析》，《中国教育技术装备》2017 年第 15 期。
② 夏禹：《探究如何在小学音乐课堂中应用情境教学》，《新课程导学》2019 年第 5 期。

2. 尝试借助新技术实现"学科交叉"

借助互联网技术，笔者在课前"翻转课堂"与课后"拓展课堂"引入语文（古诗词与成语赏析）、国学（历史故事与传统文化）的相关内容，并让学生主动融合，主张实践性，让学生运用多媒体技术将音乐、语文、国学融合为"小音乐场景剧"在课堂进行展示。未来，笔者计划进一步引入更多其他学科的多元交叉元素，让音乐课堂更丰富多彩。

(二)结合音乐教育的性质实现学生全面发展

1. 以学生为主体，提升学生核心素养

"音乐教育以审美为核心，主要作用于人的情感世界"，小学音乐课堂"智慧STEAM＋"教学中应让音乐艺术充分展现其天然的吸引力，笔者鼓励学生亲身感受音乐的张力与内在情感，使学生成为课堂教学的主体。[1] 在《高山流水》的赏析教学过程中，笔者通过让学生视唱具体乐谱提升教学的有效性，感知"高山""流水"乐曲段落的意境；同时在学习过程中让学生与古筝、木琴、鼓等乐器"亲密接触"，进行现场演奏聆听，让学生有亲身体验，感知音乐中表达的人与自然浑然一体、和谐共生的画面。再结合该乐曲了解更多相关传统文化中的古诗词，更好地去理解该曲目背后所寄托的伯牙与知音好友钟子期的情感。

2. 强调学生的因材施教

音乐教育要发挥音乐艺术教育之优势来促进学生的发展。[2] 笔者通过课堂音乐教学激发学生对《高山流水》这首乐曲以及民族乐器古筝的兴趣；使学生了解"高山流水遇知音"的成语典故，喜爱中华传统文化；感受乐曲所表现的高山与流水的音乐形象，感知大自然的和谐之美，乐于参与音乐实践活动；体验"高山流水"背后更深层次的寓意内涵。更加重视学生的个体差异性，因材施教、个性化培养，激发学生潜能。作为小学音乐课堂"智慧STEAM＋"，要明确并紧扣"音乐"主旨进行教学；同时，尽可能多地提供多维度、多形式的教学方式，这才有可能使不同个性的学生获得不同层面的发展。

---

① 郝紫帆：《核心素养视野下的小学音乐课堂》，《黄河之声》2019 年第 14 期。
② 杨松花：《加强小学音乐教育促进小学生全面发展》，《信息教研周刊》2012 年第 15 期。

"回天"地区小学班级合唱教学实践与研究

李 莹

（回龙观中心小学）

嗓音是我们每个人都具备的一件天然乐器，歌唱是我们日常生活中情感表达、休闲娱乐等必不可少的内容，是重要的精神和审美需求之一。《义务教育音乐课程标准(2011 年版)》中提出要培养学生"能够主动地参与各种演唱活动，养成良好的唱歌习惯；能够自信地、有感情地演唱歌曲"。因此，在小学阶段开展歌唱教学，打好人生歌唱底色格外重要。

愿景规划　清晰合唱育人理念

笔者在"回天"地区城乡接合部的一所小学工作，这里生源复杂，质量参差不齐，外地与本地生源比例为 7∶3，涵盖村民、个体商户、市区搬迁、高知等家庭的学生。大部分学生家长对于孩子审美素养的培养意识比较淡薄，学生基本没有任何音乐知识技能储备；只有小部分家长相对注重学生的艺术培养，学生有一定的器乐基础。

2015 年，我校把班级合唱定为实施友善文化的重要途径和重要方面，确定了"全员合唱"的育人理念，规划出"班班有歌声，人人能合唱"的愿景。此理念的提出不仅仅因为合唱不受场地和家庭经济条件的限制，全体学生都能够参与；而且班级合唱更贴合我校友善文化的基本精神，也是校园文化建设的重要阵地和支撑，能有效推广到全校，辐射到家庭乃至社会。

加强教研 推动合唱教学提质增效

（一）终身学习，构建合唱教学相长的教研体系

我校5位音乐教师基本没有班级合唱排练经验，鉴于此，笔者带领音乐组开创了"组长学—教师学—学生学"的教学相长育人模式。用行动践行"终身学习、一专多能、取长补短"的音乐团队发展目标。

（二）统筹安排，制订合唱教学工作计划

在初步解决了教师如何上合唱课这一问题的同时，我们制订了"两步走"计划。

一步走：规划教研制度，规范行走。2016年1月，我校音乐组展开"以合唱教学为抓手，打造优秀音乐教师团队，撬动合唱教学在日常课程中全面开展"的教学研究，制定了回龙观中心音乐教研组制度。在集体教研、每周听合唱团排练的基础上，每学期每位教师录制2节微课、1节唱歌课，同时邀请专家听课、评课。

二步走：制订教学计划，清晰行走。2017年，继续完善音乐组的教学研究，整合一部分音乐教材内容，每周利用一节音乐课进行班级合唱教学，实现四大目标。

教材目标：学生学会识读五线谱；认识常用的音乐记号；感知音乐的结构；养成聆听音乐的习惯，初步培养学生的合唱素养。

合唱目标：在教材合唱内容的基础上，利用校本合唱教材，在音高感、节奏感、和声感上进行提升，进而提升学生的合唱能力，促进班级合唱教学。

学段目标：

（1）低年级：能演唱小合唱和轮唱，能在集体演唱中融合音色，每学期完成一首小合唱或轮唱歌曲。

（2）中年级：能演唱二声部音乐作品，能用自然的声音、准确的节奏和音调有表情地演唱，每学期完成一到两首二声部合唱歌曲。

（3）高年级：能用自然的声音、准确的节奏和音调有表情地演唱二声部合唱作品，每学期完成两首二声部合唱歌曲。

效果目标：每年举办"回声合唱节"。

（三）整合教材，优化合唱教学资源

借鉴"柯达伊333""视唱练习""卡农练习""合唱练习"，与音乐教材整合，编写出我校《回声合唱——班级合唱校本教材》。此过程我们通过"五大行动"落实完成。

行动一：梳理整合教材，狠抓音乐基础教学。

行动二：引进校本教材，分年级段创编学校的校本合唱教材。教材中合唱作品的构成见表1。

表1　校本教材合唱作品构成（班级合唱）

年级	国家教材合唱作品	改编教材合唱作品	补充合唱作品	学段目标
低年级		《两只老虎》 《闪烁的小星》 《理发师》 《音乐是好朋友》	《兔儿跳跳》 《C大调音阶歌》 《美妙的歌声》	能够完成卡农作品
中年级	《大家来唱》 《小白船》 《真善美的小世界》 《虫儿飞》	《美丽的黄昏》 《老爷爷赶鹅》	《布谷》 《春景》	能够完成二声部作品
高年级	《送别》 《晚风》 《我怎么样长大》 《茉莉花》 《萤火虫》 《红蜻蜓》	《草原上》	《感谢诗》 《卖花女》 《幸福拍手歌》 《音乐在空中回荡》	能够完成三声部作品

行动三：加强音乐教研，夯实音乐组全体教师的合唱教学基础。

行动四：建立评价制度。制定学期学生评价标准和教师基本功大赛标准，提升整体音乐素养。

行动五：统筹安排课程，制定班级合唱实施细则，做到在音乐常规教学的基础上保证合唱课时。

在此基础上，2018 年，我校成功举办了"昌平区班级合唱教育教学现场会"。组内全体教师做了班级合唱展示课，笔者现场做主题发言。同年笔者还承担市级合唱展示课"美丽的黄昏"，受到了与会专家老师的一致好评。我们正在将"班班有歌声，人人能合唱"的育人理念在学生的歌声中实现。

聚焦课堂　落实面向全体的合唱育人理念

在我校，音乐教师无论"专在何处"，都会"深耕课堂"，全面落实"面向全体"的合唱育人理念。

我校提出"音乐课堂"与"合唱课堂"相整合。有效结合柯达伊、奥尔夫教学法，逐班级、逐年级，有计划、有步骤地全面推进合唱育人。让每个孩子在音乐课堂上学会聆听、学会表现、学会合作，获得动听的歌声和快乐。让音乐课堂成为孩子们心中有魅力的地方。

为此，我们在不同年级设定不同的合唱教学目标：

一年级：以激发兴趣为主。从师生问好和歌谣入手，让学生对四分音符、八分音符节奏有初步的感知和认知。

二年级：进行四分符点、四分休止符的节奏和 mi、sol、la、do 的音准训练，并利用柯尔文手势进行大、小三度的和声训练。

三、四年级：在继续巩固以往和声训练的同时，进行大小三度、纯四度、纯五度等音程训练，逐步培养学生的音程构唱能力和独立识读乐谱的能力。

五、六年级：在学生具备听力、视唱、音色等合唱能力的基础上，加强学生对作品理解和表现的引导，同时提高合作意识，让友善文化在合唱中生根发芽。

搭建平台　唱响"班班有歌声，人人能合唱"

2017 年起，我校在国家大剧院、中山音乐堂连续开展三届合唱专场音乐会，每年全校近 1000 名学生都有机会登上属于自己的专业舞台。脱颖而出的六(1)班参加昌平区班级合唱比赛，获得全区一等奖第一名，该班级随后被 161

中学回龙观校区原班录取，成为初中继续打造的合唱明星班级。

在我校"班班有歌声，人人能合唱"的发展构架中，形成了"班级—年级—校级"的阶梯成长模式。从班级合唱培养出的优秀学生经过层层选拔进入校级"回声"合唱团，得到更专业的合唱训练。目前合唱团的学生可以用中文、英语、匈牙利语、斯瓦希里语等演唱《回声合唱作品集》中数十首作品。合唱团还代表学校多次参加市、区级各类演出、比赛，获得国际、国家、市、区级金、银奖。"回声"已经乘着歌声的翅膀唱出国门，在匈牙利荣获"柯达伊作品最佳演唱奖"。当评委说我校的学生是真正的柯达伊的声音时，我们的幸福感油然而生，合唱正在带领学生们从向阳花开的地方起航。

班级合唱中没有"我"，只有"我们"。"班班有歌声，人人能合唱"的班级合唱教学实践，让城乡接合部的我们获得多方面的均衡发展。它将不同的声音交织，将不同的生命融合，相互合作、彼此信赖，它鼓舞的、带动的、成就的不仅仅是"合唱"本身，还有"我们"的发展与绽放。

抓住教育契机 展现美育本质

——后疫情时代下的音乐美育新解读

程璐怿

（光明小学）

众所周知，最好的教育往往来自经历和体验，在受教育者身边发生的每一个事件都可视为一次绝佳的教育契机。2020 年暴发的全球疫情，相信已经带给大家非常深刻的经历和体验。而美育中的音乐教育，应如何把握这次重要的教育契机？笔者将结合五个教学案例，从以下三点进行阐述。

在音乐美育中加强"生命教育"

"生命教育"自 20 世纪 90 年代末在我国教育视野中出现以来，人们对其内涵的理解、概念的界定多种多样。适切认识与理解生命教育的内涵，不仅是理论研究的任务，更是学校生命教育实践的需要，尤其是《国家中长期教育改革和发展规划纲要（2010—2020 年）》提出生命教育是教育发展战略中"四个重视"教育之一，更赋予生命教育丰富而多层次的内涵。

案例分析 1：在音乐美育中感受生命教育的"真"。

人的一生不可能总是一帆风顺，往往充满荆棘与坎坷。当磨难降临之时，我们是否能够直面生活中真实的一切，并充满信心地战胜它？相信可以从音乐美育中去获取答案。

以贝多芬创作的《欢乐颂》为例。这首作品是《第九交响曲》的末乐章，作为一首合唱交响曲，全曲赞美了友谊、欢乐和上帝，充满着乐观和进取的精神，我们能自然地感受到欢快的情绪、生命的热情和人类的奋发精神。

六年级的学生已具备较好的学习能力，因此在音乐直播课进行之前，笔者让学生们提前搜索贝多芬的生平资料，便于课上讨论。在小组讨论时，学生们不仅聆听了贝多芬的部分代表作，如《献给爱丽丝》《命运交响曲》等，同时对于贝多芬的生平、所受的磨难，以及听力上的残疾都有了一定了解。经过小组讨论后，学生们再对《欢乐颂》进行聆听欣赏，便有了更为深刻的认识和体验。聆听过程中，学生们被《欢乐颂》澎湃激昂的旋律所震撼，也被贝多芬经历种种磨难却顽强抗争的精神感动。相信这次音乐教学能够引导孩子们对身边发生的不幸、灾难和危机保持开放接纳的态度，正确看待每一次人生的低谷，培养乐观向上的心态，增长人生智慧，这体现了生命教育的"真"。

案例分析 2：在音乐美育中体验生命教育的"善"。

苏霍姆林斯基在《我的教育信念》中提到，音乐教育并不是音乐家的教育，而是人的教育。人有什么样的幸福观，他就是什么样的人。有价值的生命就是在生活中做有价值的事。为此，笔者在直播课中设计了一个以"幸福是什么"为主题的单元教学活动，通过四首音乐作品——《摇篮曲》《每当我走过老师窗前》《让我们荡起双桨》和《真善美的小世界》中母亲、老师以及孩童的音乐形象诠释了"幸福"的含义。

直播课后，一位四年级学生的留言令人印象深刻："老师，疫情期间我在家待着觉得很没劲，不知道每天该干些什么。上完您这节课后，我突然发现自己能够做点什么了。我每天把自己的事情做好，爸爸妈妈就能安心上班工作；等他们下班回来，我给他们唱首歌，或者把做的小手工给他们看，爸爸妈妈都特别开心！老师，您看我也能带给爸爸妈妈幸福！"

做有价值的事就是生命的意义，有意义的生命，才是幸福的生命。教育乃至生命教育的内在价值就是使人幸福。[①] 在音乐美育中感悟生命教育的"善"，使得学生能够在一生中去思考如何完善自己、成就他人。

案例分析 3：在音乐美育中展现生命教育的"美"。

生命之"美"的教育，是探寻、理解与感悟生命之美的教育。生命教育必须

---

① 参见郝文武：《教育与幸福的合理性关系解读》，《陕西师范大学学报（哲学社会科学版）》2008 年第 1 期。

面向生活实际，而音乐美育更应该与生活紧密结合，通过提高核心素养，去发现并展现生命中的"美"。

居家自主学习期间，我校音乐教研组的老师们多次发起形式丰富多样的线上艺术实践活动，如面向全体学生的"云端音乐会"。孩子们纷纷上传视频，以声乐、舞蹈、器乐、曲艺等形式展现自己的特长；在特色社团建设方面，我校的合唱社团和管乐社团在音乐老师的组织下，通过合唱和合奏的形式，完成《听我说，谢谢你》《我和我的祖国》等作品，向防疫工作中的"最美逆行者"致敬。

线上音乐美育教育活动不仅使居家的孩子们有了互动学习的机会，更能够在艺术实践中探究、理解、感悟生活，在提高音乐核心素养的同时展现生命之"美"。

在音乐美育中重视"情感教育"

社会情感能力是学生对自我、他人和社会进行认知和管理的个性心理特征，是学生健康成长、幸福生活的必要条件。它是"儿童和成人在成长和发展的复杂情境中掌握并应用的一系列的与个体适应及社会性发展有关的核心能力"[1]。这个领域的研讨话题较为丰富，笔者仅以疫情期间的教学案例为切入点进行讨论。

案例分析4：在音乐美育中学习情绪调节。

疫情防控期间，为缓解长期的居家学习方式带给孩子们的焦虑感，笔者在直播课上时常通过音乐作品与学生互动，引导他们静心去欣赏音乐，同时指导学生调节呼吸的方式，练习腹式呼吸法，并在聆听和学唱歌曲中进行使用。例如，笔者在直播课中复习《渔舟唱晚》这首古筝曲时，带领孩子们闭上双眼，让他们在美妙的音乐中放慢呼吸的节奏，感受音乐中美好的意境，从而缓解焦虑的情绪，释放正能量；《小小少年》这首歌表达了少年成长过程中的生活烦恼与困惑，于是笔者也将其在课中进行复习，让孩子在熟悉的旋律中找到情感上的共鸣。在疫情期间的直播课中，笔者尽量多搜集一些意境美好的教材作品，作为新授或复习作品，旨在提高学生欣赏能力的同时，通过音乐美育的过程让其

---

① 杜媛、毛亚庆：《基于关系视角的学生社会情感能力构建及发展研究》，《教育研究》2018年第8期。

正视并接受自己的不良情绪，并与之共处，逐渐平静，能够与老师和家人产生情感共鸣，缓解焦虑和不安的情绪。

音乐教育在本质上就是情感教育，而情感教育于音乐美育则是第一位要素和目标，是音乐审美过程中最活跃的因素，是音乐审美感受的动力和中介。在音乐美育中牢牢把握住情感原则，从情感教育入手，点燃学生的情感火花，会有效地打开心灵之窗，在情绪的勃发和激动中应对挫折，摆脱困境，享受美感，陶冶情操，增长知识，发展能力，完善人格。[①]

在音乐美育中突出"榜样教育"

榜样教育，在人的社会化过程中发挥着不可替代的作用，因为人的成长是在不断的观察和模仿中开始的。如何在儿童中开展榜样教育？习近平总书记做了具体阐释，提出儿童要心有榜样，"要学习英雄人物、先进人物、美好事物，在学习中养成好的思想品德追求"[②]。通过榜样教育，培育儿童"见贤思齐"的情感，从而形成崇尚榜样、赞美榜样、学习榜样的良好风尚，发挥榜样的示范引领作用。[③]

案例分析 5：在音乐美育中播下"榜样"的种子。

在这样特殊的历史时期，太多榜样的力量值得年轻一代尊敬与弘扬。因此，笔者抓住这一教育契机，时常在直播课中与孩子们进行互动讨论。例如，在聆听完《草原放牧》(选自《草原小姐妹》)这首乐曲之后，孩子们激动地说起身边的"英雄故事"。除了新闻里他们熟悉的钟南山爷爷、李兰娟奶奶，还有那些坚守在疫情防控一线的民警叔叔、前往疫区采访的新闻工作者、为疫区提供急救服务的志愿者，都成为孩子们心中的偶像。有的孩子还提到了公交车司机，以及帮小区送货的超市快递员等各行各业的无名英雄们，他们同样获得了孩子们的赞扬和敬佩。

[①] 参见教育部基础教育司：《音乐课程标准解读》，北京师范大学出版社 2002 年版。

[②] 习近平：《从小积极培育和践行社会主义核心价值观——在北京市海淀区民族小学主持召开座谈会时的讲话》，《人民日报》2014 年 5 月 31 日。

[③] 谭畅：《习近平新时代儿童教育观的五重向度》，《少年儿童研究》2020 年第 1 期。

通过疫情期间的音乐课，孩子们慢慢开始关注生活，关注身边的每一件小事。笔者在与孩子们的交流中发现，一些炙手可热的流量明星逐渐冷却，取而代之的则是这些"最美逆行者"。音乐美育将继续在社会正向宣传的影响下，围绕立德树人的目标，始终引导孩子在成长过程中去观察什么样的人可以成为自己的榜样，进而规避不具备榜样的品质的人，这就是美育在他们心里种下的种子。

疫情终将散去，但教育永远在前线。教师应牢牢抓住契机，将教育与生活实际紧密结合，上好重要的一课。在真实生活的体验和教育者的正向引导下，渐渐地，受教育者会开始思考"生命的价值""幸福的含义""理想和信念"等重要的人生命题。虽然这些问题不一定能够马上找到答案，但他们能够带着这些思考去成长，就是此刻的教育价值。作为基础音乐教育工作者，笔者将继续提高思想站位，在现今"中国学生核心素养"及"音乐学科核心素养"教育环境大背景下，在关注"实践性"的基础上，更多地体现音乐美育中的"审美性"与"人文性"，更多地教会孩子进行思考、学会学习的能力，并在艺术学习中促进孩子交流、沟通、合作、创造等能力的发展，渗透立德树人教育，从而达成为祖国培养全方位优秀人才的时代目标。

凸显空间流动的美

——小学低年级舞蹈教学审美实践

齐奕青

（清河第四小学）

"新中国半个世纪以来舞蹈艺术的发展和进步超越了历史上任何时代，是一部空前腾飞的中华民族舞蹈复兴和发展的历史。"[①]近年来，在素质教育理念不断强化的背景下，我国小学普及型舞蹈教育的教学重点已逐步从培养部分舞蹈特长生，转向让每一个小学生都能够了解、学习舞蹈。合理地开展小学普及型舞蹈教育可谓在我国教育领域占有重要地位，它不仅可以培养小学生的想象力、创造力，还可以提高小学生对于美的认知，提高他们创造美和欣赏美的能力，同时对于提高他们的身体素质和心理素质也有极大的帮助。

虽然小学普及型舞蹈教育还未在我国大范围地开展，但我国部分地区，特别是一线城市，都将舞蹈教育提到学校日常课程设置中。以北京市为例，据调查，大部分小学都在低年级开设有每周一节的舞蹈课并且各学校对舞蹈教育十分重视。但由于我国还处于小学普及型舞蹈教育实施的初期阶段，目前还没有规定的固定教材，授课内容还处于探索阶段，于是就形成了百家争鸣的局面。

根据小学低年级学生生理上好动、不知疲倦，心理上处于想象力、创造力正需充分开发的阶段，肢体语言还不够丰富，身体还缺乏协调性的特点，笔者认为，舞蹈教学的最终目标就是让学生能够主动地发挥自身想象力和创造力，并在课堂上真正地"动起来""跳起来"，在这其中感受和体会舞蹈的美，身心均

---

① 吕艺生：《舞蹈教育学》，上海音乐学院出版社 2016 年版，第 6 页。

获得健康、全面的发展。要实现这样的目标，意味着小学低年级舞蹈课应做到以下几方面：1. 设计主题方面。不需复杂的艺术构想，以表达少儿精神世界和成长的情绪类舞蹈为主。2. 设计内容方面。内容应较简单，符合学生年龄特征的同时具有逻辑清晰的情境设计。3. 设计调度方面。不必有复杂的调度，只需在有情境创设的简单调度中科学地运用空间流动。从以上三个方面的要求来看，舞蹈教师不仅要有强大的感染力，在编排教学内容上设计适合小学生的情境教学内容，更应较多地运用空间流动，让学生在空间流动中感受舞蹈的美，避免长时间在原地做动作。

笔者将设计调度方面"空间流动的美"作为本文的重点研究对象进行深入探讨。

什么是舞蹈中的空间流动

空间流动指的是舞蹈调度的表现形式，作为舞蹈构图与构图之间的必要连接。舞蹈调度是舞蹈语言的表现手段，可以用调度来表现舞蹈内涵，表现情感和意境，增强动作的表现力，舞蹈调度的表现形式是流动，舞台空间的流动。

为什么要在小学低年级舞蹈教学中科学运用空间流动

首先，对于低年级学生而言，舞蹈教学应尊重他们的天性、解放他们的身体，让空间流动成为教学主体，使他们真正地"跳起来"，体会和感受教室的各个角落、各个方位，从而让他们的身体和心理从文化课的紧张学习中跳出来，得到一定的释放。其次，由于低年级学生年龄小，骨骼、肌肉还未发育完全，在肢体动作开发方面具有很强的可塑性，舞蹈中较多地运用空间流动可以让他们的肢体语言得到更充分的开发，能够更充分地提升学生肢体的灵敏度、速度和耐力。再次，科学地运用空间流动，可以让学生更深刻、更形象地理解舞蹈主题，更容易将自己代入创设的情境中，体验到视听觉的美感，享受舞蹈艺术带给他们心灵深处美的震撼。

怎样在小学低年级舞蹈教学中凸显空间流动的美

我们可以充分运用"线"的变化。因为,"线"是创造流动的唯一方法,充分利用"线"的变化不仅可以使所编舞蹈组合的形式更加好看与丰富,同时可以满足低年级学生身心发展的内在需要。课堂教学中可以运用以下五种空间流动方式。

(一)横线流动

在横线流动中,以笔者所编舞蹈组合《公主和小王子》为例,首先,将舞蹈主题设定为宫廷舞会,创设符合主题的情境。男生扮演小王子,女生扮演小公主,分成男女配对的小组,从教室一侧随着平缓优美的音乐横向走到教室中间,形成多层横排队形。随着情节的发展,在"小公主和小王子跳起双人舞"环节,配对好的男女生拉手横向小碎步移动并伴随简单的上肢动作,形成横线流动。横线流动一般表现平静、自如、稳定的情绪,视觉冲击较为平缓,运用横线流动让学生感受平静、平缓的舞蹈美,在表现舞蹈主题的同时训练低年级学生脚下的速度和上下肢配合的协调性。

(二)斜线流动

在斜线流动中,以笔者所编舞蹈组合《开火车》为例,创设开火车的情境,让排头学生扮演小司机,其他人扮演火车车厢。运用双层斜线队形让"火车"从6点方向开向2点方向,伴随着踏步前进。随后"火车"再从2点方向转弯向4点方向,到达4点方向后再向8点方向前进。斜线流动呈现强而有力的推进,有延续和纵深感,视觉上更能表现火车开动的动态感,在舞蹈学习方面可以使低年级学生充分认识和感受舞台空间的八个方位,感受强而有力、有纵深感的舞蹈美。

(三)竖线流动

在竖线流动中,以笔者所编舞蹈组合《欢乐的牧羊人》中某环节为例,根据舞蹈主题进行"小羊羔"和"牧羊人"两种角色划分,女生扮演"小羊羔",男生扮演"牧羊人",女生站成一竖排,男生站成一竖排,并伴随小羊羔和牧羊人的特征动作从5点方向向1点方向流动前进,仿佛牧羊人赶着小羊羔在草原上由远及近地走来。竖线流动一般表现强有力的压迫感和距离由远及近的效果，同时让学生从中感受舞台的纵深度，体会竖线流动的美感。

（四）曲线流动

在曲线流动中，以笔者所编舞蹈组合《别和舞蹈说再见》中某环节为例，在老师与学生之间互相鞠躬行礼的情境创设中，引导学生保持挺拔优美的身姿，保持双手叉腰、踮着脚尖的姿态，由最后一排最旁边那位学生带领所有人听着节奏感鲜明的儿童音乐成"S"形向教室门口处流动，直至最后一名学生走出教室，结束舞蹈。此环节要求每一位学生都必须经过前面学生的路线，沿着同样的行走轨迹走出教室。这种曲线流动呈现柔和、流畅和绵延不断的感觉，让学生感受"S"形空间流动并在流动中把握动作的规范性和音乐的节奏，体会柔和的曲线美感。

（五）环线流动

在环线移动中，以笔者所编舞蹈组合《快乐的小青蛙》为例，首先，创设"池塘"这一情境，再分配角色，让学生自行选择扮演池塘或者小青蛙，扮演池塘的学生形成圆圈队形，扮演小青蛙的学生定位在"池塘"内。"池塘"顺时针方向进行环形流动，"小青蛙"在圆心根据情境创设表演具有青蛙特征的动作。随后，可以引导学生学习两种角色的动作，进行角色轮换扮演。环线流动一般是将队形连接成一个整体，形成流动不息的群体力量感，学生的自我存在感和参与感在环线流动中体现得最为充分。同时，可以让每一位学生都在教师的视野范围内，避免了其他流动方式中位置在教室角落的学生游离在课堂之外的情况。

笔者对于舞蹈教学中凸显空间流动的美有以下建议：首先，在确立舞蹈主题后，创编具体肢体动作之前，先在脑中构思出合理的调度路线，这个合理的路线是建立在主题内容所要表现和表达的事件或是环境、氛围的逻辑基础之上的，不能随心所欲。其次，考虑清楚每条流动线的动作质感和行为方式，分析出突出和强调主题的路线在哪里，大概在何时出现是最合适的。这样先从宏观上有一个构思和想法，从而不至于盲目地调度，没有目的地进行空间流动，无法凸显舞蹈的美感。

总之，科学合理地安排舞蹈教学中的空间流动并从中挖掘空间流动的美感对于小学低年级学生来说是有益无害的，它应是小学低年级舞蹈教学中的主旋律。因为，舞蹈组合中较多的空间流动既适合低年级学生年龄阶段的运动引向，又能使他们充分理解、感受和吸收参与的舞蹈课内容。随着学生对舞蹈课学习的不断深入，身体发育的各项潜能和肢体的动态技能不断被激发出来，最终将取得显著的教学效果，使教学目标得以充分实现，享受舞蹈艺术带给他们内心深处美的震撼。

品味中华传统文化之美

——小学非遗校本课程教学策略探究

李　媛　张　伟　石莉娜

（东铁匠营第二小学）

中华优秀传统文化博大精深，凝聚着中华民族自强不息的精神追求和历久弥新的精神财富。党的十八大以来，以习近平同志为核心的党中央高度重视中华优秀传统文化的历史传承和创新发展。习近平总书记在党的十九大报告中指出："文化自信是一个国家、一个民族发展中更基本、更深沉、更持久的力量。""推动中华优秀传统文化创造性转化、创新性发展，继承革命文化，发展社会主义先进文化，不忘本来、吸收外来、面向未来，更好构筑中国精神、中国价值、中国力量，为人民提供精神指引。"习近平总书记在《深入学习习近平关于教育的重要论述》一书中指出：加强中华优秀传统文化教育，必须将其贯穿国民教育全过程。特别是在学校教育中，要践行全员育人、全程育人、全方位育人。加强中华优秀传统文化类课程和教材体系建设，在中小学全面开展中华优秀传统文化进教材、进课堂、进头脑工作，在高校开设中华传统文化类课程，为学生提供丰富选择。

我校对非遗教育非常重视，除了开设非遗社团课程，还成立了 DNA 教育智库，引发智库教师团队的思考，欲将非遗教学内容植入课堂，并逐步提升为校本课程，加深和促进学生对中国传统文化的认知与敬畏、传承与发展，增强民族文化自豪感，从而激发爱国情感。通过跨学科课程的梳理、归并，与非遗元素的整合，拓展美术、劳技学科的教学内容，使校本课程有内容也有时间开设。通过一系列非遗课程学习，提高学生综合学习能力，提高审美素养，激发创新思维，为学生终身发展打下基础。

我们通过非遗校本课程的课例研究，运用经验总结法，梳理了以下一些基本的教学策略：

1. 通过非遗校本课程的课例研究，使教学目标更加明确，研究课型分为两类：基础课型和应用类课型。基础课型以学习基础知识技能为主要目标，应用类课型将所学非遗技能知识应用于生活中，改变原教学模式单一的现状，大大激发了学生的学习兴趣。

2. 基础课型的课例研究，从知识的丰富性以及技能的掌握等方面进行了尝试。特别是技能方面，教师从实际出发，根据学生实际情况将非遗技能进行细致分析，总结出非遗技能教学应从哪些方面开展。如书法课例研究中，从基础知识、学习要领、练习方法、书写作品步骤方法等方面进行学习，学生在长期训练之后，自主学习的能力大大提升，为将来独立学习书法打下基础。

3. 应用类课型的研究，将非遗学习内容与生活联系起来，将所学应用于生活，通过创设情境及设计科学有效的问题，感受我国古老的传统民间文化。课程教学设计注重学生自主探究、小组合作探究，通过讨论、尝试、实践等方法探究学习，促使学生主动投入、参与到学习当中，获得主动发展，提升综合探究、解决问题的能力。以"问题学习""合作交流学习"等为基本学习方式，利用学生已有知识能力，将非遗技能应用于生活，得到身边人的认可，更有助于激发学生进一步的学习热情，激发学生对非遗文化及课程的热爱，使学生的思维能力得到发展，提高学生的设计应用能力，促进学生综合素质的形成和提高，培养学生的创新精神和实践能力，为学生的终身学习打下良好的基础。

创设有效情境激发学习热情　激励学生完成学习任务

在"新年送福"一课研究中，将书法学习内容与生活联系起来，通过创设情境——新年到了，为亲朋好友或家里写一副春联，感受春联是古老的民间习俗，了解中国传统文化。将所学应用于生活，使学生看到了学习的成果，并得到身边人的认可，更有助于激发学生进一步学习的热情。

在"纸盘装饰"这节课上，教师先让学生回顾了之前所学过的图案及其寓意，思考它们可以运用到生活中的什么地方，让学生感受传统文化在生活中的应用，从而引出本课的内容。本课在讲设计时以培养学生的构图能力为主，增加纸盘的装饰性，通过欣赏大量的青花瓷盘图案以开阔视野，让学生说一说这些作品的构图形式以及可取之处，应用到图案的变形和排列，再通过对比的形式体会点线面的应用及画面的深浅变化，让学生在之后自己绘制时可以更好地把握画面的节奏感。本课经过课后研讨后，今后类似的课程应该让学生更明确设计作品的用途——送给谁或者用在什么地方，这样会让学生在设计时更有目的性，在运用图案时思考得更加全面、深入。

在"吉祥团扇"这节课上，教师给学生们出示了我校送给香港友谊学校的非遗作品，其中就有将吉祥图案绘制在上边的团扇，同时在布置设计任务时也创设情境——将设计作品送给香港学校的老师和同学们，这样学生在设计时就能更好地选择所应用的图案，也让他们的作品发挥更大的作用，激发学生的创作热情。团扇绘制在构图方面大多采用中国画的布局方式，注意留白及落款，于是教师给学生简单介绍了"之""甲""由""则""须"这"五字法"构图形式，以体现中国画中的均衡式构图。在此部分学生举一反三的能力非常强，教师只举了一两个字的例子，其他几个字学生自己就可以通过对比分析出来，并且能够很好地应用在自己的创作中。将非遗技艺与生活联系，更有利于将传承落到实处，并更有意义。

设计科学有效问题　有机结合提问与多种教学方法提升学生能力

在"新年送福"一课教师布置本课学习任务后提出问题："制作一副春联和福字，都要做些什么?"学生以小组交流的形式互相交流、补充，了解了制作步骤，完成了学习任务。之后师生再一步一步分别研究每部分如何实施。

本课难点是探究纸张相关问题。本部分以小组为单位，尝试探究学习裁纸、折纸方法。先在班上说明纸张要求，再小组活动探究，最后展示交流，谈怎样完成的，如何解决遇到的问题。掌握了方法和技巧后，再次进行裁纸活动，完成本组纸张裁剪并改进纸张。

拓展部分，提问思考：假如我们要送春联，怎样送？说些什么？让学生通过表演送春联的情景，学习送春联的方法和注意事项，感受节日氛围，表达祝福。

生生互学　凸显学生主体地位

教学环节教学形式多样、恰当，凸显学生为学习主体，自主探究，帮助学生认识学习重点，掌握突破难点的方法，提升学生学习兴趣。

本课课前让学生以小组为单位自主搜集、学习关于春联的知识，不同的组分配不同的学习任务，课上进行分享交流。学生很喜欢这种学习形式，同学之间互相教，比教师讲解更让学生感兴趣，交流后教师进行检查，帮助学生巩固本课书法知识部分的学习效果。

联系生活　培养人文情怀

美育绝不是单纯的艺术教育，而是实实在在涉及美的诸方面的教育。从美育的施教途径和方式看，它又是家庭美育、"团队"美育、学校美育及广泛的社会美育的综合工程。我们的各个学科中都包含着对美的培养，并将这些应用于生活之中。

"新年送福"一课小结部分，回顾本课所学内容，建议学生课后可以搜集一些春联，提前练习书写，春节可以写一些春联送给亲朋好友。面花课程通过制作十二生肖动物激发学生对动物的热爱，通过制作家人生肖动物激发学生对家人的爱。通过小组合作等教学方式让学生学习与同伴和谐相处。

教学模式多样　注重培养综合技能

"新年送福"一课，除了培养学生小组合作探究、搜集资料、解决问题等各方面的综合能力外，在课后拓展部分，教师提问"假如我们要送写好的春联给亲朋好友，怎样送? 说些什么?"及让学生表演送春联情景，让学生通过语言、表情及肢体语言等学习送春联的方法及注意事项。

整个课例研究注重通过创设情境、联系生活将非遗技艺与生活联系，更有利于使传承落到实处并更有意义。教学设计符合新的教学理念，注重学生自主探究、小组合作，落实社会主义核心价值观。

永泰小学腰鼓文化课程开发与实施研究

李雨梅

（永泰小学）

腰鼓文化课程开发背景

（一）加强审美教育和传统文化教育是中小学素质教育的政策要求

《国家中长期教育改革和发展规划纲要（2010—2020 年）》指出："加强中华民族优秀文化传统教育和革命传统教育。加强美育，培养学生良好的审美情趣和人文素养。促进德育、智育、体育、美育有机融合。"《新时代爱国主义教育实施纲要》指出："要引导人们了解中华民族的悠久历史和灿烂文化，从历史中汲取营养和智慧，自觉延续文化基因，增强民族自尊心、自信心和自豪感。"这些政策为加强中小学素质教育提出了更高的要求。

（二）巩固和发展学校腰鼓文化特色的现实需求

腰鼓是我校的传统艺术特色，学校把传承腰鼓文化作为校园文化的一部分，希望在巩固这一特色的同时满足学生的学习需求，使学生通过亲身实践感受腰鼓的魅力，传承校本文化。研发腰鼓校本实践课程，可以促进腰鼓文化的实践化、课程化，并将腰鼓文化教学与课程要求整合，落实课程标准提倡的艺术能力与人文素养的整合发展目标。

腰鼓文化课程开发和实施途径

（一）研发"腰鼓文化"校本教材

为让学生对腰鼓文化有更深入的了解，形成更系统的认知，我们编印腰鼓教材《腰鼓声飞传四方》，融知识、技巧、文化于一体，注重实用性与趣味性相结合，旨在引导学生在阅读、体验、实践中了解腰鼓的起源、发展、艺术特色等，感受腰鼓的艺术魅力与文化底蕴，进而爱上腰鼓，爱上传统文化。

（二）形成"腰鼓文化"校本课程实施模式

学校形成了以学生为主体，以腰鼓实践活动为主阵地，以喜闻乐见的主题实践周活动为载体，以艺术能力与人文素养整合发展的校园文化育人氛围为支撑，将民族文化、课程文化、校园文化三融合的校本课程模式。具体内容如下。

1. 整体的多维课程目标

认知目标：通过校本课程活动了解腰鼓的起源、历史、表演形式、风格特征、活动习俗等，丰富学生的传统艺术文化知识。

技能目标：学习、掌握基本技巧，提高学生的表演能力、肢体运动能力。

情感目标：通过活动激发学生对艺术的热爱和学习艺术的热情，在腰鼓舞蹈的过程中增强学生团结协作的良好品质。

应用目标：学生能进行腰鼓表演、欣赏与评价。

2. 多样的教学方式和灵活的组织形式

教学方法：讲授法、演示法、欣赏法、讨论法等。

教学组织形式：面向全体教学、分组教学、个别指导等。

我们将研究落脚于课堂实际，采用学科渗透腰鼓的方式，从低年级到高年级逐步分层普及腰鼓。如低年级美术学科实践活动课"为腰鼓表演设计海报"中，学生通过主动探究、合作学习、联系实践，为腰鼓表演设计海报，让学生为非遗项目的传承贡献自己的力量。综合实践活动"自制腰鼓玩具乐趣多"中，让学生利用废旧纸碗制作腰鼓玩具，既培养学生对废旧物品再利用的兴趣，同时使学生了解腰鼓文化，感受传统文化的魅力。音乐欣赏课"斗鼓"，将传统音乐作为欣赏的重要内容，通过感受横山老腰鼓的特点，掌握武腰鼓的打法要领，进而创编腰鼓组合并进行斗鼓比赛，引导学生感受腰鼓的魅力，了解斗鼓精神，培养学生良好的竞争意识和团队精神。

3. 多元的激励性课程评价

校本课程的教学评价，既关注学习结果，又关注学生在学习活动中表现出来的情感态度。评价内容分态度习惯、知识能力、兴趣爱好三个领域。坚持学生自评、互评与教师评价相结合，关注学生的发展水平，评价要求因生而异，不整齐划一。学习评价的形式多样呈现：善于有效运用口头语言及文字的学生，可以通过学习体会感悟分享的方式呈现学习效果；善于运用身体来表达想法和感觉的学生，可以通过展示一段腰鼓动作来分享学习成果；善于用色彩、图画等表达思想情感的学生，可以用手写画报、海报、主题绘画等方式分享学习成果。

(三)研制"腰鼓文化"校本学习工具

为直观感受、易于学习，我们将特点鲜明的腰鼓融入校园团体操中，创编了腰鼓体操"腰鼓声飞"，全套体操含伸展运动、小缠腰、大缠腰、四方运动、踢腿运动、转身运动、跳跃运动和整理运动共 8 节。腰鼓体操不仅是体育锻炼的有力补充，更是传承传统文化的校本途径。腰鼓体操借鉴了大量传统安塞腰鼓的经典动作，同时配置传统风格的民族乐曲和强烈的鼓声，形成了欢快、健美的舞姿，体现出少年儿童传承经典的热情，具有很强的震撼力和艺术感染力。腰鼓动作体操化后，动作慢、节拍分解，让腰鼓变得简单易学。

腰鼓文化课程实施效果

1. 有力促进学生的身心健康发展和综合素养提高

此项研究中，学生是最大的受益者。把腰鼓融入艺术教育、体育当中，不但提高了学生的艺术素养，还对身心健康发展起到了推动作用。学生通过学习不仅提高了身体协调性，也提高了自身的身体律动性与节奏感。在身体素质方面，培养了学生的弹跳力、爆发力、耐力等，对于膝关节、肩关节也有很好的锻炼效果，是一项综合性的锻炼项目；在情感方面，学生通过学习提高了自信，敢于在其他人面前展现自己，通过集体的练习可以增强同学间的配合与默契，以及互相帮助的优良品德。

2. 有力推进学校的校本课程规范化建设

研究应该落脚于课堂实际，学科渗透腰鼓才是学生真正喜爱的学习途径，才能从低年级到高年级逐步分层普及腰鼓。学科融合让实践研究突破了单一的学习动作、表演展示的形式，更有效地促进了教师的教育教学方式和学生学习方式的变革，真正落实了课程标准提倡的艺术能力与人文素养的整合发展，实现了校内外课程间的优势互补，用普及传统文化艺术教育促进学生综合素养的储备和提升。

3. 有效提升教师课程开发与实施的意识和能力

随着校本课程的开发与实施，一系列的自学、集体学习、培训交流带来了教师思想观念的转变和课程意识的提升。教师改变了以往固守的编教材只有课程专家才能实现的观念，开始由课程的被动"执行者"向课程的主动"决策者"过渡。在编写教材中，教师广泛征求学生的意见建议，站在学生角度，以学生的需求来安排内容、确定方式。可以说，校本课程的开发催生了教师的创新思维，构筑了师生共同发展的平台。

4. 彰显校园的特色艺术文化

课程是一所学校特色的基础与保障。利用学校独特的文化背景，找到传统文化与育人的契合点，通过校本课程的开发与实施这一途径促进学校传统艺术特色的逐渐形成，是实现"以腰鼓传承民族文化，用传统打造特色艺术"这一发展目标的基础。学校也因此在课题研究中积累、固化了很多的腰鼓展示成果。在北京市素质教育成果展、京津冀地区非遗进校园——优秀成果展演等活动中赢得了社会的广泛支持，提高了学校的知名度。

中华优秀传统文化视域下的
小学信息技术课程设计探索

陈 敏

（永泰小学）

在一次课间，笔者与学生们聊天，发现他们对中国的"二十四节气"文化缺乏认识，对中华优秀传统文化认识贫乏。针对这一现象，笔者尝试着在信息技术课程中有效地融入中华优秀传统文化元素，探索了一条有效的育人途径。

理论依据

1. K-W-L 教学模式。这是 1986 年由唐娜·M. 奥格尔（Donna M. Ogle）提出的一种基于图式理论指导阅读的教学策略。它包含 3 个认知步骤："我知道什么？"、"我想了解什么？"和"我学会了什么？"。[①]

2.《国家中长期教育改革与发展纲要（2010—2020 年）》中提出："要强化信息技术的应用，建设智能化教学环境，提供优质数字教育资源与软件工具；提高教师应用信息技术的水平，更新教学观念，改进教学方法，开展启发式、探索式等教学新模式。"

3. 多元智力理论。霍华德·加德纳提出：智能是多元的；它不是一种能力，而是一组能力。具体分类为：视觉—空间智能、自然观察智能、自知—自省智能、言语—语言智能、人际交往智能、逻辑—数理智能、身体—动觉智能

---

① Donna M. Ogle. K-W-L：A teaching model that develops active reading of expository text. *Reading Teacher*，1986，39(6)：564-570.

和音乐—节奏智能。①

研究过程

1. 大胆创编教材——中华优秀传统文化融入信息技术课程

笔者基于现有信息技术教材，结合四、六年级学生心理发展特点，对教材进行合理创编，使系列教材既能让学生学到信息技术知识和技巧，还能通过这样的课程让学生了解中华优秀传统文化，在潜移默化中达到育人目的，提升学生的文化自信。

(1)四年级课程。2016年11月30日，二十四节气——中国人通过观察太阳周年运动而形成的时间知识体系及其实践，列入了联合国教科文组织人类非物质文化遗产代表作名录。"二十四节气"被誉为中国的"第五大发明"，是中华民族数千年文化发展的结晶。笔者结合四年级学生的心理特征，以"二十四节气那些事"为主题，结合时间段，引入相应节气设计了一系列课程。如上课时间为三月份，恰与时节春分相遇，则围绕这个主题分4课时(见图1)制作出"二十四节气那些事——春分"演示文稿，让学生感受时节之美。若上课时恰逢谷雨时节，则将谷雨的相关知识融入课堂。以此类推，一年下来，四年级学生便会对二十四节气有深入的认识。

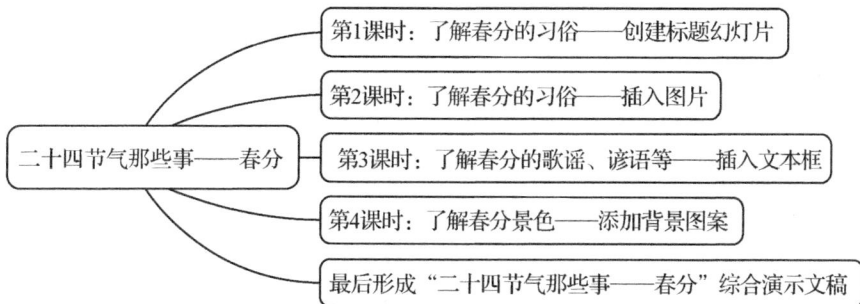

图1　二十四节气那些事——春分单元课时结构图

---

①　毛喜爱：《多元智能化理论在小学语文教学中的应用探析》，《科教文汇(中旬刊)》2019年第10期。

除四年级以外，针对其他年级学生同样可以以节气为主题来设计课程。如三年级学生主要学习绘画，可以让他们画一画相应时节的作品。每个时节都有代表性物品或习俗等，只要教师敢于挖掘节气与教学点之间的联系，便总能设计出有关节气的课程。

(2)六年级课程。六年级学生处于11—12岁这一年龄段，笔者希望通过中华优秀传统文化来影响他们的家国情怀，提升他们的责任意识和担当意识，为他们迈入初中奠定精神品质基础。基于此，笔者为六年级学生设计了"故宫里的那些事""经典咏流传""中国诗词大会"等几个主题课程，让学生能够不断学习新知识，在优秀传统文化的熏陶下实现育人目标。如将中央电视台热播的《经典咏流传》节目引入信息技术课堂，设计了6课时内容(见图2)，最后形成一份"《经典咏流传》推荐曲目欣赏"演示文稿。

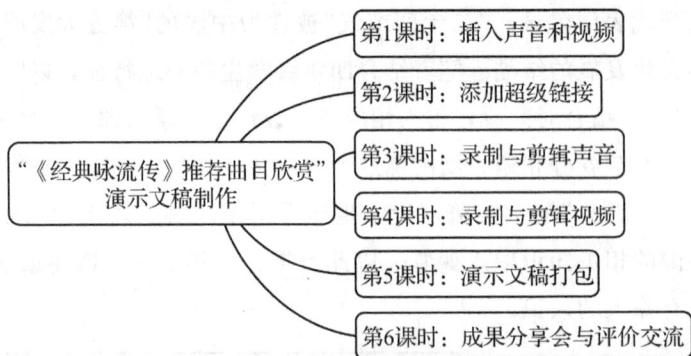

图2　"《经典咏流传》推荐曲目欣赏"演示文稿制作单元结构图

2. 大胆实践课程——让学生更好地传承中华优秀传统文化

传承中华优秀传统文化，需要注重文化氛围的营造。笔者在课堂教学实践中，力争在每个环节为学生营造这样的氛围，让课堂的每个环节都产生育人的效果。

以四年级课程"二十四节气那些事——插入文本框"为例。

(1)"K"——已经知道的。本环节通过分析前测问卷，让学生了解自己已经知道的有关春分的知识(见图3)。

"二十四节气那些事——春分"演示文稿制作		
K—known （我们知道的）		
问卷调查		

图 3　前测问卷

由表 1 可知，通过学习后，学生各方面有所提升，知道春分的学生比例有一定上升，达到 90％。这为后续继续利用信息技术课堂让学生了解二十四节气奠定了基础。

表 1　"二十四节气那些事——春分"插入图片前测后测对比分析 1

问题	前后测结果	比例（％）		
		知道	不是很清楚	没有听说过
你知道二十四节气吗？	前测	53.85	43.59	2.56
	后测	73.68	26.32	0
你知道春分是哪一天吗？	前测	87.00	13.00	0
	后测	90.00	10.00	0

由表 2 可知，学生对相关知识技巧的掌握都有所提升，说明上节课的学习是有效的。

表 2　"二十四节气那些事——春分"插入图片前测后测对比分析 2

问题	前后测结果	比例（％）		
		会	不太会	不会
你会在演示文稿中插入图片吗？	前测	87.18	12.82	0
	后测	97.37	2.63	0
你会设置图片的边框的粗细及颜色吗？	前测	79.49	17.95	2.56
	后测	92.11	7.89	0

同时，在问卷中还呈现了本节课的一些预测，统计如下。

表 3 "二十四节气那些事——春分"插入文本框前测分析

问题	样本含量	均值	标准差	峰度	
				统计量	标准误
你会演示文稿插入文本框吗？	36	2.83	0.447	7.960	0.768
你会对插入的文本框进行背景方面的设置吗？	36	2.75	0.604	4.189	0.768
你会对插入的文本框设置边框颜色吗？	36	1.11	0.398	15.550	0.768
你会改变文本框的造型吗？	36	1.14	0.424	10.999	0.768
你知道文本框的叠放次序吗？	36	1.42	0.692	0.679	0.768

由表 3 可知，学生对文本框边框设置、文本框造型变化以及文本框边框叠放次序的了解低于 1.5，有的接近了最小值 1。所以，本节课的重点在于关注学生这几个方面的学习情况。

（2）"W"——想要知道的。通过出示上届同学制作的"二十四节气那些事——春分"，让学生自主欣赏。通过比较，调动学生的学习积极性，激发他们的创作欲望。学生针对"文本框"提出自己想要知道的问题，老师在电脑上现场输入学生提出的问题，让学生自己解决所提的问题（见图 4）。

"二十四节气那些事——春分"文本框		
K—known （我们知道的）	W—want to know （我们想知道的）	
问卷调查	1. 如何添加文字 2. 如何为文字加入边框 3. 如何让底色变得透明 4. 如何改变文字框的形状 5. 如何移动文本框 6. 如何添加竖着的文字	

图 4 学生提出的问题

图 4 就是课堂中生成的真实问题。它们来自于学生,体现了学生是课堂的主人,教师只是一个引导者、服务者的理念。

(3)任务驱动,自主探究。在本环节中,学生通过探究或学习老师提供的学案,来解决由学生提出的问题。在这一过程中,老师主要是巡视并进行个别辅导,为善于提问的学生加分。探究完成后,小组内互相讨论并进行全班演示,以便学生尝试进一步巩固知识。

(4)实践运用,巩固提升。这个环节体现了三个层次:对于学习能力一般的学生,只需要将自己上一节课做的作品添加文本框,输入相关文字;对于学习能力中等偏上的学生,可以尝试设置文本框的颜色、大小、形状等;对于能力超强的学生,可试着将文本框与图片合理搭配,使其更加美观大方,并且可以尝试有关春分的习俗、歌谣、谚语等的制作,形成有关春分的综合性演示文稿。而在学生制作之前,要引导学生思考:"什么样的作品才有可能入围,在校园进行展播?"这时,老师可以打开"乐调查"网络问卷,现场编辑并输入学生提出的评价方案。学生提得越多,评价就越多。评价方案现场生成并发放给学生,让学生根据进展来填写和提交问卷。此时,学生就会根据刚刚提出的一些评价方案来制作综合作品,在制作过程中还可能遇到新问题。老师要鼓励学生质疑,引导学生自己找到问题的答案。

表 4 学生提出的评价方案

学生提出的评价方案	选项
1. 我的作品是否图文并茂?	A. 不会 B. 不太会 C. 会
2. 你会演示文稿插入文本框吗?	A. 不会 B. 不太会 C. 会
3. 你会对插入的文本框进行背景方面的设置吗?	A. 不会 B. 不太会 C. 会
4. 你会对插入的文本框设置边框颜色吗?	A. 不会 B. 不太会 C. 会
5. 你会改变文本框的造型吗?	A. 不会 B. 不太会 C. 会
6. 你会灵活处理图片与文本框的布局吗?	A. 不会 B. 不太会 C. 会
7. 你知道文本框的叠放次序吗?	A. 不知道 B. 不太清楚 C. 知道
8. 课后,你还想继续了解二十四节气——春分的那些事吗?	A. 不想了解 B. 不是很想 C. 不想

学生提出的评价方案	选项
9. 如果你去了解的话，你会通过什么方式？	A. 查阅资料　B. 春分当天感受春分习俗 C. 和周围人一起　D. 其他方式
10. 你还想了解二十四节气中其他的节气吗？	A. 非常想　B. 一般　C. 不想
11. 作品是否有自身的特点？	A. 有　B. 没有

（5）作品赏析、提升美感。学生先以小组为单位进行欣赏，推荐一个最优秀的作品进行全班展示。展示完成后，学生可以下座位去欣赏班级里任何一个同学的作品，并为喜欢的作品投票。在展示的过程中，要鼓励学生质疑，教师要对学生作品进行优缺点评价。

（6）"L"——已经学会了什么。让学生深刻认识到自己在本节课中的收获及不足，对自己有客观的评价，知道自己已经会了什么（见图5）。

"二十四节气那些事——春分"文本框		
K—known （我们知道的）	W—want to know （我们想知道的）	L—learned （我们学到的）
问卷调查	1. 如何添加文字 2. 如何为文字加入边框 3. 如何让底色变得透明 4. 如何改变文字框的形状 5. 如何移动文本框 6. 如何添加竖着的文字	问卷调查

图5　学生自我评价

通过以下拓展环节，激发学生的学习热情，提升学生的转化力，将学过的知识应用于生活中，尝试用学过的知识来解决实际问题：

①明天就是春分了，回去尝试做"竖蛋"实验。

②在周末出去放风筝，感受春分时节。

③将参与的活动拍照，下次课带到学校，将自己的照片插入到今天完成的演示文稿中，并写出活动感受。

④查阅下一个节气是什么？我们继续了解节气的那些节。

研究结果

1. 教师专业技能得到提升

可以看出，整节课的设计以"二十四节气那些事——春分"为主题贯穿始终，结合 K-W-L 教学策略，使课程非常完整。一切资源都来源于学生，学生是课堂的主人，教师只是引导者。教师形成固定的上课范式，可以引导学生更好地学习。

2. 学生的关键能力得到提升

通过中华优秀传统文化的熏陶，在发挥学生多元智力的条件下，学生学会了如何反思自己已经掌握的知识，并能提出本节课的有效问题，激发学生更好地进行自主探究，大大提升了学生的自主探究能力、合作学习能力和解决问题的能力。学生提出的一些评价方案，不仅提升了他们的思维能力，也令学生的各项关键能力都得到了提升。

3. 学生更加热爱中华优秀传统文化

中华优秀传统文化引入课堂，使得各年级学生在更加热爱祖国优秀传统的同时，更自觉地关注传统文化，并向周围人进行传播。很多班级在歌唱比赛中纷纷选择与传统文化相关的歌曲，如四年级传唱《节气歌》，六年级选择《明日歌》等。这些传播方式既激发了学生的爱国情怀，也培养了他们继承和发扬中华优秀传统文化的意识，提升了他们的文化自信。

4. 教师更愿意去设计与中华优秀传统文化相关的课程

中华优秀传统文化与爱国主义思想精神息息相关，需要将传统文化与爱国教育有机融合，并结合实际情况来开展教育，以培养国家与社会发展所需的合格的社会主义建设者与接班人。[1] 正因此，教师们也更愿意研究并设计与中华优秀传统文化有关的课程。

---

① 胡小剪：《中华优秀传统文化与高校爱国主义教育探讨》，《科教文汇（中旬刊）》2020年第 4 期。

探究长城之美　助力教师成长

——"尚美"主题探究课程的实践与反思

赵　东

（南口铁道北小学）

多年来，我校以教育之美展示美的教育，将"借美育人和育人创美"有机结合，引领师生"发现美、感悟美、表现美、创造美"。以詹天佑精神为核心文化，以"尚美教育"为办学思想，树立"天佑以明志　尚美而致远"的办学理念，培养品行良好、具有远大理想的尚美少年，坚持走自主发展、特色发展道路，提升学校教育内涵，努力把学校办成现代化品牌学校，努力培养坚毅踏实、识美笃行的中国人。

昌平区南口铁道北小学坐落在长城脚下，毗邻居庸关、八达岭，长期以来师生对长城有着浓厚的兴趣和深厚的情感。在过去的一年，我校三、四年级师生开展"大美长城文化"主题课程研究，走进长城文化，赞美劳动人民的创造精神，发展学生的研究性学习能力，提升教师的课程设计与实施水平。教师在研讨、反思中不断提高对主题课程研究的自身认识，认真思考研究方法，加强与年级组长、教研组长的交流沟通，推进课程研究进程。

研究目标

1. 学生通过搜集资料，了解长城的发展与变化，了解长城在不同时期发挥的作用，抓住南口铁小的尚美文化与长城文化的结合点。

2. 学生通过采访、实地调查、收集资料等方式来进行积极的探索，最后以手抄报或诗歌诵读等形式来进行汇报交流。培养学生自主探究、合作交流的能力和尚美意识。

3. 通过综合实践培养学生欣赏美、创造美的能力，激发学生热爱家乡、保护生态环境的情感，提升社会参与意识、公民责任意识，树立为建设祖国做贡献的远大志向。

研究过程

1. 组织研讨，明确研究思路

项目组涉及语文、数学、英语、美术、形体、科学、体育等七个学科课程的 12 位教师，从 2019 年 10 月起，多次开展学习和研讨，逐步确定"大美长城文化"研究的五个阶段：寻，探寻长城之美；诵，歌颂创造之美；游，游览景物之美；创，创造现代之美；展，展示心中之美。确定研究内容：长城之美从哪里来；长城之美现在在哪里；长城未来去往何方；长城消失以后，留下的是什么。

要求各学科教师从培养学生学习的能力、提高学生的综合素养等方面，寻找学科研究的切入点，设计实践研究活动。在未来课程开发实施过程中，确定小课题后，搜集资料，师生共同发力；在研究过程中，各个学科发挥作用，生成学科性突出的内容，各学科调动学生积极性，发挥学生的主体作用，师生共同学习，老师适时地引导、带领学生，形成预期的目标；依托主题探究课，使用好学生综合性知识的渠道，提升教师的学科素养，在研究过程中依靠学生，突出学生，发挥学生的主体作用。

2. 提出问题，驱动学生探究

驱动性问题即对学生提出开放性问题，结合学生实际水平以问题链的形式提出。要围绕学科核心素养去思考，设计能够激发学生持久思考或参与活动的问题或者问题链，组织的活动要有助于学科概念的夯实。如组织学生到居庸关长城景区参观调研，从数学学科角度设计问题：调查研究那里的停车位够不够用？景区目前这样设计合理吗？从实用与美学的角度你能提出哪些改进设想？学生要考虑人流量，车流量，大小车，每车坐多少人……从语文学科角度设计问题：居庸关景区有哪些名人题词、篆刻？从内容到形式上你感受到哪些优美之处？你能解读哪篇或哪句相关诗文？你打算用怎样的语言表达你眼中的长城之美？

3. 课程实施，主题实践活动

第一个主题实践活动："寻找长城之美"交流会。首先对学生进行问卷调查，最终选出各班研究的小课题，例如"长城名字的由来""长城的历史重大事件""长城的美丽传说"……学生分成小组，利用网络和书籍搜集相关的资料，结合资料绘制手抄报或将资料打印，与同学交流。在2020年的新年联欢会上，各班学生以"话长城　庆元旦"为主题，进行了有关"大美长城文化"的资料交流环节，他们介绍了长城名字的由来，讲着民间传说故事"孟姜女哭长城""冰道运石"，演唱《长城谣》。学校各位领导来到班级参与活动，并且为"大美长城文化"手抄报获奖的学生颁奖，留影，为大家送上了殷切的期望，给教师和学生注入研究动力。

第二个主题实践活动：讲"美好的长城故事"。上学期，关于长城的传说故事、长城的资料，学生搜集了很多资料，我们进行了分类整理，打印成册，完成了"寻"的环节。阅读资料环节作为寒假作业布置。在延期开学的第一个月中，要求学生将搜集的资料进行整理，以绘画、手抄报的形式进行再创作。最后进入展示环节：学生将作品或做成的美篇发到班级微信群、班级QQ群，班主任老师整理之后，制作美篇或美篇相册，分享到班级群或朋友圈。

第三个主题实践活动："赞长城，爱祖国"。4月26日是中国铁路之父詹天佑先生诞辰159周年，作为我校的第一任名誉校长，詹天佑先生的爱国情怀和创新精神一直鼓舞着我们不断前进。为了将他的精神继续发扬下去，让学生从小有一颗爱国心，我们结合德育活动主题，结合语文和音乐学科的特点，在詹天佑先生诞辰之际开展"赞长城，爱祖国"主题实践活动。

上学期，几个班的老师和学生搜集了许多描写长城的古诗，此次活动围绕着诵读、赞美、创作、展示几个环节进行。语文学科陈雪花老师依据活动主题准备材料。

第一步：筛选。从古至今描写长城的诗歌有很多，部分古诗赞咏了长城，更多的则是斥责王朝统治的残暴，反映人民修筑长城的疾苦。要筛选出直接赞美长城雄伟的古诗。

第二步：整理。在铺天盖地的描写长城的古诗中，陈老师选取著名诗人的古诗，逐诗逐句搜索解释，理解古诗的含义。最终选取正面直接赞美长城之雄伟、体现中国之强大的两首古诗。

第三步：推送。把选好的两首古诗制作成阅读材料——设计版面，给难字注音，然后将材料推送给学生，使学生在诵读过程中感受长城文化的精神和意义，从而增强学生对祖国的热爱、敬佩与自豪之情。

我们在班级小程序里创建了一个文件夹——"长城古诗诵读作品"，鼓励学生将诵读古诗的音频或视频传上来，同语文的"美声图书馆"进行整合，每个学生的作品我们都会进行文字或语音点评，为他们点赞；大部分学生都上传了自己的作品，上交的作品我们设置了"可以互相看到"，使学生能够取长补短，一起分享诵读的成果，感受长城的雄伟。

音乐老师张宏伟精心挑选了《大中国》这首歌曲推送给学生。这首歌曲一听到歌名就让人热血沸腾。特别是在疫情严重时期，这首歌能够彰显祖国人民团结一心、众志成城抗击疫情的决心。我们激励学生在学习之余学唱这首歌曲。通过一周的鼓励、督促与引导，学生们积极参与歌曲的学唱阶段，不久，他们就将唱歌视频发到班级群里，而班主任老师和张老师则对他们的积极参与给予表扬，并进行鼓励性的点评。到最后的作品成果展示阶段，从学生上传的视频可以看出，他们的着装、表情、动作和音色都进步非常大。而此次活动的成果，老师也与学生合作制作成美篇，进行分享。

研究反思

1. 加强学习，深刻理解课程研究意义

"大美长城文化"主题课程的开发与实施结合了我校所处的地理位置，以及师生对长城的深厚情感和浓厚研究兴趣。长城本身极具研究价值，但什么是主题文化课程？研究的意义是什么？怎样开展研究？我们的认知比较模糊。随着教育学院专家对课程研究指导的深入、与兄弟学校的交流探讨，以及我校课程组全体师生在摸索中实践的深入，我们对课程研究的理解不断深入。

长城文化主题课程的研究实际上是以长城文化为载体，在引导师生了解长城、研究长城、歌颂长城的过程中，提升教师的课程开发、执行能力，包括：

教师设计专项研究内容、规划研究路径、组织开展实践活动、开展课堂教学、评估学生学习效果、总结反思研究成效等方面的能力；引导学生在不断发现问题、研究问题、解决问题的过程中落实学生核心素养培养目标；主管领导更要把握研究方向，制订研究计划，指导、协同教师开展具体工作，从而历练自身课程领导力。

2. 深刻思考，把握课程研究路径

从 2019 年 10 月开展课程研究以来，我们组定期开展专题研讨，确定研究方法，不断修正研究路径，在实践中反思、总结、修订计划。最初我们从研究的形式出发确定了"寻、诵、赞、创、展"五大环节引导学生开展长城文化探究之旅。确定了各个环节中不同学科教师的研究方法、研究内容及研究措施，这样的研究思路着重于学生的活动。12 月 13 日，张海宏副校长来校进行指导，从形美、神美等方面将主题研究课程与学校的"尚美"课程大主题建构了巧妙的联系，对"长城之美从哪里来""长城之美现在在哪里""长城未来去往何方""长城消失以后，留下的是什么"等问题进行了详细的解读。专家的建议让我们受益匪浅。我带领教师开展研讨，确定了长城主题课程研究的内容线：(1)长城与地理；(2)长城与历史；(3)长城故事传说；(4)名人眼中的长城；(5)现在的长城；(6)保护长城；(7)长城的象征意义与精神内涵。

至此，我们确定了长城文化主题形式与内容相结合的两大研究线路，二者相结合，推动教师结合任教学科和学生学习特点开展课程研究。

3. 结合实践，在研究关键处发挥指导作用

主题课程研究对于我和我组每位教师来说都是比较新的课题，在研究中老师们问题不断，最大的困惑是怎样有效推动学生开展研究性学习活动？什么样的研究活动对学生学习能力等综合素养的提高帮助最大？

11 月 15 日，教育学院专家组提出指导性意见，讲解如何提高学生研究的内驱力。老师们对"驱动性问题"的提出存在疑问，在我组的研讨中我对驱动性问题进行了解读。我以数学学科为例解读如何提出驱动性问题：要围绕学科核心素养去思考，设计能够激发学生持久参与和思考的活动与问题或者问题串，组织的活动要有助于学科概念的夯实。组织学生到居庸关去参观游览，可以研究若我校全体师生去参观，怎样租车比较合理？怎样购票最省钱？我规划的最

佳游览路线是怎样的？居庸关汽车停车场的车位够不够用？类似这样的问题紧密结合学生探究兴趣点，使研究、学习与生活相结合，需要学生自主收集、筛选相关信息，开展比较、测算，形成结论汇报。

长城文化的研究，首先教师要学懂，才能有效地指导学生。我组织教研组长陈雪花、年级组长高俊岭、郭新星开了一次小组长会，会议主题是：围绕七个主题，教师分组搜集资料，并提出具体要求。一周后，我以陈雪花老师搜集的"众人眼中的长城"为例，再次组织相关人员一起商讨了对资料整理的修改意见：(1)删除个别不突出的长城古诗；(2)搜集的古诗要完整；(3)加上作者介绍，可以插入诗人的肖像图；(4)古诗的时代背景及注解或详解；(5)诗的编排顺序可以调整为按照朝代顺序；(6)总体分类为诗歌、文章(散文、叙事)、名言或名人的评价(人物简介、肖像)；(7)添加出处与背景；(8)本章前考虑加"序言"……这样为全体收集整理资料的老师提供了范本。

4. 实践中反思，提升自身认识

参与主题课程研究的过程，是学习、实践、反思、修正的过程，更是不断自我提高的过程。

这一过程更坚定了我的育人观念：以知识为载体，提高学生获取知识的能力，重视学生探究知识的过程，看重学生提出问题、分析问题、解决问题的能力培养；加强学生获取信息的能力培养；重视学生思维与表达的发展、批判思维方式的建立；关注学生情感体验的获得、人文素养的提升。

这一过程促进了我教学行为的转变：教学中更重视10%的学科课程实践活动的开展；重视跨学科学生学习活动的组织；利用主题研究提升学生的综合能力，在教学中为学生提供"大问题"，促进学生学会在"生活中学习"。

这一过程提高了我的"课程执行力"水平：在"长城文化"主题课程研究组集中了不同学科、不同年龄、不同兴趣爱好、不同认知水平的教师，"怎样领导好整个团队开展研究工作"是我始终思考的问题，"学习—设计—布置—调控—指导—提升"，在这一系列的过程中，我组织全组成员形成统一的课程目标和认知，设计研究路径，为组长布置任务，及时调控成员的研究方向，发挥自身教学经验优势为教师答疑解惑，开展具体工作指导，促进教师把实践所得所感所悟形成文本，积累经验，不断提升研究能力。

浅谈美育与小学一年级英语课堂教学的融合

康雪莲

（大兴区第五小学）

美育能够帮助学生树立正确的审美观念、陶冶高尚的道德情操、塑造健康优美的心灵，能够助力培养德智体美劳全面发展的社会主义建设者和接班人。很多人认为小学生只有在美术课、音乐课上才能受到美的教育，其实是很片面的。为了实现"以美育人，以文化人"育人目标，从小对孩子们进行美育，尤其是美好品德的教育，每位教师都应该参与其中，我作为一名小学英语教师责无旁贷。

我所教的孩子是一年级小学生，由于小学英语的学科特点，课堂上的绝大部分时间，老师和学生都在说英文，所以进行美育有些困难。要解决这个问题就需要教师用心思考，找到恰当的教学方法和契机才可以在小学英语课堂上进行美的教育，而且要与英语教学融合在一起，才会有良好的效果。

为了把美育与英语课堂教学更好地融合在一起，我在讲授北京市义务教育教科书《英语》北京版第一册 Unit Two Good morning! Lesson 5 有关问候语一课时，仔细思考了在课堂教学中如何适时进行美育，并进行了实践。

上课前，我做了详细的、有针对性的课前调研，了解到问候属于社会交往的内容，它与新入学的一年级小学生融入学校、融入班级——这个小小的社会的实际情况，贴合得非常紧密。互致问候可以使孩子们感到开心，让新进入校园的孩子们体会到校园生活中师生之间、生生之间的温暖，体会到在学校学习的快乐，为孩子们打下乐学的基础。本课除了像以往课堂一样强调生生之间、师生之间的互动与礼貌，此次授课我在理解教材的基础上，多方面将美育融为为学生提供的与学生生活贴近的绘本、歌曲、动画，丰富了课程资源，加大了语言的输入量。这样的设计尽可能多地为学生创造了在真实语境中运用语言的机会，学生可以在多样的语境中获取知识、感悟知识、掌握知识，发展了学生自主学习的能力。

实施过程如下：

1. 在导入环节和知识板块衔接处融入礼貌之美、韵律之美和乐于助人的美德教育。

（1）上课伊始，在师生互相问好"T：Good morning，boys and girls！S：Good morning teacher！"时互相行拱手礼。因为新冠疫情，不便行握手礼，所以适时地教给学生中华民族的传统礼节——拱手礼，以便养成懂礼貌的好习惯，既能帮助孩子感受到中华民族传统礼仪之美，又有利于帮助孩子形成良好的卫生习惯。之后教师边提出要求"Let's sing."边做唱的动作，学生模仿老师一起边说英文边做唱的动作。然后教师播放歌曲，学生集体跟唱，当歌词中出现本组的组名时，这组同学要做动作，来表明学生明白自己属于哪个小组。这就使学生在感受音乐中的韵律美的同时强化了小组意识，为上课过程中的评价做铺垫，初步形成合作与团结一心的意识。

（2）在由课文过渡到新单词教学的环节，我选取了一首名为 *Good Afternoon* 的歌曲。学生们一边听一边试着跟唱，在复习礼貌用语的同时，体会主人公兰迪乐于助人的美好品德，教师及时称赞这种行为，进一步对学生进行乐于助人的美德教育。

2. 在引领学生学习课文时融入善思之美、自信之美、专注与人交流之美的教育。

（1）在学习了早上的问候语"Good morning"之后，再学习下午的问候语"Good afternoon"，让学生体会不同时间段问候的不同用词，引导学生进行有条理的思考。我先引导学生认真观察早上 9 点的时钟图片和时针指向下午 3 点的时钟图片，理解 Good morning 和 Good afternoon 的区别之后，分别和学生互致"Good morning！""Good afternoon！"，并引导学生认真观察板书上太阳的位置及单词 morning 的首字母、afternoon 的前两个字母，使学生们在学习新句型时不会混淆。之后在 PPT 上用图片与单词连线的方式检测，从而引导学生体会认

真听讲带来的成功感受，进一步建立自信心，体验自信之美。

(2)在引导学生学习课文的过程中，我会不断与学生进行交流，比如，在学习的过程中，我会不断地发出指令"Let's listen and watch. Let's say."，要求学生与教师一起边说指令语边做倾听、观看、开口说的动作，学生的动作要整齐，声音要清晰，坐姿要端正。再如，教师说"Open your books"并做打开书的动作，学生就说"Open my books"并做打开书的动作，这样既练习了英语又进行了师生间的交流，学生很开心地体会到专注地与人交流是一种让人感到温暖的美。

3. 以韵律之美、表演之美助力学生更好地掌握语音与词汇知识。

kite 和 cat 的发音类似，如何区分二者对学生来说是个难点，所以学生在教师的示范引领下，以自然拼读的方式学习本课语音词汇。教师指着风筝的图片并播放 kite 的发音，播放升调和降调两种读法，以富有韵律美的语调来朗读，同时指出 k 和 i 的发音，请学生们模仿老师的发音与口型 2—3 遍之后试着拼读 kite 这个单词。教师边表演放风筝，边富有韵律地读出 kite，学生们模仿老师的表演与发音。教师请一组学生来读这个单词之后，指着风筝和猫的图片再读这两个单词，学生会发现两者发音类似，然后教师领着学生边表演边富有韵律地读出这两个单词，直到教师表演放风筝和小猫学生可以正确读出相应的单词，而教师读词时，学生也可以正确表演为止。这样就以韵律之美和表演之美帮助学生们突破了这个知识难点。

4. 以绘本之美融合知识，体味人与自然界和谐相处之美，助力学生创编新绘本。

我选择了与本课内容相结合的绘本 *Good Morning* 为补充资源，绘本中的主人公与身边的小动物进行问候，给学生创造了一种人与自然界的小动物和谐相处的美好的情景，在此美好感受中引导学生将本课所学内容迁移到新的情境中，巩固、提升本课所学；并给学生渗透学习绘本的基本步骤，为以后的绘本学习打下基础。所选绘本的绘画、构图都非常精美，再配以轻柔优美的绘本朗读，使学生沉浸其中欣赏绘本、学习本课的拓展知识，感悟到美，心情愉悦地进一步创编简单的新绘本。创编的绘本中学生也在一天中的 morning、noon、afternoon、evening、night 五个时间段，分别向所学过的人、物品、小动物进行了问候，进一步体味人与自然界和谐相处之美。

5. 以色彩、声音变化之美助力学生掌握知识。

教师引领学生以绘本 *Good Morning* 中主人公小女孩对小动物们说"Good night"为结尾，并加以表演。教师引领学生通过饱含不同情绪的声音、可爱的动作、多变的色彩和太阳一天中在天空中不同的位置来区分 Good morning、Good afternoon、Good night 的用法，并指出哪个时间段属于 morning、afternoon、night、noon 和 evening，初步为整个单元的学习打下基础。

6. 以板书设计之美，帮助学生更好地梳理所学知识(见图1)。

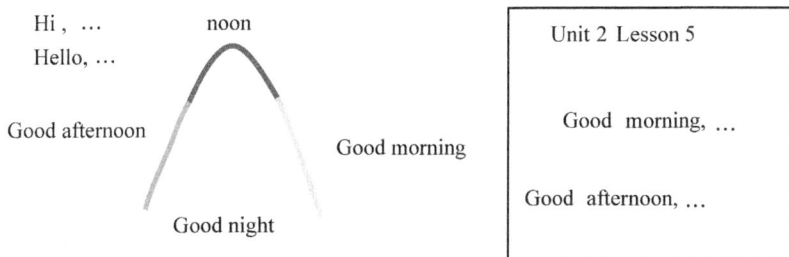

图1 板书设计

通过以上实践，我成功地在小学一年级的英语课堂上进行了多方面的美育。据此，我认为，若能有持续的用心探索、更恰当的教学方法和更好的契机，并加以实践、改进，就可以在小学英语课堂上进行美育，并与英语教学融合在一起，提高教学效果。

立足校本的"感恩"课程实践研究

穆丽平

（顺义区裕龙小学）

在"促进每个人主动和谐发展"的办学思想指导下，我校全面启动深化课程改革的实践与探索，落实学校核心目标，做"卓·悦"的教育、办"卓·悦"学校、育"卓·悦"品格的人，努力构建"卓·悦"课程体系；提升课程育人的品质，实现全学科育人、全员育人、全程育人的课程目标，促进学生可持续发展。

研究背景

（一）落实道德品质的教育

为深入贯彻落实《关于进一步加强和改进未成年人思想道德建设的若干意见》，全面实施《公民道德建设实施纲要》《小学生守则》及《小学生行为规范》，加强对学生的道德品质教育和心理健康教育，针对"学生越来越不听话"的现状，我们对学生进行问卷调查，了解学生对身边的人、事、物是否能够理解、能够感恩。通过调查发现，学生怀有感恩之心，但出现频率不高，表达感恩之心的实际做法很少。为此，我们将"感恩教育"作为学生思想道德建设的重要组成部分，切实把其渗透到学校工作中去，让学生常怀感恩之心，精心培育"感恩文化"，塑造学生的健全人格，养成学生良好的道德品质和行为习惯，使学生从小做到心中有祖国、有集体、有他人，从而弘扬中华民族优良的传统美德和现代文明，全面推进素质教育。

（二）促进课程改革的需求

以《国家中长期教育改革和发展规划纲要（2010—2020 年）》、《国家基础教育课程改革纲要》和义务教育阶段各学科课程标准等新课程理念的精神为引领，依据《北京市基础教育部分学科教学改进意见》，"加强依据课程标准开展教学""培育和践行社会主义核心价值观""构建开放性的教与学模式""鼓励运用多样化教学方式""关注教育教学评价改革"，立足于学生的学习内容设计开放和多元的活动，充分利用现有资源的优势，体现学校办学理念和文化特色，改进和完善学校课程建设。

（三）提升学校品质的需求

随着课程改革的深入开展，我们深刻认识到，德育课程的开发和实施要确保学生的发展目标积极实现，满足学生的差异性特点和多样化需求，促进学生可持续化发展，更好地体现学校的办学理念，形成学校的办学特色。通过课程学习，形成自主管理意识，培养学生的爱心、责任、包容、智慧、合作、诚信的品质，使学生成长为快乐自信的阳光少年。

（四）满足学生发展的需求

根据国家课程设置方案提出的综合实践活动课程不少于10%的要求，我们提出了"卓·悦"教育理念："悦"指学生玩中学的快乐体验，以快乐的体验经历来促成卓越品质和技能的形成。"感恩"课程力求让每个学生在多种途径、多种方式的体验中学会感恩，做最好的自己、最快乐的自己，以此实现"促进每个人主动和谐发展"。

实践过程

（一）设计理念

追求"卓·悦"办学目标，强调教师、学生共同发展和全面发展，努力为师生成长搭建平台，把学生培养成有爱心、责任感等卓越德行的学生，通过经历"卓悦"的成长过程，最终达成"卓越"的人生。

从校情出发，我校确立"3＋5"课程体系。"3"即共同基础课程、学科拓展课程、综合发展课程；"5"即五个领域：修身与养正、人文与社会、科学与技术、身心与健康、艺术与审美。

基于"卓·悦"办学目标和课程整体架构，为了促进学科融合，以满足每个学生个性化可持续发展的需求，我们从学校实际、生源和社会资源等出发，依托"基础类课程""学科拓展课程""跨学科课程""综合发展课程"等多渠道，全方位开发"感恩"课程(见图1)。

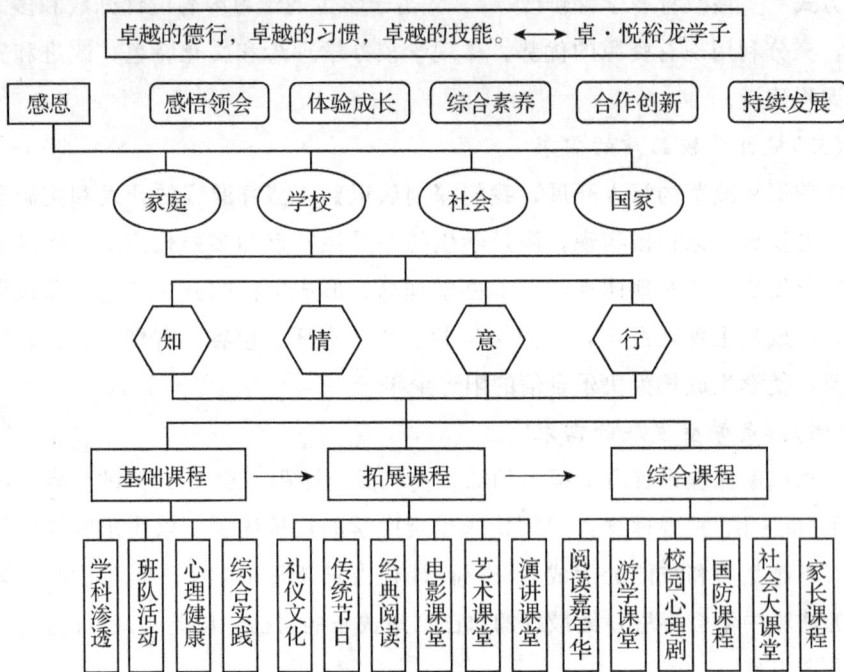

图1　感恩课程体系构架图

"感恩"课程的开发，突出"卓·悦"理念，体现学校"3＋5"课程体系，遵循学生知、情、意、行等获取信息的规律，充分发挥国家基础课程的德育渗透作用，让学生感知、共情，"点燃感恩之意"。同时，进行学科内及多学科的整合，多角度深化学科的德育渗透作用，多角度、多方面"内化感恩之情"。综合课程扩充教学资源，学生走出课堂，步入社会，体验活动中"收获感恩之心"，最终深化学生的感恩教育，把学生培养成具有爱心、责任感等卓越德行的学生。

(二)课程目标

体验，是学生认识世界的主要方式；活动，是学生最喜欢的活动方式。学生发展、成长的过程需要学校建设与其认知规律、身心发展规律相适应的课程。

"感恩"课程是在学生认知、体验和成长、发展的道路之间架构起来的一座桥梁，让学生切身地经历、感受，真实地学习，真正地收获。

1. 促进学生个体发展

加深对感恩内涵的理解，激发学生探究性学习的兴趣，发展学生思维，养成良好习惯，培养学生感恩家人、感恩学校、感恩社会、感恩国家的感恩之情。

将语文、数学、英语、美术、英语、科学、音乐等学科知识与育人目标进行重新梳理与架构，不同学科完成不同的任务，开展综合性学习，构建满足学生个性需求的学科教学模式，最终达到减负提质的效果。

2. 满足学生群体需求

学生学会合作、学会分享。学生参与体验、探究活动，调动多种感官参与，并提供表达、展示的机会，将学与用有机结合，学以致用、学会做人，为全面培养学生能力、提高综合素养服务，促进"阳光自信的裕龙少年"育人目标达成。

3. 满足教师素养发展

深入研读教材，寻找课程实践的切入点，遵循学生认知和发展规律设计学科课程，为创造适合学生的教育奠定基础。

建立课程群并密切学科教师间的联系，共同研究共同提高，整体提升教师合作、课程开发和课程实施的能力。

4. 满足学校特色发展

在全学科、全员、全程感恩教育的环境下，逐渐形成学校的感恩文化，积淀学校的文化底蕴，推动学校可持续发展。落实课程整体规划，将学校的高位课程理念和办学思想转换为课程的实施。学校通过架构、实施、反思，分析得失，梳理出宝贵的经验，为课程后续的完善和再研发提供条件。

在集团校区或校际区域间分享经验，形成校际合作机制，促进学校的整体建设，加大学校的影响力。

(三)课程实施

1. 整体课程内容实施体系(见表1)

表 1　课程内容实施体系

课程类型	课程名称	实施方式
基础课程: "点燃感恩之意"	学科渗透	①国家基础课程各学科教师结合教材所讲内容,随堂适时渗透 ②学科内相关内容整合教学 ③跨学科围绕感恩主题的整合教学
	班队活动	①每周三下午第二节课班队会活动时间,结合班级实际开展班队会活动 ②结合班级出现的问题,临时、随时召开微班会
	心理健康	①每年级每学期每班三课时,由心理专职教师授课 ②学校结合年级特点,每年级每学期集中一次专题讲座
	综合实践	学科教师利用教材中综合实践活动的内容要求,适时进行感恩渗透
拓展课程: "内化感恩之情"	礼仪文化	①结合班队会活动,每周三下午第二节课进行学习 ②国旗下讲话 ③红领巾广播 ④茶艺社团
	传统节日	①结合重阳节、春节、元宵节等节日,通过语文等学科拓展学习,开展孝老敬亲活动,进行图文、视频等分享 ②融合西方感恩节、母亲节、父亲节等元素,开展感恩周末、感恩假期等活动
	经典阅读	①各班每周二下午第二、三节课为固定读书时间,共读一本书,也可以各读喜欢的书籍 ②每天早上20分钟经典诵读 ③利用读书时间或班会开展读书分享,分享感恩故事 ④经典阅读读后感征集
	电影课堂	①分年级学段为学生提供"感恩"相关电影素材,周四下午第二、三节课集中观看,每次安排4个班级 ②利用周三班队会时间组织学生进行分享和讨论
	艺术课堂	①在美术、音乐、绘画、剪纸、舞蹈等课堂中适时渗透感恩教育,实现全学科、全员、全程育人目的 ②艺术小组开展"感恩献才艺"等比赛活动,通过参与实际行动,内化感恩之情
	演讲课堂	①使用"感恩"相关稿件,学生在学习演讲过程中潜移默化地接受感恩教育 ②开展"感恩故事"演讲活动,可以是学生自己的故事,也可以是读到的故事,与学校阅读活动等融为一体

课程类型	课程名称	实施方式
综合课程："收获感恩之心"	阅读嘉年华	①以小组为单位，走班参加教师组织的"猜词""猜句""猜作品"等活动，结合生活中有趣的游戏类活动，寓教于乐，开展"感恩"教育 ②开展"爱心义卖"，学生从家里带来书籍，在校园里进行义卖，收入由学校汇总后，请第三方购买书籍捐赠给贫困山区 ③名家见面会，通过名家讲述，培养学生的感恩之心
	游学课堂	每年暑期开展国内和国外游学课程。国内游学分绿色之旅（草原）、蓝色之旅（看海）、文化之旅（上海江浙文化考察）、红色之旅（延安宝塔山），国外游学旨在感受异国文化。在人文和自然的熏陶中收获感恩之心：感恩父母、老师、朋友、社会、国家和大自然 游学课程分为： 游学前课程：a. 根据所去地点搜集相关资料（文字、图片、视频）；b. 交流搜集信息；c. 了解乘务课程（火车、高铁、飞机相关知识） 游学中课程：a. 团队领导力课程；b. 自理课程 游学后课程：a. 学习收获课程（文字、PPT 等）；b. 游学演讲课程
	校园心理剧	选择"感恩"主题剧本，排演校园心理剧，内化感恩之心
	国防课程	①3—5 年级第一学期，走进军营，参观军史馆，进行一日军旅生活体验 ②3—5 年级第一学期进行为期两周的军训 ③感受军旅生活的艰苦、和平生活的珍贵，学会感恩
	社会大课堂	设计学科融合的综合实践活动，把社会大课堂活动变成研究性学习活动，引导教师设计综合实践活动方案，实现社会资源向课程资源的转化
	家长课程	家长参与课程设计实施过程，做好学生的榜样和第一任老师，加强课程实施的实效性

2. 课程实施形式多样

感恩课程立足于学校的整体课程框架体系，从基础课程、拓展课程、综合课程三个维度，从教师、团队、学校三个层次逐级落实并进行课程的实施，在具体实施的过程中，老师们根据感恩课程的方案可以采用多种方式，灵活实施，具体如下。

(1)基础课程渗透，点燃感恩之意

①学科独立实施。依据学校设置的课程方案，依据时间段的特点，学校组织学科教师单独实施，包括学期中大课堂研学课程、假期开展的游学课程，凸显学科特点。

学科教师具体研发。课前课程——学生搜集资料，设计研修方案；课中课程——学生体验探究，完成观察和记录等；课后课程——学生梳理归纳，完成学术报告，制作PPT专时分享。

②学科融合实施。结合学科之间的联系点，融合实施。如英语学科让学生了解西方感恩节故事，数学学科课堂上辅导学生完成统计表和统计图，音乐课上学习感恩歌曲，语文教师则围绕选材、表达进行综合的培训。

(2)拓展课程延伸，内化感恩之情

将拓展课程作为基础课程的延伸，内化感恩之情。学科教研团队组织教师从本学科的特点出发，结合教学内容拓展学习课程，成立学习兴趣小组，在小组的活动过程中开展感恩教育，德育少先队教师也会结合日常工作进行感恩教育的延伸。

"团队教研，明确方向"：学科教师研读教材，充分挖掘教材中感恩教育的渗透点，形成共识，明确研究方向。"明确分工，落实内容"：教研团队中明确各位教师的任务分工，落实实践活动的内容。"小组活动，内化感恩"：教师根据团队安排，成立学科兴趣小组，利用德育少先队活动主阵地布置活动内容，帮助学生内化感恩之情。

(3)综合课程实践，收获感恩之心

①综合课程实践。从学校层面整体设计的综合课程，整合多学科内容，从学生的道德品质教育和综合素养出发，组织实施综合课程实践活动。

德育、教学主管领导根据道德品质教育要求和学生综合素养提高的需要，选取活动方向，设计活动方案，组织多学科教师参与活动管理，分年级组织学生参加综合实践课程，使学生在活动过程中收获感恩之心，提升道德品质，提高综合素养。

②家校协作实施。成立家长委员会，邀请其成员参与课程的具体设计和实

施，拓宽课程实施范围，提高课程实施的效能，增强家校合作的能力。

如五年级结合学科教学内容，选择符合学生的年龄特点与认知特点的学习方式，所有教师一起设计并实施了"感恩"主题实践活动（见表2）。

表2　五年级"感恩"主题实践活动具体实施过程

活动步骤	活动时间	内容安排	活动目的	具体说明
酝酿感恩主题	11月5日至11月18日	先后多次组织五年级语文、数学、英语教研组长，五年级班主任，五年级全体任课教师等开研讨会，群策群力酝酿活动主题并做工作部署。研讨过程中，精选语文、数学、英语单元教学内容的交叉点，"民风民俗"，将重阳节和感恩节结合起来，各学科融合开展"感恩"主题综合实践活动。五年级各班家委会牵头，带动家长积极地投入活动中，为"感恩"主题活动的落实出谋划策	1. 全学科融合，结合教材内容，开展适切的感恩实践活动 2. 结合家长委员会的建议，加深家校联系的同时，使感恩活动更有实效性	1. 学科教师从本学科内容出发，完成感恩主题实践活动设计方案 2. 家长委员会成员自愿完成感恩主题班会的设计方案
点燃感恩之意	11月17日至11月20日	1. 教学前期调研，包括校内学生调查、学生进行社会调查 2. 完成数据统计	调查社会对"感恩"话题的认识程度	1. 数学老师结合"统计图表与可能性"进行教学 2. 每名同学进行社会调查
	11月21日	五年级学生"感恩"主题实践活动启动大会，向学生解读实践活动过程	明确活动过程和意义	周三下午，提前调试好五年级直播系统
	11月17日至12月7日	英语：课本剧、感恩卡 音乐：感恩歌曲 美术：单图、连环画、绘本等 劳动：编结小作品	多学科融合教育	英语、音乐、美术、劳动随堂完成

活动步骤	活动时间	内容安排	活动目的	具体说明
内化感恩之情	11月22日上午	家委会组织感恩班会活动，邀请协管等人员参与其中	家校携手共育学子	1. 家委会工作方案 2. 安排课时、上课人员
	11月22日下午	了解感恩节日：1. 中国感恩节日 2. 西方感恩节日	中西方文化结合，了解感恩文化	五年级科学、美术、英语教师参与
	11月22日下午	观看感恩电影：《漂亮妈妈》《阿甘正传》《一个都不能少》《妈妈再爱我一次》《背起爸爸上学》《两个人的芭蕾》等	感受感恩之情	各班观看
收获感恩之心	11月23日上午	举办"微班会"，班内交流感恩的人、感恩的事情等	书写感恩之情，练习语言表达	各班班主任负责，先交流后总结

实践效果

（一）学校整体

1. 彰显育人特色，深化学校文化建设

"感恩"课程设计了丰富多彩的主题活动，展现出学校深厚的文化底蕴，如凸显基于语文核心素养的大阅读系列活动、礼仪文化、传统节日等中国文化，激发学生进行更深入的学习和研究的欲望，学校参加的各项比赛也取得了优异的成绩。

2. 助力德育工作，加强道德品质教育

"感恩"是中华民族的传统美德，更是青少年思想道德建设的重要组成部分。"感恩教育"的核心是"感"和"恩"，基础是"爱"。通过感恩教育抓爱心培养，引导学生把感恩父母、感恩老师的朴素情感升华为爱家庭、爱学校、爱家乡、爱祖国的崇高境界，养成高尚的思想品质和良好的道德情操，为学生的一生奠基。

（二）教师队伍

1.凝聚了团队的力量，构建了研究共同体

课程开发需要全学科教师凝心聚力，打通学科壁垒，拓宽专业知识。教师们经历了"理论学习—多次研讨—拟订方案—实践研究—调整方案—完善方案"的过程，形成了浓厚的研究风气，培养了科研骨干力量，打造了一支研究性团队（见图2）。

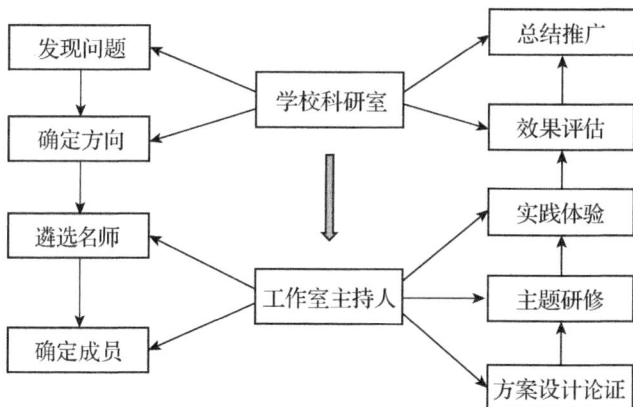

图2　校内名师工作室运作机制示意图

发现问题：学校以有组织的问卷调查、座谈、访谈、教学整顿等方式，筛选学校现存问题，为确定研修方向做前期准备。

确定方向：在了解教师专业发展需求基础上，结合学校既定的发展方向，确定研修活动指向。

遴选名师：在学校自有骨干教师范围内，选择有意愿、有能力、能聚合身边教师开展研究活动的人员，聘为校内名师工作室主持人。

确定成员：以自愿为原则，由主持人招募志同道合的教师为工作室成员。

方案设计论证：由工作室主持人制定研修方案，学校组织相关专家对方案作出论证评审。

主题研修：由主持人依据方案组织实施研修活动。

实践体验：以示范课、研究课、观摩课、展示课等多种方式，促成教师生成对研究内容的亲身体验，以加深对新理念的理解，并逐步完成内化为自己的思想，外化为教学行为的过程。

效果评估：学校每学期、每学年分别对每个工作室的运行状况，作出质量评估。

总结推广：学校汇通外聘专家在各工作室总结的基础上，指导成果梳理和经验总结，并在全校范围内予以推广。

2. 明确了研究的方向，打造了研究型教师

课程开发建设的过程中，为广大教师提供了研究的抓手，明确了学科领域发展的方向，教师们提交课题申请，近两年一线教师有 20 余项课题在市、区、校级立项，其中 1 项为市规划办课题，5 项为市教育学会课题，8 项为区规划办课题，9 项为校级课题。学校 80％的教师直接参与课题研究，其余教师全程学习。课程的开发明确了研究的方向，逐渐打造了一批研究型的教师，为学校教师队伍建设奠定了坚实的基础。

（三）学生转变

1. 突出了学生主体地位，锻炼了学生的实践能力

课程强调学生的主体性，学生在课程建设中始终拥有最大的参与空间。学生在课程的活动过程中处于积极主动的参与状态，通过调查、设计、表达、书写、绘画等多形式，在实践中学习、在实践中应用，极大地锻炼了学生的实践能力。

2. 融合了多学科的知识，转变了学生的学习方式

学校实施的多学科课程融合是对国家课程的再次开发，课程资源的综合运用满足了学科课堂教学和学生学科实践的现实需求。建立跨学科、跨领域的学习平台开展综合性学习，达到学科间横向与纵向的联系，通过多种渠道、多种形式进行感恩教育，优势互补，使教育效果更加深入。

（四）家校共育

促进了家校合作，开创了共育新局面。课程实施过程中家长的参与，不但深化了课程的实效性，更让家长们开始积极为学校活动献策献力，孩子、家长、老师之间也形成了一种无形的默契，孩子更理解老师和家长，家长更爱孩子，更理解老师，开创了家校共育的新局面。

成果特色与创新

（一）导向性引领，铸就学校长足发展

"感恩"课程体系的架构，从整体上将学校各方面的工作进行整合和梳理，横向课程体系的融合，纵向学生能力的发展，横纵交织形成教育网络，让每一个教育工作都有方向，每一个教育工作都有意义，每一位学生的综合素养都能有所发展。对学校的整体工作起到导向性作用，铸就学校长足发展。

（二）校内外结合，打破课程课堂边界

积极开发并合理运用校内外各种课程资源，推动课程由课内延伸到课外，由校内延伸到校外，学生所处的生活环境、社会环境、自然环境都能成为学生学习探究的对象，成为学生学习的有效课堂。

（三）融合中育人，提供课程有力支撑

多学科融合、多教材整合，学科育人目标和我校办学特色相结合，彰显了生命力和活力。学科教师站在课程开发的高度，给予课堂理念的支撑，有的放矢地开展学科实践活动，提高学生的综合素养，实现全员、全学科、全程育人的良好德育环境。

（四）实践中研究，提升教师专业水平

实践活动课程的开发与整合，与国家、地方和校本相结合，形成了较为完善的课程体系，教师们参与研究、实施，最大限度地满足了学生的发展需求，提高了课堂的效率，丰富了学生的学习方式，学生的综合素质在学习和实践中得到提高，教师的专业水平也在研究与实践中得到提升。

（五）合作中牵手，架设家校沟通桥梁

家校合作的模式更为家长和学校架起了沟通的桥梁，促进家长与学校之间建立高质量的合作模式，为培育健康、向上的好少年打下坚实的基础。

（六）体验中成长，学生做学习的主人

贯彻落实学校教学宗旨，加强体验式活动，整体提高学生的素养，促进学生的自主发展，研发适合学生学习和发展的活动，创设轻松愉快的学习氛围，学生自由表达、书写、调研，体验着学习的乐趣的同时塑造了卓越的德行。

学生们正经历着"卓·悦"课程，不断向着自己"卓越"的人生目标前进！

小学美育中自然资源的开发

任 洁

（魏善庄镇第一中心小学）

　　自然资源的开发和应用是学生接受美育的主要途径，对学生的素质教育起着关键作用。但是在实际教学过程中对于美术自然资源的重视程度不高，致使教学缺乏创新能力，也导致美育课堂被限制在教室。因此，需要在中小学美术教学中开发自然资源，将美育教学内容从书本转移到生活和大自然中去，实现艺术与生活的融合，重视美术课堂的生命力，更好地促进美术教育的健康发展。

美术课程中的自然资源

（一）内涵分析

　　美术自然资源是一种美术物质资源，因形成的地域环境不同而各具特色。这种美术资源是一个地方人们生活的结晶，随着社会的发展有所变化，但在变化的过程中有一定的稳定性，所以形成具有一定风貌的自然特征。

（二）特点分析

　　首先是自然美术资源的丰富性特点，主要表现在呈现方式和客观存在的丰富性，由于自然资源的形成受地域影响较大，所以呈现出各具特色的自然风貌。其次是稳定性，一个地域的自然资源在短时间内不会有明显的变化，就形成了具有稳定风格的美术自然资源。第三是潜在性，自然资源不是全部都能应用到教学中，需要挖掘出具有教学价值的自然资源并在美术教学中发挥更显著的作用。

自然资源开发的必要性

没有生活原型，就没有创作的源头和灵感。美不是主观自主的，而存在于现实之中。因此，自然资源的开发就是在带领孩子认识真正的生活，发现生活中真正的艺术美。自然资源的开发不仅仅是美术教育发展的需要，更是学生德、智、体、美、劳全面发展的需要。我国现阶段实施素质教育，学生的各方面能力的发展受到普遍重视，进行美术教育则是学生艺术水平提升的主要途径。开发自然美术资源在一定程度上能够开阔学生的艺术视野，刺激学生对艺术的兴趣；还可以开发学生的创造力和思维力，提升学生感受美、创造美、表达美的艺术修养。自然资源的开发还是传承本土艺术文化的主要途径，只有将自然美术资源根植于学校的美育课堂中，才能更好地促进艺术文化的发展。

自然资源在小学美术教育中的开发实践

（一）自然风景资源的开发

一所学校自然景观与建筑的融合往往能够相得益彰，呈现出完美的画面。在我们的学校里，无论是城市校还是乡村校都有或多或少、各种各样的植物，而这些植物总会进入学生的画面里，成为主角或配角，但是经过观察会发现一部分学生不能画出植物动态变化，没有生命感。在小学美术"我身边的植物"等画植物的课程，通过多媒体演示和将盆栽花卉拿入课堂对景写生的方法进行学习，从不同角度进行观察，学生则可以创作出具有丰富变化的植物作品。所以，在小学美术教育中，对自然资源的开发可以延伸到课堂之外，对校园植物进行写生创作。在写生课的具体教学中，教师可以采用现场指导观察和多角度示范的方式进行教学，对学生写生过程中遇到的难点进行收集，课上再有针对性地进行讲解示范。在此过程中学生对写生课有了初步的认识，每位学生都能根据自己的审美进一步发现自然的美、表现自然的美，真正把主动权交给学生，从而激发学生继续学习的兴趣。此外，教师可以通过指导学生观察、欣赏大自然中植物千姿百态的变化美，来提升学生之后创作中的设计能力。同时，还可以提升学生欣赏美、感知美、发现美、表达美的审美力。利用植物写生培养学生认真观察、善于发现、踏实认真的学习态度。

写生课可以给学生带来的巨大变化：首先，画面创作表现更加大胆，在多姿多彩的大自然面前，孩子的视野也变得更加开阔了，没有范画的束缚、没有统一的要求，孩子们可以自由寻找喜欢的一株植物进行描绘，所以每个孩子都能收获不一样的成果。其次，孩子能更真实地表达自我，每一幅画都是一个孩子内心最真实的体现，通过画面了解孩子，给予孩子所需要的帮助，拉近与孩子的关系，也就是所谓的"亲其师，信其道"。还能提高学生对艺术的兴趣，每一个孩子都像一只放飞的小鸟，只有在大自然中才能放声歌唱。

（二）可回收利用资源的开发

随着社会的发展，生活垃圾也逐渐增多，保护环境是目前我们共同的责任和义务，作为教师，我们要培养学生具有现代环保意识，在美术教学中渗透环保教育，开发善于创作的头脑和发现美的眼睛。废弃材料是潜在的自然资源，需要对其进行深层开发，变废为宝。主要教学形式是实践教学法，教师可以在课外时间安排学生收集相关的废弃材料，根据材料特性提前构思设计图，创作出具有创新意义的作品，给我们的生活增添美好。教学目标是让学生了解我国环境污染的现状以及真正试着从我做起保护环境。

1.奇妙组合。例如，把收集到的废铁丝做成运动的人物形象，经过组合，可以做成运动场上的场景。在具体教学过程中人物的比例和动作比较难做，教师可以讲解人物比例并进行示范，带动学生一起做，锻炼学生的动手能力和创作能力。把收集到的不同颜色的布料进行剪裁，做成彩色的坐垫，既能装饰生活还具有实用效果。

2.因势造型。根据收集到的物品本身的形状进行剪裁和修饰，创作成新的有价值的物品。例如，将用完的洗衣液桶洗干净，用黑色勾线笔先在上面画出造型，再用剪刀剪裁，可以制作成花盆。在教学过程中，教师要启发学生因势造型，巧妙利用物品本身的优势进行再创造。

通过可回收资源的开发，既可渗透环保理念，又能丰富学生的实践材料，提升学生的创造力和课堂的实践性。

（三）特殊材质资源开发

学生对于特殊材质有天然的好奇心。美术课程标准指出，在小学低中阶段应该让学生尝试使用多种材料来表现，丰富学生的艺术表现手法。到了高年级阶段，学生能够根据自己的喜好自由地选择材质进行艺术创作。所以，在小学美术课堂中应该充分地选用适于课堂教学的材料进行教学。这主要体现了美术自然资源的丰富性，使用这种教学资源应该采取实践的教学方法，课前教师指导学生提前准备好特殊材质，并对学生准备的材料进行挑选，更适合课上使用。

1. 石头。石头画是现在很常见的一种画法，可以结合石头的造型进行装饰。利用这种画法，可美化学校花坛边的石头，也可以在小石头上绘画，做成小作品。在具体教学过程中，教师可以先带学生识别自己的石头，每个人的石头的造型不一样，先想好在这样的造型上适合画什么图案，想好了再画。最好选用水粉或者丙烯等材料作画，颜色易于铺开、色泽艳丽、易于保存。因为每个人的作品都不一样，增加了课堂趣味性和学生的积极性。

2. 树叶。用树叶作画主要体现呈现方式的丰富性。有拼摆画、拓印画、树叶画等种类。在课堂具体实施的过程中，树叶容易收集，但对画具要求较多，所以建议教师课前做好充分准备。

特殊材质资源的开发，一方面能丰富课堂教学内容，另一方面则可以把生活与艺术相结合。

学校美育自然资源的开发势在必行，是学生接受美育的必然需求，也是素质教育提出学生应该全面发展的需求。通过艺术与生活相融合的美育教育，学生能够在生活中发现美，在艺术中表现生活，增加学生对生活的热爱和对艺术的追求。同时，全面提升学生图像识读、审美判断、美术表现、创意实践、文化理解的美术学科核心素养。

我的社团我的团

——通过社团活动学会创造美

伊文靖

（檀营满族蒙古族乡中心小学）

小学美育从广义上来说是对学生进行审美教育，从狭义上来说是指小学美术课程教育。美育的目的是培养和提高小学生对美的欣赏能力。这些能力的培养，有助于开发学生的智力和创造力。美术社团作为小学美育教学开展的一种组织形式，对小学美育起到了促进作用。好的社团学习活动，不仅能提高学生的审美素养、创造美的能力，还能潜移默化地影响学生的情感、趣味、气质、胸襟，激励学生的精神，温润学生的心灵。

丰富选题　鼓励学生发现美

生活中本不缺少美，而是缺少发现美的眼睛。在学校生活中，若想让学生从自己的身边、自己平时的学习当中发现美，进而用美术的形式来表达美，就需要教师的智慧来引导。在社团活动中，我通过多种方式鼓励学生发现美。

1. 借助地域特色发现美

我校学生身处檀营这个北京市唯一的满族蒙古族少数民族乡，又在檀营小学这所满族蒙古族中心小学学习，丰富的民情风俗、学校独特的文化底蕴给他们提供了宝贵的资源。这些资源犹如取之不竭、用之不尽的宝藏，源源不断地为美术社团输送素材。

在我的美术社团活动中，学校的地域特色让学生首先想到我们的社团可以将"满族民族文化"作为社团的主题。确定主题后，我设计出民族课程，充分挖掘民族美术的魅力，引导学生喜欢民族美术，了解民族传统文化，享受创作的乐趣。学生们在这个主题下，创作出了一系列的满族服饰文化作品：旗头、旗鞋、坎肩……

满族文化是一种很有代表性的区域文化，与其他许多地方的区域文化相比，具有更加鲜明的个性，其内含的人文精神也很有特色，在密云文化乃至整个北京文化中独树一帜，颇有影响。我们借助这一平台，能够让孩子们欣赏到一种文化美。

2. 借助研究专题发现美

我国古代的一些思想家、教育家都十分重视美育。孔子把"乐"列为"六艺"（礼、乐、射、御、书、数）之一，他认为"乐"可以陶冶人的心性。

在推进学校美育教育的过程中，北京市基础教育中心开展了"课堂教学中绘本创作的研究"的专题研究。借助此研究专题，将"绘本"作为美术社团的主题。在美术社团活动中，我设计了围绕绘本的知识、绘本的意义、绘本与连环画的区别、绘本的样式、绘本的制作方法等主题的一系列社团课程。学生在这个共同探究的过程中，喜欢上了绘本，并进行了绘本创作。

在"绘本"主题的社团活动中，学生不仅体验了绘画的美，更在创编中感受到了文字的美感。他们借助这种多元化的美，以童心演绎生活中的美丽瞬间，用绘本描述一个个精彩的故事！由此可见，不论是古代教育家还是近代教育家都十分重视美育，是因为美育在教育中的确起着不可忽视的、举足轻重的作用。专题研究为美育搭建了另一个平台，让学生在绘本世界中发现和欣赏到另外一种美。

3. 借助节日活动发现美

节日文化是一个国家或一个民族在漫长的历史过程中形成和发展的民族文化，也是一种民族风俗和民族习惯。丰富多彩的节日活动，尤其是中国的传统节日有着悠久的历史和深厚的底蕴，其习俗及衍生艺术作品不仅凝聚了丰富的民族民俗文化，并且具有独特浓郁的审美价值。

美术社团的开设并不是为了培养画家，而是培养学生从生活中发现美的能力，并能用美术这种媒介来美化生活。生活需要仪式感，生活中的美育也无处不在。在遇到一些节日时，我会在美术社团开展有针对性的主题课程。例如：在母亲节、父亲节、教师节等开展制作贺卡、花等主题活动，让学生学会感恩，懂得用自己的方式表达爱。

多种选材　提升学生创造美

对于探知世界，儿童有极充沛的热情。小学生天性就有好奇心，喜欢新、奇、特的事物，特别愿意与喜欢尝试新鲜事物。学生平时在美术课堂中经常接触到的美术材料只有纸和画笔，单一的材料选择限制了学生对美术多样性的认识与感受，阻碍了他们创造美；在美术社团中增加多种媒材的选择，大大激发了他们对美的探索欲和创造欲。

1. 小软陶大魅力

在日常美术教学中，我发现学生对彩泥非常感兴趣，但彩泥作品不易保存。于是经过思考，选择了可塑性强、无毒无害无刺激性的软陶。在美术社团中，当学生看到软陶这种材料时兴奋不已，迫不及待就动起手来。简单的软陶作品对学生来说信手拈来，但是要创作出精致细腻的作品也不是一件容易的事情。有的学生在表现民族服饰时，精美的装饰花纹尝试了两三次也表现不到位。焦躁的心情使他们想要放弃。这时，我会引导学生平静下来，再次练习和尝试，最终作出精美的作品。这个过程中，学生的动手能力、操作能力及创造美的能力都有了提升。

2. 小材料大创造

在美术社团绘本创作过程中，综合材料的运用给学生提供了更多创作的可能性。以往绘本创作过程中，更多表现的是不同材料的绘画。但对于绘画基础薄弱的学生来说，通过绘画表现自己的故事存在一定的难度。针对这一问题，在引导学生进行绘本创作时，我在选材上放宽维度，让他们尝试不同材料，使学生的创作有了更大的可能性。学生们想到了可以利用废旧海报、杂志等已有资源进行剪贴、编辑，形成新的、有趣味性的绘本。还有利用照片制作绘本的。不织布、半立体模型、瓦楞纸等材料的加入，让学生爱上创作，爱上表现生活中的美。

多元平台　促进学生自信美

一个人自信心的形成主要受其自我评价的影响，而自我评价的基础是自我认识。小学生尚处在人生早期的不成熟期，思维处于发展阶段，不能有针对性地认识客观事物，同时对自身品德、智慧、能力、价值等方面也不能正确、客观地评判，主要受老师和家长的评价的影响。如果他们接收到的评价正确、适度，就会增强自信。

可以借助学校大型活动，比如区级的"全员运动会"（这正是一个让学生、教师、家长、外校参加活动的人员看到美术社团的时候），使学生增强自我评价和自信心。从商讨办什么样的展览、布展的形式什么样、如何挑选适合主题的作品，到亲力亲为地布展，社团学生一一参与其中。这个过程中的苦和累，在看到成果的那一刻，都烟消云散了。他们看到了自己的能力，用自己喜爱的方式展示给了他人。有的学生甚至主动担任起讲解员，自信满满地进行讲解。这可能就是"美"带给学生的成长。除了大型展览外，楼道、专室、教室等校园的角落，都可以成为学生们的展厅，一次次的创作、展示，使每一位参加的学生都能在活动中增强自我评价，增强自信心。美国心理学家马尔兹认为："成功体验是一种驱使人取得满意活动成果的强大内部力量。"喜欢美术的学生，可能更多的是喜欢用画笔表达自己的内心世界。但当今世界是一个开放、多元化的社会，更需要学生善于表现自己的特长，自信地面对学习和生活。为了培养他们的审美自信，社团设计了多种作品展示形式，为学生搭建平台，促进学生的自信美。

"以美育人、以文化人，提高学生审美和人文素养"是当今教育的主导思想，作为美育工作者，其工作本质就是在于塑造美、表达美、传递美。美术社团是实施这一目标最好的载体。开展丰富多彩的艺术实践活动能够将珍贵的民族文化基因和精神财富传承下去，并结合时代特色赋予其新的时代内涵和新的表达形式，激活中华文化的生命力与创造力，在传承中开辟未来。

创造无限 发展无限

——校纸艺社团的特色建设

宋莉瑶

（东高地第一小学）

纸艺的魅力就在于其无限的表达能力，而多样的表现手法更凸显出纸艺的包罗万象。我本人比较擅长工艺美术，尤其对我国传统艺术剪纸、刻纸等纸艺术情有独钟。为了拓宽视野，我通过书籍、网络、展览以及亲自到国外搜寻相关资料的方式，又学到不少国内外的纸艺表现与创作手法。在多年的美术教学中，我发现学生普遍对动手操作的学习内容更感兴趣，但是对于美术学科的认知还停留在传统意义上。在这种学情基础上，我结合自己探索的艺术教学方法以及校园文化发展目标，开始在课堂上尝试加入纸艺的教学。最初，仅仅是结合剪纸、刻纸等教学生一些纸立体浮雕构成的方法，目的是让他们熟悉并掌握剪、刀等工具的基础使用方法；但是后来，别致的纸艺作品让他们发现一张普通的纸原来还能有这么强的表现力。

激趣，成为学生争先恐后学习的动力。以"创建艺术特色学校，培养艺术特色人才"为目标，为了拓展学校多元艺术教育，同时深入探究纸艺教学方法，我校在2012年成立了纸艺社团，并得到了校领导的大力支持。以社团为依托，我校形成了独具特色的综合性纸艺术课程，同时自编了教材，并在多项活动比赛中取得优异成绩。

（一）以工具为基础，促能力提高

通过简单的纸艺作品的制作，学生们认识、熟悉了剪刀、刻纸刀、圆规、衍纸器、圆头棒、圆形板、镊子、凹凸器、波浪造型器、齿梳等专用工具的使用方法。同时掌握了纸艺的基本制作技法，包括剪、切、割、折、刻、卷等技能。学生的动手能力大大提高了，也为他们今后的创作提供了技术的支撑。

（二）以兴趣为基础，创多元化新发展

1. 多元化的纸艺形式形成特色

根据学生不同年龄阶段的状况和认知特征，我设计了纸雕、衍纸、剪纸、折纸、装饰挂饰、彩铅、丙烯画、色粉等多种平面与立体纸艺相结合的课程内容。由简到难，有趣的课程愈发让学生喜爱，促使兴趣转化为持久的情感态度。

生活中，花的形态、色彩最是多变美丽，是孩子们喜闻乐见的植物，也是最容易被用来进行艺术表现与创作的形象之一。因此，纸艺作品的创作，我都是从花的制作表现开始。

学习纸艺的过程中，我更希望孩子们保留自己的个性与爱好。比如在色彩的选择、花瓣的形状与花的姿态、背景的处理等方面，我鼓励孩子们求新求异，勇于尝试新方法新构思。比如组合花瓣的时候，是凸面向上，还是凹面向上，或者穿插排列等，都给予孩子们自由发挥的空间。这样的作品，不雷同，有创意，每一幅都有精彩的看点，每一张都是创世佳作。自由的发挥大大地挖掘出了学生的创造潜力，学习兴趣也持续浓厚。孩子们的作品，从配色、构图，包括点、线、面的运用，也使我很受启发，从他们的作品中获得思考，我与学生们相得益彰。我们一起感受到了纸艺的魅力，同时，培养出具有多方面才能的纸艺小能手，让纸艺成为我校美术教育的特色。

2. 多种媒材与纸艺结合，在兴趣中创新发展

如果不能唤醒孩子们的发现与创造潜能，它就会萎缩甚至泯灭，教育的使命就在于唤醒、发掘个性潜能。随着学习的深入，孩子们已经掌握了纸艺制作的基本技法。继而，我鼓励学生多观察生活，发现艺术来源于生活中的美，寻找生活中可利用的媒材与纸艺结合，进行简单组合和装饰。如枯树枝、松果、卫生纸筒、黏土、锯末、碎纸屑、干枯的果实、干花、纸绳、各种包装盒、废旧纸张等等，都被学生发现可以用作艺术创作的元素。学生们乐于把所见所闻、所感所想的事物表现出来。通过大胆的尝试，他们体验到了造型活动和设计制作活动的乐趣，促使我们的纸艺向综合性、多元化的方向发展下去。如：孩子们想到松果可以作为一个完整的元素，也可以把它的鳞片一片一片掰下分别利

用。但是，怎样拆下鳞片则成了我们一起面对的"难题"。纸艺与松果怎样很好地结合在一起，也成为我们一起探讨的话题。我们一起动手实践探索……这些无拘无束的创想和探索尝试，使我们的作品展现出独特的艺术魅力。以学生为主体，学生们兴致勃勃地创作了许多优秀的作品。以教师为指导，辅助他们大胆创想，勇于尝试，为他们提供一切支持，让纸艺课程更加凸显它的魅力。

3. 依托美术课程，开展纸艺教学

纸艺社团的发展，在师生中引起共鸣。我开始在所任年级结合课程内容将纸艺引入教学中。要让纸艺成为学校的特色，长久发展下去，就要普及、宣传，为广大的师生提供充分展示的舞台。

比如国画课《中国画——学画荷花》，我引导学生们发现纸艺术中的衍纸其实也是一种线的艺术美。衍纸卷的各种造型表现出线与色的完美结合，纸艺表现的荷花，既有婀娜的动态美，又能塑造出它的万千色彩。同时也让学生尽情地发挥自己的创造力。《昆虫一家》一课中，通过纸的立体制作，作出小蜜蜂。《刻纸》一课则利用刻纸的方法表现花瓶。同时结合折纸以及《色彩的明度》一课的色彩明度知识综合运用，进行美术课程的拓展学习。

在低年级的美术课教学之余，我会给他们安排有趣的、简单的纸艺制作。既能帮助他们掌握一些初步的纸艺制作方法，又能够激发他们的学习兴趣。为纸艺社团培养后备军，为发扬学校特色打下基础。

在纸艺社团发展的过程中，不断发掘新的创作方法，新兴的粉笔画课程也在这里得到了尝试。我积极与色粉社团的王雪静老师一起研讨、整合，把学生们的艺术学习范围扩大、充实，把纸艺与色粉结合这一新兴领域引入学生们的课堂，不断提高学生的创造能力。

学校特色社团的成立与发展，首先要做到立足于学校特色，通过纸艺制作，增进学生对传统艺术文化的认识。纸艺社团的成立，在内容、形式上灵活多样，探索性的实践活动，既提高了学生的创造能力与学习兴趣，又开阔了学生的视野。努力做到教创新和学创新的有机统一，培养了学生乐于探究、勇于质疑、努力求知的创新欲望，也使我校的纸艺社团成为有特色的社团。

美育与德育融合下的育人策略

——以西苑小学"家校社"劳动课程为例

刘玉平

（西苑小学）

审美教育和道德教育有异曲同工的作用，美育重在情感的陶冶和审美修养的提高，着力于培养有高尚审美修养的人；而德育重在意志行为的优化和伦理道德修养的提高，着重培养有高尚道德修养的人。两者虽有不同的教育目标，但又有共同之处，即它们都作用于人的心灵，都着重于人的人性、人格的修养。我们应该善于把德育与美育结合起来，从而达到它们的教育目标，达到教育的最终目标。

主要做法

2007 年的春天，学校成立了"红领巾小导游"志愿服务队，师生志愿者们利用周末、假期走进颐和园、圆明园、玉渊潭、海淀公园、香山公园为中外游客进行志愿讲解服务，至今已经 13 年有余。学校以北京市课题"基于项目学习的小学生志愿服务活动实施策略的研究与实践"和群体课题"海淀区中小学劳动教育实践研究"为引领，结合学校已开展了 10 余年的志愿者活动，逐步完善学校"志愿服务"劳动课程，形成了"基于学校的志愿服务""基于家庭的志愿服务""基于社会的志愿服务"的志愿者劳动课程体系。

（一）立足校园设立志愿劳动岗位

学校志愿服务项目，目前共设置有"校园讲解员""班级分餐员""体育器材分发员""校园安全检查员""图书借阅管理员"等 10 余个志愿岗，学生自愿认领，并通过考核竞争上岗。

譬如"班级分餐劳动岗"。学校各班形成了"自愿认领，明确职责，轮流上岗"的活动流程。为了调动学生志愿服务劳动的积极性，鼓励更多的学生参与到志愿服务劳动中来，"班级分餐劳动岗"不固定分餐员，学生自由结合成小组，明确自己在组内的职责。每天午餐时间，轮到分餐的小组成员们头戴厨师帽、身系小围裙，戴上口罩，胳膊上戴着小袖标，分工协作，有的提桶，有的摆盘，有的分餐，享受着志愿服务劳动中的快乐与幸福感。

(二)家庭成员志愿服务项目

志愿服务的深入推进离不开家长的支持，西苑小学开展了"小手拉大手"的志愿服务活动，让家长和孩子一起参与到学校的教育活动中。学校提供了适合家庭参与的特色志愿服务项目，每个家庭结合各自实际，选择有意向开展的志愿服务项目，如故宫志愿讲解、平安地铁志愿服务、慰问孤寡老人、照顾自闭症儿童等项目，实现"家庭志愿梦"。例如：时习之同学家庭参与故宫志愿讲解服务每年累计 30 多小时，每次活动家长均与孩子共同参加。时习之同学负责为游客们讲解，孩子的父母负责解答游客们的疑问，为游客规划游览路线。

(三)校外"公园讲解"志愿服务

学校充分利用周边资源，形成了以颐和园、香山公园、圆明园、动物园、海淀公园、海淀公共安全馆为核心的"五园一馆"立体化志愿服务课程，利用综合实践课、周末和节假日以及寒暑假，组织学生进行志愿讲解，如开展香山公园双清别墅志愿讲解服务(见图 1)。

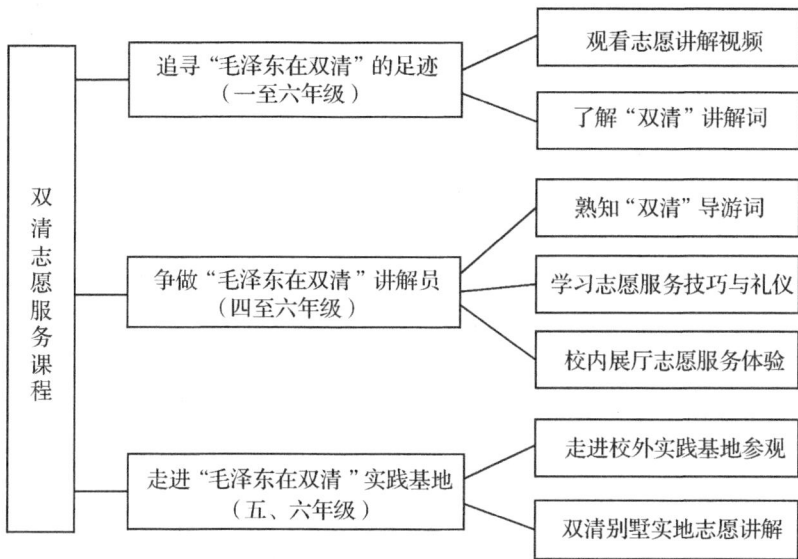

图 1 双清别墅志愿讲解服务活动课程内容示意图

取得的成效

学生在志愿服务活动中感悟美、欣赏美、创造美,并从学校走向社会、融入社会、服务社会,不仅促进了学生审美的养成,使其审美得到进一步的升华,更在志愿服务中传承文化,开阔视野,锻炼口语表达能力,增强了社会责任感和民族自豪感,获得了文化自信感。实践证明,美育与德育一样,对培养全面发展的人具有极为重要的作用,而通过美育在情感上先改变受教育者的主观认知,继而获得理性的道德认知往往效果更显著。美育可以"以美引善"和"以美储善",在道德培养中发挥引导作用和积淀作用。

(一)"家校社"志愿服务劳动课程,提升学生审美能力

1. 在实践服务中领悟美

志愿服务与"美"是紧密相连的。志愿服务要求志愿者的自愿参与和无偿奉献,学生参与志愿服务,体验到服务社会、服务他人的自豪感和幸福感,生动地感受到学校生活、社会生活和人际关系之间蕴含的美,促成学生审美的养成。

志愿服务重在让学生参与，让学生实践，让学生亲身经历，培养了他们的实践服务能力，激发了学生创造美的愿望，从真正意义上表现着学生对"真善美"的理解与感悟，从而达到了审美教育的目的。

2. 在交流评价中欣赏美

"在活动中交流，在交流中评价，在评价中发展"是学生全新的学习方式。在志愿服务中，对于学生参加活动时所表现的行为和完成项目所取得的成果，通过自评、生评、师评、游客评的形式进行全方位、多角度的评价。通过这样的交流与评价，使学生的个性得到了张扬，情感得到了释放，从而更好地欣赏志愿服务带来的美并受到美的陶冶。有游客评价道："很高兴新一代青少年对祖国历史有很好的了解。希望你们能不忘国耻，把祖国建设得更美好、更先进、更伟大！"

3. 在生命体验中创造美

学校为学生提供志愿服务劳动的实践机会，通过劳动，培养学生的爱心、责任心，提高其综合服务能力和素养。学校将志愿服务与学生"自我服务、自我管理、自我发展"相结合，引导学生在服务他人、服务社会的过程中实现自我成长，创造劳动之美。"志愿服务"的劳动课程，极大地激发了学生的责任担当意识，在学生中形成了"我参与 我奉献 我快乐"的良好氛围。有学生在感悟中写道："志愿者这个词将永远刻在我心中，志愿精神将永远伴随着我，时刻提醒着我——一定要尽自己的最大努力，去帮助别人，做一名对社会有用的人。"

(二)"家校社"志愿服务劳动课程，培养"最美"生力军

在新冠肺炎疫情防控中，全国各地活跃着很多志愿者，他们的身影成为"战疫"的一股清流、暖流，成为温暖城市、乡村的风景。在学校开展志愿者服务活动，让学生从小甘于奉献、乐于奉献，养成"助人即助己"的思维品质，长大后能够积极服务社会，西苑小学的"家校社"实践服务课程取得了一定成效。

在疫情期间，学校依托公众号宣传载体，开设了"云游美丽校园""云游颐和园""云游故宫""云游双清别墅"等栏目，在这其中，参与过"家校社"志愿服务项目的学生成立了"战疫"志愿队，通过线上录播、线上直播的形式为全校师生、社会各界志愿讲解，在"云端"传播正能量，传递真善美，成为"最美"生力军。

(三)"家校社"志愿服务劳动课程，提升学校办学质量

学校坚持志愿服务课程已13年有余，服务总时数6000多小时，接待游客8

万多人次，被评为海淀区"十大杰出"志愿服务项目，中央电视台、北京电视台播出了专题报道，《北京晨报》《晚报》《海淀报》等媒体都进行了相关报道，"志愿服务"教育项目成为学校的品牌。为了更好地依托志愿服务推进美育与德育的融合育人效果，学校编写了《我是小导游》《毛泽东在双清——西苑小学学生读本》《海淀公园——我的第二课堂》《走进皇家园林》《西苑小学志愿服务评价手册》等志愿服务实践教材，规范服务内容，发展志愿者的综合素质。学校的志愿服务课程建立起了更加完备的志愿者服务体系，教师作为志愿者群体的主要支柱，将更加有力地推动整个志愿者体系的发展，从而提升学校办学质量。

现今，学校申报的北京市课题"基于项目学习的小学生志愿服务活动实施策略的研究与实践"已成功结题。2019年，学校申报了海淀区教科院群体课题"海淀区中小学劳动教育实践研究"，结合学校已开展了10余年的志愿者活动，深入挖掘志愿服务课程中的美育资源，努力探索美育和德育的融合育人策略。

实践证明，志愿服务的劳动中蕴含着美，志愿服务的过程就是寻求美的过程。参与志愿服务劳动有利于学生的认知投入和情感投入；有利于激起学生的自豪感和幸福感，从而获得文化自信感；有利于使学生在劳动中懂得"责任担当"，体验"为社会服务、为他人服务"就是"真善美"。我们应该充分利用志愿服务劳动中的美育因素，帮助学生从志愿服务劳动中感知美、领悟美、欣赏美、创造美，让他们通过对志愿服务的感知、体验和追求，接受"真善美"的滋润和熏陶，使审美能力得到进一步升华，从而创造出真正的美！

以自然生命之美育热爱生活之人

张宏伟

（中国农业科学院附属小学）

在经济快速发展、城市化进程加速背景下，人们的生活水平逐渐提高，与之而来的，是人们工作和生活压力也越来越大。身处城市中的家长们平时忙于工作，只有假期才能有时间带孩子出去游玩。图书馆、科技馆、博物馆等有知识氛围的地方成为众多家长的首要选择，但这一选择恰恰忽略了孩子们在水泥教室中已经紧张地学习一周的情况，去身边的大自然中听听鸟语、闻闻花香、与风赛跑、和花草为伴才是对孩子身心发展更有益处的假期游玩之选。

现代城市中的学生虽然在课堂上能享受更为先进的教学技术手段，但他们与大自然亲密接触的机会与过去的学生相比较少，而与大自然长时间缺乏联结，严重者可能会患上大自然缺失症。大自然缺失症是美国作家理查德·勒夫在其畅销书《林间最后的小孩》中提出的，指的是那些在城市中成长，在高科技生活包围下，完全脱离大自然的儿童。他们大部分的玩乐场所是在室内，玩乐的内容大多是电脑、手机、电视等高科技产品。到了室外活动中，他们则会表现得手足无措，失去亲近大自然的本能，从而引发一系列健康问题。① 针对上述情况，在课堂空间、活动时间有限的条件下，如何能让学生与大自然产生更多的零距离的联结是值得教师去思考的问题。而和大自然的亲密接触对学生的培养都有哪些益处？这些益处又是否会产生更为深远的意义呢？

---

① 张徐生：《当教育远离大自然——"自然缺失症"的成因、危害与对策》，《福建教育》2020年第37期。

播种绿色植物之种　　感受自然生命之美

在课堂空间、活动时间有限的条件下，针对如何能让学生与大自然产生更多零距离联结这一问题，我校结合紧邻中国农业科学院这一优势条件，在 2017 年 9 月成立了"金穗少年科学院植物研究所"社团，社团活动以一学年为一周期，在这一学年的社团活动中学生几乎每天都能和植物见面、接触、交流，与自然植物产生了紧密的联结。

一学年的社团活动分为两个阶段：一是普及阶段。在普及阶段社团学生和农科院的专家们一起学习与植物相关的知识，种植榆黄菇、多肉、奶油生菜、芽苗菜、穿心莲等植物，种植课程结束后学生把自己的小植物带回家悉心照顾，并记录它们的每一步成长，静静等待着收获的那一天。二是课题研究阶段。在课题研究阶段有着更为系统的学习，社团学生对植物的研究也会更加深入，他们要在专家的指导下分组种植研究某一种植物，例如，分组种植罗马生菜和榆黄菇，并仔细研究不同的生长环境对它们生长发育的影响，为它们寻找更加适宜的生长条件。为了实验成果能给实际生产生活带来帮助，社团学生把实验记录和研究结果写成论文参加金鹏科技论坛和科技创新大赛，使得这些研究传扬更广，产生更深远的影响。

在社团活动中，由专家老师引导学生学会调动视觉、嗅觉、触觉等多种感官去接触植物，亲近植物，试着和植物成为朋友。随着学生的精心培育，他们可以亲眼见证植物不断吸收养分和阳光，从一株株幼苗成长为一棵棵植株的过程。在这个过程中，他们既能感受到植物生命力的旺盛，也能体会到自然生命为人类生活带来的美好。

展示自然生命之美　　传播热爱植物之心

在学年末，临近社团活动的尾声，社团会举办成果展和售卖活动。成果展是将社团学生在这一年中种植的植物和进行植物学相关实验的材料进行展示。成果展的当天，凡是在课间休息时间路过大厅的学生都会被眼前这绿油油的罗马生菜、黄澄澄的榆黄菇、各种各样的多肉，以及新奇的植物学实验材料吸引住。每节课间都会有很多的学生前来参观和询问，社团成员耐心地解答同学们的一个个疑惑，在众多满怀兴趣和充满好奇心的同学们面前介绍自己种植的植物，并交流、分享种植过程中有意思的事情。在向同学们介绍植物的过程中，不仅增长了社团成员们的自信心，他们发表公共讲话的能力也得到了提升，还和更多的同学建立了友谊。

除此之外，社团学生在课余时间将成果展上的植物进行低价出售，售卖所得经费为下个学年新社团活动提供支持。这样的售卖活动得到了家长们和学生们的关注与欢迎。成果展上的植物以低价出售的方式被传递给了下一位小主人，让下一位小主人也能和植物近距离接触，享受种植的乐趣和收获的喜悦。

这两个活动以具有生命力的植物为媒介，让自然生命之美呈现在了更多学生的面前，也把社团学生对自然植物的热爱传递了出去。

构建和谐生命之美　弘扬中华传统文化

中华传统文化二十四节气是我国劳动人民在生产生活实践中总结出来的智慧结晶。它包含了天文学、气象学、物候学的知识，对我国农业生产有着重要的指导意义。

在社团建设中我们也将中华传统文化二十四节气与自然生命相结合，让学生真切地体会到只有遵循农时、科学种植，才能让植物生长得更加旺盛。由此可以强化学生爱护生命、尊重自然的意识。

3月23日是每年的世界气象日，在2019年3月23日第59个世界气象日，社团学生被中国气象局邀请参加当天的开放日活动。为传承中华传统文化，弘扬人与自然和谐共处的观念，社团同学在世界气象日的启动仪式上、学校的升旗仪式上以及气象研究所成立活动上以诗朗诵的形式向更多人介绍了中华传统文化——二十四节气，揭示了"尊重自然、顺应自然、保护自然、构建和谐生命"的内涵。

拥抱自然生命之美　培育热爱生活之人

在与植物亲密接触的过程中，社团学生的观察记录、实验操作、与人合作等各方面能力都得到了提升，甚至对学生未来的职业梦想都有着良好的影响。还记得放学后五(8)班王一笑的妈妈和我笑谈："之前孩子没有加入植物社团时想当医生，参加了咱们植物社团，跟我说长大了立志要当一名植物学家。现在周末没事的时候还拉着我跟她一起去紫竹院、植物园看植物，一边看还一边拿本子记，可认真了。通过咱们社团的学习不但丰富、拓展了她的课外知识，还充分挖掘了她内心的兴趣，对她的影响是巨大的。"

人们常说大自然是人类共同的母亲，她包容万象，孕育万物，伟大又神圣，而这位伟大的母亲也正是人类最好的美育老师。生命的美源于大自然之中，而大自然之美在于生机勃勃。[①] 人类想要更好地欣赏自然美，身为教师就要培养更多可以发现自然美的眼睛、感受自然美的灵魂和创造自然美的力量。

通过在日常的学习生活中与植物亲密接触，学生能时时刻刻被自然生命之美萦绕着，他们已经从最初对植物的喜爱，慢慢转化为对周遭事物的好奇、对身边人的关爱、对生命的尊重、对大自然的敬畏，以及对生活的热爱。这何尝不是一种将自然生命的美内化于心、外化于行的过程？在植物研究所社团的学习活动时间只有一年，但是这一年的学习活动所产生的影响无疑是积极且深厚的，这些积极的影响将会化为无形的力量，伴随学生在未来人生的道路上且歌且行。

---

① 李想：《朱熹的"生生"思想及其美学意蕴》，浙江师范大学硕士学位论文，2017年。

美育于无声处

——美育的时代性及当代观念

李 尧

（六郎庄小学）

美育溯源

美是有意味的形式，从石器时代开始，人类社会就有了美的表达。然而，如今随着工业化进程飞速发展，社会模式已然被模式化、简单化、重复化，人们逐渐丧失审美本能。

（一）孕育美育

美育在中国传统文化艺术中扮演着至关重要的角色。18世纪中后期，席勒提出了"美育"的概念，中国近现代教育大家蔡元培真正将其带进讲堂，从北大向全国传播开来。蔡元培的美育教育其本质是培育全面发展的学生，既借用中国传统儒家思想理性又富有感性的情态特征，同时也基于席勒对美的认知（席勒对于美育的理解便是使审美感性与理性现实对话），蔡元培的美育思想唤醒了国民新审美理想，倡导以美育人，做人为先。

追溯中国传统艺术文化发展史，捧画鉴赏、抚琴作诗可谓中国文人雅士的乐处，刺绣剪纸、沙燕风筝、面人、糖人、牌楼上绘制的经典故事传说，无不透露着民间艺术氛围，体现了民间对生活的审美诉求。

（二）融入美育，蕴于心灵

美是抽象的表现形式，具有可远观而不可亵玩焉的表现意境，它出现在我们的生活里，蕴藏于在我们心灵的最深处。

作为东方文明古国，中国不仅是礼仪之邦，更有着独特的美学先知，崇德尚艺彰显中华文化高尚品格。"出淤泥而不染，濯清涟而不妖"这种高洁圣美，便是中国对于美育的理解和表达，中国美育文化的发展历久弥新，无论是从文人墨客，还是从历朝历代的风致雅韵，都能窥探出前人对于艺术的追求层出不穷、变化莫测，体现了中国较早的艺术审美体验，彰显了中国人在艺术中营造的独具匠心的意境。

美育的力量

（一）复兴美育，构建共同体

国家主席习近平在全国教育大会上强调："在党的坚强领导下，坚持中国特色社会主义教育发展道路，培养德智体美劳全面发展的社会主义建设者和接班人。"基于党的教育理念，结合习总书记对于美育的倡导，中国的审美教育被提升到前所未有的国家战略体系高度。中国的美育教育和当前全球化发展是相辅相成的，美育文化不分国籍，中国作为悠久古老的文明古国，始终是包容并进地、持续地推动文明长河发展。求同存异，大力弘扬中国美学教育，让美育根植于学生的心中，通过美育教育培养学生爱国爱党的家国情怀，培育有理想、有抱负的有志青年是作为教师的艰巨而光荣的职责。

当下祖国的繁荣富强无疑是教育的强心剂，更是教育的基石，同时也是美育教育的优厚培育土壤，我们更应该秉承教育理念，将中国审美、中国文明向全世界展现，增强学生的审美认知，提高其审美意识。学生对未来充满了期待和好奇，也对了解周边美好事物有着一定程度的诉求，教师要将美的力量注入学生的血液里，使其发现生活带来的美、环境所带来的美，以及万物美的存在，通过稚嫩的双手创造世界的美好，创造中国的美，构建文化命运共同体。

美的魅力体现在其独特性，凡此种种美无处不在，悄无声息地感染着一代又一代的新生力量。继往开来，继承和发扬传统文化意识，也是更进一步向先进的文明迈进的关键。时代在发展，历史在不断变迁，但人类遗留下的璀璨遗迹经久不变，也许美的形式在变，美的事物在变，但作为历史沉淀的美好经久不变，中国之所以成为悠久的文明古国，便是经过数千年的洗礼遗留下的精神在不断延续，正如习总书记提到的："中国人民的特质、禀赋不仅铸就了绵延几千年发展至今的中华文明，而且深刻影响着当代中国发展进步，深刻影响着当代中国人的精神世界。我讲到中国人民的伟大创造精神、伟大奋斗精神、伟大团结精神、伟大梦想精神，这种伟大精神是一代一代中华儿女创造和积淀出来的，也需要一代一代传承下去。"

（二）以美育人，美教结合

教师以美育人，首先就要培养学生的审美素养。可以从观察身边的环境开始，利用身处历史名城——北京的优势，带领学生前往名胜古迹等，直观地感受北京古建筑所带来的视觉张力，激发学生的学习兴趣并提高学生的审美理解力，这也是从平面化到立体化的教学方式。也可以从欣赏与解读大师的作品开始，让学生站在巨人的肩膀上看世界，拥有高瞻远瞩的视点和较高的审美，积累丰富的审美经验，这便是前期铺垫式教学方式。还可以从室内课堂练习到室外环境写生，让学生近距离接触大自然，通过大自然来激发学生无穷无尽的想象力，既创造轻松自由的学习氛围，又使学生身心放松地投入审美实践中，这便是提升观察力和创作力的教学方式。

在美育教学活动中，多元化的教学设计课程和学生换位思考必不可少，在课程的设计中发现不足，并及时修正、不断换位也有助于填补教师想法上的空白，从而增加课堂教学和课下教学的灵活多样性。要适时让学生参与到教学环节中，引导学生发现问题，并引导其找出相应解决方案，这种教学方式可以称之为"美育现场教学"。

美育教学实践要立足本土化思想，深入探求，充分发扬和继承优秀传统文化，激发学生的民族自豪感，提高学生作为传统文化继承者和颂扬者的历史使命感。

美育的现代意义及价值

在习近平总书记的感召下，为实现中华民族伟大复兴的宏伟蓝图，美感教育尤为重要。作为一名美术教育者，应当在教学中完善美育教育的短板，在培养学生时更应该培养大美精神。学生不仅是这个时代的颂扬者，更是传递者及继承者，也是中国未来社会的创造者。为了更好地为社会培育人才，需要在教学中增强美育教育，在教学上引导学生发现美、辨识美，结合北京市本土文化特色从小确立对美的理想的渴望，在实践中引导学生仔细观察、勇于探索，坚持学习艺术的初心，带着这份美好去追寻美好的明天。

（一）美育的时代精神

少年强则国强。国家的繁荣富强离不开新生力量，更需要美育教育来提升国民审美，或许这项任务任重而道远，但美育教育的推动对于未来的中国发展是必要的，为国家培养创造性人才是必要的。以校园为载体构建美育培养体系，加强美育教育学科建设，加深美育教育精神研究，发展美育社会共识，提升新审美意识，学习艺术要向精品和顶峰看齐，随着社会快速的发展变迁，更应该沉下心，潜心务学，提升美之鉴赏力和对美更高的追求。

"以美育人，人之为人"，用美的家国情怀去感悟时代的转瞬即逝，用美的境界去鼓舞人心，用美的语言去诉说美的精神。

（二）作品凝固的瞬间，传递正能量

2020年新冠肺炎疫情突如其来，全国上下齐心协力，为共同打赢这场看不见硝烟的"战疫"而时刻准备着。为鼓舞抗疫斗志、坚定抗疫的决心，在这个特殊时期，广大师生虽无法投身抗疫一线，但为了配合好奋战在一线的医务工作者和工作人员，做些力所能及的事尤为重要。与此同时，各大艺术院校和媒体提出"以艺战疫"的口号，其中各中、小学及高校大学生们通过海报、绘画、书法等多种表达形式选取白衣天使救人时感人的场景，以及鼓舞人心的文言诗句，经过画面重新排列组合，构成一幅幅一件件富有说服力的艺术作品，再由互联网媒体向全社会全世界展现中国全民上下战胜疫情的决心和大国担当。非常时期，美术作品凝固了场景的瞬间，展现出独有的艺术价值和社会属性，传递出中国全社会同舟共济、团结一心的正能量，彰显了中华民族的时代精神。

无论是生活还是日常学习中，美育给予我们的感受都是富有生命力的。以美育人、以美化人、以美培元，美育于无声处，将人的教育推向了一个更高更广的维度。

浅谈人生着色期组模美育的应用价值与实践

李 娜

（大兴区第五小学）

小学阶段的每一名学生都是一张还未着色的白纸，在重要的人生"着色期"打好美的底色，不仅有益于学生的苗壮健康成长，更有益于社会的和谐。加强学生美育，不能仅靠学校这个单一平台，特别是随着素质教育的全面提高，现在正在小学阶段上学的学生，或者即将入学的适龄孩子，他们的父母基本都是"80后""90后"，父母自身的文化素养和美育基础都比较好，可以说已经具备了家校组模、家庭组模、家社组模的美育良好条件。学校在充分发挥作为孩子美育主课堂的作用的同时，还要大力挖掘和调动父母对孩子美育的主观能动性，着力引导父母在孩子美育上发挥导师作用，使孩子的美育在家庭、学校和社会同频共振中实现几何效应，让孩子处处感受到美的力量，促进孩子全面健康发展。

组模美育的应用价值

组模美育主要以学校为主导载体，以学生家庭为主体细胞，以调动学生家长和学生两个方面的主观能动性为主攻力量，立足首都美育资源特色，采取家庭与家庭灵活结伴、学校与家庭命题结合、参与首都美育特色活动等方式，不断探索美育路径，由过去相对依赖学校型向家校社多元素融通、系统集成转变，持续推动美育质效的走心走实和组织方式的多元化。通过实践，这种模式不仅组织方式方法灵活，学生参与意愿强烈，教育实效也比较良好，有效增强了学生对美的认知和对美的力量感悟，强化了学生对美的思维和意念的形成，从而带动和促进美育在生活中的应用和对人生的指导。从应用价值层面看，概括起来就是"做到四个聚集，实现四个转变"。

（一）聚焦父母激活驱动力，推动美育由学校主唱"独角戏"变为家校齐跳"集体舞"

父母是学生成长的第一任导师，也是实施美育的重要主体力量之一。望子成龙、望女成凤，渴望孩子在学校既茁壮又健康地成长，是父母的毕生希望和第一心愿。目前，学生父母基本都是"80后""90后"，自身美育素养都普遍较高，有的还是各领域的佼佼者，甚至是行家里手，父母专业素质普遍较高是做好美育的重要基础。应充分利用父母渴望自己孩子健康成长的内心动力，调动他们的个体或群体力量的积极性，鼓励他们利用周末、节假日等时机主动发挥专业优长参与到学校或家庭间组织的孩子美育活动中，以"大手带小手"的方式，帮助孩子打牢美育基础，推动美育由学校主唱"独角戏"向家校齐跳"集体舞"转变。

（二）聚焦孩子激发内动力，推动美育由外界牵引"要我学"变为自我驱动"我要学"

兴趣是最好的老师，只有爱之深，方能乐之切。小学学生对美育的认知相对较浅，需要外界实施较好的牵引和导入。激发学生美育的内在动力，是推动美育持续走深走细走实的第一要素。通过组模美育，把学生美育的重点由学校拓展到首都丰富的校外特色资源上，尤其是依托家与家之间组模、学校与家庭之间组模、参与社会实践组模，心灵感知更直接，现场体验更深刻，组织方式更灵活，使学生在学校美育牵引和家校社共同美育的相互促进中激发美的兴趣，感受美的力量，看到自身的短板弱项，厚植和内化参与美育的意愿和全过程，推动美育由外界牵引"要我学"向自我驱动"我要学"转变。

（三）聚焦内容激扬引领力，推动美育由组教相对"泛灌化"变为立本循道"精滴灌"

内容是美育的基础，只有品质优，方能起点实。坚持内容至上和高标准高品质是美育始终不渝的追求，也是美育实施的着眼点和落脚点。面对纷繁复杂的外部环境，小学学生对美育的认知和理解还相对比较浅显，对身边作品的良莠没有基本的判断。由于小学学生年龄段和个体基础存在差异，学校组织美育的方式还是相对比较课堂化，存在"泛灌化"现象。通过注重内容的精益求精，不仅倍增学校与家庭的美育效果，也使学生在重要的打地基阶段就广泛接触优秀作品，帮助学生武装起一双甄别优劣好差的火眼金睛。坚持不懈地在精品力作上持续下功夫，学生不仅美育起点较高，更推动美育由组教相对"泛灌化"变为立本循道"精滴灌"。

（四）聚焦心灵激昂尚善力，推动美育由入脑入心的"思想美"，变为心中有爱的"一生美"

美育是服务心灵的，是一种追求高雅和培养真善美思想的教育。犯罪心理学家李玫瑾教授在《幽微的人性》中提出，霸凌者的家庭教育一定有严重的缺陷。暴力片会增强孩子的攻击性，健康的人生需要养生更需要养心。养心，是美育的重要内容之一，美的思维能够影响和改变心理、宁静情绪、润泽社会，应以个人美带动人人美，促进世界美。组模美育不仅能增进父母与孩子的家庭感情，更让孩子走出去融入大环境，在潜移默化的美育实践中健康身心，感悟美的益处和力量，提升正能量，降低犯罪概率，推动美育由入脑入心的"思想美"向心中有爱的"一生美"转变。

组模美育的实践路径

组模美育的路径相对较多，也比较宽泛，归结起来就是最大限度地调动人的积极因素，充分运用家长渴望孩子健康苗壮的最大心理因子，通过学校的精心设计，结合时代特征，盘活学校、家长和北京等多个方面资源要素，多方参与，灵活组织，使美育形成家家联动、家校互动、家校社合动的实践路径。主要是坚持"活""实""精""融"四字。

（一）坚持"活"，聚焦学生特点灵活组模积极建通道

充分发挥学生和学生家庭两个方面的积极因素，利用周末、节假日等时机，采取小手拉大手、小群多路的方式，以家庭为单元，组织有意愿或拉带部分意愿模棱两可的学生集中到图书馆、博物馆、美术馆等场地开展才艺展示、技艺互磋、美育讲座等活动，想方设法使美育渠道"多"起来。充分运用微信群、抖

音、微信公众号等载体，采取任务清单受领、小课大讲等方式，组织有美育特长的学生家长进行备课精讲，让美育精品课上"云"，多措并举使美育"活"起来。

（二）坚持"实"，聚焦北京特色因地制宜挖掘设课堂

牢牢紧扣首都美育资源丰富这个最大的实际，充分利用美术馆、图书馆和音乐厅等载体，组织学生到国家大剧院欣赏音乐、到中华美术馆鉴赏优秀作品、到北京博物馆参观展览感受伟大国家发展伟力等，不断延伸美育课堂，提升学生感受美的真实力。牢牢贴住北京"四个中心"建设，首都举办世界级、国家级和市级等各类活动多的特点，组织学生参观各类博览会、科技大会等活动场所，让学生在参观中感受美的力量和学好美学的重要性。牢牢抓住首都高等学府多、举办校内活动多、精英人才多等实际，组织学生进大学校园，聆听学生的创作感想，启发思想、触动灵感。

（三）坚持"精"，聚焦时代特征精准滴灌唱响主旋律

紧扣时代发展大潮，充分利用网络、电视等信息资讯，让学生更多地接触时代画卷，更多地了解和走进画作背后的故事，以小带大感受时代的声音，与时代同频共振进行精准滴灌，提高时代感，唱响主旋律。紧贴美育本质内涵，积极借助网络征稿、照片征集等活动载体，让学生自我创作，充分感知美的力量。比如：面对突如其来的新冠疫情，全国上下齐力战"疫"，特别是白衣战士白衣执甲、逆行出征，谱写了一曲曲感天动地的伟大赞歌，让学生通过美育的基础进行创作，对照优秀的作品进行反思，讴歌伟大的党、祖国和人民。

（四）坚持"融"，聚焦学校特质科学谋划认真搭平台

围绕学校美育课程精心设计美育内容，让学生参与到学校组织的书法、音乐、舞蹈等传统教育中，开展班级内、年级内和学校组织的才艺展示活动，不断提高学生参与美育的自豪感和幸福感。紧贴学校课堂设计，把家庭美育与学校美育结合起来，课程内容融会贯通，使美育不脱离学校课程主线。

组模美育，主要是学校搭台、家庭唱戏、学生受益，关键是调动学生的积极因素，通过"活""实""精""融"等举措，使美育不断由学校主唱"独角戏"变为家校齐跳"集体舞"，增强学生对美的认知度和参与感，使美育入脑入心见行，在人生着色期夯实美的基础，从而促进人生美的发展。

以美育人　重视校园审美文化作用

郑紫雯

（八里庄小学）

目前，我国中小学校园审美文化建设还处于起步阶段，一些对美育工作比较重视的学校会在美化校园环境和开设丰富多彩的艺术课程上着墨。然而，笔者认为，大到国家，小到学校都应该有自己一脉相承的审美文化。美育工作要从校园审美文化抓起，重视其文化性，提升学生的审美情趣和对校园文化环境的认同感。

深度挖掘校园传统文化中的美育资源

北京市海淀区八里庄小学的学生，生活、学习在一座明代建筑——摩诃庵中。它始建于明嘉靖二十五年(1546年)，距今已有474年的历史，2013年被评为第七批全国重点文物保护单位，具有非常高的文化价值和审美价值。寺院坐北朝南，共分三路，中路依次为山门、天王殿、大雄宝殿、后殿，并有东西配殿及配房，最后为赵政墓地，东路金刚殿内藏有《三十二篆体金刚经》，寺院四隅各建角楼一座，现存三座，是全国保存完好的明代寺院之一。

明清时期，常有文人墨客、高官政客来摩诃庵散心、游玩。清代著作《藤阴杂记·卷十二》中记载，"摩诃庵在平则门外。'陈泽州再游诗云：暮景西郊僻，精蓝此地逢。残花落清梵，深竹度烟钟。春雨红楼暗，香林碧树浓。近来幽意惬，巾拂对从容。'"读完全诗，一幅悠然美景浮现眼前，我们仿佛随着诗句穿越回古时的摩诃庵——我们的小庙。

美育是文化自信，是文化繁荣的基础性工程。基于我校得天独厚的古代建筑环境，美育自然蕴含其中。梁思成先生在《建筑和建筑的艺术》这篇文章中提到过："建筑的艺术和其他的艺术既有相同之处，也有区别。""建筑的艺术的一面，作为一种上层建筑，和其他艺术一样，并且是为它的经济基础服务的。不同民族的生活习惯和文化传统又赋予建筑以民族性。它是社会生活的反映，它的形象往往会引起人们情感上的反应。"[①]

闲庭信步于校园，欣赏着雕梁画栋、飞檐翘角。摩诃庵就像一个宝库，有丰富的文化和审美价值，承载着历史兴衰与时代变迁。校园审美文化即蕴含于此。

基于校园传统文化开展文化审美课程

我尝试申请了鼓励社会力量参与历史文化遗产保护的"四名"汇智计划，请来故宫博物院高级工程师曹振伟老师、北京建筑大学设计院高级工程师熊炜老师、首都师范大学教育学院李雅婷老师，基于学校独特的校园环境，从彩画和建筑这两方面，为五(2)班学生开展了"发现摩诃庵瑰宝"系列讲座，并以此为契机设计传统文化课程。

虽然我在学校主要负责音乐教学工作，但作为一名人民教师，最根本的任务是"落实立德树人，发展素质教育，培养德智体美全面发展的社会主义建设者和接班人"。摩诃庵之于八里庄小学来说是鲜活、生动的美育基地。所以我致力于践行弘扬我国优秀传统文化，以美育育人，提升学生审美能力。

2019—2020学年度第一学期，我在遵守校历、确保学生正常学习秩序的前提下，开展了三场题为"揭秘大殿天花彩画"、"认识我们的学校"和"小庙里的吉祥画儿"的发现摩诃庵瑰宝系列讲座，并将每次讲座的学生活动成果在校园橱窗向全校学生展示。五(2)班学生在讲座结束后自发成立了"摩诃庵文创上新所"，共设计文创小样10余种。

每次讲座(后称课程)前，曹振伟、熊炜、李雅婷三位专家会向班主任了解

---

① 梁思成著，林洙编：《拙匠随笔》，北京出版社2016年版，第2页。

学生情况、熟悉校园环境，引入项目式教学，共同研讨，以研发基于古代建筑审美的课程为目标而设计课程内容。每节课前后，有预习、有作业，还有复习、有订正。第一节课由曹老师从大殿天花彩画讲起，给彩画填色，引发学生对自己学校的兴趣。第二节课由熊老师为同学们讲解摩诃庵的历史和建筑布局，引入比例尺，绘制专业的1∶20的上马石图纸。

同学们在对校园有一定了解、对彩画有知识性了解的基础上，第三节课曹老师介绍完彩画题材之后，同学们以小队为单位按图索骥（校园内的彩画局部图），寻找校园里不同题材的彩画并完成校园寻宝活动单。

三节课都在首都师范大学教育学院李雅婷老师的专业把关下，符合五年级学生的认知能力和身心特点；曹、熊两位老师的课程内容环环紧扣，相互铺垫，有温顾有知新。每一次活动对学生来说都极具吸引力，他们乐于思考、乐于参与，更加了解学校、热爱自己的学校，懂得欣赏学校古建筑的美。

校园传统文化审美课程中的审美体验

主讲老师们带着同学们穿越时空，遇见400年前质朴典雅的摩诃庵。同学们在"揭秘大殿天花彩画""小庙里的吉祥画儿"这两期讲座中了解到彩画知识和吉祥纹饰的寓意，对照大殿天花上的彩画亲自动手填涂颜色，体会明代官式彩画简单大方、不失精致的纹饰组合和以青绿为主的冷色基调，感受到沉静雅致的彩画之美；以小队为单位寻宝的形式走遍学校的每个角落，寻找、辨别新老彩画的类别和位置，并加以记录和分享，在此过程中不仅复习了彩画知识，还增强了团队协作意识。在"认识我们的学校"这节课中，同学们对摩诃庵的建筑结构与命名更加熟悉，跟着老师拿着直尺亲自测绘上马石1∶20的平面图、制作上马石模型。这期讲座，既激发了同学们的空间想象能力、调动了运算求解能力，又燃起了他们审视古代建筑之美的热情。

歌德曾说："历史给我们的最好的东西就是它所激起的热情。"讲座后，同学们模仿《上新了，故宫》自发地创建"摩诃庵上新研究所"，依据课上所学，结合摩诃庵特点，热情洋溢地为八里庄小学师生设计独具特色、方便实用的文创产品，这正是动手能力、创造能力、审美能力等能力和热爱学校、热爱历史文化遗产的综合体现。

校园传统文化审美的延伸

美育是普通教育的一部分，最充分、最直接地体现了素质教育的宗旨，是任何以培养全面发展的个性为目标的教育都不可缺少的。开展"发现摩诃庵瑰宝"的课程初衷不变，但是令人意想不到的是讲座带给学生们的美的收获。

课程结束之后，五(2)班学生们留下了自己真切的感想：

在这个讲座里，我认识了我们学校的大殿。原来大殿特别古老，上面的彩画是明朝的。我想对老师说："上了您的课我对设计方面特别感兴趣，我以后想当设计师。"

——现六(2)班 吴思翰

曹老师给我们讲了古代的天花彩画有什么讲究，比如外圆里方，外绿里蓝等。第二节课熊老师给我们讲了学校的历史，中轴线和历史悠久、纹饰精美而不起眼的上马石。第三节课曹老师讲了学校一些古建筑上的彩画的寓意，让我们去寻找这些画。在老师们讲完这些课后，我希望可以去故宫学习更多的知识。

——现六(2)班 程烁颖

这个生动有趣的讲座让我学会了画天花彩画，懂得了古代的历史——上马石。我还画出了属于自己的文创——祥云纹的小扇子！我真想对敬爱的老师们说："真谢谢您，教会了我这么多历史知识，让我从一无所知到若有所悟。"这次活动我收获很多，真希望下次能够学到更多知识！

——现六(2)班 蔡亦瑶

摩诃庵是中华民族的文化遗产，它的审美价值、文化价值、历史价值都值得每一个人了解。所以，本学期我会带着长大一岁的六年级（2）班学生们一起，将摩诃庵的美传递到学生生活的社区、街道、公园，宣传我们的校园文化，特别是在八里庄街道玲珑公园里，介绍摩诃庵的建筑之美，同时开启全新的古建筑探访活动，欣赏明代仿辽代天宁寺塔的玲珑塔的历史和构造。因为摩诃庵的建筑与故宫的建筑是一脉相承的，所以计划组织学生前往故宫博物院参观，了解故宫古建筑群严谨的结构、辉煌的色彩和规整的布局，感受中华五千年历史文化的沉淀以及中华民族生生不息的创造和精神。

摩诃庵是一个丰富的宝库，从建筑细节到整体布局，无处不蕴藏着传统之美，我会把这件事情一直做下去，如果有机会，为老师们请专家做讲座，为学生编制校本课程，让全校的师生在摩诃庵中提升审美情操，热爱自己的学校，热爱自己的家乡，热爱我们的祖国。

运用多种策略 玩转舞蹈课堂

胡海博 张 麟

（密云区南菜园小学 密云区穆家峪镇中心小学）

中共北京市委办公厅、北京市人民政府办公厅印发的《关于全面加强和改进新时代学校美育工作的行动方案》提出，"以提高学生审美和人文素养为目标，弘扬中华美育精神，突出北京特点，以美育人、以美化人、以美培元，把美育融入各级各类学校人才培养全过程"。① 这就要求开设丰富优质的美育课程，而舞蹈课程就属于要求中的美育课程。随着素质教育的实施，小学舞蹈教学取得了显著的进步，但与此同时也存在着诸多的问题。想要顺利解决这些问题，就需要教师根据学生身心特点和舞蹈学科特点积极进行教学改革，借助多种形式的策略促进小学舞蹈教学的有效开展，提高其教学效果，让学生有更好的体验、感悟和发展。

情境模拟策略：让学生乐于思

美国教育家杜威认为：教学的艺术就在于能够创设恰当的情境。情境教学法是指在教学过程中，教师有目的地引入或创设具有一定情绪色彩的、以形象为主体的生动具体的情境，以引起学生一定的态度体验，从而帮助学生理解教材，并使学生的心理机能得到发展的教学方法。情境教学的核心是"情境"。在

---

① 《中共北京市委办公厅 北京市人民政府办公厅印发的〈关于全面加强和改进新时代学校美育工作的行动方案〉的通知》，https://www.beijing.gov.cn/zhengce/zhengcefagui/t20220428_2694935.html。

舞蹈教学中，实际上就是以学生情感调节为手段，以学生的生活实际为基础，以促进学生主动参与整体发展为目的，优化学生的学习环境。而情境模拟正好弥补了以往舞蹈教学中单一化的动作训练模式，很好地提升了学生的学习兴趣。具体而言，情境模拟策略就是选取视频让学生观看，并模拟剧情进行表演，即对视频动作进行模仿，发展学生的肢体动作，并对学生进行总结能力的训练。

例如在舞蹈创编课程"我是一个粉刷匠"一课中，由于现在的社会环境以及低年级学生的年龄特点，大多数学生没有见过粉刷匠是如何粉刷房子的。因此为了帮助学生更好地理解"粉刷匠"是什么人以及粉刷匠是如何进行工作的，我先用学生耳熟能详的儿歌《粉刷匠》作为选曲将学生带入情境之中，再借助粉刷匠工作的动画让学生了解并观察粉刷匠的动作特点以及工作形式。当学生有一定的认知后，我让学生用课前我为学生准备的小帽子和小刷子进行情境模拟。学生通过情境模拟的方式，进行动作的自主探究，找到粉刷匠上下飞舞刷子的状态和感觉。情境模拟不仅让学生很好地诠释了自己的理解，还让学生学会了如何进行动作编排，创编了属于自己的舞蹈。

团队学习策略：让学生乐于动

动手实践、自主探究与合作交流是学生学习的重要学习方式，它以合作学习小组为基本形式，系统利用各因素之间的互动，以团体成绩为评价标准，共同达成教育教学目标。在舞蹈的学习过程中，由于个体间差异的存在，每个人都有其自身独有的优势之处，此时进行团队学习可以有效发挥队员个人的比较优势，达到团队内部的互助，促进个人成长。因此在学习的过程中，我通常会根据舞蹈项目的特点、学生学习内容的需要，将6—8名学生分成小组，每组有一名小组长，组员合理分工，攻克学生学习难点，增强学生的团队意识。

例如"藏族踢踏"的动作比较琐碎，所以在课上，在学生了解了基本的民族文化、了解了藏族踢踏的基本动作的基础上，我组织学生进行了团队体验和训练。每6个人一组，每个团队由一名动作标准、语言表达顺畅的同学担任组长，由组长带领学习，并通过分步学习、组合学习的方式进行团队内部互助。在学习左右步伐移动的时候，很多同学不能够很好地掌握，团队学习的方式则有效提高了学生学习的效率。

多样评价策略：让学生乐于学

苏霍姆林斯基说过："成功的欢乐是一种巨大的情绪力量，是继续学习的一种动力。"每一名学生的学习能力和兴趣爱好各不相同，正所谓十根手指长度还不一样，因此，若是老师用同一标准去衡量所有学生，那我们对于学生的认知就会出现偏差。进行评价时，老师要学会用欣赏的眼光去发现学生身上的闪光点，注重肯定每一名学生的点滴进步，善待、宽容每名学生，让每名学生在老师的不断激励中超越自我，不断进步。学生的自信心和学习兴趣都来自于教师不断的关注、鼓励和正确的评价。在舞蹈教学中我始终坚持以学生为本，以舞蹈综合能力为主要依据，恰当运用及时性评价、互助性评价、竞赛性评价、自主性评价等评价方式，发挥教学评价的作用，促进学生的发展。

在舞蹈课的教学中，舞蹈技能的学习成效会时时刻刻呈现出来，老师的评价贯穿课堂始末。这也就要求老师更加多元化地评价学生，借此激发学生的积极性。在课堂上，当学生自己体验掌握动作的要求或标准做出一个动作或一组动作时，我会采用及时性评价激励学生；在新课学习练习后，进行个人或小组展示时，我会让学生进行互助性评价，加深学生对知识、技能的理解，并使他们学会相互尊重和信任；在一个组合学习完成后，我采取竞赛性评价，通过小组间的竞赛，培养合作精神、组织管理能力，提高舞蹈综合能力和实践能力，促进学生知识、能力、素质和谐发展；在学习舞蹈技能过程中，我让学生进行自我评价，不断进行自我激励，提高学习效率。

例如在执教"小孔雀"一课时，在体态的学习过程中需要学生的身体进行细微移动，尤其在孔雀掌的动作学习中需要指根和指尖同时用力，虎口张开形成推力，但学生难以很好地找到这个力量。于是，在练习的过程中，只要学生能通过肢体来表达出一点，我就及时进行评价，并让该名同学为大家进行示范，同学们分别讲述这位同学哪里做得好，并自行尝试自己要如何完成，通过师评、生评、自评、互评等多种评价方式，促使学生努力完成动作，效果明显。

水不流不活，人不激不跃。用欣赏的眼光时时发现学生的闪光点，并借助多元化评价的话语激励学生，真正从精神上鼓舞了他们战胜困难。

创新展演策略：让学生乐于活

人们常说：艺术源于生活，又高于生活。其实在舞蹈学习中最难能可贵的是可以进行舞蹈创编。舞蹈创编活动来源于学生对自己生活的认知，这就要求在创作过程中不能脱离主体的社会属性，因此可以说，这也在考查学生是否能做到对现实生活的认真观察和反思，并在此基础之上加入自己的想法和意识，创编出属于自己的故事。其实每个舞种都积累着丰富的舞蹈形态、内涵及自身原创意义的形态，语言是舞蹈创作的材料，生活则是舞蹈作品表达及舞蹈形式和语言的直接对象。

在小学舞蹈课堂上，我也在尝试让学生能够进行舞蹈创编，但由于年龄和心理等限制，多数学生不能独自进行舞蹈创编。因此，我改变形式让学生们以创新展演的方式在小组以及班级大环境下提升自我。创新展演是指学生以小组为单位、以所学内容为基础进行创新并融入自己的想法和意识，通过肢体的变化和队形的变化将所学内容变为学生自己想叙述的故事或情节。在编排结束后，再以小组为单位分别展演，在展演的过程中分别进行学习，获得自己内在的成长并关注其他小组创新的方式。

在执教"喵星人"一课的第三课时，学生先观察视频中的人物形象，再自主选取影片中吴优优、吴有才、犀犀利等不同性格的人物，融入自己的理解与感情进行相应的舞蹈创编。例如，一组学生在模仿犀犀利和吴优优的对话时采用了犀犀利最经典的"萌萌拳"和"魅力眼"表达犀犀利对吴优优的依赖，而表演吴优优的同学则双手打开并不断抖动表达自己"中招"。通过这样的学习方式学生们不仅完成了舞蹈学习，更在过程中完善了自我、增进了同学间的友谊。渐渐地学生的学习兴趣越来越高，对舞蹈越来越喜爱也越来越自信。

总之，一个好的策略有利于激发学生的学习兴趣，能使学生主动融入课堂之中，积极地投入到自由探索、合作交流的氛围中，也能够化解教学中的一些重难点。我认为，身为一名教师，只有充分了解每一名学生的优缺点，关注每一名学生的课堂生成状况、生命成长规律及个性差异，才能将舞蹈课堂打造成学生追求真实的生命课堂。以爱育心、以心育美、以美育人、以学生为本构建快乐的舞蹈课堂，我们就会感受到课堂上生命的成长，享受到创造的喜悦，让学生真正成为情感体验的主体、思维的主体、思想的主体、自我生命的主体，为学生的终身发展奠基。

［本文是 2021 年北京市教育科学"十四五"规划项目青年专项课题"基于团体舞蹈对小学生舞蹈体验的探究"（CDCA21128）研究成果］

参考文献

［1］宋雯雯．方法引导，评价护航，让课堂教学更加高效[J]．中国校外教育，2018（11）：2.

［2］申利敏．试述舞蹈与生活的关系[J]．大众文艺，2018（23）：147.

［3］李智英．浅谈舞蹈艺术的吸引力[J]．戏剧之家，2018（9）：129.